Inmigración y ciudadanía en Estados Unidos

SU GUÍA COMPLETA

For further information, contact the publisher at:

Emmis Books
1700 Madison Road
Cincinnati, Ohio 45206
www.emmisbooks.com

Library of Congress Cataloging-in-Publication Data

Wernick, Allan.
[U.S. immigration & citizenship. Spanish]
Inmigración y ciudadanía en Estados Unidos : su guía completa / Allan Wernick ; translated by Fortuna Calvo-Roth.
p. cm.
ISBN 1-57860-176-2
1. Emigration and immigration law--United States--Popular works. 2. Citizenship--United States--Popular works. 3. Visas--United States--Popular works. I. Title.

KF4819.6.W5418 2005
342.7308'2--dc22

2004025445

Translated by Fortuna Calvo-Roth

CONTENIDO

SOBRE EL AUTOR

Allan Wernick es profesor de Baruch College, City University of New York (CUNY), y preside el Proyecto de Ciudadanía e Inmigración de CUNY.

King Features Syndicate distribuye la columna semanal del profesor Wernick, "Inmigración y Ciudadanía" *(Immigration and Citizenship)*, y el diario *Daily News* de Nueva York publica su columna "Consejos de Inmigración" *(Immigration Advice)* todos los jueves. El profesor Wernick ha sido profesor visitante de estudios chicanos en la University of California, Los Angeles (UCLA), y fue profesor de Hostos Community College, CUNY, donde enseñó leyes de inmigración a candidatos a grados en estudios paralegales y administración pública.

El profesor Wernick es abogado en el bufete de Glenn Bank en la ciudad de Nueva York. Ha formado parte de la junta directiva de la Asociación Americana de Abogados de Inmigración *(American Immigration Lawyers Association*—AILA), presidente del Comité de Inmigración de la Asociación de Abogados de la Ciudad de Nueva York *(Immigration Committee of the Association of the Bar of the City of New York)*, y presidente de la filial de Nueva York de AILA. El profesor Wernick ha participado en numerosos programas locales y nacionales de televisión y radio, entre ellos Crossfire (CNN) y *The Phil Donahue Show.*

En español: La columna de King Features Syndicate se publica, entre otros, en el *Florida Sun-Sentinel* y en su edición semanal en español, *El Sentinel. El Sentinel* es uno de los periódicos en español de mayor divulgación en Florida Central. La columna también aparece en periódicos en español de Kansas y Missouri.

El profesor Wernick habla español y se le ha entrevistado en televisión y radio en español. La publicación *The Hispanic Outlook in Higher Education* publicó un artículo sobre él en su edición del 4 de noviembre del 2002.

PREFACIO

La ley de inmigración es increíblemente compleja y flexible. Más aún, nuevas leyes, reglamentos, decisiones judiciales e interpretaciones de las agencias de gobierno cambian diariamente. Por esta razón actualizo con frecuencia mi portal *Immigration Answers: www.allanwernick.com/.* A través de este portal les mantengo informados sobre las últimas novedades en las leyes y políticas de inmigración.

Puntualizo, en este libro, la importancia de solicitar asistencia de los expertos si tiene cualquier duda sobre sus derechos bajo las leyes de inmigración de Estados Unidos. Escuche esos consejos. Una vez que presente una solicitud a USCIS o a un consulado de Estados Unidos, ésta forma parte de su registro permanente. Este libro le orientará correctamente, pero puede hacerle falta la ayuda de expertos para alcanzar su meta.

AGRADECIMIENTOS

Expertos legales destacados me han prestado su ayuda en las ediciones en inglés de *U.S. Immigration & Citizenship: Your Complete Guide.* Cuando escribo para el público, como lo hago en mi columna semanal para el *Daily News* de Nueva York, debo estar en lo cierto: no caben correcciones posteriores. He podido acertar gracias a aquellas personas que revisaron mis textos iniciales y que me ayudaron a comprender y a presentar la ley. Naturalmente, todas las decisiones finales sobre el contenido del libro son mías.

Algunas personas merecen una mención especial. Phyllis Jewell, una experta en leyes de inmigración comercial en San Francisco, fue sumamente generosa en su contribución al capítulo 14, "Condiciones H-1B, H1-B1, y TN para trabajadores profesionales temporales". En mi opinión, ese capítulo, por sí solo, vale el precio de este libro. La Srta. Jewell revisó con esmero el capítulo, rindiéndolo más exacto y útil mediante sus sugerencias. Le agradezco especialmente por haberme permitido reproducir su hoja de datos para empleadores referente al reglamento de la LCA. Hizo importantes sugerencias en otros capítulos, especialmente el 6, "Cómo solicitar una visa de inmigrante".

Robert Gibbs, un abogado de Seattle que ha luchado durante mucho tiempo por los derechos de los trabajadores inmigrantes, y un destacado experto en leyes de inmigración—en particular del impacto que tienen sobre la fuerza laboral inmigrante—prestó muchas sugerencias provechosas.

Yvette Nelson y Victoria Orellava, paralegales de Los Angeles, proporcionaron ayuda de investigación. Laura Phillips, escritora excelente y funcionaria superior de pasaportes en la Oficina de Pasaportes de Los Angeles, me ayudó a comprender la Ley de Ciudadanía para los Hijos y revisó el capítulo 10, "Cómo los hijos pueden ser ciudadanos de Estados Unidos". Durante muchos años, Laura me ha ayudado a comprender las leyes de la ciudadanía derivada.

Gnoleba Seri, directora del Centro de Inmigrantes de City College, revisó el capítulo 4, "Tarjeta Verde por Lotería".

Muchos otros abogados respondieron preguntas o revisaron partes del libro. Le debo una mención especial a Glenn Bank, con quien ejerzo la abogacía en Nueva York. Glenn es un profesional de normas sobresalientes, incansable y bien informado. Howard Jordan, un colega de CUNY, prestó sus vastos conocimientos en investigaciones por Internet para el Apéndice O, "Portales de leyes de inmigración".

Debo además agradecer a la gran cantidad de abogados que consulté en la preparación de este libro: James D. Acoba en California; Noreen Quirk en Connecticut; Lynn Neugebauer, Lindsay Curcio, Robert Belluscio, y Carolyn S. Goldfarb en Nueva York; Palma Yanni y Leslie Dellon en Washington, D.C.; Jeffrey E. González-Pérez en Arlington, Virginia; y Jeanette Alvarado en Phoenix, Arizona.

Otras personas que me ayudaron a través de los años son Mariam Cheikh-Ali, experta en visas de estudiante y ex directora asistente de estudiantes internacionales de Pratt Institute en Brooklyn, Nueva York; y Mary Todesca, ex asistente legal de Noreen Quirk, Tracey Dean y Helena Hungria, quien ayudó a procesar electrónicamente el texto de la primera edición en inglés.

Quisiera agradecerle a Federal Publications, editores de *Interpreter Releases*, un medio indispensable para los profesionales en inmigración, por concederme permiso para utilizar sus cuadros en la sección II, "Naturalización y Ciudadanía".

Mi agente, Peter Rubie, un excelente escritor y editor de por si, me ofreció su muy necesario apoyo moral y guía profesional.

María Violetta Szulc concibió los relatos que inician el libro y cada una de sus secciones. Una inmigrante reciente, María me ayudó también a que el gran público que no es abogado comprenda este libro—una labor nada fácil.

Jerold Kress, que enseña producción de video en Bresee Community Center en Los Angeles, me dio su valioso apoyo moral y logístico. Mi agradecimiento a Rory Solomon, diseñador de mi portal: www.allanwernick.com

Finalmente, quisiera agradecerle al personal de Emmis Books que contribuyó a producir este libro, en especial Don Prues, Jack Heffron, y Richard Hunt.

Cómo ingresar y cómo quedarse: Una guía popular de la Ley de Inmigración de los Estados Unidos

Tomás estaba preocupado y fastidiado—su esposa, María, acababa de dejarlo. Lo había auspiciado para que consiguiera su "green card"—la tarjeta verde de residente—y en sólo dos semanas tendría su entrevista con el Servicio de Ciudadanía e Inmigración de los Estados Unidos (en inglés, *United States Citizenship and Immigration Services* o USCIS). Tomás estaba seguro de que la ruptura pondría fin a sus probabilidades de quedarse en los Estados Unidos. María todavía amaba a Tomás y quería que éste consiguiera sus documentos de inmigración. Pero pensaba que el matrimonio no duraría, y rehusaba vivir con él un solo día más.

Si Tomás lee este libro sabrá que, a menos que su esposa retire su solicitud de visa, él logrará conseguir su visa de inmigrante. También sabrá qué documentos llevar a USCIS para ayudarlo a triunfar en su entrevista. El caso de Tomás es típico de los que me mandan miles de los lectores de mi columna sobre leyes de inmigración que aparece semanalmente en el periódico *Daily News* de Nueva York y de mi columna sindicalizada por King Features Syndicate. El caso de Tomás le enseña algo que quizás usted no sabía sobre las leyes de inmigración de los Estados Unidos: su esposo o esposa pueden ayudarle a obtener la "green card", como llamaremos también a la tarjeta de residencia, aunque ustedes estén separados. Aquí tiene algunos otros datos que quizás desonozca:

- Algunos residentes permanentes pueden obtener su ciudadanía en los Estados Unidos sin saber hablar, leer o escribir inglés.
- Si su cónyuge (es decir, esposo o esposa) tiene ciudadanía de los Estados Unidos, usted puede nacionalizarse a los tres años de ser inmigrante legal.
- Si tiene un grado universitario y su empleador quiere auspiciarle, usted puede conseguir permiso de trabajo temporal hasta por seis años y, en ciertos casos, aún más tiempo. Puede obtener esta condición aunque sus requisitos no estén a la altura de los de un trabajador de los Estados Unidos que solicite el trabajo.
- Si usted tiene ciudadanía de los Estados Unidos, puede traer a su novio o novia a Estados Unidos gestionando la Petición de Noviazgo K-1 (K-1 Fiancé Petition).

- Si obtiene la ciudadanía por nacionalización, sus hijos pueden haber conseguido la ciudadanía de los Estados Unidos automáticamente al mismo tiempo que usted.
- Generalmente, las infracciones menores legales, como las de tráfico y desorden público, no impiden su nacionalización.
- La mayoría de las solicitudes de asilo terminan en procesos de remoción (antes llamados procesos de deportación).
- A veces no tiene que renunciar a su nacionalidad original para ser ciudadano de los Estados Unidos.
- Un empleador puede auspiciarle aun si usted está indocumentado en los Estados Unidos.
- Las leyes de USCIS permiten que los estudiantes extranjeros trabajen.
- Tanto hombres como mujeres pueden hacer una petición para traer a sus hijos naturales a los Estados Unidos.

¿Quién necesita este libro? Usted necesita este libro si:

- Vive en los Estados Unidos y quiere quedarse.
- Vive fuera y quiere saber cómo ingresar legalmente a los Estados Unidos.
- Se pierde en las complejidades de la ley de inmigración de los Estados Unidos o quiere obtener estado legal.
- Quiere ser ciudadano de los Estados Unidos.
- Es un empleador, maestro, político o periodista que necesita saber cómo funciona nuestro sistema de inmigración.

Inmigración y Ciudadanía en Estados Unidos, 4ª edición revisada: Su guía completa hace comprensible la ley de inmigración. Después de contestar centenares de preguntas de lectores, entrenar a centenares de paralegales en las leyes de inmigración, y dar asesoramiento legal a inmigrantes durante más de 25 años, sé lo que usted necesita saber. Si usted quiere tener una idea cabal del sistema de inmigración de los Estados Unidos, usted necesita este libro.

Cómo obtener ayuda para su problema de inmigración

Usted arriesga mucho cuando solicita la condición de inmigrante legal o la ciudadanía en los Estados Unidos. Trate de obtener asesoramiento de expertos para su problema de inmigración antes de presentar papeles al Servicio de Inmigración y Naturalización (INS). No desespere si no puede pagarse un abogado. La mayoría de las personas obtienen visas sin ayuda de nadie. Otros reciben asesoramiento de organizaciones sin fines de lucro (también conocidas como VOLAGS—agencias voluntarias) que ofrecen servicios gratis o de bajo costo a los inmigrantes. En el apéndice N encontrará una lista de VOLAGS de todo el país.

Si leo este libro, ¿sigo necesitando abogado?

Si puede permitirse un abogado para ayudarle con su problema de inmigración, tómelo. La USCIS a veces es una agencia difícil y puede ser importante tener de su lado a un perito en inmigración. Aunque el suyo sea un caso fácil, la presencia de un abogado puede relajarle mientras navega por el proceso de inmigración.

Si decide contratar un abogado, busque uno con experiencia en leyes de inmigración y naturalización. La mejor manera de encontrar al abogado que le convenga es seguir la recomendación de un amigo satisfecho con su abogado. Otra manera de encontrar un abogado es solicitar una referencia de un colegio de abogados local.

Cómo obtener ayuda de una agencia sin fines de lucro (voluntaria)

Muchas de las agencias sin fines de lucro (VOLAGS) suministran excelentes servicios de asesoramiento de inmigración. La mayoría de las agencias cobran honorarios nominales, pero algunas ofrecen servicios gratis (nuevamente, vea el apéndice N para informarse sobre estas agencias). Algunos abogados y paralegales de inmigración empleados por agencias sin fines de lucro están acreditados por la Junta de Apelaciones de Inmigración *(Board of Immigration Appeals*—BIA) para ejercer en leyes de inmigración. Encontrará en la internet una lista de agencias reconocidas para representarle en la corte de inmigración: www.usdoj.gov/eoirprobono/freelglchtNY.htm. Si tiene un problema de inmigración y no puede permitirse los servicios de un abogado, busque ayuda de una agencia sin fines de lucro.

Cómo representarse a sí mismo

La mayoría se representa a sí misma para solicitar condición de inmigrante legal.

Si no obtiene ayuda, al menos lea cuidadosamente las instrucciones del formulario de USCIS. Para asistirle a investigar la ley de inmigración, he preparado una lista de recursos en el apéndice A, así como una lista de recursos por internet en el apéndice P.

USCIS le enviará formularios gratis si llama al 800-870-3676. También puede obtenerlos en el portal de USCIS: http://uscis.gov/. Envíe a USCIS, por correo certificado y solicitud de recibo a vuelta de correo (certified mail with return receipt requested), los documentos y formularios que ha llenado, y guarde copias en su archivo.

Una nota sobre los gastos del registro

He evitado mencionar el costo específico del registro. USCIS aumenta los gastos periódicamente. Antes de presentar una solicitud, consulte la página internet de formularios de USCIS, http://uscis.gov/graphics/formsfee/forms/index.htm.

Quién es quién en la ley de inmigración de Estados Unidos

Iniciemos nuestro estudio de lo que la ley de inmigración puede hacer por usted viendo cómo la ley clasifica a la gente. He incluido algunos relatos para que comprenda mejor cómo funciona el sistema de inmigración de Estados Unidos. Encontrará relatos similares a lo largo del libro. La ley de inmigración de Estados Unidos nos divide a todos en dos grupos: ciudadanos de Estados Unidos y extranjeros—*alien*, en inglés. El término "alien" incluye a residentes permanentes (poseedores de "green cards"), asilados, refugiados, no-inmigrantes, personas bajo libertad condicional e inmigrantes indocumentados.

Ciudadanos de Estados Unidos

Sea por nacimiento o naturalización, todos los ciudadanos de Estados Unidos tienen los mismos derechos con una sola excepción: solamente el ciudadano nacido en Estados Unidos puede ser presidente o vicepresidente de los Estados Unidos. Los ciudadanos naturalizados pueden trabajar en puestos federales, votar y asumir cargos públicos.

El gobierno no puede deportarlo por algo que usted hizo después de adoptar la ciudadanía de Estados Unidos. Sin embargo, el gobierno puede desnaturalizar a un ciudadano de Estados Unidos que cometió fraude mientras hacía trámites para su naturalización. Luego, el gobierno puede deportar al ex-ciudadano desnaturalizado. También puede perder la ciudadanía de Estados Unidos si comete un acto de expatriación. Por ejemplo, formar parte de un gobierno extranjero es un acto de expatriación. Usted puede renunciar a su ciudadanía de Estados Unidos. La renuncia ocurre cuando usted cede voluntariamente, intencionalmente y a sabiendas su ciudadanía de Estados Unidos.

Si usted es ciudadano de Estados Unidos, puede presentar una petición para traer a los siguientes miembros de su familia a los Estados Unidos como residentes permanentes: su esposo o esposa; hijos de cualquier edad, tanto casados como solteros; y sus padres. Para más información sobre cómo adquirir la nacionalidad de Estados Unidos, vea la sección II.

Residentes permanentes (poseedores de "green cards")

A los residentes permanentes se les llama a veces poseedores de "green cards", residentes permanentes legales e inmigrantes legales. Los residentes permanentes pueden viajar libremente a, y fuera de, los Estados Unidos. Sin embargo, si usted permanece fuera de Estados Unidos por más de seis meses consecutivos, el gobierno puede decidir que usted ha renunciado a su residencia. (Vea la sección "Cómo mantener su residencia permanente" en el capítulo 1.)

A diferencia de los ciudadanos de Estados Unidos (incluso los ciudadanos naturalizados), los residentes permanentes no pueden votar en elecciones nacionales, congresionales o estatales. En unos cuantos lugares, los residentes permanentes y los inmigrantes indocumentados pueden votar en elecciones comunitarias o juntas de escuelas.

Los residentes permanentes tienen derecho a trabajar en casi cualquier puesto. Sin embargo, muchos trabajos federales y algunos estatales y locales, como ser policía o bombero, se reservan para los ciudadanos de Estados Unidos. Los residentes permanentes también pueden quedar excluidos de trabajos con empleadores particulares que tengan contratos con el gobierno de Estados Unidos.

Si usted es residente permanente, puede traer a Estados Unidos como residentes permanentes a su esposo o esposa y, si son solteros, a sus hijas e hijos. Para saber cómo adquirir la residencia permanente, vea la sección I.

USCIS da al residente permanente una tarjeta de residencia permanente, antes llamada tarjeta de registro de extranjería. Esta tarjeta también se conoce como "green card"—tarjeta verde. La tarjeta de residente permanente es una tarjeta recubierta de plástico que muestra que su poseedor legítimo es residente permanente de los Estados Unidos. Las tarjetas de hoy no son verdes sino salmón o rosadas. (La primera tarjeta de residencia permanente era verde y de allí el nombre.)

No inmigrantes

Los no inmigrantes son extranjeros que vienen a los Estados Unidos temporalmente con un propósito específico (vea la sección III). Los relatos sobre Pierre y Ying ofrecen ejemplos sobre cómo una persona pasa a ser de no inmigrante a residente permanente y luego a ciudadana de Estados Unidos.

— El relato de Pierre —

Pierre vino de Francia para visitar Estados Unidos. Al mes de su llegada, Pierre conoció a Melanie, ciudadana de Estados Unidos. Se enamoraron perdidamente y decidieron casarse. Melanie presentó una petición para que Pierre obtuviera una visa de inmigrante.

Pocas semanas después de presentar sus papeles, Pierre recibió de USCIS autorización para trabajar y empezó a trabajar. Unos meses más tarde, un funcionario de USCIS lo entrevistó para su visa de inmigrante. Tres años después de ser residente permanente, Pierre se naturalizó. Pudo conseguir su ciudadanía en Estados Unidos en sólo tres años, en lugar de los cinco años habituales, porque seguía casado y seguía viviendo con su esposa, que era ciudadana de Estados Unidos.

— El relato de Ying —

Ying llegó de China a los Estados Unidos para estudiar negocios. Ingresó a Estados Unidos con una visa de estudiante F-1. Completó exitosamente el programa de *master's* (magíster), por lo que USCIS le concedió autorización de un año para trabajos de entrenamiento práctico. Consiguió trabajo inmediatamente en una de las más grandes instituciones financieras, *Big Money, Inc.*, en Chicago. A los seis meses, la empresa le ofreció a Ying un puesto permanente.

Para que mantuviera su condición legal laboral mientras se procesaban sus documentos de visa permanente, *Big Money, Inc.* auspició a Ying para que consiguiera la condición de trabajador profesional temporal llamada H-1B. Dos meses más tarde, USCIS aprobó un cambio en la condición de Ying, de estudiante F-1 a trabajadora H-1B, valedero por tres años.

Durante el período de su condición H-1B, *Big Money, Inc.* la auspició para una visa permanente en el puesto de subdirectora de su Departamento de Inversiones Asiáticas. Ying obtuvo su residencia permanente y, cinco años después, su ciudadanía. Como ciudadana de los Estados Unidos, presentó una petición para traer a su madre y padre a los Estados Unidos.

Asilados y refugiados

Los asilados temen, fundadamente, ser perseguidos en su país natal debido a su raza, religión, nacionalidad, opiniones políticas o afiliación en un grupo social específico. Solicitan asilo ante USCIS ya sea antes de ingresar a los Estados Unidos o mientras tratan de hacerlo.

Los refugiados también temen la persecución si regresan a su país, pero obtuvieron su condición de refugiados antes de su ingreso a los Estados Unidos. Para más información sobre refugiados y asilados, vea la sección IV. El relato de Lisa les da un ejemplo de un solicitante que recibió asilo.

— El relato de Lisa —

Lisa huía de un país turbulento. Su hermano fue asesinado por su oposición al gobierno y Lisa estaba segura de que su nombre sería el próximo en la lista del gobierno. Partió con lo que pudo en una maleta y, mediante un pasaporte falso, llegó a los Estados Unidos. Dejó a su esposo y a su criatura. Tenía suerte de haber salido con vida.

A la semana de su llegada contactó a una organización de derechos de inmigrantes que le aconsejó solicitar asilo político.

USCIS le concedió asilo y Lisa pudo traer a su esposo e hija a Estados Unidos, tuvieran éstos o no demandas independientes de asilo. Un año después de que USCIS le diera asilo, Lisa y su familia solicitaron residencia permanente. Calificaban para la residencia permanente porque Lisa había estado asilada durante un año.

Inmigrantes indocumentados

Usamos el término "inmigrantes indocumentados" al referirnos a extranjeros radicados en los Estados Unidos que todavía no establecieron el derecho legal de vivir en este país. Incluye personas que ingresaron a los Estados Unidos para evadir inspecciones en la frontera así como personas que ingresaron con documentos fraudulentos. También incluye a turistas que ingresaron con una visa válida de no inmigrante pero que se quedaron más allá del período que les permitió el INS.

Personas bajo libertad condicional

Las personas con libertad condicional son extranjeros que USCIS deja ingresar a los Estados Unidos, aun cuando en el momento de solicitar entrada no llenan las condiciones ni de no inmigrantes ni de residentes permanentes. La condición de persona bajo libertad condicional se usa a menudo para dejar ingresar en los Estados Unidos a personas por razones humanitarias o en casos de emergencia.

Sobre la Ley de Inmigración después del 11 de septiembre

Los acontecimientos del 11 de septiembre del 2001 (esta fecha se conoce en Estados Unidos simplemente como 9/11) dieron lugar a importantes leyes y políticas nuevas que impactaron en la inmigración a los Estados Unidos. Aunque las reglas básicas para conseguir las condiciones de inmigrantes y no inmigrantes se mantienen en vigor, los lectores deben conocer los nuevos beneficios y las nuevas imposiciones. Las más importantes se encuentran en la sección siguiente. Los lectores deben buscar actualizaciones en mi portal, www.allanwernick.com.

ANTITERRORISMO

El objetivo principal de la Ley Patriota de los Estados Unidos de América, de acuerdo con sus proponentes, es facilitar la lucha del gobierno de Estados Unidos contra el terrorismo. Muchas de las medidas son problemáticas. Algunos comentaristas temen que las nuevas leyes violen los derechos civiles; otros aseguran que las nuevas leyes no serán muy eficaces para acabar con el terrorismo.

Nuevos argumentos de inadmisibilidad

La Ley Patriota de los Estados Unidos de América añadió nuevos argumentos de inadmisibilidad a los que discutimos en el capítulo 5. Son personas inadmisibles (inelegibles para la residencia permanente y el ingreso a los Estados Unidos) los representantes de organizaciones extranjeras terroristas o representantes de cualquier grupo que apoya públicamente actos de actividad terrorista. También quedan excluidos los cónyuges e hijos de las personas inadmisibles por razones relacionadas al terrorismo.

¿Qué es una organización terrorista? Cualquier grupo así designado por el Secretario de Estado de los Estados Unidos al publicarse el nombre del grupo en el Registro Federal *(Federal Register)*, la publicación que le notifica al público todas las nuevas reglas y reglamentos federales. Encontrará la lista de organizaciones designadas en el portal del Departamento de Estado, www.state.gov/

Nuevos argumentos para la remoción

El activismo en apoyo de ciertas organizaciones es una ofensa deportable (el término legal es removible), de acuerdo con la Ley Patriota de los Estados Unidos de América. La ley estipula que se le puede deportar por recabar fondos, solicitar afiliación u ofrecer apoyo material a grupos designados. Esto incluye apoyo para proyectos humanitarios, aun si las actividades no promueven actividades terroristas.

Aunque una organización supuestamente terrorista no esté en la lista designada del Departamento de Estado, se le puede deportar por solicitar fondos o suministrar otro tipo de apoyo material para una organización terrorista. A menos que usted pueda demostrar que "no sabía, y no había motivo razonable para que supiera, que la solicitación apoyaría la actividad terrorista de la organización".

Detención de terroristas bajo sospecha

La Ley Patriota de los Estados Unidos otorga al Fiscal General de Estados Unidos o al Vice Fiscal General (sin poder de delegación), autorización para certificar de "terrorista" a un ciudadano de un país extranjero. Si se le certifica de terrorista, esa persona puede ser detenida sin derecho de fianza o caución hasta que se llegue a una decisión final sobre su deportabilidad. El gobierno tiene hasta siete días para detener a un terrorista bajo sospecha antes de presentar cargos criminales o de inmigración.

Nuevos procedimientos de investigación y registro

Es motivo de gran preocupación después de los acontecimientos del 11 de septiembre que USCIS no pudiera seguirles la pista a los estudiantes extranjeros y a otros no inmigrantes en Estados Unidos. Actualmente, se mantiene a estos individuos bajo mayor observación.

Siguiéndoles la pista a los estudiantes extranjeros

Después del 11 de septiembre, las universidades del país lograron rechazar los esfuerzos por suspender el programa de visas F-1 para estudiantes internacionales. Sin embargo, el Congreso insistió que USCIS continuara sus planes de incrementar el mantenimiento de registros y reportes. Desde 1979, el gobierno trata de seguir los pasos de los estudiantes del extranjero. Actualmente funciona, por mandato del Congreso, un sofisticado programa de reportes.

El nuevo sistema de rastreo se llama Sistema de Información de Estudiantes y Visitantes de Intercambio *(Student and Exchange Visitor Information System*—SEVI). Bajo el SEVIS, USCIS creó un sistema de registro basado en la internet para todos los estudiantes y eruditos internacionales. Los consejeros docentes ingresan los datos de los estudiantes admitidos a un lugar de enseñanza. La información queda disponible tanto a USCIS como a los consulados de Estados Unidos en el extranjero. Los cónsules de Estados Unidos otorgan a los estudiantes un documento legible con una máquina que contiene sus principales datos personales, fotografía y huellas digitales. A medida que el estudiante progresa en su educación, el centro docente debe ingresar los datos del estudiante en su base de datos. Así, USCIS y el Departamento de Estado de los Estados Unidos pueden rastrear la ubicación y progreso académico del estudiante. Para más información sobre SEVIS, vea el capítulo 13.

Nuevos procedimientos para la visa de no inmigrante

Todos los solicitantes varones de la visa de no inmigrante (y también algunas mujeres) entre las edades de 16 y 45 años, sin importar su nacionalidad, deben someter una nueva hoja, la DS-157, llamada Solicitud Suplemental para la Visa de No Inmigrante, en el momento de solicitar una visa de no inmigrante. Quedan incluidos los visitantes, estudiantes y trabajadores temporales. Algunos consulados requieren la nueva hoja aun si los solicitantes no pertenecen a este grupo. Esta nueva hoja debe presentarse con la Solicitud de Visa No Inmigrante usual (DS-156). La nueva hoja pide información detallada sobre empleo, servicio militar y educación, así como información sobre su afiliación y/o asociación en organizaciones profesionales, sociales y de beneficencia. Finalmente, la hoja pide su itinerario completo de viaje. El propósito obvio es identificar mejor a los terroristas.

También es nueva la política de darles, tanto a USCIS como a los consulados de Estados Unidos, acceso a la base de datos del Centro Nacional de Información sobre Crímenes *(National Crime Information Center*—NCIC) de la FBI *(Federal Bureau of Investigations* o Agencia Federal de Investigaciones). Mediante esta base de datos, los consulados y USCIS determinarán si la FBI busca al solicitante de una visa o ingreso a los Estados Unidos.

Visita a los Estados Unidos—salida controlada

El Departamento de Seguridad del Suelo Patrio de los Estados Unidos (U.S. *Department of Homeland Security*—DHS) pronto implementará un nuevo programa para rastrear a los visitantes de Estados Unidos. Bajo el programa Tecnología Indicadora del Visitante y de la Condición del Inmigrante *(United States Visitor and Immigrant Status Indicator Technology*—US VISIT), el DHS ha empezado a rastrear las entradas y salidas en aeropuertos y puertos marítimos. Los chequeos por tierra empezarán en 2005 y 2006. Los funcionarios de fronteras recogerán huellas digitales con métodos digitales y fotografías digitales de cada visitante. El DHS incluirá la información en una base de datos con otros datos sobre el visitante. Los visitantes deberán ir a quioscos de salida antes de irse del país.

Anteriormente, el DHS inspeccionaba a los no inmigrantes (por ejemplo a estudiantes y visitantes) sólo en el momento de ingreso. La agencia no inspeccionaba a los no inmigrantes a la salida. Con un programa de control de entradas y salidas, el gobierno sabrá cuando alguien se quede más de la cuenta. Anticipando largas demoras, especialmente en las fronteras terrestres, los estados fronterizos en los Estados Unidos se han opuesto a las salidas controladas porque temen una baja del turismo y el comercio. El DHS sostiene que los nuevos procedimientos demorarán los ingresos y salidas sólo unos segundos.

Viajes a Canadá, México, e islas cercanas

Usualmente, un no inmigrante necesita una visa válida para ingresar a los Estados Unidos. Durante muchos años, una excepción a esta regla permitía que un no inmigrante con una visa I-94 válida (pero vencida) viajara a Canadá o México por hasta 30 días, y quienes tenían la F-1 o J-1 podían también viajar a las islas adyacentes (excepto Cuba). En respuesta al 11 de septiembre, el gobierno cambió esta regla. Bajo la nueva regla, los ciudadanos de países a quienes el gobierno llamó "estados auspiciadores del terrorismo" no pueden regresar de esos países sin visa válida, aun con una I-94 válida. En el momento de publicación, la lista incluía Irak, Irán, Siria, Libia, Sudán, Corea del Norte y Cuba. Se espera la ampliación de esta lista. Vaya al portal *Immigration Answers* (Respuestas sobre inmigración)—www.allanwernick.com para la información más reciente. Para más información sobre visas de no inmigrantes y las I-94, vea el capítulo 17.

NUEVOS BENEFICIOS

A continuación, algunos beneficios nuevos que pueden ser pertinentes para usted.

Preservación de derechos de la "green card"

La Ley Patriota de los Estados Unidos que se promulgó poco después de los acontecimientos del 11 de septiembre estipula que si uno de sus padres, su cónyuge o niño, o su novio/novia con ciudadanía en Estados Unidos presentó una petición en su favor y luego murió en los ataques terroristas del 11 de septiembre, usted califica inmediatamente para la residencia permanente. La muerte de la persona que peticionó no le impedirá que usted obtenga la residencia permanente. Si su empleador tenía un caso suyo de inmigración, pero el empleador no pudo continuar el caso debido al desastre, usted también puede obtener la residencia permanente. Si usted hubiera calificado bajo una categoría preferencial de familia o empleo, su cónyuge y/o hijos solteros menores de 21 años también pueden obtener condición de inmigrantes. El argumento público sobre inadmisibilidad (vea el capítulo 5) no corresponde. Para comprender mejor la inmigración de familias y empleo, lea los capítulos 1, 2, y 3.

Beneficios para los abuelos

Los abuelos de un niño que perdió padre y madre en el desastre del 9/11 pueden calificar para la residencia permanente. Para obtener beneficios, uno de los padres que murió tiene que haber sido ciudadano o residente legal permanente de los Estados Unidos.

REORGANIZACIÓN DEL INS

Después del 9/11 el Congreso abolió el INS. Las funciones anteriores de aplicación de la ley y servicio del INS se dividieron entre diversas agencias dentro del nuevo Departamento de Seguridad del Suelo Patrio. Las funciones de servicios, tales como conceder naturalización y decidir sobre las peticiones de familiares y empleos, están a cargo de la Agencia de Servicios de Ciudadanía e Inmigración, llamada algunas veces USCIS o CIS, que corresponde a *Bureau of United States Citizenship and Immigration Services* en inglés.

Durante corto tiempo, el nombre fue *Bureau of Citizenship and Immigration Services* o BCIS.

Las funciones de aplicación de la ley, incluso las de detección y remoción, son responsabilidad del Directorio de Seguridad de Fronteras y Transporte *(Directorate of Border and Transportation Security*—BTS). El BTS incluye la Secretaría de Protección de Aduanas y Fronteras (CBP), responsable por la Patrulla de Fronteras e inspecciones de individuos que ingresan en los Estados Unidos, y la Secretaría de Aplicación de la Ley de Inmigración y Aduanas (ICE), que se ocupa de la detención y remoción de inmigrantes.

Los Jueces de Inmigración y la Junta de Apelaciones de Inmigración *(Board of Immigration Appeals)* siguen formando parte del Departamento de Justicia *(Department of Justice* o DOJ) del DHS.

Conclusión

Después del 11 de septiembre, vemos un mayor escrutinio de todas las solicitudes presentadas a USCIS y a los consulados de los Estados Unidos, especialmente las de aquellos ciudadanos y nacionales de los países del Medio Oriente. De todos modos, si usted tiene un expediente libre de tachas y califica para algún beneficio, debe obtenerlo bajo las mismas reglas que estuvieron vigentes antes de los ataques terroristas.

SECCIÓN I:
Cómo obtener la tarjeta verde, conocida como "green card"

"Mañana es tu entrevista para la "green card", María. No olvides llevar las fotos de nuestra boda", dijo Andrew.

"No te preocupes. Ya guardé todo en la cartera . . . hasta la foto donde estás bailando con mi mamá", María le respondió entre risas.

Andrew es un residente permanente que obtuvo su tarjeta verde cuando obtuvo el auspicio o patrocinio de su empleador, una empresa de los Estados Unidos. Andrew y María habían tenido amores de adolescentes. Al saber que María estudiaba en los Estados Unidos, Andrew la llamó y el romance entre ellos renació. Se casaron a los pocos meses.

Andrew peticionó por María en base a su condición de residente permanente. USCIS aprobó la petición inmediatamente, pero la lista de espera en la categoría de cónyuge de residente permanente era demasiado larga para que María recibiera su visa de inmigrante en el momento de casarse. Tomó varios años para que llegara al frente de esa lista, pero eventualmente María obtuvo la residencia permanente y luego la ciudadanía. Siendo ya ciudadana de los Estados Unidos, hizo las peticiones correspondientes para las tarjetas verdes de su madre, Juana, y su hermano menor, Cristóbal.

Obtener una visa de inmigrante es el objetivo de millones de personas en los Estados Unidos y en todo el mundo. Se trata de la tarjeta de residencia permanente, comúnmente conocida como "green card", que en otros países se denomina carné, cédula o tarjeta de extranjería. En esta sección les explicaré todo el proceso para obtener una visa de inmigración.

En el capítulo 1, doy una idea general de las distintas maneras de llenar los requisitos para una visa de inmigrante. En los capítulos 2 y 3, doy detalles sobre las dos categorías principales de "green card": residencia permanente de Base Familiar y residencia permanente basada en el empleo. En el capítulo 4, explico quién es apto para la lotería de "green cards" y cómo puede ingresar al país. En el capítulo 5, repaso las prohibiciones relacionadas con la tarjeta verde; es decir, los problemas que pueden impedirle ser residente permanente. Finalmente, en el capítulo 6, explico cómo preparar su solicitud de visa de inmigrante, incluyendo cómo prepararse para la importantísima entrevista donde, en la mayoría de los casos, se tomará la decisión final de concederle o negarle la residencia permanente.

CAPÍTULO 1

Quién puede obtener una visa de inmigrante

La mayoría de la gente obtiene visas de inmigrante ("green cards") por su parentesco con un ciudadano o residente permanente de los Estados Unidos. El siguiente grupo lo consigue porque tiene una destreza laboral que el país necesita o desea. Luego viene un grupo más pequeño que obtiene visas de inmigrante de diversas maneras, como por lotería. Doy más detalles sobre las categorías de familia, empleo y lotería en los capítulos 2, 3, y 4. Por ahora, empecemos por averiguar si usted puede ser residente permanente de acuerdo con las categorías de elegibilidad para la visa de inmigrante.

Visas de Base Familiar

Puede considerársele apto para una tarjeta verde de Base Familiar si usted es el Familiar Inmediato de un ciudadano de los Estados Unidos (una categoría que no tiene una cantidad límite de visas de inmigrante emitidas anualmente) o si usted se encuentra en un grupo de preferencia basado en la familia que tiene un límite, o cuota, de 226,000 inmigrantes por año divididos en cuatro preferencias.

Las leyes de inmigración definen las relaciones de familia de manera especial. Un ejemplo es el término "hijo",* que incluye no sólo a niños nacidos de una pareja de casados sino también ciertos hijos adoptados, hijastros e hijos nacidos fuera del matrimonio. En el capítulo 2 encontrará detalles de estas relaciones de familia.

La categoría de Familiar Inmediato de un ciudadano de los Estados Unidos incluye a los siguientes miembros:

- Cónyuge de un ciudadano de los Estados Unidos.
- Hijo soltero (menor de 21 años) de un ciudadano de los Estados Unidos.
- Padre o madre de un ciudadano de los Estados Unidos de 21 o más años.
- Cónyuge de un ciudadano de los Estados Unidos que falleció, si en la fecha del fallecimiento del ciudadano la pareja había estado casada por un mínimo de dos años y no estaban separados legalmente.

** Si no se especifica lo contrario a lo largo del texto, la mención de hijo, hijos, niño, niños, padres y abuelos incluye a hijas, niñas, padre o madre, y abuelo o abuela.*

Las preferencias de Base Familiar son:

- Primera Preferencia de Base Familiar. Hijos solteros (de 21 años o más) de ciudadanos de los Estados Unidos.
- Segunda Preferencia A de Base Familiar. Cónyuge y niños solteros (menores de 21 años) de residentes permanentes.
- Segunda Preferencia B de Base Familiar. Hijos solteros (de cualquier edad) de residentes permanentes.
- Tercera Preferencia de Base Familiar (antes llamada Cuarta Preferencia). Hijos casados de ciudadanos de los Estados Unidos.
- Cuarta Preferencia por Parentesco (antes llamada Quinta Preferencia). Hermanos y hermanas de ciudadanos de los Estados Unidos de 21 o más años.

Tenga en cuenta que la ley de inmigración usa el término "niño" para el hijo/hija menor de 21 años y usa "hijo" para los hijos/hijas de cualquier edad.

Residencia permanente basada en trabajo, talento, o inversión

Las leyes de inmigración de los Estados Unidos reconocen el valor de la inmigración laboral para mantener la competitividad global y la creación de trabajos en los Estados Unidos. Por eso, existe la posibilidad de que usted pueda obtener una tarjeta verde si tiene educación y destrezas singulares, talento especial o aún la voluntad de trabajar en un puesto sin ningún atractivo. También puede llenar los requisitos para una tarjeta verde si invierte en un negocio. Las visas de residente permanente en esta categoría se denominan visas basadas en empleo.

Hay un límite anual de 140,000 visas de inmigrante basadas en empleo, pero eso no siempre quiere decir que la espera sea larga. El tiempo que le demore obtener una visa de inmigrante basada en empleo depende de su categoría de preferencia así como de la cantidad de personas que soliciten tarjetas verdes basadas en empleo en su país . A continuación les doy una lista de preferencias basadas en empleo. Encontrará los detalles de aptitud bajo estas preferencias en el capítulo 3.

Las preferencias basadas en empleo son:

- Primera Preferencia Basada en Empleo, Trabajadores Prioritarios. Trabajadores con capacidades extraordinarias, profesores e investigadores destacados, y ejecutivos y gerentes multinacionales.
- Segunda Preferencia Basada en Empleo. Profesionales con postgrados universitarios o trabajadores con capacidad excepcional.
- Tercera Preferencia Basada en Empleo. Trabajadores especializados, profesionales y otros trabajadores.
- Cuarta Preferencia Basada en Empleo. Inmigrantes especiales, incluso ciertos trabajadores, ex trabajadores del gobierno de Estados Unidos, empleados del Canal de Panamá, y ciertos locutores en lengua extranjera que trabajen para Radio Europa Libre o Radio Asia Libre.
- Quinta Preferencia Basada en Empleo. Creación de empleos (inversionista).

Otras personas que pueden obtener visas de inmigrante

Aun si usted no llena los requisitos en una de las categorías de familiares o empleos, puede obtener una visa de inmigrante en una de las siguientes categorías:

1. Beneficiarios Derivados. Un beneficiario es una persona para quien se ha gestionado una petición basada en familia o empleo. Un beneficiario derivado es el cónyuge o hijo soltero de esa persona. Se usa el término "derivado" porque su derecho a una visa de inmigrante se deriva, o proviene de, su cónyuge o padre/madre, que es el beneficiario primario.

La regla del beneficiario derivado estipula que si usted viene a los Estados Unidos con una de las preferencias basadas en la familia o el empleo, pueden venir con usted su cónyuge e hijos solteros menores de 21. No es necesario que se gestionen peticiones separadas para su cónyuge y niños. Su cónyuge y niños pueden hasta llegar después que usted, siempre y cuando usted y su cónyuge se casaron, y sus niños nacieron, antes de que usted obtuviera su visa de inmigrante.

Los familiares inmediatos de ciudadanos de los Estados Unidos no pueden traer a los miembros de su familia en calidad de beneficiarios derivados. Esto quiere decir que si usted obtiene su visa de inmigrante por ser cónyuge, padre/madre, o hijo soltero menor de 21 años de un ciudadano de los Estados Unidos, usted no puede traer automáticamente a su cónyuge o hijos con usted a los Estados Unidos como beneficiarios derivados. Esta regla no tiene mucho sentido, pero es la ley. Una vez que consiga su visa de inmigrante en la categoría de Familiar Inmediato, usted puede peticionar para su cónyuge y niños.

Los relatos de Kim y Jimmy demuestran cómo funciona la ley en cuanto a beneficiarios derivados.

— El relato de Kim —

La madre de Kim, una ciudadana de Estados Unidos, peticionó para la residencia permanente de Kim. Kim está casada con Harry. Tienen tres hijos: Bertha, de 18 años y casada; Aaron, de 19 años, soltero; y Cathy, de 23 y soltera.

Kim obtendrá su visa de inmigrante de Tercera Preferencia de Base Familiar, y también lo harán Harry y Aaron. Harry es el cónyuge de Kim, y por lo tanto es automáticamente un derivado o secundario si Kim consigue su tarjeta verde. Aaron sigue siendo "niño" (menor de 21 años) y soltero. También es derivado. Harry y Aaron pueden obtener tarjetas verdes al mismo tiempo que Kim, aun cuando nadie gestione peticiones en su favor. Cathy y Bertha, por el contrario, no pueden obtener visas de inmigrante al mismo tiempo que las de Kim, Harry, y Aaron porque los hijos deben ser menores de 21 años y no estar casados para ser beneficiarios derivados. Una vez que Kim y Harry obtengan la residencia permanente, cualquiera de los dos puede presentar una petición para Cathy bajo la Preferencia 2B de Base Familiar, siempre y cuando siga siendo soltera. A menos que llene los requisitos de "no casada" (*unmarried*, en inglés) porque se divorció o enviudó, Bertha deberá esperar hasta que uno de sus padres obtenga la ciudadanía de los Estados Unidos. Entonces, cualquiera de los dos puede peticionar en su favor bajo la Tercera Preferencia Familiar.

— El relato de Jimmy —

Jimmy es un ciudadano de Estados Unidos de 22 años. Su madre se casó con su padrastro cuando Jimmy tenía apenas 10 años. Aunque Jimmy tiene derecho a peticionar para que su madre y su padrastro obtengan la residencia permanente, sólo lo hace en favor de su madre porque no quiere a su padrastro. ¿Puede traer la madre de Jimmy al padrastro como beneficiario derivado? No. La madre de Jimmy es apta para una visa de inmigrante bajo la categoría de Familiar Inmediato de un Ciudadano de los Estados Unidos. El solicitante de una visa de inmigrante en esa categoría no puede traer a miembros de su familia. Una vez que la madre obtenga su residencia, puede peticionar para que se admita a su esposo bajo la Preferencia 2A de Base Familiar.

Beneficiarios derivados y la Ley de Protección de la Condición del Niño: Algunos hijos de solicitantes de residencia permanente preferencial pueden beneficiarse de una ley promulgada el 2 de agosto de 2002 llamada Ley de Protección de la Condición del Niño (CSPA—*Child Status Protection Act).* El propósito de la ley es proteger a ciertos hijos de ciudadanos y residentes permanentes de Estados Unidos que pueden perder sus beneficios debido a las largas demoras de procesamiento de USCIS. Para los beneficiarios derivados, la ley estipula que la edad de un niño que es beneficiario derivado de un solicitante de tarjeta verde preferencial se fija en la fecha que una fecha prioritaria se convierta "en curso" (*current*) para el beneficiario primario *menos* el tiempo que le tome a USCIS (o que le tomó al INS o BCIS) aprobar la petición. El niño derivado apto debe iniciar el proceso de residencia permanente dentro del año en que cumplió los requisitos.

El relato de Simone muestra cómo la CSPA puede beneficiar a un beneficiario derivado.

— El relato de Simone —

La madre de Simone, residente permanente, presentó una petición el 2 de enero de 2003 para que Simone fuera residente permanente. En su calidad de hija no casada menor de edad (tiene 15 años) de una residente permanente, Simone llena los requisitos para la residencia en la categoría de segunda preferencia familiar—A. Luego, el 2 de enero de 2004, USCIS aprueba la petición. Seis años más tarde, poco después de cumplir los 21 años, su fecha prioritaria se convierte en fecha "en curso" *(current)*. Pese a haber cumplido 21, puede obtener su visa de inmigrante bajo la segunda preferencia familiar—A. La hermana de Simone, Cecilia, una ciudadana de Estados Unidos, presentó el 2 de enero de 1993 una petición para la residencia permanente de su madre Migdalia, que también es la madre de Simone. En esa fecha, Simone tenía 11 años. Migdalia califica para la residencia en la categoría de cuarta preferencia familiar, que tiene una espera larga. USCIS aprobó la petición dos años más tarde, el 2 de enero de 1995. Luego, ocho años después, al poco tiempo que Simone cumpliera 21 años, la fecha prioritaria de Migdalia quedó "en curso" *(current)* en enero de 2003. Pese a haber cumplido 21 años, Simone puede obtener su visa de inmigrante como beneficiaria derivada de su madre. Esto se debe a que su edad quedó fijada en la misma fecha en que la fecha prioritaria de Migdalia quedó en curso, *menos* los dos años que le tomó a USCIS llegar a una decisión sobre la petición. Bajo la ley anterior, hubiera tenido que esperar hasta que su madre fuera residente permanente y peticionara por ella, un proceso que hubiera tomado muchos años.

2. Ganadores de loterías para visas. Cada año, el Departamento de Estado de Estados Unidos lleva a cabo una lotería de tarjetas verdes por la que concede 55,000 visas de residencia permanente. Las visas son para personas oriundas de países cuyos niveles de inmigración hayan sido bajos durante los cinco años anteriores. Las visas se reducen a 50,000 durante algunos años, cuando se dan 5,000 visas a solicitantes de NACARA (*Nicaraguan Adjustment and Central American Relief Act*—Ley de Ajuste para Nicaragua y Asistencia para Centroamérica). NACARA ofrece oportunidades especiales de residencia permanente para ciertas personas oriundas de Nicaragua, Cuba, El Salvador, Guatemala y los países del antiguo bloque soviético. Las fechas de gestión bajo NACARA ya pasaron. Si usted cree que puede haber llenado los requisitos para una tarjeta verde NACARA, solicite la opinión de un experto en inmigración. Para más información sobre loterías para visas, vea el capítulo 4.

3. Asilados y refugiados. Los asilados y refugiados pueden solicitar residencia permanente al año de obtener esa condición. No siempre es fácil obtener esa clasificación, como lo explico en la sección IV.

4. Registro. Si usted ingresó en los Estados Unidos antes del 1 de enero de 1972, y residió en Estados Unidos continuamente desde su ingreso, puede ser apto para la residencia permanente puramente por la cantidad de años que ha vivido en Estados Unidos. Muchos de los requisitos usuales para obtener la tarjeta verde, como por ejemplo demostrar que no necesita asistencia pública (*welfare*), no se aplican a los solicitantes de registro.

5. Inmigrantes especiales. La categoría de Inmigrante Especial incluye ciertos trabajadores religiosos, dependientes juveniles de una corte que sean elegibles para cuidados de crianza, algunos dependientes de diplomáticos, ciertos empleados que han trabajado durante muchos años para el gobierno de Estados Unidos en otros países, tenedores de visas S (informantes de terroristas o criminales), I (víctimas del narcotráfico), y U (víctimas de otros crímenes) y personas que estuvieron en el servicio activo de las fuerzas armadas de los Estados Unidos durante 12 años, o 6 años para quienes vuelvan a alistarse por 6 años más.

6. Visas de Unidad Familiar. El cónyuge y los hijos solteros menores de 21 años de inmigrantes "legalizados" se consideran aptos para la residencia permanente bajo reglas especiales. Un inmigrante legalizado es alguien que obtuvo la residencia bajo uno de los programas de amnistía descritos aquí.

7. Categorías Inusuales o Difíciles. Las leyes de inmigración ofrecen algunas maneras poco usuales y particularmente difíciles de obtener la residencia permanente. No debe tratar de obtener una tarjeta verde de una de las maneras siguientes hasta que no hable con un experto en leyes de inmigración. Éstas incluyen:

Cancelación de remoción. Si usted ha residido en Estados Unidos durante 10 años continuos, puede ser elegible para una "cancelación de remoción". Un cónyuge o niño abusado física y/o emocionalmente, o padre o madre de un niño maltratado de igual manera, debe tener sólo tres años de residencia continua en los Estados Unidos.

La ley ofrece distintos tipos de cancelación de remoción. En el tipo básico de cancelación de remoción, usted debe demostrar que, sin usted, su cónyuge, padre/madre o niño pasarán por "penuria excepcional y extremadamente inusual". Su propia penuria no basta. Además, para que usted llene los requisitos, su cónyuge, padre/madre o niño debe ser ciudadano o residente permanente de los Estados Unidos. La cancelación de remoción solía llamarse suspensión de deportación y era muchísimo más generosa que la cancelación de remoción actual.

Le advierto: Puede solicitar una cancelación de remoción únicamente en un juzgado de inmigración. La cancelación de remoción sólo puede concederla un juez de inmigración durante el proceso de remoción. Si usted solicita una cancelación de remoción y el juez concede su solicitud, se convertirá en residente permanente en ese mismo momento. Si el juez niega su solicitud, el juez puede ordenar su deportación. Si usted cree ser apto para una cancelación de remoción, no acuda simplemente a una oficina de USCIS. Pueden detenerlo allí mismo. Si quiere solicitar una cancelación de remoción, obtenga antes consejo de un abogado de inmigración o de un representante acreditado de una entidad sin fines de lucro.

La ley también toma en cuenta formas especializadas de cancelación de remoción. Si usted es un cónyuge o hijo abusado, o padre/madre de un niño abusado, puede solicitar cancelación de remoción si usted ha permanecido en los Estados Unidos durante por lo menos tres años. Para hacerlo con éxito, debe buscar ayuda de un abogado de inmigración o representante acreditado de una entidad sin fines de lucro.

Proyectos de ley particulares. Un proyecto de ley particular es un acto del Congreso para conceder residencia permanente a un individuo. El Congreso raramente aprueba proyectos de ley particulares. Usted necesita que un miembro del Congreso auspicie un proyecto y lo conduzca hasta su aprobación tanto en el Senado como en la Cámara de Representantes. Para que usted consiga una tarjeta verde por medio de un proyecto de ley particular, usted tendría que presentar una razón humanitaria extraordinaria para que se le conceda una visa.

Reglas especiales para nacionalidades especiales. A través de los años, el Congreso ha tenido a bien conceder tarjetas verdes fuera del sistema normal a inmigrantes de ciertos países. Nicaragüenses, cubanos, haitianos, salvadoreños, guatemaltecos, oriundos de los países del antiguo bloque soviético, y judíos sirios se han beneficiado en años recientes de esta leyes de nacionalidad específica.

Amnistía y "amnistía tardía". En 1986 el Congreso aprobó una ley de legalización o "amnistía." Bajo esta ley, las personas que residían en Estados Unidos continua pero ilegalmente desde antes de 1982 podían conseguir la residencia permanente. Las visas por amnistía también se concedieron a ciertos trabajadores agrícolas. La fecha de vencimiento para solicitar esta amnistía fue el 4 de mayo de 1988.

Después de esta fecha, muchos solicitantes de amnistía se quejaron de que USCIS los rechazó ilegalmente. En algunos procesos conocidos, a veces llamados los procesos CSS/LULAC por el nombre de las organizaciones que representaron a muchos de los solicitantes tardíos de amnistía, los juzgados federales obligaron a USCIS a aceptar algunas solicitudes de amnistía tardía. Para ser apto para una amnistía tardía, tuvo que permanecer en Estados Unidos desde antes del 1º de enero de 1982, pero no haber gestionado una amnistía porque USCIS lo desanimó ilegalmente a que lo hiciera. Algunas personas creen que la amnistía tardía es una amnistía nueva porque permite que los solicitantes la gestionen tanto tiempo después de la fecha de vencimiento. Muchos de los que gestionaron tarde recibieron permisos de trabajo de USCIS. Pero si usted llegó a los Estados Unidos después del 1 de enero de 1982 y solicitó una amnistía, su solicitud es fraudulenta.

Los juicios CSS/LULAC no pusieron fin a las controversias sobre la amnistía. En el año 2000, el Congreso aprobó la Ley de Inmigración Legal pro Derecho de la Familia (*Legal Immigration Family Equity*—LIFE). Ésta permite que ciertos solicitantes de amnistía tardía sean aptos para la residencia permanente, si la gestionaron antes del 1 de octubre de 2000 bajo cualquiera de los tres juicios de amnistía tardía—CSS v. Meese, LULAC v. INS, o Zambrano v. INS. Como otros solicitantes de legalización, los solicitantes de amnistía tardía LIFE deben haber llegado a Estados Unidos antes del 1 de enero de 1982 y haber residido aquí en condición ilegal hasta por lo menos el 4 de mayo de 1988. Los solicitantes deben también aprobar un examen de idioma y conocimientos cívicos para la ciudadanía de Estados Unidos (o estar tomando un curso sobre estos temas). La fecha de vencimiento para gestionar una residencia permanente bajo las cláusulas de amnistía tardía LIFE fue el 4 de junio de 2003.

CÓMO MANTENER SU RESIDENCIA PERMANENTE

Un requisito para la residencia permanente es que Estados Unidos se convierta en su domicilio primario. Puede perder su residencia permanente si se queda fuera de Estados Unidos por mucho tiempo. Si proyecta estar fuera de este país durante largos períodos de tiempo, obtenga un permiso de reingreso antes de partir de Estados Unidos. Un permiso de reingreso es un documento de viaje USCIS válido para el ingreso a Estados Unidos después de ausencias de hasta dos años. Si usted piensa estar fuera del país más de dos años, debe regresar a Estados Unidos y solicitar un nuevo permiso de reingreso. Use el Formulario I-131, Solicitud de Documento de Viaje, para gestionar un permiso de reingreso antes de partir de Estados Unidos. Cuando solicite el permiso de reingreso, usted debe explicar por qué necesita permanecer en el extranjero durante tanto tiempo. Las personas obtienen permisos de reingreso por una serie de razones, incluso por un trabajo temporal fuera de Estados Unidos, para cuidar a un familiar enfermo y para estudiar.

Cómo mantener su residencia

Si un inspector en un puerto de entrada cree que usted ha abandonado su residencia en Estados Unidos, el gobierno puede tratar de quitarle su condición de inmigrante.

Por lo general, las estadías menores de seis meses fuera de este país no son un problema. Si usted piensa que su ausencia será mayor de seis meses, debe prepararse para explicarle a un funcionario de fronteras por qué estuvo fuera del país durante tanto tiempo. Pruebas de que usted mantuvo su residencia incluyen una cuenta bancaria, el pago de impuestos de Estados Unidos, y un lugar donde vivir en Estados Unidos. Si usted obtiene el permiso de reingreso antes de viajar fuera de Estados Unidos, es más probable que un inspector lo admita a los Estados Unidos después de una ausencia larga.

Si un inspector cree que Estados Unidos no es el país de su residencia primaria, el inspector puede negarle la entrada. Si esto sucediera, usted tiene derecho a una audiencia ante un juez de inmigración, quien decidirá si usted realmente abandonó su residencia.

Viajes al extranjero de más de un año

Después de un año continuo fuera, su tarjeta de residencia permanente no es válida para el reingreso. Si proyecta estar fuera de Estados Unidos más de un año, solicite un permiso de ingreso de USCIS antes de partir.

Si permanece fuera de Estados Unidos más de un año sin obtener antes un permiso de reingreso, puede solicitar una visa de residente que regresa para facilitar su reingreso a los Estados Unidos. Puede solicitar la visa en un consulado de Estados Unidos. Necesitará demostrar que no abandonó su residencia en este país. Si regresa a Estados Unidos después de 365 días en el extranjero sin una visa de residente que regresa, pueden detenerle en un puerto de entrada o negarle la entrada.

Puede serle difícil demostrar que es un residente que regresa después de una estadía de un año o más en el extranjero. Tenga cuidado cuando proyecte un viaje largo fuera de este país.

Los relatos de Conrad, Danielle, Suresh, y Tony ilustran el tema de mantener la residencia.

— El relato de Conrad —

Mariel, ciudadana de Estados Unidos, peticionó para la residencia permanente de su esposo, Conrad. Dos años después de obtenerla, el empleador de su esposa la transfirió temporalmente a la sucursal francesa de la compañía para tomar un puesto durante cinco años.

Conrad y Mariel se proponen festejar las fiestas navideñas en Nueva York con sus familiares, pero dejarán su departamento en Nueva York y alquilarán uno en París.

Conrad no piensa abandonar su residencia en Estados Unidos. Debe someter el Formulario I-131 con una carta de la compañía de su esposa que explique que la están enviando a trabajar en el extranjero. Conrad puede obtener un permiso de reingreso, válido por sólo dos años. Debe regresar a Estados Unidos dentro de esos dos años para solicitar un nuevo permiso de reingreso. No puede solicitar un permiso nuevo desde el extranjero.

— El relato de Danielle —

Danielle, una actriz, obtuvo su residencia permanente para cuando se le presentara la gran oportunidad de convertirse en estrella de cine en Hollywood. Entretanto, vivía en Suecia hasta que llegara el momento de su estrellato.

Danielle viajaba a Estados Unidos con frecuencia para actuar en audiciones de prueba, pero la mayor parte de su trabajo en escena era en Europa. Durante varios años, viajó tres veces por año a Estados Unidos. Nunca estuvo en Estados Unidos por más de un par de semanas a la vez. Cinco años después de obtener la residencia permanente, un inspector notó que su pasaporte llevaba múltiples sellos de entrada y le pregunto cuál era el lugar de su residencia. Danielle contestó que su residencia era en Estados Unidos, pero su única prueba era una pequeña cuenta bancaria en Los Angeles. El inspector del aeropuerto le dijo que concertara una cita para una entrevista y entretanto le permitió ingresar en condición provisional (para la definición de condición provisional, vea la página XV).

Durante la entrevista con el inspector, Danielle insistió que residía en los Estados Unidos, pero seguía sin pruebas. El inspector le respondió que tenía una alternativa: dejar el país o tratar de convencer a un juez que residía en Estados Unidos.

El que Danielle mantenga o no su residencia permanente dependerá de las pruebas que presente en el juzgado. Si regresa a Suecia, podrá obtener una residencia permanente más tarde si un familiar o empleador peticiona en su favor.

— *El relato de Suresh* —

Suresh trabaja para una empresa importante de computación de Estados Unidos que lo auspició para la residencia permanente. Lo ascendieron a Director de Ventas Internacionales, un trabajo que requería extensos viajes y estadías en hoteles fuera de Estados Unidos.

Aunque Suresh pasa la mayor parte del tiempo fuera de Estados Unidos, no tendría problemas en convencer a un inspector que no abandonó su residencia. Su trabajo y su domicilio están en Estados Unidos, y es debido a su trabajo que sale del país por largos períodos de tiempo.

— *El relato de Tony* —

Cuando Tony se enteró que su padre estaba enfermo, fue a verlo a la República Dominicana. Al llegar, se dio cuenta que la situación era mucho peor de lo que había pensado. Su padre requería cuidados constantes, y Tony era el único miembro de la familia en condiciones de ayudarlo. Tony le escribió a su empleador y renunció a su trabajo en un pequeño bufete de abogados de Estados Unidos. Desafortunadamente, el padre murió un año y medio después de la partida de Tony de Estados Unidos. Tony permaneció otros seis meses en la República Dominicana para vender el negocio de su padre y luego decidió regresar a Estados Unidos.

Como Tony no sacó un permiso de reingreso antes de irse a la República Dominicana y estuvo fuera de Estados Unidos más de un año, debe solicitar una visa de residente que regresa del consulado de Estados Unidos. Tendrá que explicarle a un funcionario consular por qué estuvo tanto tiempo fuera de Estados Unidos. Necesitará pruebas de que no intentaba abandonar su residencia en Estados Unidos.

Le servirá haber mantenido cuenta bancaria y dirección postal en Estados Unidos. De mayor importancia serán las cartas del médico de su padre así como documentos de los negocios familiares. Estas pruebas demostrarán que Tony no pensaba abandonar su residencia en Estados Unidos. Si estuvo tanto tiempo en la República Dominicana fue porque tuvo que cuidar a su padre.

Vencimiento y renovación de la tarjeta verde

En un tiempo, las tarjetas verdes (el nombre oficial es tarjeta de "residente permanente"—y no son verdes) se emitían sin fecha de vencimiento. Sólo se necesitaba una nueva cuando se perdía, o si la consiguió de niño y un inspector insistía que solicitara una tarjeta nueva con una foto reciente. Las tarjetas que se emiten en este momento son válidas por diez años.

Cuando su tarjeta vence, usted no pierde su residencia permanente. Ése es un mito. Vence su tarjeta, no su condición legal de residente permanente.

En 1994, el gobierno requirió que ciertos residentes permanentes obtuvieran tarjetas nuevas, aun si sus tarjetas no habían vencido. La mayoría de estas tarjetas se emitieron antes de 1979. Sabrá si necesita una tarjeta nueva de esta manera: si su tarjeta tiene un plazo de diez años, deberá reemplazarla cuando venza. Si tiene una tarjeta más antigua, deberá reemplazarla a menos que tenga la anotación "I-551".

CAPÍTULO 2

Inmigración de base familiar

Bajo la llamada inmigración de Base Familiar (*Family-Based immigration*), usted podría ser apto para una visa de inmigrante si es cónyuge, padre/madre o hijo* de un ciudadano de Estados Unidos o si es cónyuge o hijo soltero de un residente permanente.

La ley de inmigración de Estados Unidos divide la inmigración de Base Familiar en dos grupos: los Familiares Inmediatos de ciudadanos de Estados Unidos y cuatro Preferencias de Base Familiar. Notará una diferencia importante entre Familiares Inmediatos (*Immediate Relatives*) de ciudadanos de Estados Unidos y solicitantes de preferencia *(preference applicants)*. Un solicitante de preferencia puede traer a su cónyuge y/o hijo menor de 21 años como miembros acompañantes de la familia. Los Familiares Inmediatos no pueden hacerlo. Esta regla, que falta a la lógica, se llama regla del "beneficiario derivado". Para más información sobre beneficiarios derivados, vea el capítulo 1.

Cuando se habla de inmigración de base familiar, llamamos peticionario al ciudadano o residente permanente de Estados Unidos que gestiona (peticiona) en favor de un familiar. Llamamos beneficiario (que se beneficia de la petición) al familiar que trata de obtener una visa de inmigrante. El formulario que un peticionario gestiona para un beneficiario se llama *USCIS Form I-130, Petition for Alien Relative* (Formulario USCIS I-130, Petición para un Familiar Extranjero (vea el apéndice B). Antes de explicar cómo las leyes de inmigración de Estados Unidos definen las relaciones familiares, repasemos las categorías de inmigrantes familiares.

La categoría de Familiar Inmediato

Usted es Familiar Inmediato de un ciudadano de Estados Unidos si es uno de los siguientes:

- Cónyuge de un ciudadano de Estados Unidos.
- Hijo no casado (menor de 21 años) de un ciudadano de Estados Unidos.
- Padre/madre de un ciudadano de Estados Unidos si el ciudadano tiene 21 años o más.

**A menos que se especifique lo contrario, ciudadano, peticionario, auspiciador, cónyuge, hijo, niño y hermano se refieren a personas de ambos géneros.*

- Cónyuge de un ciudadano fallecido de Estados Unidos si usted gestionó una autopetición dentro de los dos años de la muerte del cónyuge—habiendo estado casados por lo menos dos años y no estando separados legalmente cuando murió su cónyuge—y no se volvió a casar.

Si usted llena los requisitos en la categoría de Familiar Inmediato, no necesita preocuparse por cuotas o listas de espera. Puede obtener su tarjeta verde tan pronto se procesen sus papeles. Esto se debe a que las visas para Familiares Inmediatos son ilimitadas.

Es posible que algunos hijos de ciudadanos de Estados Unidos se beneficien por una ley promulgada el 2 de agosto de 2002 llamada Ley de Protección de la Condición del Niño (*Child Status Protection Act*—CSPA). El propósito de la ley es proteger a ciertos hijos de ciudadanos y residentes permanentes de Estados Unidos que podrían perder sus beneficios debido a las largas demoras de procesamiento de USCIS.

Bajo la CSPA, cuando el peticionario de un hijo soltero menor de 21 años es ciudadano de Estados Unidos, la edad del hijo queda "fijada" en la fecha que USCIS (o BCIS o el INS) recibe la petición.

El relato de Ida ilustra cómo el hijo de un ciudadano de Estados Unidos que es soltero y menor de 21 años puede beneficiarse por la CSPA.

— El relato de Ida —

Ida tenía 20 años y era soltera cuando su madre, ciudadana de Estados Unidos, peticionó en su favor. Continuará siendo apta como familiar inmediato de un ciudadano de Estados Unidos, por más tiempo que le demore a USCIS o a un consulado de Estados Unidos procesar su solicitud de residencia permanente. Lo seguirá siendo aun si llega a la mayoría de edad mientras espera. Antes de la promulgación de la CSPA, al cumplir los 21 hubiera pasado a la categoría de primera preferencia familiar, con una larga espera para la residencia permanente.

Categorías de Preferencia de Base Familiar

Las cuatro categorías de Preferencia de Base Familiar están sujetas a una cuota anual. La espera para algunas categorías de preferencia puede ser de muchos años.

Si usted obtiene una visa de inmigrante bajo una Preferencia de Base Familiar, su cónyuge y sus hijos no casados menores de 21 años pueden seguirle o acompañarle a Estados Unidos como inmigrantes beneficiarios derivados. (Para más información sobre beneficiarios derivados, vea el capítulo 1.) Tenga en cuenta que la ley de inmigración usa el término "niño" cuando se refiere a menores de 21 años. Un "hijo o hija" quiere decir un hijo de cualquier edad.

Las categorías de preferencia para los familiares de ciudadanos y residentes permanentes de Estados Unidos son:

Primera Preferencia de Base Familiar. Los hijos adultos (de 21 años o más) no casados de ciudadanos de Estados Unidos.

Usted llena los requisitos de hijo no casado si nunca se casó o si es divorciado o viudo. Sin embargo, no puede divorciarse únicamente para obtener una visa. USCIS puede sospechar sus motivos si se divorcia y, poco después, su madre o padre le auspicia para una visa de Primera Preferencia de Base Familiar. *Segunda Preferencia A de Base Familiar.* Cónyuge y niños no casados menores de 21 años de residentes permanentes.

Segunda Preferencia B de Base Familiar. Hijo soltero de cualquier edad de residentes permanentes.

Beneficiarios de preferencias familiares y la Ley de Protección de la Condición del Niño

Algunos solicitantes de visas de inmigrantes bajo la preferencia familiar pueden beneficiarse de la Ley de Protección de la Condición del Niño (CSPA o *Child Status Protection Act).* El propósito de la ley es proteger a ciertos hijos de ciudadanos y residentes permanentes de Estados Unidos que pueden perder sus beneficios debido a las largas demoras que le toma el proceso a USCIS. Para la Segunda Preferencia Familiar A niños, la ley estipula que la edad de un niño se fija al tiempo que la fecha prioritaria del niño queda "en curso" *(current)* menos el tiempo que le toma a USCIS (o que le tomó al INS o BCIS) aprobar la petición. El niño debe iniciar el proceso de residencia permanente dentro del año en que llegó a la cabeza de la lista de espera bajo el sistema de cuotas y por lo tanto califica para la residencia permanente.

El relato de Carol muestra cómo la CSPA puede beneficiar a la Segunda Preferencia Familiar A niño de un residente permanente.

— El relato de Carol —

La madre de Carol, que es residente permanente, presentó el 2 de enero de 2003 una petición para que Carol fuera residente permanente. Carol, hija soltera de 15 años de un residente permanente, califica para la residencia en la categoría de la Segunda Preferencia Familiar-A. El 2 de enero de 2004, USCIS aprobó la petición. Cinco años más tarde, poco después que cumpliera 21 años, la fecha prioritaria de Carol quedó "en curso". Pese a haber cumplido 21 años, puede obtener su visa de inmigrante bajo la Segunda Preferencia Familiar-A. Esto se debe a que su fecha se fijó cuando su fecha prioritaria quedó "en curso", *menos* el año que le tomó a USCIS decidir acerca de la petición. Bajo la ley anterior hubiera estado en la categoría Segunda Preferencia Familiar-B, donde la espera es más larga.

Si usted presenta su solicitud en la categoría Segunda Preferencia A de base familiar como hijo no casado, debe permanecer sin casarse hasta ser residente permanente. Menciono nuevamente que usted no puede divorciarse con el único propósito de obtener una visa.

El relato de Mario muestra que para recibir una tarjeta verde bajo la Segunda Preferencia de Base Familiar debe permanecer sin casarse hasta ser residente permanente.

— El relato de Mario —

Mario, un ciudadano ecuatoriano, era soltero cuando su madre, residente permanente de Estados Unidos, peticionó para que él recibiera una tarjeta verde. Cuatro años después, un funcionario consular de Estados Unidos en Guayaquil lo llamó para su entrevista final para la visa de inmigrante.

La entrevista marchó bien, el funcionario consular aprobó su caso y terminó dándole a Mario la visa de inmigrante. Mario pasaría a ser residente permanente en su primera entrada a Estados Unidos. Aunque su novia, María, se entusiasmó mucho al recibir la noticia, le preocupaba que Mario la olvidara al llegar a Estados Unidos. Mario y María decidieron casarse inmediatamente, antes de que Mario partiera hacia su nuevo hogar en Nueva York. A su llegada al aeropuerto JFK, el inspector USCIS le preguntó si estaba casado y Mario respondió que sí. USCIS no le permitió a Mario ingresar a Estados Unidos, y se vio obligado a regresar a Ecuador porque Mario no reunía los requisitos para una tarjeta verde: ya no era hijo soltero de un residente permanente como lo estipulaba la petición que su madre gestionó. Cuando su madre sea ciudadana de Estados Unidos, Mario estará en condiciones de obtener una tarjeta verde bajo la Tercera Preferencia de Base Familiar, como hijo casado de una ciudadana de Estados Unidos.

Si Mario hubiera esperado hasta ingresar por lo menos una vez a los Estados Unidos antes de casarse, su entrada le hubiera dado la residencia permanente. Hubiera podido, entonces, viajar a Ecuador inmediatamente, casarse con María, y ser su peticionario a su regreso.

Tercera Preferencia de Base Familiar (antes Cuarta Preferencia). Hijos casados de ciudadanos de Estados Unidos.

Cuarta Preferencia de Base Familiar (antes Quinta Preferencia). Hermanos de ciudadanos de Estados Unidos, si el ciudadano de Estados Unidos tiene 21 o más años.

Bajo la cuarta preferencia, el ciudadano de Estados Unidos que es peticionario debe tener 21 años o más. Las listas de espera de esta preferencia son largas. Algunos expertos calculan que los casos nuevos demorarán 20 años o más.

RELACIONES FAMILIARES

Las leyes de inmigración de Estados Unidos son muy específicas para definir las relaciones familiares. En esta sección, observaremos cómo la ley define las relaciones de esposo y esposa, niño y padre/madre, y hermanos.

ESPOSO O ESPOSA

Para obtener una tarjeta verde basada en una petición de su cónyuge, usted debe demostrar que no se casó únicamente para conseguir una tarjeta verde. Si usted o su cónyuge estuvieron casados anteriormente con otras personas, usted debe demostrar que los matrimonios previos suyos y/o de su cónyuge terminaron por divorcio o muerte.

Matrimonios reales versus matrimonios por la tarjeta verde

USCIS no reconocerá que un matrimonio es *bona fide* (de buena fe) o "real", es decir legítimo y no simplemente legal, si usted se casó únicamente para conseguir su tarjeta verde. Si trata de conseguir una tarjeta verde mediante un casamiento falso y se llega a saber la verdad, se arriesga a que se le prohíba permanentemente la residencia permanente.

El relato de George muestra lo que puede ocurrir si usted contrae matrimonio por la tarjeta verde.

— El relato de George —

George huyó de su hogar en Londres a los 14 años. Después de varios años de probar suerte por sí mismo en Liverpool, llegó a Estados Unidos, supuestamente sólo de visita. Fue a vivir con un amigo, Frank, en Los Angeles, California. Pese a sus destrezas, no pudo conseguir empleo porque no tenía permiso de trabajo del INS. Los empleadores temían tomarle debido a posibles sanciones contra ellos (vea la sección V). Ginny, la novia de Frank, ofreció casarse con George para ayudarlo a obtener una tarjeta verde. Durante la entrevista para la tarjeta verde, Ginny estaba muy nerviosa. Al preguntarle el examinador sobre el casamiento, Ginny estalló en llanto, admitiendo que se casó únicamente para ayudar a George a conseguir sus documentos legales. El examinador USCIS le negó a George su solicitud para una tarjeta verde.

Algún tiempo después, George recibió una notificación para presentarse a una audiencia de remoción. Estaba ahora casado con Sharon, una ciudadana de Estados Unidos que estaba encinta con el bebé de George. George realmente amaba a Sharon, pero porque USCIS le había descubierto planes de matrimonio falso anteriormente, no obtendrá la tarjeta verde, ya sea su peticionario Sharon, otro familiar, o un empleador. No podrá obtenerla jamás.

Para asegurarse de que USCIS aprobará su petición de casamiento, su cónyuge deberá presentar pruebas de que su matrimonio es de buena fe. Las pruebas de un matrimonio verdadero incluyen:

- Fotografías de su boda, de la recepción, o de usted y su cónyuge juntos, antes o después del casamiento.
- Estado de cuenta bancaria mancomunada.
- Contrato de alquiler de un departamento o acuerdo de hipoteca para una vivienda con los nombres de los cónyuges.
- Cartas de terceras personas dirigidas a usted y a su cónyuge a la misma dirección
- Pólizas de salud y de otro tipo con su nombre y el de su cónyuge.
- Declaraciones juradas (*affidavits*) de amigos, familiares o funcionarios religiosos sobre la honestidad del matrimonio.
- Documentos personales que muestren que su cónyuge es su contacto de emergencia.
- Planilla tributaria conjunta.
- Tarjetas de crédito conjuntas.
- Facturas de servicios públicos y teléfono con ambos nombres.

Debe adjuntar las pruebas a la petición I-130 cuando la someta a USCIS. Al dar pruebas abundantes, usted puede evitar que USCIS le haga más preguntas sobre la veracidad de su matrimonio. Lleve documentos de apoyo adicionales cuando vaya a la entrevista para su tarjeta verde.

La entrevista para averiguar si tiene un matrimonio fraudulento

Si usted y su cónyuge viven en Estados Unidos, USCIS puede entrevistarle sobre su vida en común. Esto puede ocurrir como parte de su entrevista de ajuste de condición (vea el capítulo 6) o en una entrevista aparte sobre matrimonio fraudulento. En realidad, USCIS aprueba muchas peticiones I-130 gestionadas por ciudadanos y residentes permanentes de Estados Unidos sin una entrevista sobre matrimonio fraudulento.

Usted puede traer a la entrevista sobre matrimonio fraudulento a un abogado o un representante acreditado de una entidad sin fines de lucro. Durante la entrevista, el examinador USCIS puede separarlos a usted y a su cónyuge y hacerles las mismas preguntas a ambos, como por ejemplo si conocen a familiares de ambos lados, el color de las paredes de su departamento, dónde se conocieron, qué vacaciones tomaron juntos (si es el caso), y si tienen televisor. El propósito de estas preguntas es verificar si usted y su cónyuge dan las mismas respuestas. Aunque la preparación les tome mucho tiempo, será difícil aprobar la entrevista si usted tiene un matrimonio falso.

El relato de Susan y Tom le dará una idea de lo que ocurre durante una entrevista sobre matrimonio fraudulento.

— El relato de Susan y Tom —

Tom y Susan eran realmente una pareja enamorada. Tom era ciudadano de Estados Unidos. Susan, una australiana, había venido de visita a Estados Unidos y, después de conocer a Tom, decidió quedarse. Cuando Tom y Susan se presentaron para la entrevista de Susan, la única prueba que presentaron para demostrar que su matrimonio era real fue su certificado de matrimonio. Ni fotos, ni cartas . . . nada. El examinador de USCIS decidió entrevistar a Tom y Susan por separado para asegurarse que no se casaron únicamente para que Susan obtuviera una tarjeta verde.

La examinadora de USCIS le preguntó a Susan lo que Tom le había dado para su cumpleaños. La verdad era que a Tom se le olvidó el cumpleaños de Susan y no le regaló nada. Susan, temerosa de que si lo confesaba la examinadora pensaría que no eran una verdadera pareja, contestó, "Un sweater rojo". Más tarde, cuando la examinadora le hizo la misma pregunta a Tom, éste dijo la verdad: no le había regalado nada a Susan. ¡Qué problema!

Tom y Susan olvidaron el propósito principal de una entrevista de USCIS sobre matrimonio fraudulento: observar si marido y mujer dan las mismas respuestas.

Afortunadamente para Tom y Susan, su examinadora era una persona muy comprensiva. Les preguntó a Tom y Susan sobre las respuestas diferentes que dieron acerca del regalo de cumpleaños y Susan explicó la razón de su respuesta. Como Susan y Tom habían dado la misma respuesta a tantas otras preguntas, la examinadora de USCIS les dio hasta el día siguiente para traer pruebas adicionales de que vivían juntos. Tom y Susan presentaron las pruebas esa misma tarde, y la entrevistadora de USCIS aprobó el caso.

El examinador de USCIS aprobará la petición I-130 si cree que su matrimonio es real. Si el examinador piensa que su matrimonio no es verdadero, le negará la petición o le pedirá al peticionario (su cónyuge) que la retire. Esto significa que USCIS le solicitará a su cónyuge que detenga el caso. Si su cónyuge retira la petición, esa petición no le valdrá para obtener una residencia permanente. A menudo, si la petición se niega o retira, USCIS iniciará los pasos para removerlo de Estados Unidos.

Una tercera posibilidad es que el examinador no decida inmediatamente sino que envíe el caso a una investigación de campo. Un funcionario de USCIS puede visitarlo en su domicilio. Las investigaciones de campo de USCIS sobre matrimonios son menos comunes de lo que la gente piensa, pero ocurren. Si el examinador manda su caso al departamento de investigaciones, en cierto momento (a veces varios meses después de su entrevista inicial) un investigador de USCIS puede presentarse en la residencia que usted anotó en la petición I-130. El investigador busca pruebas de que usted y su cónyuge viven juntos, como ropa de hombre y de mujer, dos cepillos de dientes, crema de afeitar y perfume. El investigador también puede hablar con los vecinos.

Un investigador de USCIS no tiene derecho a entrar en su casa sin una orden judicial o sin su permiso. Sin embargo, depende de ustedes dos demostrar que usted es elegible para una residencia permanente. Si no deja que un investigador vaya a su domicilio, USCIS puede negarle la petición matrimonial. Es fácil: usted quiere hacer todo lo posible para que su caso no se investigue. Aun si el investigador determina que su matrimonio es real y valedero, la investigación en sí puede tomar semanas o meses. Si quiere evitar una demora larga que le llenará de nervios, asegúrese de que su matrimonio esté bien documentado.

Autopetición—Cónyuge o niño abusado

Si su cónyuge, siendo ciudadano o residente permanente de Estados Unidos, la ha abusado o ha abusado a su niño física o mentalmente, es posible que pueda presentar una "autopetición" *("self-petition")* para conseguir su tarjeta verde. Esto quiere decir que no necesita auspiciador o patrocinador. Puede gestionar sus propios documentos para la tarjeta verde sin ayuda de su cónyuge.

Para ser apto para una autopetición, usted o su niño tienen que haber sufrido agresión física violenta o crueldad extremada de su cónyuge. Debe residir en Estados Unidos y, en algún momento, haber vivido con su cónyuge. Pero no tienen que estar viviendo juntos en el momento que gestiona la petición. El abuso debe haber ocurrido en algún momento durante el matrimonio. El abuso que tiene lugar después de un divorcio legal no basta, aunque puede ayudar a demostrar que el abuso también ocurrió durante el matrimonio. No tiene que estar casado con su cónyuge en el momento que gestiona su petición si la razón del divorcio fue agresión física o crueldad mental extremada. Sin embargo, si se divorció, el divorcio debe haber ocurrido dentro de dos años de gestionar la petición.

Un hijo abusado de ciudadanos o residentes permanentes de Estados Unidos también puede gestionar una autopetición. Para demostrar que usted es un cónyuge abusado, un niño abusado, o padre/madre de un niño abusado, necesitará pruebas de abuso, como un registro de que llamó a la policía, una orden de protección del juzgado para familias, o una carta de un psiquiatra, psicólogo o asistente social que le ha asistido a usted o a su niño. Antes de gestionar una petición como cónyuge agredido, debe recurrir a un experto legal en inmigración, porque USCIS tiene normas estrictas sobre penuria extremada.

Una vez que USCIS apruebe su petición por abuso, ya sea cónyuge o niño abusado, o padre/madre de un niño abusado, USCIS le permitirá permanecer en Estados Unidos hasta que obtenga su residencia permanente.

Si usted y su cónyuge viven aparte

¿Qué sucede si usted y su cónyuge no viven juntos? ¿Puede ser aprobada la petición del cónyuge? Si la separación no tiene nada que ver con sus intenciones de estar juntos como marido y mujer, USCIS debería aprobar la petición, siempre y cuando satisfaga cualquier duda sobre la validez de su matrimonio.

Si su matrimonio peligra y usted y su cónyuge viven aparte pero no han dado los pasos legales para separarse o romper el matrimonio, USCIS puede aprobar la petición I-130. Sin embargo, si los dos viven aparte, puede ser más difícil establecer que su matrimonio es de buena fe.

Si usted o su cónyuge gestionaron un acuerdo de separación o un proceso de divorcio en un juzgado, USCIS dará el matrimonio por terminado. En algunos estados de este país, es suficiente la sola firma en un acuerdo de separación para considerar que el matrimonio ha terminado.

Los relatos de Jim y Marta y de Jaime y Altagracia muestran que aun si el marido y la mujer viven aparte, la pareja puede demostrar que su matrimonio es real.

— El relato de Jim y Marta —

Jim, ciudadano de Estados Unidos, y Marta, ciudadana de México, se conocieron cuando eran estudiantes en la Universidad de Chicago. Después de graduarse, Jim fue aceptado a una facultad de derecho en San Francisco y Marta a una facultad de medicina en Los Angeles. Decidieron que tendrían que vivir aparte pero se casaron para demostrar su devoción mutua.

Cuando USCIS entrevistó a Jim y Marta sobre la residencia permanente de Marta, ya vivían en ciudades distintas. Jim y Marta llevaron pruebas a la entrevista de que su relación continuaba. Las pruebas incluían cuentas de teléfono donde podía verse que hablaban todas las noches, cartas y fotos de su luna de miel en las Cataratas del Niágara. También mostraron a USCIS fotos tomadas durante su visita a la familia de Marta en la capital federal. Marta no tuvo problemas para obtener su residencia permanente.

— El relato de Jaime y Altagracia —

Antes de casarse, Jaime y Altagracia se conocían por muchos años. Jaime, ciudadano de Costa Rica, estudió arquitectura en la Universidad de California en Los Angeles (UCLA). Altagracia, ciudadana de Estados Unidos de ascendencia mexicana, también estudiaba en UCLA. Ella y Jaime estaban juntos desde su primer año universitario. Decidieron casarse después de su graduación. Luego, Altagracia peticionó para que Jaime obtuviera su residencia permanente.

Jaime y Altagracia descubrieron que había una diferencia enorme entre estar casados y ser novios. No les agradó el matrimonio por lo que decidieron separarse. Estando aparte, USCIS los llamó para la entrevista sobre la solicitud de residencia permanente de Jaime. Aunque admitieron, al inicio de la entrevista, que vivían aparte, Altagracia pudo demostrar que había sido novia de Jaime y que contrajeron matrimonio de buena fe. Explicó que no habían iniciado el proceso de divorcio, que eran verdaderamente una pareja, y que no se trataba de un matrimonio de conveniencia. Tenían varios álbumes con fotos de viajes y fiestas en las que estuvieron juntos. Y tenían una foto de la suntuosa boda, a la que asistieron 20 familiares de Jaime que viajaron de Costa Rica únicamente para la ceremonia. El examinador USCIS, convencido de que el matrimonio entre Jaime y Altagracia era un matrimonio verdadero, le concedió la residencia permanente a Jaime.

Matrimonios anteriores

Si su anterior cónyuge murió, debe presentar un certificado de defunción cuando someta la petición. Si su matrimonio anterior o el de su cónyuge terminó en el divorcio, debe someter el fallo de divorcio, y no sólo un certificado de divorcio.

Si el divorcio tuvo lugar en un país extranjero, USCIS buscará la verificación de que el divorcio procedió de acuerdo con las leyes de ese país. USCIS también buscará la verificación de que el divorcio es válido bajo las leyes del estado o país donde se celebró la ceremonia matrimonial entre usted y su cónyuge.

Puede ser difícil evaluar si un matrimonio ha terminado de manera adecuada. El caso de Tomás, Sally, y Wilma nos da un ejemplo.

— El relato de Tomás, Sally, y Wilma —

Tomás es un ciudadano naturalizado de Estados Unidos que vive en la ciudad de Nueva York. Nació en la República Dominicana. Tomás quisiera casarse y gestionar una petición I-130 para su novia, Wilma, también dominicana. Wilma vive en Nueva Jersey y estudia para el *master's* (magíster) en New Jersey State University. Radica legalmente en Estados Unidos bajo la condición de estudiante extranjero F-1 (vea el capítulo 13 para más información sobre las visas de estudiante).

Tomás estuvo casado anteriormente con Sally, una ciudadana de Estados Unidos nacida en Kansas City, Missouri. Tomás y Sally no tuvieron niños ni propiedades que separar. Para ellos, lo más importante en ese momento era divorciarse lo antes posible.

Tomás y Sally convinieron, a través de sus abogados, gestionar su divorcio en la República Dominicana. Se les concedió el divorcio. Ni Tomás ni Sally se presentaron durante el proceso de divorcio, aunque sus abogados siempre los representaron en el juzgado.

Algunos estados, por ejemplo New Jersey, reconocen el divorcio "por correo" (*mail order*), esto es, divorcios en que ninguna de las dos partes se presenta durante el proceso. Otros estados no reconocen los divorcios "por correo" bajo las circunstancias descritas en el caso de Tomás y Sally. New Jersey los reconoce. Por lo tanto, bajo la ley de New Jersey, Tomás y Sally están divorciados y libres para volver a casarse. La ley en Nueva York considera que Tomás y Sally son marido y mujer, pese al divorcio en la República Dominicana.

Si Tomás se casa con Wilma en el estado de Nueva York, su matrimonio no se considerará válido y no puede peticionar por ella. Si se casa en New Jersey, el matrimonio será válido ante la ley de New Jersey. Tanto USCIS y el estado de Nueva York reconocerán el matrimonio. Para Tomás y Wilma, esto no tiene sentido. Pero para evitar que Tomás se divorcie nuevamente de Sally, él y Wilma se casarán en New Jersey. Después de la ceremonia, Tomás será el peticionario de Wilma. Cuando USCIS apruebe la petición, Wilma tendrá su residencia permanente bajo la petición de Tomás.

Residencia Condicional

Si obtiene una visa de inmigrante por un matrimonio menor de dos años cuando inmigró, usted es residente permanente condicional. Ser residente permanente condicional significa que puede tener una tarjeta verde temporal que vencerá dentro de dos años. Usted y su cónyuge deben gestionar una solicitud llamada petición conjunta, el Formulario INS I-751, Petición para Remover las Condiciones de Residencia (*INS Form I-751, Petition to Remove the Conditions on Residence*) para que su residencia permanente sea verdaderamente permanente. Debe gestionar la petición conjunta 90 días antes del segundo aniversario de su residencia permanente. Si obtuvo la residencia permanente más de dos años después de su casamiento, la regla de residencia condicional no se aplica. Si se divorcia antes de que USCIS remueva la condición, o si su cónyuge rehúsa firmar la petición conjunta, usted debe solicitar un abandono del requisito de petición conjunta tal como lo describe el texto a continuación. Exceptuando la necesidad de remover la condición, un residente permanente condicional tiene los mismos derechos que otros residentes permanentes. El tiempo que permaneció en la condición de residente permanente condicional cuenta hacia la ciudadanía de Estados Unidos.

Los relatos de Carlos y Juanita y de Yoko y Yoshi demuestran la regla de residencia condicional.

— El relato de Carlos y Juanita —

Carlos, ciudadano y residente de Barcelona, conoció a Juanita, ciudadana de Estados Unidos, cuando ésta estudiaba español en Barcelona. Poco después de conocerse, Juanita y Carlos se casaron. Como Carlos tenía un buen trabajo como instructor de idiomas, decidieron vivir en Barcelona, pese la objeción de los padres de Juanita. Tres años después, Juanita gestionó una petición por parentesco para Carlos. Varios meses más tarde, Carlos obtuvo su residencia permanente sin condiciones porque había estado casado con Juanita más de dos años cuando obtuvo su residencia permanente.

— El relato de Yoko y Yoshi —

Yoko, una ciudadana de Estados Unidos, conoció a Yoshi, un estudiante de intercambio del Japón, en Aspen, Colorado. Ambos estaban de vacaciones en Aspen donde habían ido a esquiar. Aunque Yoko descendía de japoneses, hablaba muy poco japonés, y Yoshi hablaba muy poco inglés. Sin embargo, se enamoraron locamente y fueron a Las Vegas para casarse. Se radicaron en Los Angeles, donde Yoko gestionó inmediatamente los documentos para Yoshi. A los tres meses, Yoshi se convirtió en residente permanente condicional. Porque fue residente permanente dentro de los dos años de su matrimonio con Yoko, la residencia permanente de Yoshi fue condicional.

Pero cuando llegó el momento de solicitar que se removiera su condicionamiento, Yoshi y Yoko habían estado viviendo aparte durante más de un año. Yoko convino no divorciarse de Yoshi hasta que USCIS removiera el condicionamiento de Yoshi porque quería que éste obtuviera su tarjeta verde. En la petición conjunta para remover la condición, Yoko y Yoshi dieron direcciones distintas. USCIS los llamó a una entrevista. Durante la entrevista, presentaron pruebas, incluso fotos de sus múltiples viajes juntos, para demostrar que no se habían casado únicamente para que Yoshi tuviera su tarjeta verde. El examinador de USCIS les creyó y decidió que USCIS debía remover el condicionamiento de la residencia permanente de Yoshi. Una vez que Yoshi obtuvo su residencia permanente sin condiciones, Yoko se divorció de él.

Cómo remover la condición sin la firma del cónyuge

Si su matrimonio terminó por la muerte del cónyuge o por anulación o divorcio, o si su cónyuge rehúsa firmar la petición conjunta, usted puede solicitar, de todas maneras, que se remueva el condicionamiento. Le llamamos a esto solicitud de abandono (*waiver*) del requisito de petición conjunta. Se gestiona con el mismo formulario, *USCIS Form I-751*, ante el INS. Para que USCIS remueva la condición de su residencia sin la firma y cooperación de su cónyuge, usted debe mostrar lo siguiente:

- El de ustedes no era un "matrimonio postizo" y la deportación (llamada "remoción"—*removal* en inglés—desde el 1 de abril de 1997) resultará en que usted sufra extremada penuria.
- Usted se casó de buena fe y el matrimonio terminó en el divorcio o la anulación.
- Usted fue víctima de violencia doméstica.
- Su cónyuge murió.

Una interpretación de USCIS sobre la segunda razón, *que usted se casó de buena fe y el matrimonio terminó en divorcio o anulación*, es que su divorcio debe ser definitivo antes de que usted gestione la petición. Interpretaciones previas daban la opción de presentar la solicitud antes de que sus dos años véncieran, y si su divorcio seguía pendiente, USCIS no tomaría una decisión sobre su petición hasta que el divorcio finalizara. Actualmente, si no está divorciado, USCIS le negará su petición conjunta. Sin embargo, puede renovar su pedido de remover la petición mediante un proceso de remoción (antes llamado deportación).

Si USCIS le niega su solicitud de remover el condicionamiento de su residencia, es posible que se le coloque en el proceso de remoción. Si puede convencer al juez de inmigración que su matrimonio era válido, el juez de inmigración puede anular la decisión del INS.

El relato de Jimmy y Karen muestra el efecto de un divorcio en un caso de residencia condicional.

— El relato de Jimmy —

Jimmy llegó de Irlanda a Estados Unidos para tocar tambor con un grupo de música rock. En una fiesta después de un concierto conoció a Susan, una ciudadana de Estados Unidos. Se casaron poco después. Susan fue su peticionaria. Tres meses más tarde, éste era residente permanente condicional. Lamentablemente para Jimmy, su nueva esposa se enamoró del cantante principal e inició el proceso de divorcio. Jimmy convino en divorciarse. Veintiún meses después de obtener su residencia permanente, Jimmy solicitó que se removiera el condicionamiento de su residencia permanente. Tuvo que solicitar un documento de abandono *(waiver)* del requisito de petición conjunta porque su esposa lo dejó. Presentó los documentos de divorcio y explicó lo ocurrido exactamente en una declaración jurada (*affidavit*). Dio muchas pruebas de que él y Susan habían estado juntos como marido y mujer. Las pruebas incluyeron una foto publicada en la revista *Rolling Stone* en la que posaron juntos en una ceremonia de Premios de Video MTV. Jimmy logró convencer al examinador de USCIS que el suyo fue un matrimonio de buena fe y que el divorcio no era culpa suya. El examinador concedió el documento de abandono y USCIS removió el condicionamiento de la residencia permanente de Jimmy.

— El relato de Karen —

Después de un largo noviazgo, Harry, un ciudadano de Estados Unidos, se casó con Karen, una ciudadana canadiense. Por desgracia, poco después de su matrimonio (pero después que Karen obtuviera su residencia permanente condicional), Harry perdió su trabajo y empezó a beber en exceso. Se volvió abusivo en casa, gritando y amenazando con hacerle daño a Karen. Aunque nunca la maltrató físicamente, amenazaba a menudo con hacerlo, y cuando venía a casa borracho, tiraba muebles, platos y otros objetos por todo el departamento. A menudo, Karen tenía que llamar a la policía. Eventualmente, obtuvo una orden de protección de un juzgado que le prohibía a su marido entrar en el departamento y, por fin, se divorció de él.

Cuando Karen solicitó la remoción del condicionamiento, trajo copias de los informes policiales (que además de mostrar abuso conyugal, comprobaban que ella y su marido vivían juntos) así como una copia de la orden de protección. Incluyó una carta de un psiquiatra que explicaba cómo el abuso de Harry había traumatizado psicológicamente a Karen. Debido a las pruebas presentadas, el examinador USCIS removió el condicionamiento de la residencia permanente de Karen.

Qué pasa al divorciarse y gestionar en favor de un nuevo cónyuge —La regla de cinco años

Si usted obtuvo la residencia permanente por matrimonio con un ciudadano o residente permanente de Estados Unidos, no puede volver a casarse y peticionar a favor de su nuevo cónyuge a menos que pueda probar una de las siguientes razones:

- La muerte de su cónyuge dio fin a su matrimonio anterior.
- No se casó anteriormente sólo para ser residente permanente.
- Pasaron cinco años desde que obtuvo su residencia permanente.

Algunas personas piensan que una persona no puede volver a casarse y peticionar por un nuevo cónyuge hasta que pasen cinco años desde que obtuvo su residencia permanente. Esto no es verdad. La ley únicamente dificulta el proceso porque usted debe demostrar que no sólo un matrimonio sino dos fueron de buena fe: el que permitió que obtuvieran la tarjeta verde, y el nuevo, el que USCIS está tomando ahora en cuenta.

El relato de Kitty da un ejemplo de la regla de cinco años.

— *El relato de Kitty* —

Kitty, de Inglaterra, obtuvo la residencia permanente cuando su esposo, Henry, la auspició. Henry nació en California. Henry y Kitty se conocieron en casa de un amigo, se enamoraron, y a los dos meses de conocerse decidieron casarse. Tres meses después, Kitty obtuvo su residencia permanente.

Sus problemas matrimoniales empezaron poco después de la boda. Trataron de manejar el matrimonio pero se divorciaron a los tres años. Cuando Kitty visitó Inglaterra en Navidad, se encontró con Sam, un amigo de la escuela secundaria, y decidió volver a casarse. Aunque su residencia permanente databa de tres años atrás y la regla de cinco años Tige, puede peticionar en favor de Sam inmediatamente después de casarse.

Kitty tiene muchas pruebas de que su matrimonio con Henry era de buena fe. Viajaron juntos y tiene fotografías de viajes con Henry antes y después de la boda. Kitty y Henry vivieron en el mismo departamento durante más de dos años, y ambos nombres figuraban en el contrato de alquiler. Henry había sido el beneficiario del plan de retiro de Kitty, y la póliza de seguro familiar de salud llevaba ambos nombres.

Kitty puede demostrar, igualmente, que su relación con Sam es de buena fe. Kitty y Sam se escribieron por muchos años, y tenía las cartas de Sam y las cuentas de las llamadas telefónicas. Tuvieron una gran boda, invitaron a ambas familias, y tomaron muchas fotos. Naturalmente, como Sam queda elegible bajo la Segunda Preferencia de base familiar, debe esperar varios años antes de llegar a ser residente permanente. Esto se debe a las cuotas. Sin embargo, como Kitty puede demostrar que sus matrimonios con Henry y con Sam fueron de buena fe, puede gestionar la petición y USCIS puede aprobarla. Sam puede obtener su fecha prioritaria y esperar por su tarjeta verde.

Autopetición de las personas viudas

Si usted enviuda de un ciudadano de Estados Unidos, puede peticionar por una tarjeta verde para usted. Debe estar casado con un ciudadano de Estados Unidos durante por lo menos dos años. Debe gestionar la petición dentro de dos años de la muerte de su cónyuge, y no debe haber vuelto a casarse en el momento de obtener la residencia permanente. Si estuvo separado legalmente o divorciado de su cónyuge a la muerte de éste, usted no llena los requisitos. Para ser apto para una tarjeta verde por viudez, usted debe llenar el Formulario I-360 de USCIS, Petición de Viudez/ Inmigrante Especial (*Petition Widow/Special Immigrant*).

La relación padre-hijo

Usted debe presentar pruebas de una relación padre/madre-hijo/hija cuando gestione por uno de sus padres o si uno de sus padres gestiona por usted.

Madre-Niño

Se le considera hijo o hija (niño/niña) de su madre natural, hayan o no estado casados su madre y su padre. La única excepción es para niños adoptados que, al ser adoptados, ya no tienen una relación madre-hijo/hija con su madre biológica.

Padre-Niño

Para propósitos de inmigración, se considera que una persona es hijo/hija de un padre natural si se ha reunido una de las condiciones siguientes:

1. El niño nació de padres casados.
2. Se legitimó al niño antes de los 18 años de edad.
3. El país de nacionalidad no distingue entre hijos legítimos e ilegítimos.
4. La relación padres-hijos se estableció antes de que el hijo/hija cumpliera 21 años.

Para sostener una relación padre-hijo bajo el número 4 de la lista previa, el padre no tiene que haber reconocido legalmente su relación con el hijo siempre y cuando el padre pueda demostrar que se ha ocupado del "mantenimiento, instrucción y bienestar general" del hijo. El relato de Timothy y su padre, Tony, muestran la regla sobre las relaciones de padre-hijo cuando el hijo no fue legítimo o no se le legitimó.

— *El relato de Timothy y Tony* —

Timothy era residente permanente de Estados Unidos. En una de sus visitas a su hogar, volvió a ver a la muchacha de quien andaba enamorado en la secundaria y ésta quedó encinta. Timothy no supo que era el padre de Tony hasta que, 15 años más tarde, la madre de Tony le escribió a Timothy pidiéndole que ayudara a Tony, su hijo, con sus gastos universitarios. Timothy quedó totalmente sorprendido con la noticia de que tenía un hijo de 15 años, pero decidió que quería ayudar a Tony.

En su viaje siguiente a su país natal, Timothy pasó una buena cantidad de tiempo con Tony y empezó una correspondencia regular con él. Cada mes, le mandaba a Tony $100 para ayudarlo con sus gastos y visitaba a Tony una o dos veces por año.

Diez años después, Tony, que tenía 25, decidió que quería ser residente permanente de Estados Unidos. Timothy fue su peticionario y Tony vino a Estados Unidos en calidad de hijo adulto no casado de un residente permanente bajo la Segunda Preferencia B de base familiar, aunque Timothy nunca reconoció legalmente a Tony y nunca se casó con la madre de Tony. El que Timothy y Tony establecieran una relación típica de padre-hijo fue suficiente para que a Tony se le considerara apto para la residencia permanente como hijo no casado de Timothy.

Madrastra/padrastro-hijastros

La ley de inmigración de Estados Unidos reconoce esta relación si el hijastro es menor de 18 años cuando su padre o madre natural se casó con la madrastra o padrastro. Esta relación padre-hijo se mantiene cualquiera sea la edad del hijo al gestionar la petición. USCIS reconoce algunas veces la relación padres-hijastros. Finalmente, USCIS reconoce la relación entre un hijo y sus padres naturales, aun después de haberse creado una relación hijastro-padrastro.

Los relatos de Michael, Marta, y sus hijos y de Karen, Steve, Sally, y sus hijos demuestran la regla padrastro-hijastro.

— El relato de Michael, Marta, y sus hijos —

Michael, un ciudadano de Estados Unidos, se casó con Marta, ciudadana de Venezuela. Cuando se casó con Michael, Marta tenía dos niños, Charlie (14 años) y Carmen (19 años). Todos ellos viven en Venezuela, pero a Michael le gustaría venir a vivir a Estados Unidos lo antes posible.

Marta y Charlie pueden ser residentes permanentes en poco tiempo como Familiares Inmediatos de un ciudadano de Estados Unidos. Esto se debe a que Marta es la esposa de Michael y Charlie es su hijastro, ya que Charlie tenía menos de 18 cuando Marta y Michael se casaron. Marta y Charlie pueden ser residentes permanentes cuando se procesen sus documentos porque hay un número ilimitado de tarjetas verdes para los Familiares Inmediatos de ciudadanos de Estados Unidos.

Como Carmen tenía 19 cuando Marta y Michael se casaron, USCIS no la considera hijastra de Michael. Carmen no puede ser residente permanente con una petición gestionada por Michael. Carmen debe esperar a que Marta sea residente permanente y entonces puede peticionar por ella. Luego, ella debe esperar hasta su fecha prioritaria (vea el capítulo 6 para más información sobre fechas prioritarias) antes de obtener una visa bajo la Segunda Preferencia B de base familiar.

— El relato de Karen, Steve, Sally, y sus hijos —

Karen y Steve, nativos y residentes de Australia, habían estado casados y divorciados antes de conocerse, enamorarse y casarse. Steve tenía un hijo, Chris, de su matrimonio con su primera esposa, Sally. Cuando Karen y Steve se casaron, Chris tenía 12 años. Según las leyes de inmigración de Estados Unidos, Chris es hijastro de Karen. Al cumplir 25 años, Chris adoptó la ciudadanía de Estados Unidos. Luego, peticionó para traer a Karen y Steve de Australia. Aunque Chris tenga más de 18, la relación hijastro-madrastra establecida por el matrimonio de Karen y Steve dura toda la vida. Aunque Karen y Steve se divorcien, Chris podrá peticionar por Karen, siempre y cuando muestre una relación continuada con ella. Y podría peticionar también por Sally, puesto que es su madre natural.

Niño adoptado

USCIS considera que un niño adoptado antes de cumplir 16 años que vivía en el mismo domicilio y cuya custodia legal estuvo a cargo de su madre/padre adoptivo por dos años es el niño de ese padre/madre.

Algunos países siguen aceptando adopciones informales o "acostumbradas". En el caso de las adopciones acostumbradas, USCIS observará las leyes del país donde tuvo lugar la adopción. USCIS reconocerá la adopción acostumbrada si el niño tiene los mismos derechos que un niño adoptado formalmente.

Niño huérfano

Un ciudadano de Estados Unidos puede peticionar por un niño huérfano menor de 16 años en la fecha que el padre/madre adoptivo gestionó la petición. La muerte o desaparición o abandono por sus padres debe haber sido la causa de que el niño fuera huérfano. "Abandono" puede abarcar una situación en que uno o ambos padres eran incapaces de cuidar al niño. Para peticionar en favor de un huérfano, un ciudadano de Estados Unidos debe estar casado o tener un mínimo de 25 años. Los padres adoptivos deben haber adoptado al niño en el extranjero, o quien peticiona debe demostrar que adoptará al niño huérfano cuando el niño llegue a Estados Unidos. El padre/ padres adoptivos pueden tomar estas medidas cumpliendo los requisitos de pre-adopción en el estado donde el huérfano residirá.

Hermano o hermana

Para establecer una relación fraternal, usted debe demostrar que existe un padre/madre en común bajo las reglas de la relación padre-niño discutida arriba. Un ciudadano de Estados Unidos debe tener más de 21 años para peticionar por un hermano o hermana.

Si los hermanos tienen los mismos padres y si esos padres estuvieron casados, es fácil demostrar que tienen una relación fraternal. Los certificados de nacimiento generalmente bastan para demostrar la relación fraternal. Pero supongamos que tienen un solo padre o madre en común. El relato de Miguel, Sonia, y Reinaldo muestra lo que ocurre entonces.

— El relato de Miguel, Sonia, y Reinaldo —

Sonia y Reinaldo eran hermanos de padre—Miguel—pero no de madre. Sonia, de 25 años y ciudadana de Estados Unidos, quiere peticionar por su medio hermano, Reinaldo.

Sonia es hija legítima de Miguel. Su madre biológica, la esposa de Miguel, murió poco después del nacimiento de Sonia. Reinaldo era hijo de Miguel y de su novia, Virginia. Las leyes del país donde nació Reinaldo lo consideran "ilegítimo". Sin embargo, Miguel crió a Reinaldo desde su nacimiento y fue el único que lo mantuvo financieramente y le dio consejos de padre. Por lo tanto, Reinaldo es hijo de Miguel ante la ley, y Sonia tendrá éxito con su petición a favor de Reinaldo.

Es claro que Miguel es el padre de Sonia porque ella era su hija legítima. Miguel es también el padre de Reinaldo porque tuvo una relación de padre-hijo con Reinaldo antes de que Reinaldo cumpliera 21 años. Por lo tanto, dado que Sonia y Reinaldo tienen un padre en común, Sonia y Reinaldo son hermana y hermano.

CAPÍTULO 3

Visas de inmigrante basadas en empleo e inversión

Usted puede conseguir una visa por oferta de empleo . . . ya sea usted ama de llaves o guardián, jardinero, científico o diseñadora de modas. En muchos casos, su empleador debe demostrar que no hay empleados calificados en Estados Unidos en ese momento para efectuar ese trabajo. Algunas veces puede obtener su visa de inmigrante simplemente por el valor que la sociedad de los Estados Unidos le da a sus destrezas, conocimientos o experiencia.

En este capítulo hago un resumen de cómo puede obtener una visa basada en su trabajo, talento o inversión. Estas categorías se llaman Preferencias Basadas en el Empleo (*Employment-Based Preferences*).

No hay acumulación de cuotas para la mayoría de las categorías basadas en el empleo. (Para más información sobre cuotas, vea el capítulo 6). La única espera para obtener la tarjeta verde es el procesamiento de sus documentos. La espera puede ser larga para ciertas categorías.

Si su empleador puede mostrar que en Estados Unidos no hay trabajadores calificados para efectuar el trabajo, el empleador debe obtener una certificación laboral del Departamento de Trabajo de Estados Unidos. La certificación laboral confirmará la no disponibilidad de trabajadores en Estados Unidos para esa posición. La certificación laboral puede tomar entre muchos meses y más de dos años. Depende del estado o región del país en que estará trabajando.

Para obtener una visa basada en el empleo, usted tiene que ser el beneficiario de una petición aprobada por USCIS, Formulario I-140, Petición de Inmigrante para Trabajador Extranjero (*Immigrant Petition for Alien Worker*). Donde la ley requiera certificación laboral, deberá presentarse con la petición. Donde la ley no requiera certificación laboral, usted podrá gestionar la petición con documentos de apoyo que presenten sus calificaciones en una categoría de visa basada en el empleo particular. Usted o su empleador pueden gestionar la petición en una de las cuatro oficinas regionales de la USCIS (vea el apéndice C, "Oficinas Nacionales y Regionales de USCIS").

Bajo las nuevas leyes, en ciertos casos usted puede cambiar de trabajo y luego continuar con su caso basado en el empleo sin gestionar una nueva certificación laboral o petición de visa de inmigrante. Para más información sobre esta regla vea "Portabilidad de Petición para los Casos Basados en el

Empleo" (*Petition Portability for Employment-Based Cases*), que encontrará en este capítulo.

Nuevo también es el derecho de gestionar su petición conjuntamente con su solicitud para ajuste de condición, formulario I-485. Para informarse si usted reúne los requisitos para un ajuste de condición, el procedimiento para obtener residencia permanente sin salir de Estados Unidos, vea el capítulo 6.

Su fecha prioritaria basada en el empleo

Cuando es necesario que una certificación laboral acompañe una petición, su fecha prioritaria es la fecha que el Departamento Estatal de Trabajo del estado de su empleador recibe su solicitud de certificación laboral. Su fecha prioritaria es el lugar que ocupa en la lista bajo el sistema de preferencia. (Para más sobre fechas prioritarias, vea el capítulo 6). Si no necesita certificación laboral, su fecha prioritaria es la fecha cuando USCIS recibe su petición. Deben acompañar la petición las pruebas de su educación y/o experiencia. A menos que una compañía conocida le auspicie, su empleador debe presentar pruebas de que la compañía puede pagarle el salario ofrecido.

¿Debe permanecer en su trabajo después de obtener la visa de inmigrante?

Simplemente porque su empleador le auspicia no quiere decir que usted debe permanecer en ese trabajo para siempre. Sin embargo, si lo deja poco después de obtener su visa de inmigrante, USCIS puede en algún momento indagar si la oferta de trabajo era genuina.

Los relatos de Christine y Joan muestran la regla sobre el cambio de puestos de trabajo para los poseedores de tarjetas verdes basadas en el empleo.

— El relato de Christine —

Christine trabajaba para un fisioterapeuta en Holanda cuando un hospital en Houston, Texas, le ofreció un puesto. Fue a trabajar al hospital con la condición H-1B trabajador profesional (vea el capítulo 14 para más datos sobre la condición H-1B). Después de un año en el trabajo, el hospital convino auspiciarla para la residencia permanente. Un año más tarde, obtuvo esa residencia permanente. Desafortunadamente para Christine, dos semanas después de obtenerla, el hospital reemplazó a su supervisor. Christine empezó a pasarla muy mal en el trabajo. Renunció a su puesto en el hospital y empezó a enseñar cerámica a pequeños en pre-kindergarten. Era algo que siempre quiso hacer.

Cinco años después de conseguir su residencia permanente, Christine solicitó la ciudadanía. En su entrevista de nacionalización en USCIS, el examinador revisó su historial de trabajo y pudo darse cuenta que después de obtener la residencia permanente, Christine trabajó sólo dos semanas para su empleador. Christine había tomado notas muy cuidadosas de sus experiencias en el hospital. Logró convencer al examinador de naturalización USCIS que no se había valido de falsedades sobre su trabajo en el hospital al obtener su tarjeta verde. El examinador aprobó su solicitud de naturalización.

— El relato de Joan —

Joan era una trabajadora especializada en reparación de automóviles en Alemania. Un amigo en Estados Unidos le dijo que había escasez de buenos especialistas en la reparación de vehículos alemanes en Los Angeles. Siempre quiso vivir en la ciudad de las estrellas, y por eso vino de turista a Estados Unidos. Durante su visita, tuvo una entrevista en un taller de reparaciones de automóviles alemanes. El dueño del taller convino auspiciarla para una visa permanente. A Joan le hubiera gustado comenzar a trabajar inmediatamente, pero no era elegible para ninguna visa relacionada con trabajo temporal. No podía obtener la condición H-1B porque no se le consideraba profesional. Porque el trabajo no era temporal, no quedaba elegible para la visa de trabajo temporal H-2 para trabajadores especializados (vea el capítulo 11 para más sobre la condición H-2). Regresó a Alemania mientras su empleador procesaba sus documentos para la tarjeta verde.

A los dos años, el Departamento de Trabajo de Estados Unidos aprobó la solicitud de certificación laboral de Joan. El empleador fue su peticionario, y seis meses después de que USCIS aprobara la petición, el consulado de Estados Unidos la llamó para una entrevista de visa de inmigrante. Una semana antes de la entrevista, Joan recibió una carta de su empleador diciéndole que todavía no había llenado la vacante. La carta especificaba que estaban muy interesados en emplearla en una posición permanente al salario mencionado en la solicitud de certificación laboral. El consulado de Estados Unidos le emitió a Joan una visa permanente. Antes de iniciar su nueva vida en los Estados Unidos, decidió viajar durante un mes por Europa. Luego vino a Estados Unidos y se presentó inmediatamente a su nuevo trabajo en Los Angeles.

Desafortunadamente, la noche anterior a su llegada a Los Angeles, el taller de reparaciones se incendió. El empleador no tenía seguro, y Joan no tenía trabajo. Aunque nunca había trabajado para el empleador que la auspició, su residencia permanente es válida. Si alguien de USCIS cuestiona cómo Joan obtuvo su tarjeta verde, tendría que demostrar que tenía la intención de trabajar para la compañía al ingresar a Estados Unidos. Si le solicitan pruebas, podría presentarle a USCIS un informe del departamento de bomberos sobre lo ocurrido. También podría presentar una carta del empleador que la auspició originalmente en la que relataba el incendio. Puede además pedírsele documentación sobre la solidez financiera de la compañía en el momento de la petición.

LAS PREFERENCIAS DE EMPLEO

Si usted obtiene una visa de inmigrante basada en el empleo, su cónyuge y niños no casados menores de 21 pueden acompañarle o seguirle. Son aptos para visas de inmigrante en calidad de sus beneficiarios derivados (vea el capítulo 1 para más sobre beneficiarios derivados).

Repasemos las preferencias de visas de inmigrante basadas en el empleo.

Primera Preferencia Basada en el Empleo—Trabajadores prioritarios

El término trabajador prioritario refleja la intención del Congreso de Estados Unidos de facilitar tarjetas verdes para ciertas personas de negocios, profesores, investigadores, y personas con talentos especiales. Si usted cumple los requisitos en esta categoría, no tiene que demostrar que no existen trabajadores en Estados Unidos que pueden hacer su trabajo. No requiere la certificación del Departamento de Trabajo.

La ley divide a los trabajadores prioritarios en tres subcategorías: extranjeros con capacidades extraordinarias; profesores e investigadores destacados; y ejecutivos y gerentes multinacionales.

Extranjeros con capacidades extraordinarias: Para hacer su solicitud en esta categoría, usted debe demostrar capacidad extraordinaria en las ciencias, artes, educación, negocios o atletismo. Debe mostrar que sus logros se han reconocido ampliamente dentro y fuera de su país. Por lo general, para ganar un caso de capacidad extraordinaria se necesita documentación extensa. Debería documentar por lo menos tres de los siguientes:

- Recibo de un premio nacional o internacional en su campo.
- Afiliación a en una organización que reconoce logros destacados como condición de afiliación.
- Textos en publicaciones profesionales, comerciales o importantes para el gran público.
- Críticas o discusiones sobre su trabajo en una publicación u otros medios de comunicación importantes.
- Su participación de juez en el trabajo de otros en un campo igual o relacionado al suyo.
- Contribuciones originales, usualmente publicadas, de gran importancia en su campo.
- Autoría de artículos letrados.
- Exposición de su trabajo en exhibiciones importantes.
- Desempeño importante en organizaciones o establecimientos de reputación distinguida.
- Recibo de un sueldo más alto que el usual en su campo.
- Éxito comercial en funciones artísticas, comprobado por recibos de taquilla o registros de ventas.

Aunque la ley no requiere una oferta de trabajo específica en esta categoría, usted debe presentar alguna prueba que intenta continuar trabajando en su campo. Ejemplos: un contrato con un agente o editorial. Los relatos de Ying Shu y Chudi son ejemplos de trabajadores de capacidad extraordinaria.

— El relato de Ying Shu —

Ying Shu es una de las principales músicos de cítara. Aunque es poco conocida en Estados Unidos, todos saben quién es ella en China y en las comunidades de habla china de todo el mundo. Viaja anualmente a Estados Unidos donde tiene gran éxito de taquilla, ya sea en Nueva York como en San Francisco, y sus álbumes son éxitos. Ha recibido muchos premios y es miembro de la prestigiosa Sociedad Internacional de Músicos. Auque muchas personas en Estados Unidos no conocen a Ying Shu, es una persona de extraordinario talento en su especialidad musical.

Para obtener su tarjeta verde, Ying Shu gestionó una petición I-140 que documentaba sus logros. Incluyó cartas de expertos en música china, muchas cubiertas de sus álbumes, y artículos sobre ella tanto en periódicos de Estados Unidos como chinos. Su solicitud incluía cartas de su agente que mostraban que tenía varias funciones programadas durante el siguiente año. Una vez que USCIS aprobó su petición I-140, Ying Shu solicitó la residencia permanente. No necesitó que un empleador la auspiciara.

— El relato de Chudi —

Chudi es ciudadano de Nigeria. Llegó a Estados Unidos después de una carrera de varios años como redactor del periódico nacional principal de Nigeria. Estuvo trabajando los últimos cinco años con la condición H-1B de trabajador profesional temporal para el *Los Angeles Gazette*, el diario principal de esa ciudad. (Para más datos sobre la condición H-1B, vea el capítulo 14.) Al *Gazette* se le reconoce como uno de los diarios más destacados de Estados Unidos. El jefe de redacción lo ascendió a primer reportero internacional. Chudi ha ganado premios nacionales e internacionales, y ha escrito para publicaciones nacionales e internacionales. Gestiona una petición I-140 e incluye cartas de periodistas, profesores y editores de tres de las principales revistas de noticias de Estados Unidos. Las cartas lo describen como un reconocido escritor en asuntos internacionales. Chudi no tendrá problemas con su residencia permanente. Puede gestionar una autopetición sin ayuda de su empleador.

Profesores e investigadores destacados: Para ser apto en esta categoría, debe mostrar que se reconoce mundialmente su prominencia en su especialidad académica. Debe tener un mínimo de tres años de experiencia en la enseñanza o investigación de campo. Aunque esta categoría no requiere certificación laboral que demuestre la falta de trabajadores de Estados Unidos, deben haberle ofrecido un puesto en una universidad, instituto de investigaciones o la empresa privada. Si se trata de un profesor universitario, el trabajo debe ser para una posición con ejercicio de cargo *(tenure)* o con candidatura a ese ejercicio.

Para calificarse como profesor o investigador destacado, usted debe cumplir por lo menos dos de estos criterios:

- Ganador de un premio importante por logros destacados en su campo.
- Miembro de asociaciones académicas que requieran logros destacados para la afiliación.
- Comentarios sobre su trabajo en revistas académicas.
- Juez del trabajo de otros en su campo o en un campo relacionado al suyo.
- Investigación original científica o letrada.
- Autor de libros o artículos letrados.
- Maestro o investigador por tres años.

Los relatos de Suzanne y Julie nos ayudarán a comprender mejor la categoría de profesores e investigadores destacados.

— El relato de Suzanne —

El *Southern San Diego Research Institute* en California le ofreció a Suzanne un puesto de investigadora biomédica. Había trabajado los últimos cuatro años para el Instituto con la condición H-1B trabajador profesional temporal. Antes de eso, trabajó durante cuatro años en un instituto similar en Francia, su país natal. Aunque sólo tenía un *master* (magíster) en ciencias (MS) en biología, era co-autora de varios informes en una publicación conocida a nivel nacional llamada *Journal of Biological Medicine.* Sus años de experiencia (más del mínimo requerido) y sus publicaciones en una revista nacional la califican de trabajador prioritario bajo la categoría de profesores e investigadores destacados.

— El relato de Julie —

Julie no fue tan afortunada como Suzanne. Julie estaba tratando de conseguir su tarjeta verde como profesora de economía en *Valley State University* de California. Había sido profesora de esa entidad de enseñanza superior durante tres años con la condición H-1B. Sin embargo, aparte de los tres años de experiencia, no podía calificarse como profesora destacada. Su posición podía llevarla al ejercicio del cargo y se le consideraba la mejor profesora de toda esa entidad, pero no había logrado mucho en otros campos de actividad profesional. Julie siempre creyó que su papel primario de profesora era el de enseñar. Pero su excelencia en la enseñanza no bastaba para que se le considerara apta para una visa de inmigrante como profesora e investigadora. Había publicado muchos artículos en periódicos y revistas populares pero nada en una publicación profesional. Hasta había escrito un libro, "Cómo ganar dinero en Estados Unidos". publicado por una editorial pequeña, pero no bastaba.

Julie puede pasar a ser residente permanente como empleada de la institución, pero deberá solicitar una certificación laboral. Si el empleador gestiona una certificación laboral dentro de 18 meses de haberla empleado, Julie puede obtener una certificación laboral sin que su empleador tenga que mostrar que no hay trabajadores en Estados Unidos que puedan llenar ese puesto. El empleador sólo necesita mostrar que la búsqueda fue justa y que la persona escogida es, en su criterio, la mejor para el puesto.

Ejecutivos y gerentes multinacionales

Esta categoría facilita la transferencia de personal internacional. Antes de gestionar los documentos, una sucursal, subsidiaria, la oficina principal o una afiliada de la empresa auspiciadora debe haberle empleado en el extranjero en calidad de gerente o ejecutivo durante por lo menos uno de los tres años anteriores. La compañía de Estados Unidos debe tener por lo menos un año de vida comercial. Más importante aún es que usted llegue a Estados Unidos para trabajar como gerente o ejecutivo.

Los relatos de Katherine y Wei demuestran cómo se puede obtener una tarjeta verde si se le transfiere dentro de la misma compañía.

— El relato de Katherine —

Katherine trabaja en un banco británico con sucursal en Nueva York. Su compañía la transfirió a Estados Unidos para manejar la división de inversiones internacionales de la sucursal de Nueva York. Ingresó en Estados Unidos con una visa temporal de empleado internacional transferido L-1. Katherine está bajo las órdenes directas del presidente de las operaciones del banco en Estados Unidos. Es jefa de varios empleados profesionales y no profesionales. Estos empleados incluyen asesores, analistas financieros y secretarias/secretarios.

Después de dos años de trabajo en Estados Unidos, Katherine quiso ser residente permanente. Escribió a la oficina principal pidiendo que la compañía la auspiciara. La oficina principal accedió a ayudarla a obtener su residencia permanente. El presidente de la sucursal del banco en Nueva York gestionó una petición I-140, y así es como obtuvo su residencia permanente.

— El relato de Wei —

Wei había sido presidente durante más de 20 años de su propia empresa de importaciones y exportaciones en Taiwán, *Wei's Imports Ltd.* Había hecho negocios por todo el mundo sin ver la necesidad de establecer una sucursal en Estados Unidos.

En cierto momento, preocupado por el futuro a largo plazo de Taiwán, Wei decidió solicitar una visa de inversionista comercial. Después de hablar con varios expertos legales y de negocios, decidió que las leyes y los reglamentos sobre visas permanentes para inversionistas internacionales complicarían sus proyectos de inversión. No le convenía solicitar una tarjeta verde basada en inversiones, especialmente en vista de otras opciones que le sugirieron sus asesores.

Wei decidió ampliar sus operaciones en Nueva York. Abrió una oficina allí y tomó a dos ejecutivos para ayudarlo a manejar el negocio. Su empresa, *Wei International Ltd.*, registrada bajo las leyes de Taiwán, pensaba transferirlo a Nueva York para encargarse del nuevo negocio. En lugar de una visa de no inmigrante como la L-1 para empleados transferidos dentro de la compañía, decidió que su compañía peticionara para que él obtuviera su residencia permanente. Después de presentar documentación detallada sobre las oficinas nuevas, ingresó en Estados Unidos en calidad de residente permanente. Su caso tomó apenas poco más de seis meses. Continuó manejando los negocios de Nueva York mientras viajaba a Taiwán cada tres meses para supervisar las operaciones en esas partes del mundo.

Segunda Preferencia Basada en el Empleo—Profesionales con Grados Universitarios Avanzados o Extranjeros con Capacidades Extraordinarias

En esta categoría, hay que ser, (a) miembro de las profesiones con grados avanzados (o tener el equivalente en educación y experiencia); o (b) una persona de capacidad excepcional. El término "miembro de las profesiones" quiere decir que, para desempeñar su trabajo, una persona necesita por lo menos el grado de bachiller o uno mayor. Ejemplos: profesores, ingenieros, arquitectos, y profesores de instituciones de enseñanza superior. Un "grado avanzado" es equivalente a un *master* (magíster) o un grado superior en Estados Unidos. El grado de bachiller y luego cinco años de experiencia puede considerarse equivalente a un *master* (magíster).

No basta que usted tenga un grado avanzado. Su trabajo también debe requerir el grado que usted ha recibido. Los relatos de Rachel y Paul muestran la relación entre el trabajo y el grado para trabajadores profesionales.

— El relato de Rachel —

Rachel estudia matemáticas en Polonia, su país natal. Su inglés es excelente. Rachel hizo evaluar sus notas por una compañía de evaluación profesional en

Estados Unidos. La evaluación mostró que tenía el equivalente de un *master* (magíster) en matemáticas en Estados Unidos. Un primo en Estados Unidos le dijo que había un puesto de profesora de matemáticas en una escuela particular, y solicitó el puesto. La escuela le consiguió una certificación laboral del Departamento de Trabajo y luego gestionó una petición para ella en la segunda categoría basada en el empleo. La escuela le explicó que un *master* (magíster) o un grado mayor en la materia que debía enseñar era un requisito normal para los instructores de la escuela. USCIS aprobó la petición, y un año más tarde Rachel llegó a Estados Unidos con su visa de residente permanente.

— El relato de Paul —

Paul recibió su grado de Doctor (Ph.D.) en historia del arte de la Universidad de Moscú. Su padre había sido gerente de una fábrica importante. Aunque Paul nunca cursó estudios comerciales ni tenía experiencia de trabajo, estaba muy bien conectado con la creciente comunidad comercial rusa.

Cuando Paul llegó a Estados Unidos a presentar una materia en una conferencia sobre arte ruso del siglo 20, un amigo lo presentó a un ejecutivo de la empresa de corredores de bolsa *Bulls and Bears*. La oficina principal de la compañía estaba en San Francisco, California. El ejecutivo le ofreció a Paul un trabajo por $200,000 al año, en el ramo de desarrollo comercial. Su responsabilidad principal sería presentar a la compañía *Bulls and Bears* a inversionistas rusos y a invitar a cenar, etc., a los ejecutivos de negocios rusos que vinieran a Estados Unidos. Es probable que Paul no llene los requisitos bajo la Segunda Preferencia Basada en el Empleo para el trabajo que le ofrece *Bulls and Bears*. Tiene un grado avanzado, pero su trabajo no requiere ese grado.

La categoría Segunda Preferencia Basada en el Empleo también incluye a individuos que demuestren "capacidad excepcional" en las ciencias, artes, o negocios. Para calificarse como persona de capacidad excepcional, usted debe reunir por lo menos tres de las siguientes condiciones:

- Un registro académico oficial que indique un grado relacionado al sector de capacidad excepcional.
- Pruebas de que usted tiene por lo menos 10 años de experiencia a tiempo completo en el trabajo del peticionario.
- Una licencia para ejercer su profesión.
- Pruebas de que su sueldo refleja su capacidad excepcional.
- Afiliación en asociaciones profesionales.
- Pruebas del reconocimiento de sus logros y contribuciones notables en su ramo.

En la categoría Segunda Preferencia Basada en el Empleo, su empleador debe conseguir una certificación laboral certificada por el Departamento de Trabajo, a menos que USCIS le conceda un documento llamado *waiver* (que se discute más tarde en este capítulo).

Tercera Preferencia Basada en el Empleo—Profesionales, Trabajadores Especializados, y otros trabajadores

La categoría de profesionales consta de individuos con grados de bachiller o su equivalente académico que son miembros de las profesiones. El grado debe ser un requisito normal para el trabajo. Los trabajadores especializados deben efectuar labores que requieran por lo menos dos años de educación, entrenamiento o experiencia. Otros trabajadores realizan labores no especializadas que requieren menos de dos años de entrenamiento o experiencia. No se dan más de 10,000 visas anuales en la categoría "otros trabajadores".

En la categoría Tercera Preferencia Basada en el Empleo, su empleador debe conseguirle una certificación laboral.

El relato de Billy nos ayuda a comprender la diferencia entre trabajadores "especializados" y trabajadores bajo la la categoría "otros trabajadores". La diferencia es importante debido a la larga demora para visas en la categoría "otro trabajador".

— El relato de Billy —

Billy llegó a los Estados Unidos como estudiante con la condición F-1. Pronto se cansó de estudiar y decidió trabajar. Convenció a su empleador que lo tomara como asistente de chef en un restaurante que se mantenía abierto las 24 horas, un trabajo que requería un año de experiencia. Durante dos años Billy trabajó, siempre en el mismo puesto, en el turno de medianoche a las 8 a.m. Su empleador quería ayudarlo y aceptó auspiciarlo para la residencia permanente. Debido al horario nocturno, no se presentaban trabajadores en los Estados Unidos con la experiencia requerida que estuvieran listos, dispuestos y capacitados para el puesto. El Departamento de Trabajo aprobó la certificación laboral de Billy. Sin embargo, Billy se dio cuenta que le tomaría 15 años o más calificar para la residencia permanente porque la lista de espera para la cuota de trabajadores menos especializados (otros trabajadores) era muy larga.

Entretanto, en los dos años que pasaron desde que el empleador de Billy iniciara la gestión para solicitar la certificación laboral, el chef principal del restaurante había entrenado a Billy a preparar los postres caseros que habían dado fama al restaurante. Un restaurante distinto le ofreció a Billy el puesto de chef de repostería en base a sus cuatro años de experiencia como asistente de chef y a sus dos años de entrenamiento como chef de repostería. Billy empezó a trabajar en un puesto que requería un mínimo de dos años de experiencia.

El nuevo empleador de Billy le gestionó una nueva certificación laboral y dos años más tarde el Departamento de Trabajo aprobó su certificación laboral. Billy pudo entonces gestionar inmediatamente su residencia permanente. En comparación con la larga lista de espera para trabajadores menos especializados, no había lista de espera para los trabajadores especializados de Trinidad, el país natal de Billy.

Cuarta Preferencia Basada en el Empleo—Trabajadores religiosos y ciertos inmigrantes especiales

Los trabajadores religiosos con dos años de experiencia, clérigos, profesionales religiosos, algunos religiosos no profesionales, y ciertos locutores de lenguas extranjeras que trabajan para Radio Europa Libre o Radio Asia Libre pueden obtener tarjetas verdes como inmigrantes especiales.

La categoría de inmigrante especial, Cuarta Preferencia Basada en el Empleo, también incluye a dependientes juveniles de un juzgado elegibles para cuidados de crianza, algunos dependientes de diplomáticos, empleados del Instituto Americano de Taiwán durante un mínimo de 15 años, y personas en servicio activo con las fuerzas armadas de Estados Unidos durante 12 años, o después de 6 si se han vuelto a alistar por 6 años adicionales.

Quinta Preferencia Basada en el Empleo—Creación de empleos (Inversionista)

Usted puede obtener una visa de creación de empleos si invirtió, o está en proceso de invertir, un mínimo de $1 millón en un negocio nuevo o ya existente. El mínimo es $500,000 si la inversión está en una zona de empleo señalada; es decir, en un ramo con un desempleo de por los menos 150 por ciento del promedio nacional o un área rural con una población de menos de 20,000. La empresa debe crear empleos de tiempo completo para por lo menos diez ciudadanos residentes o permanentes de Estados Unidos. Si invierte en una compañía existente, su inversión debe producir diez empleos *NUEVOS*. De los 10,000 números de visa disponibles en esta categoría, se dejan 3,000 para extranjeros que se establezcen en una de las áreas de trabajo señaladas.

Si obtiene su tarjeta verde bajo las condiciones para inversionistas, usted se convierte en residente permanente condicional. Debe presentar una solicitud ante USCIS para eliminar esta condición dentro del período de 90 días anterior al segundo aniversario de su residencia permanente.

Para que USCIS elimine esta condición, usted debe demostrar que estableció una empresa comercial; que usted hizo, efectivamente, la inversión; y que usted invierte en una empresa comercial.

EL REQUISITO DE CERTIFICACIÓN LABORAL

Como se anotó anteriormente, algunas categorías de tarjeta verde basadas en el empleo requieren certificación del Departamento de Trabajo. El Departamento de Trabajo certifica que ningún trabajador legal en Estados Unidos está listo, dispuesto y capacitado para el puesto ofrecido. La categoría "trabajadores legales de Estados Unidos" incluye ciudadanos de Estados Unidos, residentes permanentes, asilados y refugiados. La certificación laboral es, en la mayoría de los casos, un requisito previo a la solicitud de residencia permanente.

Muchas personas tienen la impresión errada que para obtener una certificación laboral se necesita ser un científico de renombre mundial o un músico de rock famoso, o que debe hablar varios idiomas o tener pericias técnicas superiores. Es cierto que tanto una habilidad superior como la fama son importantes algunas veces. Sin embargo, usted puede establecer la carancia de trabajadores legales en Estados Unidos en la mayoría de los trabajos que requieren mucha experiencia. Usted puede demostrar la falta de trabajadores aun en ciertas categorías selectas de trabajo que requieren poca experiencia, como trabajadores domésticos que viven en casa.

Los relatos de Melissa y Johnny ofrecen ejemplos de trabajadores que calificaron para certificaciones laborales.

— El relato de Melissa —

Melissa llegó de Irlanda a Estados Unidos con una visa de visitante. Aunque no tenía hijos, Melissa quería mucho a los niños y empezó a trabajar como ama de llaves y cuidadora de niños donde una pareja joven. Los padres de los niños eran abogados y necesitaban que alguien como Melissa viviera con ellos y los ayudara a manejar el hogar y cuidar a los niños. Melissa tenía su propia habitación en la casa, con baño propio. Después de trabajar con la familia durante un año, Melissa y sus empleadores decidieron iniciar el procedimiento para que Melissa consiguiera una tarjeta verde. Aunque el trabajo de Melissa no requiere gran experiencia o entrenamiento, es duro conseguir amas de llaves y cuidadoras de niños que quieran vivir en casa de sus empleadores. La certificación laboral que solicitaron los empleadores de Melissa fue aprobada.

El problema de Melissa es que, bajo la ley actual, la lista de espera para trabajadores menos especializados es de más de 15 años. Melissa tiene su certificación laboral, pero ésta no le da derecho a trabajar. Es posible que Melissa no consiga nunca una tarjeta verde basada en esta certificación laboral. Cuando le toque el turno bajo el sistema de cuotas, dentro de unos 10 ó 15 años, quizás la familia ya no necesite un ama de llaves o alguien que cuide a los niños.

— El relato de Johnny —

Johnny es subgerente de un supermercado en una comunidad mayormente china. Habla cantonés y mandarín, dos de los dialectos chinos más comunes. Aprendió a manejar supermercados en Hong Kong, donde vivió hasta los 25 años. Johnny es responsable del inventario, de contratar y despedir y de administrar el supermercado durante la ausencia del gerente principal. Debido a sus destrezas y conocimiento de idiomas, Johnny puede desempeñarse en un trabajo que pocas personas en Estados Unidos quieren o pueden hacer. Su empleador probablemente puede conseguirle una certificación laboral. Si el empleador puede convencer al Departamento de Trabajo y a USCIS que el trabajo requiere un mínimo de dos años de experiencia, quedará elegible bajo la categoría de trabajador especializado y no tendrá que esperar durante largo tiempo por su visa de inmigrante. Es probable que su empleador le consiga una certificación laboral. Si el empleador puede convencer al Departamento de Trabajo y a USCIS que su puesto requiere experiencia no menor de dos años, quedará elegible bajo la categoría de trabajador especializado y no tendrá que esperar mucho por su visa de inmigrante. Su gran problema será superar el obstáculo a la residencia para las personas fuera de condición (vea el capítulo 5).

No se puede ajustar el trabajo a su medida

El Departamento de Trabajo tomará medidas para asegurarse que su empleador no acomodará los requisitos del puesto para que parezcan hechos a la medida de su experiencia. Su empleador debe justificar cualquier requisito del trabajo en base a una necesidad del negocio, no simplemente a su preferencia personal.

El relato de Jim demuestra cómo el Departamento de Trabajo puede negar una solicitud de certificación laboral si cree que el empleador está acomodando los requisitos del puesto a la medida de un empleado en particular.

— El relato de Jim —

Jim llegó de Inglaterra como visitante a Estados Unidos. Jim le pidió a su empleador que lo auspiciara para la residencia permanente. Había estudiado idiomas en Inglaterra, y hablaba bien francés, italiano y español. Para que otros empleados calificados no solicitaran ese puesto, el empleador de Jim incluyó en su aviso que el puesto de secretaría y recepción requería conocimientos de francés, italiano y español. Jim fue el único que solicitó el puesto.

Cuando el empleador de Jim presentó su solicitud de certificación laboral, el Departamento de Trabajo del Estado de Nueva York le pidió documentación sobre la necesidad de francés, italiano y español para ese trabajo. Desafortunadamente para Jim, no había tal necesidad. Ni los demás empleados ni los clientes o personas asociadas con el negocio hablaban otros idiomas aparte del inglés. Como el empleador de Jim no pudo demostrar la necesidad del requisito de idiomas, tuvo que volver a anunciar la vacante, detallando esta vez los verdaderos requisitos para el puesto: "conocimiento de procesamiento de palabras (mecanográficos), destrezas de secretariado/recepción, dos años de experiencia". La aprobación de la certificación laboral del Departamento de Trabajo dependerá de si hay o no personas calificadas para ese trabajo. Eso dependerá, a su vez, de la oferta y demanda en el mercado laboral en el momento que se publique el anuncio. Si hay muchas personas con las destrezas requeridas, Jim no conseguirá una certificación laboral. Si no hay solicitantes listos, dispuestos y capacitados para el puesto, Jim conseguirá su certificación laboral. Puede haber muchas personas con la capacidad necesaria en la ciudad de Nueva York. Sin embargo, si todas tienen empleos y no quieren cambiar de trabajo y, por ello, ninguna persona calificada lo solicita, Jim obtendrá su certificación laboral.

Publicidad

Un empleador usualmente determina la escasez de trabajadores en Estados Unidos mediante anuncios en un diario o publicación profesional. El empleador también debe colocar un pedido de trabajo para el puesto en las oficinas del Departamento de Trabajo del estado correspondiente en la ciudad más cercana. Además, el Departamento de Trabajo requiere que su empleador coloque una notificación pública en el lugar de empleo durante 10 días, para notificarles a sus empleados sobre la vacante.

El requisito de sueldo predominante

En un caso que requiera la certificación laboral, su empleador debe ofrecerles el puesto a trabajadores de Estados Unidos al sueldo predominante (corriente o normal) para esa posición. El sueldo corriente (*prevailing wage*) se basa en la región geográfica del empleo y en sus obligaciones y requisitos.

El Departamento de Trabajo del estado donde trabajará determina el sueldo predominante. Su empleador puede usualmente ofrecer el puesto a un sueldo corriente menor en un 5 por ciento al sueldo normal determinado por el Departamento de Trabajo. Si su empleador está en desacuerdo con la determinación de sueldo corriente del Departamento de Trabajo, debe presentar pruebas, como un estudio independiente, para desafiar el sueldo predominante establecido por el Departamento de Trabajo.

Certificaciones de trabajo especiales

Se hace una excepción al requisito de que el empleador demuestre la falta de trabajadores en Estados Unidos en el caso de enfermeros/enfermeras, fisioterapeutas y algunos profesores universitarios. También se hace para algunos trabajadores excepcionales que pueden demostrar que se reconocen sus méritos ampliamente o que tienen fama mundial. La norma de capacidad excepcional en esta categoría es un tanto menor que la norma de capacidad excepcional para trabajadores prioritarios.

Sanciones al empleador y el proceso de certificación laboral

Las sanciones al empleador crearon un nuevo obstáculo al proceso de la residencia permanente basada en una oferta de trabajo. Las sanciones al empleador penalizan a los empleadores que contratan a personas no autorizadas por el INS para trabajar. Usted no tiene que estar trabajando para un empleador en el momento que ese empleador le auspicie, pero muchos quieren que sus empleados hayan empezado a trabajar antes de auspiciarles para la residencia permanente.

Si el Departamento de Trabajo recibe una solicitud de certificación laboral que indique que el empleado no está trabajando legalmente para el empleador, puede suministrarle esa información al INS. Quizás USCIS no haga nada al respecto, o puede mandarle una carta o visitar a su empleador. A menos que usted consiga la calificación para una visa temporal de trabajo o tenga autorización de USCIS para trabajar, tiene tres soluciones posibles para este problema:

1. Su empleador puede decidir no auspiciarle.
2. Su empleador puede auspiciarle pero no emplearle hasta que reciba su visa permanente.
3. Su empleador puede emplearle, violando las sanciones y tomando el riesgo de que el INS le sancione.

Para más información sobre las sanciones al empleador, vea la sección V.

Exenciones *(Waivers)* por Interés Nacional

Si usted viene a Estados Unidos para algún trabajo que beneficie el interés nacional de Estados Unidos, puede lograr calificars para una visa de inmigrante sin certificación laboral. Ni siquiera necesita que un empleador le auspicie; puede auspiciarse a sí mismo. Necesitará pruebas de que trabajará en Estados Unidos en su campo. Para obtener una renuncia por interés nacional, USCIS usualmente (pero no siempre) requiere que usted tenga el equivalente a lo que sería un *master* (magister) en Estados Unidos. Se ha vuelto muy, pero muy difícil, conseguir una renuncia por interés nacional. De todos modos, si su trabajo es de importancia excepcional, no está demás demostrarlo.

PORTABILIDAD DE PETICIÓN PARA CASOS BASADOS EN EL EMPLEO

Si cambia de trabajo mientras esté pendiente su solicitud para un ajuste de condición (solicitud para la residencia permanente gestionada en Estados

Unidos) su petición basada en el empleo puede seguir siendo válida. Esto quiere decir que USCIS continuará procesando su solicitud de residencia permanente basada en el auspicio o patrocinio de su nuevo empleador. Mantendrá la fecha prioritaria que se le dio en base a su empleo anterior. Su nuevo empleador no necesitará gestionar una nueva petición I-140. Para calificars para esta portabilidad, lo siguiente debe ser cierto:

1. Usted solicitó un ajuste de condición en base a una petición aprobada basada en empleo.
2. Usted gestionó un ajuste de condición (vea el capítulo 6), y su solicitud estaba pendiente por 180 días cuando cambió de trabajo.
3. En el nuevo trabajo usted tendrá la misma ocupación o una similar al trabajo para el que gestionó la petición.
4. Usted solicita la residencia permanente en la Primera, Segunda, o Tercera categoría basada en el empleo.

CAPÍTULO 4

Tarjeta verde por lotería

Uno de los procedimientos menos usuales (y hasta, según algunas personas, más raros o excéntricos) de conceder visas de inmigrante en Estados Unidos es la Visa de Diversidad, que se llama comúnmente "la tarjeta verde por lotería". Cada año, el gobierno de Estados Unidos concede 55,000 visas a solicitantes que provienen de países con bajo número de inmigrantes a Estados Unidos. Son aquéllos donde menos de 50,000 personas inmigraron a Estados Unidos en los cinco años anteriores. Durante varios años, el gobierno dará sólo 50,000 visas puesto que 5,000 de las 55,000 usuales irán a solicitantes de NACARA. Para más información sobre NACARA, vea el capítulo 1.

No importa el lugar donde usted resida actualmente, ya sea Estados Unidos, su país de origen o cualquier otro: si usted es natural de uno de los países incluidos en la lotería, puede ser uno de los ganadores. Aunque, después de leer este capítulo, no esté seguro de su clasificación . . . inscríbase de todos modos. El procedimiento es muy sencillo. En la fecha de impresión de este libro, no había tarifa para la lotería, pero esto puede cambiar. Si usted gana, pagará las mismas tarifas que los otros solicitantes de visas de inmigrante. No se preocupe por el monto de las tarifas hasta que gane la lotería.

El Departamento de Estado patrocina la lotería, llamada "la lotería de tarjeta verde". Cada año publica una lista de países y los naturales de esos países pueden participar en la lotería. Las personas de la mayoría de países del mundo son aptas para la lotería. La lista cambia de año en año, por lo que usted debe verificar cada año para saber si se incluye a su país. Entre los países cuyos naturales quedaron excluidos de la lotería en años pasados se encuentran la India, Corea del Sur, la República Popular China, la República China (Taiwán), las Filipinas, Vietnam, Canadá, Colombia, la República Dominicana, El Salvador, Jamaica, Polonia, Haití, y México. Sin embargo, es posible que en el futuro se incluya a algunos de estos países.

Las reglas de ingreso a la lotería cambian todos los años. Por lo general, el Departamento de Estado de Estados Unidos publica reglas nuevas en agosto. Puede obtener la información más reciente sobre loterías en el portal del Departamento de Estado, www.travel.state.gov/visa_services.html, o en el portal de respuestas sobre inmigración—*Immigration Answers*—www.allanwernick.com.

SI NO GANA, ¿LE DEPORTARÁ USCIS?

Algunas personas que viven en Estados Unidos temen participar en la lotería. Piensan que si no ganan, USCIS les arrestará y deportará. No necesita temerle a la lotería. En primer lugar, ni siquiera tiene que colocar su propia dirección en la solicitud de lotería o en el sobre en el cual enviará la solicitud. Sólo necesita darle al Departamento de Estado una dirección postal para que le notifique si es uno de los ganadores. Aun si da su propia dirección, es poco probable que USCIS venga a buscarle.

Las familias de los ganadores de la lotería

Si gana la lotería, su cónyuge y cualquiera de sus hijos menores de 21 que no estén casados cuando usted obtenga su residencia permanente tienen derecho a tarjetas verdes de lotería al mismo tiempo que usted.

USCIS y los cónsules de Estados Unidos le negarán algunas solicitudes de esta lotería si no menciona a su cónyuge e hijos en su solicitud de entrada en la lotería. Esta regla no es valedera si los hijos que usted no mencionó son ciudadanos de Estados Unidos o si tienen más de 21 años. Si no mencionó a sus hijos mayores de 18 pero menores de 21, el gobierno ignorará su omisión sólo si logra convencer a las autoridades que no los mencionó porque usted creía que los hijos mayores de 18 quedaban excluidos de la lotería como dependientes suyos.

Algunos hijos menores solteros de ganadores de la lotería DV *(derivative visa* o visa derivada) se beneficiarán por la Ley de Protección del Estado del Niño—*Child Status Protection Act* o CSPA—puesta en vigor el 2 de agosto de 2003. Para la lotería de diversidad, la CSPA fija la edad de un beneficiario derivado de la lotería DV en la fecha que el solicitante primario de la lotería queda elegible para la residencia permanente, *menos* el tiempo entre el primer día que ese solicitante puede participar en la lotería y la fecha de la carta de "felicitación" del solicitante. La carta de felicitación es la que recibe el solicitante notificándole que ha ganado la lotería.

El relato de Rosemary muestra cómo la CSPA puede beneficiar al hijo de un ganador de la lotería DV.

— El relato de Rosemary —

La madre de Rosemary entró en la lotería DV de 2005. El primer día para enviar el ingreso a la lotería de 2005 era el 1 de noviembre de 2003. En esa fecha, Rosemary tenía exactamente 20 años y 5 meses, habiendo nacido el 1 de mayo de 1983. Su madre fue una ganadora. La carta de felicitación notificándole que ganó la lotería tenía fecha del 1 de agosto de 2004. La edad de Rosemary es nueve meses anterior (el período entre el 1 de noviembre de 2003 y el 1 de agosto de 2004) a la fecha en que su madre es elegible para una lotería de tarjeta verde. La lotería tiene lista de espera, por lo que, pese a que el gobierno empezó a aprobar las solicitudes de lotería de tarjeta verde el 1 de octubre de 2004, la solicitud de Rosemary no se aprobó hasta el 1 de enero de 2005. Aunque Rosemary cumplió 21 el 1 de junio de 2004, queda calificada para una visa derivada de lotería (DV) si sigue soltera. Esto se debe a que si se deduce nueve meses de la fecha de elegibilidad de su madre el 1 de enero de 2005 la edad de Rosemary se fija el 1 de abril de 2004. Como Rosemary todavía no tenía 21 en esa fecha, puede recibir una tarjeta verde de lotería al mismo tiempo que su madre.

Supongamos que la madre de Rosemary no calificaba bajo la cuota para la lotería hasta el 1 de septiembre 1 de 2005. En ese caso, Rosemary *no* calificaría para una tarjeta verde de lotería. Esto se debe a que aún si deduce nueve meses del 1 de septiembre de 2005, la fecha límite de su cumpleaños se fija al 1 de diciembre de 2004. Ya tenía 21 en esa fecha. Una vez que su madre obtenga la residencia permanente, podrá peticionar por Rosemary bajo la Segunda Preferencia Familiar. Rosemary puede obtener su tarjeta verde, pero le tomará varios años.

¿QUIÉN ES ELEGIBLE PARA LA LOTERÍA DE TARJETA VERDE?

Para calificar para la lotería de tarjeta verde, usted debe ser natural de un país con bajo número de inmigrantes a Estados Unidos durante los últimos cinco años. También debe haber completado, como mínimo, su educación secundaria o el equivalente o haber trabajado en una ocupación que requiera un mínimo de dos años de entrenamiento o experiencia.

¿Quién es natural de un país calificado?

Usted es natural de un país calificado si cumple uno de los siguientes requisitos:

- Nació en el país calificado.
- Su cónyuge nació en el país calificado.
- Tiene menos de 21 años y no está casado, y si uno de sus padres nació en un país calificado.
- Uno de sus padres es persona natural de un país calificado, y sus padres no residieron en el país de su nacimiento.

Si no está seguro que es persona "natural" de un país calificado, participe en la lotería de todos modos.

Los relatos de Claudette, Jason, y William muestran cómo la ley define "natural" en términos de la lotería.

— El relato de Claudette —

Claudette nació en el Canadá. El año en que participó en la lotería, Canadá no se encontraba entre los países de admisión baja. Por esta razón, no era persona natural de un país calificante. Pero Claudette estaba casada con George, que nació en Suecia, un país calificado. Claudette y George vivían juntos en Canadá, donde George era un inmigrante territorial, el equivalente canadiense al residente permanente. Como George es persona natural de un país calificado, Claudette y George deben presentar solicitudes separadas para la visa por lotería. Si uno de los dos gana la lotería, la otra persona puede obtener una visa de inmigrante cuando el ganador obtenga la suya.

— El relato de Jason —

Jason tiene 17 años y es soltero. Nació en la República Popular China (que no era un país calificado el año que quiso participar en la lotería). Sin embargo, la madre de Jason nació en Laos, que sí era uno de los países calificados ese año. Por lo tanto, Jason es persona "natural" porque su madre es persona natural de un país calificado, Jason tiene menos de 21 y es soltero. Naturalmente, su madre puede presentar una solicitud por separado y, si gana, Jason puede obtener su visa de inmigrante cuando ella lo haga. Sin embargo, si Jason gana, no podrá obtener una visa de inmigrante para su madre en ese momento.

— El relato de William —

William nació en Egipto de padres canadienses. Sus padres estaban en Egipto, cumpliendo una comisión de corto plazo para un banco canadiense. William logró calificars, pese a que las personas naturales del Canadá no eran elegibles para la lotería el año que postuló. Se benefició por la regla que estipula que una persona nacida en un país donde los padres no residían califica como persona natural de su país de nacimiento.

El requisito educación/experiencia de trabajo

Una vez que usted gane la lotería, debe demostrar que llena los requisitos de educación/experiencia de trabajo. Puede llenar los requisitos de una de las dos maneras siguientes. Una de ellas es si tiene diploma de la escuela secundaria (o un grado mayor) o su equivalente en el extranjero. La segunda es si puede demostrar que en dos de los cinco últimos años su trabajo requería un mínimo de dos años de entrenamiento o experiencia. No tiene que probar que llena el requisito educacional hasta que gane la lotería y solicite su visa de inmigrante.

Si usted completó la escuela secundaria en Estados Unidos, su diploma es prueba suficiente. Un "equivalente extranjero" del diploma de la secundaria sirve de prueba que usted completó el curso de 12 años de educación primaria y secundaria similar al grado de secundaria en Estados Unidos. USCIS considera que el diploma de equivalencia de la secundaria, que es válido para el ingreso a la universidad en algunos estados, no cumple el requisito educacional para la lotería. Para obtener una lista de documentos de educación secundaria equivalentes al diploma de la escuela secundaria fuera de Estados Unidos, vea el apéndice D.

Si usted no tiene diploma de una escuela secundaria de Estados Unidos o su equivalente en el extranjero, debe haber trabajado dos de los últimos cinco años en un empleo que requiere dos años de experiencia. Aun si usted tiene más de dos años de experiencia de trabajo en los últimos cinco años, los dos años de experiencia deben ser en un empleo que requiera dos años de experiencia. El Departamento de Estado usa la base de datos O*NET OnLine del Departamento de Trabajo, www.onetcenter.org/, para determinar qué empleos requieren dos años de experiencia.

Los relatos de Karen, Constantine y Susan muestran el requisito de experiencia de trabajo para la lotería.

— El relato de Karen —

Karen llegó a Estados Unidos de la antigua Unión Soviética hace diez años con una visa de visitante para visitar a su hermana, que asistía a la escuela en Estados Unidos. A su llegada, Karen tenía 16 años; no había terminado la escuela secundaria y no tenía experiencia de trabajo. Terminó quedándose en Estados Unidos, trabajando de ama de llaves o cuidadora de niños para varios empleadores. Quería ser artista, y por eso tomó varias clases de pintura y dibujo, pero nunca ganó mucho dinero en ese campo. Las personas naturales de todos los países de la antigua Unión Soviética pueden inscribirse en la lotería, pero Karen no es elegible para una visa por lotería. Aunque trabajó durante más de cinco años, nunca tuvo un empleo que requiriera un mínimo de dos años de experiencia. De acuerdo con el Departamento de Trabajo, las amas de llaves y cuidadores de niños pueden llevar a cabo su trabajo con sólo tres meses de experiencia.

— *El relato de Constantine* —

La situación de Constantine es mucho más complicada que la de Karen. Constantine nunca estuvo en Estados Unidos. Nació y vivió toda su vida en Grecia. Dejó la escuela a los 15, antes de graduarse, y durante los 28 años siguientes trabajó en muchos lugares. Mayormente trabajó en restaurantes y cafés. Durante los últimos cinco años, fue cocinero en distintos empleos, entre ellos en un restaurante de alimentos de preparación rápida, haciendo emparedados y ensaladas. De acuerdo con el Departamento de Trabajo, este tipo de trabajo no requiere más de un año de experiencia. También fue "chef" en un restaurante de elegante comida francesa, un empleo que para el Departamento de Trabajo requiere entre dos y cuatro años de experiencia. Para que Constantine obtenga una visa de inmigrante por lotería, debe mostrar que durante los últimos cinco años trabajó de "chef" más de un total de dos años. Aun si trabajó unos cuantos días a la vez en cada restaurante, si puede probar que trabajó un total de dos años en el puesto de "chef", puede obtener una tarjeta verde por lotería. Debe estar preparado para mostrar cartas de sus empleadores, recibos de pago, u otra documentación. Constantine debe participar en la lotería. Puede preocuparse sobre los requisitos de la lotería cuando sea uno de los ganadores.

— *El relato de Susan* —

Susan era electricista en Israel antes de llegar a Estados Unidos para estudiar ingeniería eléctrica en la Universidad de California en Berkeley. Mientras estudiaba, trabajó de electricista en el campus 20 horas por semana. Ser electricista es un empleo que, según el Departamento de Trabajo, requiere un mínimo de cuatro años de entrenamiento y experiencia. Califica para la lotería de visa de inmigrante.

EL INGRESO A LA LOTERÍA DE TARJETA VERDE

El Departamento de Estado acepta actualmente entradas por internet a las loterías de tarjeta verde. La solicitud es sencilla. Cuando usted complete el formulario, recibirá un recibo de registro generado electrónicamente. Debe presentar una foto digital. Esto quiere decir que debe tomarse una fotografía con una cámara digital, o escanear su foto en la computadora.

Hay una ventana (período de tiempo) de 60 días dentro de la que el Departamento de Estado debe recibir su ingreso en la lotería. No guarda ninguna ventaja presentar su solicitud en los primeros o los últimos días dentro de esa ventana de 60 días. Si su solicitud llega muy temprano el departamento de Estado la rechazará. La ley le permite una sola solicitud de entrada por año.

El Departamento de Estado afirma haber descalificado hasta 500,000 solicitudes en el pasado porque esas personas mandaron más de una solicitud. Naturalmente, cada solicitante que califique puede enviar una solicitud. Esto quiere decir que si usted, su cónyuge, y sus hijos son personas naturales de países que califican y llenan los requisitos educacionales, cada uno de ustedes puede presentar su propia solicitud.

¿NECESITO UN ABOGADO PARA QUE ME AYUDE A PARTICIPAR EN LA LOTERÍA?

Un abogado no puede aumentar la probabilidad de que usted gane la lotería para la tarjeta verde. Un abogado puede ayudarle a preparar su solicitud, pero la solicitud es muy sencilla y el Departamento de Estado ofrece instrucciones claras. Un abogado puede ayudarle a definir si usted es persona natural de un país calificado o si cumple el requisito educacional, pero no se preocupe por eso ahora sino cuando gane. Si gana la lotería, debe solicitar una visa de inmigrante por ajuste de condición o proceso consular (vea el capítulo 6 sobre cómo solicitar su visa de inmigrante). En ese momento, usted debe demostrar que no es inadmisible (inelegible) para una visa de inmigrante. Ése es el momento apropiado para hablar con un abogado de inmigración o con otro experto legal de inmigración.

¿DÓNDE OBTENGO INFORMACIÓN SOBRE LA PRÓXIMA LOTERÍA PARA LA TARJETA VERDE?

En el pasado, el Departamento de Estado, Agencia de Asuntos Consulares, ha proporcionado información para la lotería de tarjeta verde en el portal del Departamento de Estado, http://travel.state.gov/. También puede obtener información sobre la lotería en el portal *Immigration Answers* www.allanwernick.com.

CAPÍTULO 5

Cómo superar las barreras a la residencia permanente

EXCLUSIONES Y ABANDONOS

Para obtener una visa de inmigrante, usted debe demostrar que no es inadmisible (antes del 1 de abril de 1997, USCIS usaba el término "excluible" en lugar de "inadmisible"). Ser inadmisible quiere decir que usted no puede obtener una visa aunque llene los requisitos de una de las categorías para visas de inmigrante o no inmigrante.

Puede ser inadmisible y, por lo tanto, quedar excluido de la residencia permanente, por ejemplo, por actividad criminal o porque sus recursos financieros son insuficientes. En algunos casos, USCIS puede perdonar, o renunciar (*waive*, en inglés; en este caso, abandonar o dejar de lado sus objeciones) a su inadmisibilidad, aunque a veces es muy difícil obtener un documento de abandono o renuncia (*waiver*) a las objeciones. Si USCIS le concede ese documento, usted puede obtener su visa de inmigrante pese a la barrera.

En este capítulo describo las causas más frecuentes de inadmisibilidad y cómo superarlas. Encontrará una lista completa de barreras a la residencia permanente (causales de inadmisibilidad) en el apéndice F, "Causales de Inadmisibilidad/Exclusión". Los seis causales de inadmisibilidad más comunes son:

- Presencia ilegal en Estados Unidos.
- La posibilidad de ser una carga pública (necesidad de asistencia social o cualquier otro tipo de asistencia pública).
- Actividad criminal.
- Declaraciones falsas a USCIS o a un cónsul de los Estados Unidos.
- Actividad política.
- Condición médica.

BARRERA POR PRESENCIA ILEGAL

El gobierno puede excluirle de la residencia permanente por tres años si usted ha estado ilegalmente en Estados Unidos por más de 180 días continuos. La exclusión es de diez años si usted parte después de residir ilegalmente en Estados Unidos por 365 o más días. Los días de condición ilegal anteriores al 1 de abril de 1997 no contarán contra usted.

USCIS puede dejar de lado estas barreras (y, por lo tanto permitirle obtener la residencia permanente pese a la exclusión) si usted es cónyuge, hijo o hija de un ciudadano o residente permanente de Estados Unidos.

La barrera por presencia ilegal no se aplica a los solicitantes de residencia permanente bajo las reglas especiales para mujeres y niños maltratados y para los padres de niños maltratados si usted puede demostrar que su condición ilegal se relacionó al maltrato que usted o su niño recibió. La exclusión tampoco corresponde si usted es miembro de la familia de un residente permanente por amnistía (un caso de "Unidad Familiar").

USCIS no contará el tiempo de su estancia ilegal en Estados Unidos mientras fue menor de 18 años. Ni contará el tiempo que su solicitud de asilo esté pendiente, incluso mientras haga un reclamo de asilo a un juez de inmigración o apele una negativa de reclamo de asilo, a menos que trabaje sin autorización de USCIS durante ese tiempo. Si gestiona por un ajuste de condición (vea el capítulo 6), el reloj se defiene mientras su solicitud esté pendiente ante USCIS.

Finalmente, si hace su solicitud para un cambio de condición o prórroga de estadía "a tiempo" (antes que venza su estadía legal), su presencia ilegal no empieza a contarse a menos y hasta que USCIS le niegue su solicitud. Si USCIS aprueba su solicitud, su presencia nunca fue ilegal. Si USCIS le niega la solicitud, su presencia ilegal empieza a contarse a partir de la fecha de la negativa. Para beneficiarse de esta política ("suspensión hasta la negativa") usted debe solicitar la prórroga o cambio de condición antes que venza su condición actual, y no debe tener empleo no autorizado. Esta política de USCIS puede cambiar. Para saber sobre cualquier cambio, vaya al portal de Respuestas sobre Inmigración *(Immigration Answers):* www.allanwernick.com.

La política de "suspensión hasta la negativa" es una interpretación generosa de la ley por parte de USCIS que se basa en la incapacidad de la agencia para decidir casos con rapidez. En realidad, la ley proporciona una negativa de hasta sólo 120 días basada en una solicitud pendiente de cambio de condición o prórroga de estadía. Y la suspensión corresponde sólo al comienzo del conteo de 180 días bajo la exclusión de tres años, no a los 365 días de la exclusión de 10 años.

Si usted es canadiense o ciudadano de uno de los países del Commonwealth con residencia en Canadá, le corresponde una regla especial. Si ingresó en Estados Unidos después de pasar la inspección por un funcionario de USCIS, se considera que usted está presente legalmente en lo referente a esta exclusión, sin tomar en cuenta que usted haya infringido su condición. Se considerará que usted ha infringido la ley de presencia ilegal sólo si un juez o funcionario de inmigración decide que usted ha infringido su condición. Esto es similar a la regla que corresponde a los no inmigrantes a quienes se concedió "término de condición", que discutiremos en la sección siguiente.

Quizás la regla más importante sobre la exclusión por presencia ilegal sea que sólo se aplica a aquellas personas que parten de Estados Unidos después de tener empleos ilegales. Esto quiere decir que si puede obtener la residencia permanente sin salir de Estados Unidos, o sea bajo el proceso que denominamos ajuste de condición, las exclusiones no corresponden. Volveremos a este tema en este capítulo.

¿Qué significa presencia ilegal?

USCIS considerará que su presencia es ilegal si:

- Permanece en Estados Unidos más tiempo del que le permite su estancia temporal.
- Ingresa en Estados Unidos sin autorización de USCIS.
- Ingresa con documentos falsos.
- El juez de inmigración de USCIS decide que usted infringió su condición.

Si usted está en Estados Unidos bajo la condición de no inmigrante legal y viola las condiciones de su estadía, no quedará sujeto a las exclusiones por presencia ilegal a menos que USCIS o un juez de inmigración decida que usted está fuera de condición. De modo que si usted trabaja sin permiso o comete alguna otra infracción de su condición pero no se le descubre, usted no se convierte automáticamente en ilegal en lo que a estas exclusiones se refiere. Si USCIS le descubre, puede deportarle por infringir su condición, pero no puede excluírsele bajo las exclusiones de tres y diez años. Si USCIS le permite permanecer en Estados Unidos por el término de su condición (lo que se hace comúnmente para la mayoría de las visas F-1 de Estudiantes Internacionales, J-1 de Visitantes de Intercambio, e I de Periodistas), a usted nunca se le excluirá por tres o diez años a menos que USCIS o un juez de inmigración decida que usted está fuera de condición. Si esto le parece raro, no es el único que así piensa. Sin embargo, así interpretó USCIS esta regla.

Los casos de Dan, Tim, Liz, y Gary nos ayudan a comprender lo que constituye presencia ilegal para USCIS.

— *El relato de Dan* —

Dan ingresó en Estados Unidos con una visa F-1 para estudiar ingeniería en San Diego State University de California. Al llegar al Aeropuerto Internacional de San Diego, un inspector de frontera de USCIS escribió "D/S" en el Documento de Entrada/Salida del Formulario I-94 de USCIS de Dan. "D/S" quiere decir "término de condición" (*duration of status*), lo cual significa que Dan puede permanecer en Estados Unidos mientras mantenga su condición legal de estudiante. Para mantener esa condición, Dan debe ser estudiante a tiempo completo y no trabajar en violación de las leyes de inmigración de Estados Unidos. Dan decide dejar la universidad y ser acuaplanista (*surfer*) profesional. Empieza a trabajar por horas en una tienda de artículos deportivos.

Pese a la infracción de su condición, Dan no queda sujeto a las exclusiones por presencia ilegal. Diez años más tarde, un empleador lo patrocina para la residencia permanente como instructor principal en una escuela de tabla hawaiana. Porque violó su condición al dejar la universidad para trabajar, es posible que tenga que salir de Estados Unidos para su visa de inmigrante. (Vea el capítulo 6 para más información sobre quién debe salir de Estados Unidos para obtener visa de inmigrante.) Sin embargo, porque USCIS le concedió término de condición, no será inadmisible por presencia ilegal en Estados Unidos.

— El relato de Tim —

Tim llegó a Estados Unidos como estudiante F-1 para asistir a Iowa State University. Después de dos años, dejó la universidad para escribir una novela. Al cumplir el año, solicitó ingreso y fue admitido a New York University. Presentó una solicitud ante USCIS para que se reinstalara su condición de estudiante, y USCIS se la negó el 1 de agosto de 1998. Como USCIS le negó la solicitud de reinstalación, actualmente está fuera de condición en lo que se refiere a las exclusiones a la residencia permanente de tres y diez años. Si permanece en Estados Unidos más de 180 días a partir del día que USCIS le negó la reinstalación y luego parte de Estados Unidos, se enfrentará a las exclusiones. Si no hubiera solicitado la reinstalación, USCIS nunca hubiera decidido que estaba fuera de condición, y no se hubiera visto sujeto a las exclusiones. Sin embargo, aunque no hubiera quedado sujeto a las exclusiones, podría habérsele sacado del país.

— El relato de Liz —

Liz llegó a Estados Unidos bajo la condición de trabajador profesional temporal H-1B el 1º de enero de 1998. Trabajó de ingeniera. USCIS la admitió por tres años, hasta el 1º de enero de 2001, el máximo para un trabajador H-1B (a menos que extienda su condición H-1B). Después de sólo un año, Liz dejó su trabajo de ingeniera para iniciarse como cantante en un bar. Liz está fuera de condición y si USCIS la descubre, puede sacarla de Estados Unidos. Para asegurar su estadía por si fracasa como cantante, Liz solicita que una compañía la auspicie para la residencia permanente. El caso para conseguir la tarjeta verde procede sin obstáculos y el 1º de diciembre de 2000, Liz sale de Estados Unidos para solicitar una visa de inmigrante en un consulado. Como Liz dejó los Estados Unidos antes de que su estadía legal venciera, no quedó sujeta a las exclusiones de condición ilegal. Ello se debe a que la violación de una condición no hace que una persona quede sujeta a las exclusiones.

— El relato de Gary —

Gary llegó a Estados Unidos para asistir al matrimonio de su hermana. En el aeropuerto, el inspector de USCIS le dio seis meses de permanencia en Estados Unidos. Gary decidió quedarse y sigue en el país dos años más tarde. Gary está sujeto a las nuevas exclusiones para personas fuera de condición porque se quedó más de un año adicional al tiempo que le diera el gobierno de Estados Unidos. Si sale del país, se le negará el reingreso por diez años, a menos que USCIS le conceda un *waiver* (exención), es decir que permita ignorar la exclusión.

La exclusión de tres años por condición ilegal de 180 días

La exclusión de tres años se aplica a los solicitantes de residencia permanente que estuvieron en Estados Unidos ilegalmente por más de 180 días continuos y luego dejaron el país. Como lo detallo más adelante en este capítulo, si usted califica para la residencia permanente sin dejar Estados Unidos, esta exclusión no presentará ningún problema.

Bajo la regla de exclusión de tres años, la ley dice que USCIS puede pasar por alto hasta 120 días en que usted esté fuera de su condición. USCIS lo llama suspensión o *tolling* del período de condición ilegal. Esta ley tiene poca relevancia ahora que USCIS ha decidido que cualquier cantidad de tiempo que permanezca en Estados Unidos en espera de una extensión de permanencia o cambio de estado no contará como presencia ilegal. Sin embargo, su condición debe haber sido legal cuando presentó su solicitud y no debe haber trabajado sin autorización.

La pena de diez años por un año de condición ilegal

La ley le excluye de la residencia permanente por diez años si permaneció ilegalmente en Estados Unidos un año o más. A diferencia de la exclusión de 180 días, USCIS no otorgará perdón ni suspensión si usted está sujeto a la exclusión de diez años.

Las exclusiones de tres y diez años se aplican a usted sólo si sale de Estados Unidos; de modo que si está en Estados Unidos y obtiene su condición de residente permanente sin salir, las nuevas exclusiones no le corresponden.

No todos pueden ser residentes permanentes sin dejar Estados Unidos. Éste es un proceso llamado "ajuste de condición". En el capítulo 6, describo cómo usted puede ajustar su condición.

Los relatos de John, Steve, Regina, y Nilda nos ayudan a comprender la exclusión de condición ilegal.

— El relato de John —

John llegó a Estados Unidos de Ghana para visitar a su hermano Paul, que es ciudadano de Estados Unidos. Llegó el 10 de febrero de 1995 con una visa de visitante B-2. USCIS le dio permiso para visitar a su familia por seis meses. La vida del país le gustó tanto que decidió quedarse. En diciembre de 1995, Paul gestionó una petición de inmigrante de base familiar en favor de John. Seis semanas más tarde, USCIS aprobó la petición. Lamentablemente, debido a la larga acumulación en la cuota de hermanos y hermanas de ciudadanos de Estados Unidos, pasarán muchos años antes que John pueda solicitar un ajuste de condición. Para solicitarla debe estar entre los primeros de la lista para una visa de inmigrante; es decir, debe tener una fecha prioritaria que sea corriente, es decir que sea una fecha vigente.

John puede evitar la exclusión de diez años para la residencia permanente por haber permanecido en Estados Unidos ilegalmente, siempre y cuando no salga del país hasta que obtenga la residencia permanente. Puede tomarle años antes de quedar apto para solicitar un ajuste de condición. Debe permanecer aquí ilegalmente y sin autorización de empleo hasta que su número aparezca bajo el sistema de cuotas para visas. De todas formas, bajo las reglas de ajuste de condición, tiene derecho a la residencia permanente sin salir del país y por lo tanto puede evitar la exclusión de diez años por presencia ilegal.

— El relato de Steve —

Steve, de Moscú, ingresó a Estados Unidos furtivamente por la frontera con Canadá en noviembre de 1997. Trató de obtener una visa de visitante en un consulado de Estados Unidos en Canadá pero el funcionario consular le negó la solicitud de visa. El 1° de junio de 2001, el hijo de Steve, un ciudadano de Estados Unidos de 21 años, gestionó una petición de visa de base familiar. Aunque Steve es el Familiar Inmediato de un ciudadano de Estados Unidos, debe regresar a su hogar para su entrevista de visa de inmigrante. Sin embargo, si parte de Estados Unidos para dicha entrevista después de permanecer aquí ilegalmente por más de 180 días, el cónsul puede negarle una visa de inmigrante por la exclusión de condición ilegal a la residencia permanente. Como la ley no provee un *waiver* para el padre/madre de un ciudadano de los Estados Unidos, Steve tiene dos opciones. Puede permanecer en Estados Unidos ilegalmente, sin poder conseguir una visa permanente (a menos que se case con una ciudadana de Estados Unidos y solicite un *waiver*, o el Congreso cambie la ley). O puede irse y esperar tres años (si se quedó ilegalmente más de 180 días) o diez años (si se quedó ilegalmente 365 días o más) antes de solicitar una visa de inmigrante.

— El relato de Regina —

Regina es una cocinera francesa. Llegó a Estados Unidos en 1994 con visa de visitante y se quedó ilegalmente después de los seis meses que USCIS le concedió para su visita. Su empleador la auspició para la residencia permanente. Gestionó una solicitud de certificación laboral para Regina el 30 de diciembre de 1996. El Departamento de Trabajo de Estados Unidos certificó que no había trabajadores en Estados Unidos listos, dispuestos y capaces para su trabajo. El 1° de julio de 1998, cuando su fecha prioritaria se volvió corriente o vigente bajo el sistema actual de cuotas para visas, pasó a ser elegible para la residencia permanente (vea el capítulo 6 para más información sobre el sistema de cuotas).

Bajo las reglas para el ajuste de condición detallado en el capítulo 6, obtuvo su residencia permanente sin salir de Estados Unidos. No tuvo que preocuparse por la exclusión de presencia ilegal. Logró ser residente permanente, y no tuvo necesidad de un *waiver* de inadmisibilidad. USCIS la entrevistará en Estados Unidos.

— El relato de Nilda —

Nilda llegó a Estados Unidos bajo la condición de trabajadora profesional temporal H-1B en marzo de 1994. (Para más información sobre la condición H-1B, vea el capítulo 14.) Se cansó de su trabajo y lo dejó en marzo de 1995 para iniciar la carrera de artista. Por lo tanto, estaba fuera de condición. En junio de 1998 conoció a John, un ciudadano de Estados Unidos y en octubre de 1998 se casaron. Nilda gestionó inmediatamente su residencia permanente.

Nilda no tuvo ningún problema con la exclusión de presencia ilegal—no le correspondía aunque había permanecido en Estados Unidos ilegalmente por más de un año. No tendrá que salir de Estados Unidos para obtener la residencia permanente porque ingresó legalmente a Estados Unidos y es Familiar Inmediato de un ciudadano de Estados Unidos.

Abandono *(waiver)* de exclusión de presencia ilegal

USCIS puede abandonar *(waive)*, es decir hacer caso omiso de las exclusiones de tres o diez años de la residencia permanente. Para calificar para un *waiver* usted debe ser cónyuge o hijo de un ciudadano o residente permanente de Estados Unidos. Además, usted debe demostrar que el familiar que es ciudadano o residente permanente de Estados Unidos sufrirá penuria extrema si USCIS o un funcionario consular no le proporciona la residencia permanente.

LA PROBABILIDAD DE QUE USTED SE CONVIERTA EN CARGA PÚBLICA

Para obtener una visa de inmigrante, usted debe demostrar al gobierno de los Estados Unidos que cuando sea residente permanente no necesitará asistencia pública—que usted no se convertirá en una "carga pública", como dice la ley de inmigración. Usted se convertiría en una carga pública si necesitara tarjetas, estampillas o cupones para alimentos, Medicaid, o bien otros beneficios que obtienen las personas pobres o incapacitadas que pueden demostrar "carencia de medios". La necesidad de asistencia pública no es un problema si solicita la residencia permanente sobre la base de su condición de asilado, refugiado, beneficiario de una Ley de Ajuste para los Cubanos, beneficiario de NACARA, solicitante de registro, o si presentó una autopetición en calidad de cónyuge o niño maltratado, o padre/madre de un niño maltratado.

Una manera de demostrar que usted no se convertirá en una carga pública es mediante un afidávit o declaración jurada de mantenimiento. Un afidávit de mantenimiento es un documento firmado por una persona que promete que le mantendrá, si necesita que le mantengan, una vez que obtenga la residencia permanente. Bajo la Ley de Inmigración de 1996, se requiere un afidávit de mantenimiento en casos de base familiar (excepto aquéllos basados en maltrato conyugal o de un niño). La ley también requiere un afidávit de mantenimiento si usted viene a los Estados Unidos a trabajar para un familiar o en un negocio donde familiares suyos sean dueños del 5 por ciento de la empresa. En otros casos, el afidávit es sólo una de muchas maneras de demostrar que usted no se convertirá en una carga pública.

Empecemos con las reglas que se aplican a casos que requieren el afidávit de mantenimiento. Continuaremos con la manera de demostrar que usted no será una carga pública en otros casos.

Cuándo se requiere un afidávit

La ley de inmigración de 1996 exige que el afidávit de mantenimiento sea un documento requerido para la mayoría de los casos de base familiar. Donde la ley requiere de un afidávit, la persona que firma por usted debe demostrar su capacidad para mantenerle a un 125 por ciento de las pautas de pobreza federales. Si usted es un miembro activo de las fuerzas armadas que peticiona por un cónyuge o niño, sólo necesita demostrar que su capacidad de mantenimiento es superior en un 100 por ciento al nivel de pobreza. Si su peticionario no tiene ingresos suficientes, puede acudir a un patrocinador conjunto para el afidávit. Usted o su patrocinador también pueden usar bienes en efectivo (dinero en cuentas bancarias, acciones o fondos mutuales—más sobre el uso de bienes a continuación) para demostrar que usted no será una carga pública. Un patrocinador puede utilizar ingresos de los miembros de la familia que viven en su hogar para apoyar el afidávit. Debe presentarse el nuevo Formulario USCIS I-864, Afidávit de mantenimiento bajo la 213 A de la ley—*Affidavit of Support under 213 A of the Act*— en los casos donde la ley requiera un afidávit. Quizás el cambio más importante de la ley sea que los afidávits de mantenimiento ahora son contratos obligatorios.

Nota: Bajo la nueva regla, un patrocinador debe notificarle a USCIS cualquier cambio de dirección hasta que venza el requisito de patrocinio.

¿Es indispensable en su caso un afidávit de mantenimiento?

Si solicita una visa de inmigrante sobre la base de una petición de un miembro de su familia, la ley ahora requiere que usted presente un afidávit de mantenimiento de esa persona. USCIS llama a ese familiar el "patrocinador". Las únicas excepciones son si el beneficiario de la petición ha trabajado cuarenta trimestres (diez años) en Estados Unidos, si el peticionario murió, o si el beneficiario peticiona por sí mismo bajo las reglas especiales para un cónyuge abusado física y/o emocionalmente, un niño abusado, o el padre/la madre de un niño abusado, o si es viuda o viudo de un ciudadano de Estados Unidos. Aunque usted sea adinerado, necesita que alguien firme por usted. Hay otra situación, poco usual, en que la ley insiste que usted obtenga un afidávit de mantenimiento: si basa su visa de inmigrante en una oferta de empleo y su empleador es un familiar o una compañía que pertenezca en un 5 por ciento a sus familiares.

El relato de Josie describe el requisito de que un patrocinador que es miembro de la familia presente un afidávit de mantenimiento.

— El relato de Josie —

La madre de Josie, Marsha, es ciudadana de Estados Unidos. Josie quiere ser residente permanente de los Estados Unidos. Digamos que Marsha presenta una petición a favor de Josie. Aunque Josie tiene un buen trabajo, la ley requiere que Marsha presente un afidávit de mantenimiento. Marsha debe demostrar que ella puede mantenerse a sí misma, a su hogar, y a Josie a un 125 por ciento del nivel de pobreza federal. Si Marsha no tiene suficientes ingresos y/o bienes, puede pedirle a una persona de mayores recursos que sea un patrocinador conjunto. Si un familiar de Marsha ha vivido con ella un mínimo de seis meses, Marsha puede incluir el ingreso de ese familiar si Marsha es "patrocinadora del contrato".

Finalmente, si Marsha, Josie, o un patrocinador del contrato tiene bienes líquidos (dinero en el banco, por ejemplo), Josie puede usar esos bienes para demostrar que no será una carga pública. Sin embargo, aun si los bienes de Josie son suficientes para su propio mantenimiento, Marsha debe presentar el afidávit de mantenimiento para demostrar que Josie no será una carga pública.

¿Quién puede ser un patrocinador?

Los patrocinadores también deben ser ciudadanos, nacionales, o residentes permanentes legales de Estados Unidos de por lo menos 18 años de edad y tener residencia primaria en uno de los 50 estados, en Washington, D.C., o en un territorio o posesión de Estados Unidos. Si usted es un patrocinador, deberá presentar sus planillas de pago de impuesto a la renta de los últimos tres años o demostrar que no tenía la obligación de pagar esos impuestos.

Pruebas de que usted puede mantener a un familiar: la regla del 125 por ciento, cuántos viven bajo el mismo techo, su ingreso y el de los demás miembros de casa

Cuando la ley requiere un afidávit de mantenimiento, la persona que peticiona en su favor (o su patrocinador y un cofirmante) debe demostrar que él o ella puede mantenerle a un 125 por ciento de las pautas de pobreza federales. Las pautas de pobreza especifican el monto máximo que usted puede ganar sin dejar de calificars para asistencia pública. Puede encontrar las pautas para 2004 en el apéndice G, "Pautas de pobreza de 2004". Si usted es miembro activo de las fuerzas armadas de Estados Unidos, sus hijos no casados menores de 21 años y su cónyuge sólo necesitan demostrar que puede mantenerles al 100 por ciento de las pautas.

El relato de Mark muestra cómo funciona la regla del 125 por ciento de ingreso.

— *El relato de Mark* —

Mark es soltero y tiene 25 años. Su madre, que es residente permanente de los Estados Unidos, peticionó para que él lo fuera también. Aunque tiene un buen empleo, la ley de inmigración de 1996 requiere que obtenga un afidávit de mantenimiento de su madre. Su madre no está casada y tiene otros dos hijos. Esto significa que una vez que Mark se una a la familia, la familia constará de cuatro miembros. En 2002, el límite de pobreza para una familia de cuatro en Nueva York, donde vive su madre, era de $18,100. La madre de Mark (o su madre y un cofirmante) deben demostrar que sus ingresos ascienden al 125 por ciento ($22,625), por lo menos, de esa cifra ($18,100) o usar sus bienes para suplir el ingreso. Actualmente, la cantidad es mayor.

Bajo la regla del 125 por ciento, la cantidad que usted necesita mostrar depende del número de personas que residan con usted, incluso—como lo indica el relato de Mark—los nuevos inmigrantes y usted como patrocinador. Ese total también incluye a cualquier persona que resida con el patrocinador durante por lo menos seis meses y que esté relacionada con el patrocinador por nacimiento, matrimonio o adopción. Quedan también incluidos los dependientes nombrados en la planilla de pago de impuestos federales a la renta en el año impositivo más reciente e inmigrantes patrocinados anteriormente con el nuevo afidávit de mantenimiento.

Regla de patrocinio por contrato casero

Si cualquiera de los miembros del hogar del patrocinador trabaja, a veces usted puede incluir el ingreso de éstos con el del patrocinador para cumplir la norma del "125 por ciento sobre el nivel de pobreza". El miembro del hogar debe presentar el Formulario USCIS I-864A, Contrato entre un patrocinador y un miembro del hogar *(Contract between Sponsor and Household Member)*. Este contrato responsabiliza conjuntamente a los miembros del hogar y al patrocinador a reembolsar el costo de cualquier beneficio público basado en escasez de recursos económicos de los que se haya valido el inmigrante patrocinado (vea "Afidávit de mantenimiento como regla del contrato" en la página TK).

Un patrocinador del "contrato casero" debe estar relacionado con el patrocinador por nacimiento, matrimonio o adopción. Además, el patrocinador del contrato debe haber vivido en casa del patrocinador durante por lo menos seis meses y estar viviendo allí cuando el patrocinador presenta el afidávit, o el patrocinador primario debe haber nombrado al patrocinador contratante en su planilla de pago de impuestos.

La regla del patrocinio conjunto

Si el familiar que peticiona en su favor no gana lo suficiente para mantenerle, usted debe conseguir que otra persona sea su copatrocinador. Tanto el patrocinador como el copatrocinador deben presentar afidávits de mantenimiento. Aunque a menudo los familiares son los mejores copatrocinadores, la ley no requiere que el copatrocinador sea un familiar, ni del solicitante ni del patrocinador primario. Los copatrocinadores (a diferencia de las personas que viven bajo el mismo techo) no pueden añadir su ingreso al de otro patrocinador para llegar a la pauta de pobreza del 125 por ciento. Un patrocinador conjunto debe llenar por sí solo el requisito de ingresos del 125 por ciento.

El relato de Sally muestra cómo funciona la regla del patrocinio conjunto.

— El relato de Sally —

Sally, una ciudadana de Estados Unidos, quiere traer a su madre de Italia. Ella y su esposo trabajan, pero ganan apenas para mantener un hogar que incluye tres niños. Sally peticiona para traer a su madre como Familiar Inmediato de un Ciudadano de Estados Unidos (vea el capítulo 2). Cuando su madre vaya a su entrevista para la visa de inmigrante, debe presentar un afidávit de mantenimiento de Sally. Pero como Sally no tiene ni ingresos ni bienes necesarios para mantener a su madre al 125 por ciento del nivel federal de pobreza, debe encontrar a otra persona, preferiblemente un familiar cercano, para que sea patrocinador conjunto. Sally y el copatrocinador deben firmar *afidávits* para que la madre de Sally los presente con su solicitud de visa de inmigrante. Sally le pide a su prima Cathy que sea una patrocinadora conjunta y que firme por sí sola el Formulario USCIS I-864, *Afidávit of Support*—Afidávit de Mantenimiento—para que Sally lo presente con su solicitud. Cathy es ejecutiva de un banco y gana lo suficiente para mantener a su familia, a la familia de Sally, y a su tía. Al presentar los afidávits de Sally y de Cathy, la madre de Sally puede demostrar que no es probable que se convierta en una carga pública.

El *afidávit* de mantenimiento como regla del contrato

Bajo la Ley de Inmigración de 1996, el nuevo *afidávit* de mantenimiento actualmente es un contrato entre usted, el gobierno y la(s) persona(s) que firmaron por usted. Si su patrocinador no le presta ayuda financiera, usted puede demandarle. Si usted recibe ciertos beneficios públicos (beneficios donde su ingreso sea un factor de elegibilidad) de una agencia de gobierno federal, estatal, o local, la agencia puede cargarle el costo de ese beneficio a su patrocinador. Por ejemplo, si usted recibe tarjetas para alimentos, el gobierno puede tratar de cobrarle a su patrocinador el valor en efectivo de esas tarjetas (cupones o estampillas, según sea el modo de asistencia).

Las obligaciones de su patrocinador continuarán en vigor hasta que usted sea ciudadano de Estados Unidos o haya trabajado 40 trimestres (el equivalente a diez años).

La regla que responsabiliza a su familiar por los beneficios públicos que usted recibe no se refiere al Medicaid de emergencia; vacunas; algunos análisis de enfermedades comunicables; ayuda de emergencia a corto plazo que no sea en efectivo (como refugio durante un huracán); nutrición infantil, incluso el programa WIC *(Women, Infants, and Children* = mujeres, infantes, y niños) y alimentación en la escuela; ayuda para la adopción y crianza *(foster care)*; préstamos y donaciones para la educación universitaria; educación primaria y secundaria; programa *Head Start;* Ley de Sociedad para el Entrenamiento en el Trabajo *(Job Training Partnership Act*—JTPA); y algunos programas sin pago en efectivo, como los comedores populares.

La responsabilidad legal de la persona que firma un *afidávit* de mantenimiento en su favor abarca únicamente los beneficios públicos y no las deudas particulares; de modo que si se endeuda para comprar un coche o un artefacto, el familiar que firma el *afidávit* no es responsable de esa deuda.

El uso de bienes para demostrar que usted no se convertirá en carga pública

Si su patrocinador, su copatrocinador, o un patrocinador por contrato casero carece de ingresos suficientes para demostrar que usted no será una carga pública, puede usar sus propios bienes o los del patrocinador para compensar por la diferencia entre el ingreso requerido y las pautas de pobreza. Los bienes deben ser cinco veces mayores que la diferencia entre el ingreso del patrocinador y el ingreso mínimo requerido bajo las pautas. Usted y/o su patrocinador deben poder convertir los bienes a efectivo en el plazo de un año. Los bienes pueden ser dinero en ahorros o cuentas corrientes bancarias, ac-ciones o fondos mutuos, certificados de depósito y bienes inmuebles. El inmueble no puede ser la residencia primaria del declarante (la persona que firma el afidávit).

El relato de Scott muestra cómo usted puede usar bienes para demostrar que no se convertirá en una carga pública.

— El relato de Scott —

Marsha, una ciudadana de Estados Unidos, peticionó a favor de su hijo Scott. Él y su esposa, Winona, son estudiantes de postgrado y no tienen ingresos. Su madre, Marsha, se mantiene a sí misma y a los tres hermanos y hermanas de Scott. A la muerte de su esposo, Marsha heredó $100,000. No trabaja pero recibe ingresos de $20,000 anuales de la pensión de su esposo. La esposa de Scott inmigrará con Scott como "beneficiaria derivada" (vea el capítulo 1 para más información sobre beneficiarios derivados).

La madre de Scott debe presentar un *afidávit* de mantenimiento y mostrar el ingreso de una familia de seis: ella, Scott y su esposa, y los otros tres hijos de Marsha. Cuando Scott y su familia solicitaron la residencia permanente, el nivel de pobreza de 1998 para una familia de seis era de $22,050, y un 125 por ciento de la pauta era $27,562. El ingreso anual de Marsha consistía únicamente de la pensión de $20,000 de su difunto marido. La diferencia entre la pauta del 125 por ciento y el ingreso de Marsha era de $7,562. Para un *afidávit* para Scott y su mujer, Marsha debe tener por lo menos $37,810 en ahorros bancarios (cinco veces la diferencia entre su ingreso y las pautas de pobreza). Como todavía tiene los $100,000 que heredó de su esposo, sus bienes son suficientes para demostrar que Scott y su esposa no se convertirán en una carga pública.

Cómo utilizar el empleo para demostrar que no se convertirá en una carga pública

Si usted es el beneficiario de un afidávit de mantenimiento y ha vivido seis meses con la persona que hizo la declaración, usted puede utilizar sus ingresos para salvar cualquier diferencia entre el ingreso del patrocinador y la cantidad que representa el 125 por ciento del nivel de pobreza. Necesitará presentar pruebas de que seguirá contando con esos ingresos.

Regla sobre cambio de dirección

Si usted es un patrocinador primario, copatrocinador, patrocinador contratante del mismo hogar y se muda, debe dar notificación del cambio de dirección a USCIS dentro de 30 días. Use el Formulario USCIS I-865 para dar parte del cambio. Se llama Notificación de Cambio de Dirección del Patrocinador *(Sponsor's Notice of Change of Address)*. También debe dar notificación del cambio al gobierno del estado donde residía cuando presentó el afidávit a USCIS y al gobierno estatal donde usted reside ahora. En el momento de publicarse este libro, USCIS todavía no había proporcionado información sobre cómo dar parte a los gobiernos estatales.

Cómo demostrar que usted no será una carga pública si gana una lotería y en otros casos donde la ley no requiere un *afidávit* de mantenimiento

Como se mencionó anteriormente, no todos los casos requieren que usted cumpla las nuevas reglas y use el nuevo formulario de afidávit de mantenimiento. Puede utilizar el antiguo formulario de afidávit de mantenimiento, Formulario USCIS I-134 (y sus propios ingresos y/o bienes sin un afidávit de un patrocinador), sin tener que cumplir los nuevos requisitos, en los casos siguientes:

- Usted y los miembros de su familia basan su solicitud en un caso de empleo. Se requiere el afidávit nuevo si un familiar cercano es propietario del 5 por ciento o más del negocio, a menos que el familiar sea ciudadano de Estados Unidos o residente permanente que no viva en Estados Unidos.
- Es viudo o viuda que gestiona su propia petición.
- Es un cónyuge o niño abusado emocional o físicamente que gestiona su propia petición.
- Usted presenta su solicitud bajo el programa de loterías para diversidades (vea el capítulo 4).
- Usted presenta su solicitud bajo la Ley de Ajuste para los Cubanos.
- Usted es un residente que regresa a Estados Unidos.
- Usted es solicitante de registro.
- Usted presenta su solicitud bajo la Ley de Ajuste para los Nicaragüenses y Asistencia para los Centroamericanos (NACARA) de 1997.
- Se requiere que usted presente pruebas de que no se convertirá en una carga pública como parte de una solicitud de visa para no inmigrante.
- Usted solicita la residencia permanente en base a la cancelación de su remoción o suspensión de su deportación.
- Usted solicita visa de no inmigrante, inclusive una visa de visitante B-2 o K para un cónyuge o novio(a) de un ciudadano de Estados Unidos.

Para demostrar que no es probable que usted se convierta en una carga pública, puede:

- Mostrar que está listo, dispuesto y capaz para el trabajo, y que tiene una oferta de trabajo, o si está en Estados Unidos, que ya trabaja.
- Presentar afidávits, apoyados por las declaraciones de impuestos de miembros de su familia, de que los miembros de la familia le proporcionarán apoyo financiero, si lo necesita.
- Mostrar suficientes bienes personales para probar que no necesita trabajar.
- Mostrar una combinación de empleo, mantenimiento y bienes.
- Presentar, si está en Estados Unidos y trabaja, una carta de su empleador actual que explique el tipo de trabajo que desempeña; si el empleo es a tiempo completo y permanente; su sueldo; y cuánto tiempo ha estado empleado. Si los tiene, proporcione talones de trabajo y copias de las declaraciones de impuesto a la renta que presentó al IRS.

Aunque trabaje "extraoficialmente" y su jefe le pague "bajo la mesa" (es decir, si su empleador no guarda registros de su sueldo) usted puede utilizar, de todas maneras, su historial de trabajo para demostrar que puede mantenerse. Una manera de hacerlo es presentando declaraciones de impuestos. Si no tiene tarjeta de seguro social, puede presentar una declaración de impuestos con un Número de Identidad Individual para los Impuestos (*Individual Tax Identification Number* o ITIN). Un ITIN es un número de cinco dígitos que utilizan para los impuestos las personas que no son elegibles para una tarjeta de seguro social. Puede solicitar un ITIN con el formulario W-7 del IRS llamado *Application for IRS Individual Taxpayer Identification Number* (Solicitud para el Número de Identidad Individual del IRS para los Impuestos). Puede obtener el formulario llamando al 800-870-3676. Para informarse sobre el ITIN en la internet, vaya a www.irs.gov/ind_info/itin.html. Si no tiene un ITIN, y quiere presentar una declaración de impuestos, incluya su solicitud para el ITIN con su declaración. Un funcionario consular o examinador USCIS se preocupa usualmente más sobre la posibilidad de que usted se convierta en una carga pública que en la recaudación de impuestos.

ACTIVIDAD CRIMINAL

El motivo de inadmisibilidad más difícil de superar se relaciona con la actividad criminal. No todos los crímenes le hacen inelegible para obtener la tarjeta verde. Si se le ha condenado por un delito, hable con un experto en leyes de inmigración antes de presentar cualquier solicitud a USCIS.

Dos campos importantes de actividad criminal que pueden volverlo inelegible para la residencia permanente de los Estados Unidos son los crímenes relacionados a la vileza moral y a las drogas. USCIS puede desechar algunos de estos motivos de inadmisibilidad. Otras actividades criminales también pueden hacerle inadmisible. Encontrará una lista completa de motivos de inadmisibilidad en el apéndice F, "Motivos de Inadmisibilidad/Exclusión".

Crímenes relacionados con la vileza moral

Si usted ha cometido o admitido un crimen relacionado con la vileza moral, usted puede ser inelegible a la residencia permanente a menos que consiga antes un *waiver* de inadmisibilidad. Es difícil definir vileza moral, pero generalmente involucra actos criminales cometidos por personas indignas o malignas o que engañan al gobierno. Vileza moral incluye la mayoría de crímenes sobre robos y violencia. El asalto simple a menudo no tiene que ver con la vileza moral.

Crímenes relacionados con las drogas

Las leyes de inmigración son particularmente duras cuando se trata de la venta o uso de substancias ilegales. Si se le condena por cualquier crimen que tenga que ver con una substancia controlada, es probable que quede excluido de inmigrar. Puede obtener un *waiver* por un solo motivo: una ofensa única por posesión de 30 gramos o menos de marijuana. No hay *waiver*—abandono de exclusión—para los solicitantes de visas de inmigrante por otros crímenes que involucren drogas. La regla de no dar *waiver* se aplica hasta a actividades menores relacionadas con las drogas, como más de una condena por posesión de marijuana, por la venta de marijuana (aun una cantidad pequeña), y por posesión de cualquier cantidad de cocaína.

Perdones por actividad criminal—Excepciones y waivers

Bajo la excepción para delincuentes jóvenes, a usted no se le excluirá de la residencia y no necesita un *waiver* si (1) se le condenó por un solo crimen de vileza moral, (2) era menor de 18 años en ese entonces, y (3) han pasado más de cinco años desde que cometió el crimen o desde que salió de la cárcel. Bajo la excepción de una contravención o delito menor, usted tampoco es inadmisible si la condena fue por un solo crimen de vileza moral en que la sentencia máxima posible es de un año y se le condenó a no más de seis meses de cárcel. Esta excepción existe para cualquier edad.

Otras opciones

Usted puede tener otras opciones aparte de un *waiver* si es inadmisible por actividad criminal. Si usted recibió un perdón completo y total (perdón concedido por un gobernador o presidente), su condena no contará contra usted. Si una condena en Estados Unidos se eliminó totalmente de su expediente, la condena quizás no cuente contra usted. La eliminación debe resultar en que no haya indicación en su expediente que se le condenó alguna vez. Un aspecto de la ley que cambia constantemente es si una cancelación elimina o no una condena para los propósitos de inmigración. Consulte con un experto legal para obtener la información más reciente sobre las reglas referentes a las cancelaciones. Al margen de la regla sobre cancelaciones, algunos crímenes relacionados con el tráfico de drogas lo harán inelegible, se hayan cancelado o no.

Si usted es inadmisible porque cometió un crimen relacionado con vileza moral o se le condenó de un solo cargo de posesión simple de 30 gramos o menos de marijuana, usted puede ser elegible para un *waiver* de inadmisibilidad. Para obtener un *waiver*, usted debe demostrar que o (1) usted es el cónyuge, padre/madre, o niño de un ciudadano o residente permanente de

Estados Unidos y que su familiar sufriría penuria extrema si no se le admite a usted como residente permanente o (2) la ofensa ocurrió más de 15 años antes de su solicitud, usted se rehabilitó, y su admisión a Estados Unidos no sería contraria al bienestar o la seguridad del país.

Para solicitar un *waiver* por exclusiones de un motivo criminal, debe presentar el Formulario de USCIS I-601 *Application for Waiver of Grounds of Excludability*—Solicitud para el Waiver por Motivos de Excluibilidad.

DECLARACIONES FALSAS FRAUDULENTAS

Si alguna vez ha hecho una "declaración falsa fraudulenta" (una mentira o falsedad) al solicitar el ingreso a Estados Unidos, para obtener una visa o cualquier otro beneficio de inmigración, usted puede ser inadmisible (inelegible para una visa o ingreso) debido a ese acto. La declaración falsa debe haberse hecho "a sabiendas" (al propósito), "intencionalmente" (al propósito, también), y haber sido "material" (importante). Esto quiere decir que USCIS no debe castigarle por mentiras inconsecuentes.

Si ha hecho una declaración falsa fraudulenta, quizás pueda obtener un *waiver* para que su exclusión no ocurra. Para obtenerlo, usted debe ser cónyuge o niño de un residente permanente o ciudadano de Estados Unidos, y demostrar que si no obtiene una visa permanente su cónyuge o padre/madre pasarán penuria extrema.

El relato de John da un ejemplo de una declaración falsa fraudulenta.

— El relato de John —

John solicitó una visa de visitante en el consulado de Estados Unidos en su país, Costa Rica. Le dijo al funcionario consular que asistía a la universidad y, como prueba, presentó una cédula estudiantil de identidad (ID) con su foto. Sin embargo, la identificación era falsa. John sustituyó su foto por la de otro estudiante. John estuvo sin empleo y vivió en la calle durante cinco años y nunca asistió a la universidad.

Es obvio que John le mintió al funcionario consular, y esta mentira probablemente se consideraría una declaración fraudulenta falsa a sabiendas, intencional e importante. Es importante porque si el funcionario consular hubiera sabido que John no estaba en la universidad, no le hubiera concedido una visa de visitante. Para obtener una visa de visitante, John tenía que demostrar que no había abandonado su residencia en Costa Rica. También tenía que demostrar que sólo quería visitar Estados Unidos y que partiría de Estados Unidos después de su visita (para más información sobre visas de visitante, vea el capítulo 12). El que John esté o no en la universidad es importante para determinar si regresará a su país al término de su visita a los Estados Unidos.

El funcionario consular no descubrió la mentira de John y le concedió una visa de visitante. A su llegada a Estados Unidos, USCIS lo admitió para una visita de seis meses. Poco tiempo después de su llegada, conoció y se enamoró de Susan, una ciudadana de Estados Unidos. Si John solicita una visa de inmigrante en base a la petición de Susan, USCIS puede descubrir que mintió al obtener su visa de visitante. Si USCIS descubre la mentira, quizás llegue a obtener la visa de inmigrante, pero probablemente necesitará un *waiver* de inadmisibilidad; es decir, que se descarten esas razones para su inadmisibilidad.

Fraude matrimonial

Las leyes de inmigración son especialmente duras para las personas que se casan únicamente para obtener una visa de inmigrante. La persona que contrae matrimonio falso nunca obtendrá una visa basada en la familia o el empleo. No hay *waiver* que ignore el matrimonio fraudulento. Si se le declara culpable de matrimonio fraudulento, su única esperanza de conseguir visa de inmigrante es el asilo, la cancelación de remoción, ser beneficiario derivado, o por ley particular. (Vea el capítulo 1 para una explicación de cancelación de remoción y leyes particulares.)

ACTIVIDAD POLÍTICA

Si usted fue miembro de un partido totalitario o comunista, en o fuera de Estados Unidos, usted es inadmisible (con algunas pocas excepciones). Algunas veces, un miembro del Partido Comunista obtiene una visa de inmigrante, pero usualmente con cierta dificultad. Si el gobierno de Estados Unidos cree que usted representa un riesgo para su política exterior o que usted participó en genocidio o persecución, las leyes de inmigración le excluyen, sin excepción, de la residencia permanente.

Exclusiones basadas en actividad política

Aun si fue miembro de una organización comunista, usted puede inmigrar si tenía 16 años o menos cuando se asoció a la organización o si se le obligó a asociarse. También es admisible si dio por terminada su afiliación con la organización comunista por lo menos dos años antes de solicitar la residencia permanente. Si era miembro de un partido comunista que controlaba el gobierno de su país, usted debe haber cancelado su afiliación por lo menos cinco años antes de presentar su solicitud. Estas excepciones son válidas sólo si usted no es una amenaza la seguridad de Estados Unidos.

Aunque sea inadmisible por una afiliación en una organización comunista o totalitaria, puede obtener un *waiver* si es cónyuge, padre/madre, niño o hermano/hermana de un ciudadano de Estados Unidos, o es cónyuge o niño de un residente permanente. Para obtener el *waiver*, su admisión a los Estados Unidos debe tener un propósito humanitario, asegurar la unidad familiar, ser de interés publico. Nuevamente, no debe considerársele una amenaza a la seguridad de Estados Unidos.

Si su afiliación en una organización comunista o totalitaria no tuvo mayor trascendencia y no fue ni a propósito ni voluntaria, no puede usarse para negársele la residencia permanente.

Puede prohibírsele el ingreso a los Estados Unidos si participó en actividades terroristas. La ley define a un "terrorista" como aquella persona que comete un acto de terrorismo o que "ofrece apoyo material" a cualquier individuo, organización, o gobierno para llevar a cabo una actividad terrorista. La ley define "apoyo material", entre otros, a solicitar fondos u otros objetos de valor para llevar a cabo actividades terroristas o para cualquier organización terrorista.

TEMAS DE SALUD

A menos que haya presentado un examen médico en una solicitud anterior para ingresar a los Estados Unidos, por ejemplo como un solicitante de visa K o V o en calidad de refugiado USCIS, usted debe someterse a un examen médico antes de ser residente permanente. A la mayoría de los refugiados se les examina antes de su llegada a Estados Unidos. El examen incluye una radiografía de tórax y un examen de sangre. Si está embarazada, la pueden exonerar de la radiografía. No tiene que hacerse análisis de sangre si puede demostrar una objeción religiosa legítima a ese análisis. Además, debe vacunarse contra enfermedades contagiosas.

Las condiciones médicas más comunes para su inelegibilidad a la residencia son la tuberculosis infecciosa, ser VIH positivo, tener una enfermedad de transmisión sexual (*sexually transmitted disease*—STD) como sífilis y gonorrea, o tener retardo o enfermedad mental.

Si es inadmisible porque sus análisis de tuberculosis u otras enfermedades tratables resultaron positivos, se le dará tiempo para obtener tratamiento, tomar un nuevo examen médico, y ser admitido como residente permanente.

Si sus análisis son VIH positivo o tiene una enfermedad mental, sólo puede ser residente permanente si obtiene antes un *waiver*, es decir, si se descartan los motivos de su inadmisibilidad. Puede obtener un *waiver* si es cónyuge o hijo no casado de un residente permanente o ciudadano de Estados Unidos, o si tiene un hijo que es ciudadano, residente permanente legal de Estados Unidos, o a quien se le ha concedido visa de inmigrante. A diferencia de otras solicitudes de *waiver*, no necesita demostrar que su familiar sufrirá penuria si usted no consigue la visa de inmigrante. Solicite el *waiver* usando el Formulario USCIS I-601, Solicitud para Waiver por Motivos de Excluibilidad (*Application for Waiver of Grounds of Excludability*).

Si solicita un *waiver* porque sus análisis indican que es VIH positivo, usted debe mostrar lo siguiente: (1) está recibiendo, o recibirá cuando lo admitan, cuidado y tratamiento para la infección del VIH; (2) tiene la calificación de familiar de un ciudadano o residente permanente legal de Estados Unidos; (3) cuenta con suficientes recursos financieros o seguro para pagar el cuidado médico y costo del tratamiento para la infección del VIH, y no es probable que se convierta en una carga pública; y (4) ha recibido asesoramiento o educación sobre cómo se transmite el VIH.

En Estados Unidos, sólo un médico autorizado por USCIS puede efectuar el examen médico. Fuera de Estados Unidos, el médico debe tener autorización del Departamento de Estado. Usted puede obtener una lista de doctores de la oficina local USCIS de su distrito o de un consulado de Estados Unidos. Las leyes de inmigración de 1996 estipulan que usted debe presentar pruebas de vacunación contra enfermedades previsibles, que incluyen paperas, sarampión, rubéola, polio, tétano y difteria, tos convulsiva (tos ferina), influenza tipo B y hepatitis B. Pueden exonerarle del requisito de vacunación si, desde el punto de vista médico, la vacuna no le conviene.

Otros motivos de exclusión

En la solicitud para la residencia permanente, ya sea el Formulario I-485 USCIS, Solicitud para el Ajuste de la Condición *(Application for Adjustment of Status*), o el envío final del consulado de Estados Unidos, Formulario OS-230, II Parte, Solicitud para la Visa de Inmigrante y el Registro de Extranjería (*Application for Immigrant Visa and Alien Registration*), muchas preguntas se refieren a la inadmisibilidad. Lea la lista con cuidado, y si la respuesta a cualquiera de estas preguntas es "Sí", contacte a un experto en leyes de inmigración antes de presentar su solicitud.

CAPÍTULO 6

Cómo solicitar una visa de inmigrante

Cuándo y dónde gestionar; cómo prepararse para la entrevista de su visa de inmigrante; su derecho de apelación

En este capítulo, repaso los procedimientos para gestionar la visa de inmigrante. Una vez que usted sepa que califica para una visa de inmigrante en base a sus lazos familiares o a su trabajo, necesita saber cuándo y dónde puede obtener su visa. Le explicaré cómo puede saber si califica para una visa inmediatamente o si debe esperar por su visa bajo el sistema de cuotas. Luego explico sus opciones sobre dónde se le puede entrevistar para la visa y le doy algunos consejos sobre la preparación para esa entrevista. Finalmente, explico su derecho a apelar o pedir la revisión de una solicitud rechazada.

CUÁNDO CALIFICA PARA LA VISA DE INMIGRANTE—EL SISTEMA DE PREFERENCIAS O "CUOTAS"

Como expliqué en los capítulos 2 y 3, para conseguir una visa de inmigrante de base familiar o laboral, USCIS debe aprobar la petición que usted o alguna otra persona gestione en su favor. Pero eso no quiere decir que una visa de inmigrante siempre se consigue de inmediato. Bajo el sistema de preferencias o "cuotas", una visa de inmigrante no siempre puede obtenerse en el acto.

Si usted es un familiar inmediato de un ciudadano de Estados Unidos, no entra bajo el sistema de cuotas. En vista del número ilimitado de visas de inmigrante, usted puede obtener su visa de inmigrante tan pronto haya procesado sus documentos.

Sin embargo, en muchas categorías de preferencia, un mayor número de personas quiere visas de las que se otorgan en cierto año para cierto país. Si ése es su caso, aun si USCIS ha aprobado una petición en su favor, usted no puede obtener su visa de inmigrante inmediatamente. Tendrá que esperar su turno. Su lugar en la lista para obtener una visa de inmigrante de preferencia se llama su fecha prioritaria. Algunas preferencias tienen una larga lista de espera. No hay tiempo de espera para algunas categorías. Todo depende de su país de origen y su categoría de preferencia.

Si se trata de una preferencia de base familiar, la fecha en que su familiar gestionó la petición establece su fecha prioritaria. No importa el tiempo que USCIS demore para procesar la petición: la fecha prioritaria se fija cuando

USCIS recibe la petición. Algunas veces, cuando no hay lista de espera, usted puede gestionar su petición y solicitud para la residencia permanente al mismo tiempo (vea el capítulo 5).

Para una preferencia de base laboral, usted establece su fecha prioritaria, usualmente cuando su empleador gestiona una solicitud de certificación laboral con el Departamento de Trabajo de Estados Unidos. El tiempo que demora procesar la solicitud no tiene efecto en su fecha prioritaria. (Para más sobre certificaciones laborales, vea el capítulo 3.) Donde la ley no requiera una certificación laboral, la gestión de una petición I-140 con USCIS establece su fecha prioritaria. USCIS ha implementado un programa que permite a los solicitantes (con fechas prioritarias corrientes) de casos basados en el empleo gestionar peticiones I-140 al mismo tiempo que solicitan la residencia permanente.

Si usted es un solicitante de preferencia, lea el último Boletín USCIS de Visas para saber si hay una visa disponible inmediatamente para usted. Si está disponible, decimos que su fecha prioritaria es corriente.

¿Cómo puede saber si su fecha prioritaria es corriente? Alrededor del 11 ó 12 de cada mes, el Departamento de Estado publica un Boletín de Visas con las fechas límite del mes siguiente. Puede averiguar las fechas límite para cada categoría llamando al Departamento de Estado al 202-632-2919. Por internet, puede leer el Boletín de Visas del Departamento de Estado en el portal de Asuntos Consulares, www.travel.state.gov/visa_bulletin.html. Para obtener el Boletín de Visas por fax marque el 202-647-3000. Para inscribirse en la lista de correos del Boletín de Visas del Departamento de Estado, escriba a: *Visa Bulletin, Visa Office, Department of State*, Washington, D.C. 20522-0113. Sólo incluirán direcciones de Estados Unidos en su lista de envíos por correo. Finalmente, también puede tener, obtener y bajar el Boletín de Visas del tablón electrónico de Asuntos Consulares en el 202-647-9225.

Cómo leer el Boletín de Visas

Veamos las fechas límite para la visa de inmigrante en el Boletín de Visas de julio de 1996 y aprendamos a leerlo. Puede encontrar un Boletín de Visas reciente en el apéndice H. Voy a usar, como ejemplo, el boletín de julio de 1996 porque muestra toda la gama de posibilidades sobre las fechas límite para la preferencia. Los solicitantes de preferencia cuya fecha prioritaria era anterior a la fecha inscrita en el Boletín de Visas quedaron aptos para la visa de inmigrante en julio de 1996. El Departamento de Estado publicó este boletín en junio de 1996.

	TODAS LAS ZONAS DE CARGO EXCEPTO LAS DE LA LISTA	INDIA	MÉXICO	FILIPINAS
1ra	C	C	U	01 may 86
2A	22 dic 92	22 dic 92	15 may 92	22 dic 92
2B	01 mar 91	01 mar 91	01 mar 91	01 mar 91
3ra	01 ago 93	01 ago 93	15 oct 87	01 abr 85
4ta	15 feb 86	08 oct 84	01 jul 85	08 oct 77

[Zonas-objetivo de empleo Centros regionales]

	TODAS LAS ZONAS DE CARGO EXCEPTO LAS DE LA LISTA	INDIA	MÉXICO	FILIPINAS
1ra	C	C	C	C
2da	C	U	C	C
3ra	C	U	C	01 feb 95
OTROS TRABAJADORES	08 puede 87	U	08 puede 87	08 puede 87
4ta	C	C	C	08 puede 95
CIERTOS TRABAJADO RES RELIGIOSOS	C	C	C	08 puede 95
5ta	C	C	C	C
ZONAS-OBJETIVO DE EMPLEO CENTROS REGIONALES	C	C	C	C

Para calcular mediante el Boletín de Visas si usted puede obtener una visa de inmigrante en julio de 1996, debe conocer su categoría de preferencia. Supongamos que usted se encuentra en la primera preferencia de base familiar. Esto significa que usted es mayor de 21 años y que su madre o padre, ciudadano de Estados Unidos, peticionó en su favor. A excepción de México y de Filipinas, usted encuentra una "C" bajo los países en la lista de la primera preferencia de base familiar para julio de 1996.

La "C" significa "corriente", que es una manera de decir que en julio de 1996 había visas disponibles inmediatamente para los solicitantes de la primera preferencia de base familiar nacidos en cualquier país excepto México y las Filipinas. Los solicitantes nacidos en México y en Filipinas son los únicos que tendrán que esperar. Para México, tiene que encontrar una "U". La "U" significa que hasta el 1º de octubre de 1996, cuando empieza el nuevo año fiscal USCIS, no hay visas disponibles para los solicitantes de la primera preferencia de base familiar nacidos en México. En el caso de las Filipinas, un hijo soltero de un ciudadano de Estados Unidos cuyo padre o madre gestionó por ellos antes del 1º de mayo de 1986 obtuvo su visa de inmigrante en julio de 1996.

Si el Boletín de Visas no mencionó a su país por nombre, usted entra en la categoría de todo cargo. Tome en cuenta que en julio de 1996, en la cuarta preferencia de base familiar (hermanos y hermanas de ciudadanos de Estados Unidos) para las Filipinas, el ciudadano de Estados Unidos tenía que haber gestionado la petición antes del 8 de octubre de 1977. Cuando apareció el Boletín de Visas, esos solicitantes habían estado esperando más de 17 años.

Los relatos de Aída, Tomás, Marcia, y Pilaf muestran cómo funciona el Boletín de Visas.

— *El relato de Aída* —

Aída llegó a Estados Unidos con una visa de estudiante F-1. Es ciudadana de

México. Mientras estudiaba en la Universidad de California en Los Angeles, conoció a Rubén, un ciudadano de Estados Unidos de ancestro mexicano. Rubén y Aída se casaron, y él peticionó para la residencia permanente de Aída. En calidad de cónyuge de un ciudadano de Estados Unidos, Aída no tiene que leer el Boletín de Visas porque la visa de inmigrante queda a su disposición inmediata. Porque la ley no impone limites al número de familiares inmediatos de ciudadanos de Estados Unidos que pueden ingresar a Estados Unidos cada año, éstos no forman parte de una categoría de preferencia. El Boletín de Visas es improcedente al derecho que tienen los familiares inmediatos de ciudadanos de Estados Unidos a solicitar una residencia permanente.

— El relato de Tomás —

Tomás vive en la República Dominicana, donde nació. Tiene 22 años y está casado. Su madre llegó a Estados Unidos hace muchos años y ahora es ciudadana de Estados Unidos. Tomás quería vivir en Estados Unidos, por lo que el 31 de julio de 1993, su madre gestionó una petición de familia para él. Al leer el Boletín de Visas de julio de 1996, podemos ver que Tomás tuvo una fecha prioritaria ese mes y obtuvo su visa de inmigrante inmediatamente. Cualquier solicitante de tercera preferencia de base familiar cuya petición en la categoría de todo cargo se gestionó antes del 1º de agosto de 1993, quedó elegible para la residencia permanente en julio de 1996.

— El relato de Marcia —

Marcia, oriunda de Venezuela, trabajaba en Nueva York de empleada doméstica con pensión en casa de sus patrones. El trabajo requiere sólo un mes de experiencia. Los empleadores de Marcia querían peticionar para que obtuviera su tarjeta verde. Gestionaron una certificación laboral en su favor el 15 de enero de 1992. Como es difícil encontrar trabajadores dispuestos a vivir con la familia, el empleador pudo demostrar que no había trabajadores en Estados Unidos que quisieran el trabajo. El Departamento de Trabajo aprobó la solicitud de certificación laboral. El 1º de febrero de 1994, el empleador gestionó ante USCIS una petición en su favor. USCIS aprobó la petición el 1º de octubre de 1994.

En julio de 1996, Marcia no llegaba a calificar para una visa de inmigrante. Su fecha prioritaria era el 15 de enero de 1992. Cuando un caso de preferencia de base laboral requiere una certificación laboral, la fecha prioritaria es la fecha en que el Departamento de Trabajo recibe la petición. Los solicitantes nacidos en Venezuela cuyas certificaciones el Departamento de Trabajo recibió antes del 8 de mayo de 1987, encabezaban la lista para obtener visas de inmigrante en julio de 1996. A Marcia todavía le queda una larga espera antes de que califique para una visa de inmigrante. Cuando su fecha prioritaria sea corriente, su empleador tendrá que demostrar que sigue necesitando un ama de llaves que viva en casa. De otro modo, Marcia no será apta para una visa de inmigrante.

— El relato de Pilaf —

Pilaf es ciudadana de Francia, su país natal. Tiene una hermana en Estados Unidos que es ciudadana de este país. La hermana, que quería que Pilaf viniera a acompañarla, peticionó por ella. USCIS recibió la petición el 15 de enero de 1989. La fecha prioritaria de Pilaf es el 15 de enero de 1989, y es elegible para una residencia permanente bajo la cuarta preferencia de base familiar. En julio de 1996, Pilaf había estado esperando la residencia permanente casi siete años, y es posible que tenga que seguir esperando durante largo tiempo antes de obtener su visa de inmigrante. Puede obtener su visa de inmigrante cuando franceses de nacimiento cuyas peticiones USCIS recibió antes del 15 de febrero de 1986 sean corrientes. Como el Boletín de Visas no adelanta un mes cada mes es difícil saber cuánto tiempo más Pilaf tendrá que esperar, pero puede llegar a muchos años más.

Cruce de cargo: Cómo calificarse en el país de su cónyuge o de su padre o madre

En ciertos casos, usted puede reclamar una visa de inmigrante en el país de nacimiento de su cónyuge o de su padre o madre. Si usted solicita una visa de inmigrante con una preferencia, sus hijos solteros y su cónyuge pueden obtener sus visas de inmigrante al mismo tiempo que usted. Llamamos a sus hijos o a su cónyuge beneficiarios derivados. Si el cónyuge que es beneficiario derivado es oriundo de un país distinto, usted puede reclamar elegibilidad de ese país. Si usted acompaña a su padre o madre, el acuse de su visa puede ir a cualquiera de sus padres. Tome nota que el acuse de visa de un padre o madre no puede ir al país de un hijo. Si usted era ciudadano de Estados Unidos pero perdió su ciudadanía, su visa puede cargarse al país de su ciudadanía actual o, si no tiene ciudadanía, al país de la última residencia. Finalmente, si usted nació en un país donde no nació ni residió ninguno de sus padres (por ejemplo, sus padres estudiaban en ese país), se le puede apuntar en el país de cualquiera de los padres

El relato de Migdalia da un ejemplo sobre cómo funciona el cruce de cargo.

— *El relato de Migdalia* —

Migdalia nació en México. A los 20 años se casó con David, nacido en la República Dominicana. El padre de Migdalia inmigró a los Estados Unidos, y cuando obtuvo la ciudadanía de ese país, el 31 de julio de 1993, peticionó por ella bajo la tercera preferencia de base familiar. El Boletín de Visas de julio de 1996 lleva una larga lista de espera bajo la tercera preferencia de base familiar para los ciudadanos de México. Sin embargo, como David inmigrará a Estados Unidos con Migdalia, puede reclamar su visa de inmigrante bajo la cuota para la República Dominicana. La República Dominicana es corriente bajo la tercera preferencia de base familiar para solicitantes cuyas peticiones se gestionaron antes del 1º de agosto de 1993. La República Dominicana está en la categoría de zonas de todo cargo para julio de 1996. Migdalia y David pueden obtener sus tarjetas verdes tan pronto el gobierno de Estados Unidos haya procesado sus documentos.

¿Puede esperar en Estados Unidos hasta que su fecha prioritaria sea corriente?

Si no tiene una visa disponible inmediatamente, ¿puede esperar a que llegue su fecha en Estados Unidos? Si tiene condición legal de no inmigrante, puede permanecer con esa condición hasta que la condición venza. Aunque no esté aquí legalmente, en muchos lugares del país USCIS no irá a buscarle mientras espera a que su fecha prioritaria sea corriente. En algunos distritos, USCIS investiga a personas si el Departamento de Trabajo les niega una solicitud de certificación laboral. USCIS puede tratar de removerle si le encuentran en la redada de una fábrica, o si comete un crimen grave o si le atrapan en una investigación "antiterrorista"; pero tratará de removerle casi con seguridad si solicita asilo y si USCIS no aprueba su solicitud. Naturalmente, la política aquí descrita puede cambiar si el público o la política del gobierno se vuelca contra todos, o un grupo específico, de inmigrantes.

DÓNDE SOLICITAR SU VISA DE INMIGRANTE

Si está en Estados Unidos, en algunos casos puede lograr la condición de inmigrante sin salir de Estados Unidos. A este proceso se le llama ajuste de condición. Si la ley no le permite ajustar su condición, debe presentar su solicitud ante un consulado de Estados Unidos. Este procedimiento se llama procesamiento consular. Si usted se encuentra en Estados Unidos y es apto para el ajuste de condición, puede igualmente presentar su solicitud ante un consulado de Estados Unidos, es decir en el extranjero, pero les recomiendo a la mayoría de las personas presentar su solicitud en Estados Unidos, siempre que les sea posible.

Es usualmente mejor obtener la tarjeta verde aquí

Si se encuentra en Estados Unidos, el ajuste de condición es casi siempre la mejor manera de obtener la residencia permanente. El ajuste de condición es más conveniente que el procesamiento consular. Es también más seguro. A menudo, si solicita un ajuste de condición y su caso presenta un problema o USCIS niega su solicitud, puede permanecer en Estados Unidos mientras trata de resolver su problema. Y si USCIS trata de removerle, usted puede renovar su solicitud con el juez de inmigración. Si trata de obtener una visa en un consulado de Estados Unidos, tiene muy poco derecho a que se revise su caso si un funcionario consular niega su solicitud. Sus opciones son más limitadas, y cualquier problema será más difícil de resolver. Además, ciertos motivos de inadmisibilidad cuentan sólo si usted sale de Estados Unidos (vea el capítulo 5).

Si regresa a su país para una entrevista en un consulado de Estados Unidos y su caso presenta un problema, es posible que usted tenga que permanecer fuera de Estados Unidos hasta que resuelva el problema. Cuando solicita un ajuste de condición, puede obtener permiso de USCIS para trabajar mientras su solicitud esté pendiente. Y en la mayoría de los casos, usted puede viajar fuera y regresar a Estados Unidos mientras su solicitud está pendiente. A este permiso para viajar se le llama *"advance parole"*—libertad anticipada bajo palabra. Si su permanencia en los Estados Unidos es ilegal, no viaje fuera del país sin hablar antes con un experto en leyes de inmigración, aun si USCIS le concedió permiso para trabajar. Pese a la libertad anticipada bajo palabra que le concedió USCIS, la persona que esté ilegalmente aquí y que viaje al extranjero puede tener problemas para obtener la residencia permanente.

Los relatos de Bárbara y Arthur muestran por qué es casi siempre mejor solicitar su tarjeta verde aquí en Estados Unidos mediante el proceso de ajuste de condición.

— El relato de Bárbara —

Bárbara solicitó un ajuste de condición en base a su matrimonio con Roberto, un ciudadano de Estados Unidos. Roberto estuvo casado antes en su país natal, la República Dominicana, pero se divorció.

Cuando Roberto y Bárbara fueron a la entrevista para el ajuste de condición, trajeron el certificado de divorcio de Roberto, pero no tenían el fallo completo del divorcio. El examinador USCIS que los entrevistó insistió que no podía aprobar el caso hasta no ver el fallo de divorcio junto con su traducción. Cuando Roberto tomó lo que el examinador consideró demasiado tiempo, rechazó la solicitud para el ajuste de condición de Bárbara, y USCIS le envió una carta diciéndole que tenía 30 días para partir de Estados Unidos. Por lo general, USCIS no trata de imponer la partida de un solicitante en una situación como la que enfrentaban Bárbara y Roberto. Roberto obtuvo el fallo del divorcio y Bárbara solicitó nuevamente el ajuste de condición. USCIS aprobó la nueva solicitud.

Si Bárbara hubiera solicitado su visa de inmigrante en un consulado de Estados Unidos, hubiera tenido que esperar fuera de Estados Unidos hasta que Roberto obtuviera los documentos. Pudo esperar en Estados Unidos y quedarse con su esposo porque solicitó el ajuste de condición.

— El relato de Arthur —

Arthur solicitó un ajuste de condición en base al patrocinio de su empleador. Arthur fue arrestado a los 17 años por participar en una manifestación contra el gobierno italiano. Había sido miembro de un grupo socialista estudiantil, y se le acusó y condenó por desorden público, por haber asaltado a un policía. Creía que no tendría problema para la residencia permanente. Su abogado le dijo que como el asalto simple no es un crimen que involucre la vileza moral y como era menor de 18 años cuando lo condenaron, podía ser residente permanente pese a la condena. Nunca fue miembro de un partido comunista. Le relató su historia al examinador de USCIS durante la entrevista para el ajuste de su condición, pero el examinador rechazó su solicitud, diciendo que se le negaba la residencia permanente bajo la ley que hace inadmisibles a los miembros del Partido Comunista. Cuando el examinador le negó la solicitud, Arthur pasó al proceso de deportación (llamado *"removal"*—remoción—desde el 1º de Abril de 1997). Para más información sobre inadmisibilidad por actividades políticas, vea el capítulo 5.

Arthur tiene derecho de presentar pruebas sobre la organización estudiantil a la que perteneció en Italia durante su audiencia de deportación. Puede traer testigos, como profesores universitarios que conocen el sistema político italiano. Puede testimoniar él mismo sobre sus creencias y las de la organización como él las entendió. Si el juez de inmigración no está de acuerdo con el análisis de Arthur y sostiene la decisión de USCIS, Arthur puede dirigirse a la Junta Apelatoria de Inmigración y permanecer en Estados Unidos mientras el recurso esté pendiente. Por otro lado, si Arthur hubiera presentado su solicitud ante un consulado de Estados Unidos y se la hubieran negado, su único derecho a la revisión de su caso sería una opinión consultiva no obligatoria del Departamento de Estado en Washington, D.C., un proceso lento e incierto. No tendría derecho a apelar el rechazo ni podría venir a vivir a Estados Unidos en espera de una decisión favorable de su caso.

¿QUIÉN PUEDE OBTENER UNA VISA DE INMIGRANTE SIN SALIR DE ESTADOS UNIDOS?

No toda persona calificada para la residencia permanente en Estados Unidos puede conseguir una visa de inmigrante sin salir de país. Algunas personas calificadas para la entrevista de USCIS en Estados Unidos tienen que pagar $1,000 por ese privilegio. Con las siguientes excepciones, usted puede ser residente permanente sin salir de Estados Unidos si cumple uno de los criterios siguientes:

- Pasó la inspección de un funcionario de USCIS al ingresar, nunca estuvo fuera de condición, y nunca trabajó sin permiso.
- Pasó la inspección de un funcionario de USCIS al ingresar y solicita la residencia permanente como familiar inmediato de un ciudadano de Estados Unidos. Si entra en la categoría de familiar inmediato y pasó la inspección de USCIS al ingresar, puede ajustar su condición aunque esté en Estados Unidos ilegalmente. La categoría de familiar inmediato incluye el cónyuge de un ciudadano de Estados Unidos; hijos solteros menores de 21 de ciudadanos de Estados Unidos y los padres de ciudadanos de Estados Unidos mayores de 21 años; y el cónyuge de un ciudadano de Estados Unidos ya muerto con quien, en el momento de la muerte del cónyuge, estuvo casado por lo menos dos años y no estuvieron separados legalmente.
- Presenta su solicitud sobre la base de su condición de refugiado o asilado.
- Solicita una visa de inmigración de base laboral o de trabajador religioso inmigrante especial, ingresó en Estados Unidos legalmente, y no estuvo fuera de condición más de 180 días desde su último ingreso legal como no inmigrante.

O, bajo lo que muchos llaman la "cláusula hereditaria 245(i)" (245(i) *grandfather clause)*, usted puede ajustar su condición al pagar una multa de $1,000 si reúne una de las siguientes condiciones:

- Solicita la visa de inmigrante de base familiar y su familiar peticionó por usted no después del 14 de enero de 1998.
- Solicita visa de base en el empleo y su empleador gestionó una certificación laboral para usted con el Departamento de Trabajo estatal, o usted o su empleador gestionaron una petición con USCIS en o antes del 14 de enero de 1998.
- Un familiar peticiona por usted o usted empieza un caso basado en el empleo en o antes del 30 de abril de 2001, y usted se encontraba en Estados Unidos el 21 de diciembre de 2000.
- Usted es un beneficiario derivado de un individuo con una "cláusula hereditaria 245(i)". Vea el capítulo 1 para la definición de beneficiario derivado.

Tome nota: el reglamento de la "presencia física en Estados Unidos el 21 de diciembre de 2000", se aplica sólo si la petición o certificación laboral se gestionó en su favor después del 14 de enero de 1998, pero en o antes del 30 de abril de 2001. Si sus documentos con base familiar o del empleo se gestionaron en o antes del 14 de enero de 1998, el reglamento de la presencia física no se aplica. Además, tome nota que una vez que se le admita bajo la cláusula hereditaria 245(i), usted puede ajustar su condición tanto si califica para la visa de inmigrante bajo sus documentos originales o bajo otra categoría.

El 26 de enero de 2001, USCIS emitió un memorándum que explicaba cómo demostrar la presencia física en Estados Unidos el 21 de diciembre de 2000. USCIS prefiere que usted presente un documento del gobierno federal, estatal o municipal. Sin embargo, el memorándum instruye a los funcionarios de USCIS que acepten, asimismo, otra documentación, incluso cartas y afidávits. USCIS reconoce que, a veces, varios documentos tomados en conjunto pueden demostrar la presencia física el 21 de diciembre de 2000. El memorándum da el ejemplo de una persona que efectúa un pago por una hipoteca el 1 de diciembre de 2000, y otro el 1 de enero de 2001.

Éste es el momento de reunir pruebas de que usted estuvo aquí el 21 de diciembre de 2001. Puede tomarle años gestionar su solicitud 245(i). Guarde copias de la prueba (y de todos los documentos importantes) en un lugar muy seguro.

El memorándum de USCIS aclara también que ni los cónyuges dependientes (derivados) ni los niños necesitan demostrar presencia física el 21 de diciembre de 2001 para calificar para una 245(i). Supongamos que usted califica para la residencia permanente como la hija casada de un ciudadano de Estados Unidos. Usted estaba aquí el 21 de diciembre de 2001, habiendo ingresado como visitante en 1999. Su madre, ciudadana de Estados Unidos, gestiona en su favor el 30 de abril de 2001. Puede tomar cinco años o más hasta que usted califique para la residencia permanente bajo el sistema de cuotas de preferencia. Cuando califique, USCIS le entrevistará aquí. USCIS también entrevistará aquí a su cónyuge y a sus hijos solteros menores de 21 años, sin tomar en cuenta si ellos también estaban aquí el 21 de diciembre de 2001.

Excepciones: Si ingresó bajo la condición C o D de miembro de tripulación, o con permiso para ingresar bajo la condición de Tránsito sin Visa, usted sólo puede ajustar su condición con la cláusula hereditaria 245(i). Si usted llegó aquí con una visa K, no podrá ajustar su condición a menos que se case con un ciudadano de Estados Unidos que peticionó en su favor para obtener la condición K. Si usted califica para una visa de inmigrante sin un peticionario, debe regresar a su país para que lo entrevisten para la visa de inmigrante. La cláusula hereditaria 245(i) no le ayudará.

Los relatos de Timothy, Sharon, Katy, Ruth, Manuel, y Samson demuestran quién puede obtener una visa de inmigrante sin salir de Estados Unidos.

— El relato de Timothy —

Timothy llegó a Estados Unidos en agosto de 1995 con una visa de estudiante F-1 para estudiar en un centro comunitario de estudios superiores *(community college).*

Le fue bien y continuó sus estudios hasta terminarlos en la universidad y la facultad de derecho. Luego, obtuvo permiso de USCIS para trabajar por un año bajo el programa de entrenamiento práctico para estudiantes F-1. Su empleador lo veía con buenos ojos y lo patrocinó para una visa de trabajo profesional temporal H-1B. Tres años después, su empleador lo patrocinó para la visa de inmigrante. Timothy puede ser residente permanente sin salir de Estados Unidos. Puede ajustar su condición. Nunca trabajó sin permiso, y nunca estuvo aquí ilegalmente.

— *El relato de Sharon* —

Sharon ingresó en Estados Unidos con un pasaporte falso. Se casó con Jim, ciudadano de Estados Unidos, el 1º de febrero de 1998. Jim inmediatamente peticionó la residencia permanente de su esposa. Quizás Sharon tenga que regresar a su país para que la entrevisten para su residencia permanente. Aunque reúne las condiciones para obtener una visa de inmigrante como familiar inmediato de un ciudadano de Estados Unidos, lo cierto es que su ingreso ilegal puede resultar en que USCIS decida que es inelegible para un ajuste de condición. De todos modos, algunos solicitantes en la misma situación que Sharon han ajustado su condición, aunque necesitan que USCIS les conceda un *waiver* contra el fraude y deben pagar la multa de $1,000. Para más información sobre *waivers* contra el fraude, vea el capítulo 5.

— *El relato de Katy* —

Katy y su esposo llegaron a Estados Unidos de Filipinas con visas turista y decidieron quedarse. La madre de Katy, ciudadana de Estados Unidos, peticionó por Katy el 5 de enero de 1997. Katy califica para la residencia permanente bajo la tercera preferencia de base familiar—hijos casados de ciudadanos de Estados Unidos. Su esposo obtendrá su visa de inmigrante como beneficiario derivado de Katy. Debido a la larga espera bajo la tercera preferencia para nacionales de las Filipinas, puede tomarles diez años hasta que Katy y su esposo lleguen al frente de la lista de visas de inmigrante. Con todo, USCIS los entrevistará aquí si cada uno de ellos paga la multa de $1,000. Aunque se quedaron más tiempo del que les concedió USCIS, la madre de Katy peticionó por ella antes de la fecha límite—14 de enero de 1998.

— *El relato de Ruth* —

Ruth ingresó en Estados Unidos el 1º de diciembre de 2000, con una visa de visitante. USCIS le dio permiso de visita por seis meses, pero ella decidió quedarse. Era ingeniera con experiencia y se le ofreció un buen trabajo acá. La compañía le gestionó una solicitud de certificación laboral el 30 de abril de 2001. Como Ruth estaba presente físicamente en Estados Unidos el 21 de diciembre de 2000, y su empleador peticionó por ella en o antes del 30 de abril de 2001, puede ajustar su condición cuando el Departamento de Trabajo de Estados Unidos apruebe su certificación laboral y USCIS apruebe una petición basada en el empleo en su favor. Para ajustar su condición, tendrá que pagar la multa de $1,000.

— *El relato de Manuel* —

Manuel ingresó a Estados Unidos el 22 de diciembre de 2000. Llegó de México sin inspección de USCIS. Ingresó de noche sin que se le detectara. En enero de

2001 se casó con una ciudadana de Estados Unidos. Su esposa peticionó por él el 1º de febrero de 2001. Aunque Manuel está casado con una ciudadana de Estados Unidos, debe regresar a México para procesar su residencia permanente. No puede ajustar su condición porque ingresó sin inspección. No puede beneficiarse de la ley 245(i) porque no estaba físicamente presente en Estados Unidos el 21 de diciembre de 2000. Si permanece en Estados Unidos 180 días después de su ingreso inicial y luego parte para procesar su visa en un consulado de Estados Unidos en México, se le prohibirá el ingreso por tres años de acuerdo con el reglamento. Sólo podrá obtener su residencia permanente si USCIS le concede un *waiver*, es decir si USCIS desiste de su derecho de prohibirle la entrada. Para más sobre estos *waivers*, vea el capítulo 5.

— *El relato de Samson* —

El tío de Samson, Alfredo, ciudadano de Estados Unidos, peticionó por la madre de Samson, hermana de Alfredo. Samson tenía 15 años cuando Alfredo gestionó la petición el 14 de enero de 1998, y por lo tanto podía acogerse por herencia a la ley 245(i) que le considera beneficiario derivado de su madre. (A este tipo de ventaja por herencia se le llama "cláusula de abuelo" o *"grandfather clause"* en inglés.) Samson y su madre vinieron a Estados Unidos bajo la condición de visitantes y se quedaron más allá de la fecha indicada. La espera es tan larga bajo la categoría para hermanos y hermanas de ciudadanos de Estados Unidos, la cuarta preferencia de base familiar, que cuando Samson cumplió 21, la fecha prioritaria de su madre todavía no era corriente. De acuerdo con la ley de USCIS, Samson perdió su derecho a inmigrar como beneficiario derivado a los 21 años. Sin embargo, no perdió su derecho a que se le entrevistara aquí, de acuerdo al reglamento 245(i). Supongamos que cinco años más tarde, un empleador obtenga una certificación laboral para Samson. Podrá ajustar su condición y mantener sus derechos de beneficiario derivado bajo la ley 245(i) por toda su vida.

¿QUIÉN DEBE PAGAR UNA TARIFA ADICIONAL PARA EL AJUSTE DE CONDICIÓN?

Algunas personas califican para un ajuste de condición sólo porque sus familiares o empleadores iniciaron casos en su favor en o antes del 14 de enero de 1998, o porque gestionaron los documentos en o antes del 30 de abril de 2001, y estaban en Estados Unidos el 21 de diciembre de 2000. Estos solicitantes deben pagar una multa de $1,000 por el derecho a que USCIS los entreviste en Estados Unidos.

Si solicita la residencia permanente en calidad de familiar inmediato de un ciudadano de Estados Unidos e ingresó legalmente, no tiene que pagar la multa. Esto rige aunque en este momento no tenga condición legal. También puede ajustar su condición y evitar la multa si ingresó legalmente, si su solicitud está en una categoría de base laboral, y no estuvo en Estados Unidos ilegalmente 180 días desde su último ingreso. Si presenta una solicitud en una categoría preferencial de base familiar, puede evitar la multa si ingresó en Estados Unidos legalmente, nunca trabajó sin permiso, y nunca dejó su condición.

Si usted es miembro de la tripulación de un buque y USCIS le dio un pase para desembarcar mientras el barco anclaba aquí, o si se le admitió a los

Estados Unidos con una visa C o D para ser miembro de la tripulación, debe pagar la multa de $1,000 para ajustar su condición. También tendrá que pagar la multa si se le admitió a Estados Unidos cuando iba camino a otro país e ingresó con el permiso llamado Tránsito sin Visa.

Los refugiados, asilados, y algunos chinos, cubanos, haitianos, y otros cuyas solicitudes se hicieron bajo leyes especiales de ajuste no tienen que pagar la tarifa extra. Tampoco tiene que pagarla si es menor de 17 años cuando USCIS decida sobre su solicitud para el ajuste de condición.

Los relatos de Javier, Lloyd, Marla, Wanda, y Priscilla muestran cómo funciona el reglamento de multa para el ajuste de condición.

— El relato de Javier —

Javier, oriundo de Haití, ingresó en Estados Unidos de Canadá. Había perdido su pasaporte y visa de Estados Unidos, y decidió ingresar evadiendo a los funcionarios de fronteras de Estados Unidos. El 1º de enero de 1998 se casó con una ciudadana de Estados Unidos. Ella peticionó por él el 13 de enero de 1998. Javier puede ajustar su condición, pero porque ingresó en Estados Unidos sin inspección, debe pagar una multa de $1,000 para tener derecho a que lo entrevisten aquí.

— El relato de Lloyd —

Lloyd llegó a Estados Unidos con una visa F-1 de estudiante en 1995. Terminó sus cuatro años de universidad y trabajó durante un año como aprendiz practicante F-1. Después de terminar su aprendizaje bajo la condición F-1, decidió recorrer Estados Unidos por un año. Estaba fuera de condición, pero se imaginaba que USCIS no daría con él. No le hacía falta trabajar porque recibía un cheque todos los meses de un tío rico.

Después de divertirse a sus anchas durante un año, Lloyd decidió iniciarse en su carrera de diseñador industrial. Lloyd encontró un empleador que lo patrocinó exitosamente para una visa permanente basada en una certificación laboral (vea el capítulo 3). El empleador gestionó la solicitud de certificación laboral el 30 de abril de 2001. Aun si le toma dos años procesar su solicitud de certificación laboral, Lloyd puede solicitar la residencia permanente sin salir de Estados Unidos, porque inició su caso antes del 30 de abril de 2001, que era la fecha límite. Debe pagar la multa de $1,000 porque había estado fuera de condición en Estados Unidos.

— El relato de Marla —

Marla ingresó en Estados Unidos con pasaporte y visa falsos el 21 de diciembre de 2001. Su madre, que ya estaba en Estados Unidos, consiguió la residencia permanente el 1º de junio de 2001. Marla tenía entonces 25 años. La madre de Marla peticionó por ella el 30 de abril de 2001. Cuando el número de Marla aparezca bajo la categoría segunda preferencia B de base familiar para hijos de residentes permanentes, ella puede ajustar su condición, pero debe pagar la tarifa de $1,000 por la gestión. Esto se debe a que estaba físicamente presente en Estados Unidos el 21 de diciembre de 2000, y su madre peticionó por ella en o antes del 30 de abril de 2001.

— El relato de Wanda —

Wanda llegó a Estados Unidos de Polonia con una visa B-2 de visitante, diciéndole al funcionario consular que le dio la visa que ella quería visitar universidades en Estados Unidos, porque quería continuar sus estudios en economía. La Universidad de Texas la aceptó en su programa de postgrado en economía. Cambió su condición por la de estudiante F-1 e inició sus estudios. Se graduó y empezó a trabajar con una condición H-1B. En diciembre de 1997, el empleador de Wanda gestionó una solicitud de certificación laboral para que iniciara el proceso para su residencia permanente. El Departamento de Trabajo de Estados Unidos aprobó su solicitud de certificación laboral cuando su condición seguía siendo legal, y ella solicitó el ajuste de condición. Wanda nunca estuvo fuera de condición y nunca trabajó sin permiso. USCIS la entrevistará en Estados Unidos, y no tendrá que pagar la multa de $1,000.

— El relato de Priscilla —

Priscilla llegó a Estados Unidos con una visa "I" para periodistas internacionales. El diario francés *Le Monde* la envió a Estados Unidos para las elecciones presidenciales de 1992. En plena campaña electoral, conoció y se enamoró de Jay, un periodista de Estados Unidos. Se casaron, pero estaban demasiado preocupados con la campaña para presentarle a USCIS la solicitud de residencia permanente de Priscilla. Ésta dejó su trabajo con *Le Monde* y empezó a colaborar de modo independiente *(freelance)* con varios periódicos de Estados Unidos. Eventualmente, su esposo peticionó por ella y ella solicitó un cambio de condición.

Porque califica para la residencia permanente como familiar inmediato de un ciudadano de Estados Unidos e ingresó en Estados Unidos legalmente, no tendrá que pagar la multa de $1,000. El que violara su condición al trabajar en periódicos de Estados Unidos no la descalifica para ajustar su condición.

Procesamiento consular para personas en Estados Unidos

Si está en Estados Unidos, quizás le convenga el procesamiento consular. Aunque a veces es arriesgado, el procesamiento consular puede ser más rápido que el ajuste de condición. Si tiene una fecha prioritaria corriente, el procesamiento consular tomará de nueve meses a un año. En algunos lugares de Estados Unidos, el ajuste de condición toma más de 24 meses. Naturalmente, si usted no es elegible para un ajuste de condición, no le queda otro remedio que solicitar su visa de inmigrante en un consulado de Estados Unidos.

CÓMO SOLICITAR EL AJUSTE DE CONDICIÓN

Puede solicitar ajuste de condición usando el Formulario USCIS I-485. Encontrará una muestra del I-485 en el apéndice I. Si tiene 14 años o más, debe también presentar el Formulario USCIS G-325A, Información Biográfica, y dos fotografías. Tome nota que las fotos deben ser de tres cuartos de perfil y mostrar su oreja derecha. Ya no tiene que presentar huellas digitales con su solicitud. Debe pagar una tarifa separada para las huellas digitales y USCIS le notificará cuándo debe presentarse para las huellas.

Por lo general, también debe gestionar su certificado de nacimiento con su solicitud I-485, y una traducción, si se requiere. El padre/madre o tutor del solicitante menor de 14 años puede firmar el documento.

Cómo gestionar su solicitud de ajuste de condición I-485

Si es familiar inmediato de un ciudadano de Estados Unidos, puede presentar los Formularios USCIS I-130 y I-485 simultáneamente. También puede gestionar las peticiones y las solicitudes I-485 simultáneamente en los casos de base familiar si su fecha prioritaria es corriente. En los casos de base familiar, estará al frente de la línea una vez que su fecha prioritaria sea corriente, y podrá entonces gestionar su solicitud para el ajuste de condición. En los casos basados en el empleo, USCIS debe aprobar una petición en su favor y usted debe tener una fecha prioritaria corriente antes de gestionar su solicitud para el ajuste de condición en un centro de procesamiento regional USCIS. En el momento de publicarse este libro, USCIS todavía no había implementado un programa prometido para permitir que los solicitantes (con fechas prioritarias corrientes) en los casos basados en empleo gestionaran peticiones I-140 simultáneamente con sus solicitudes para la residencia permanente. Cuando USCIS implemente esta política, podrá leer los detalles en el portal llamado *Immigration Answers* (Respuestas de Inmigración), www.allanwernick.com.

Los relatos de Frieda, Sherman, Jeremy, y Sean muestran cuándo puede gestionar su solicitud para el ajuste de condición.

— *El relato de Frieda* —

Frieda llegó a Estados Unidos con visa de estudiante. Durante su permanencia, se enamoró de Tom, un compañero universitario, y se casaron. Después de la boda, Frieda gestionó su solicitud para un ajuste de condición con el Formulario USCIS I-485. Adjuntó una petición firmada por su esposo. Puede gestionar su solicitud con la petición, aunque USCIS no la haya aprobado, porque es familiar inmediato de un ciudadano de Estados Unidos. Como la ley no pone limite al número de familiares inmediatos de ciudadanos de Estados Unidos que pueden ajustar su condición todos los años, Frieda no tiene que preocuparse por una fecha prioritaria. Su visa está disponible inmediatamente. Por esa razón, USCIS le permite gestionar la petición y solicitud simultáneamente.

— *El relato de Sherman* —

Sherman es un ingeniero soltero sudafricano de 25 años. Su madre obtuvo recientemente la ciudadanía de Estados Unidos. Sherman llegó a Estados Unidos para visitar a su madre y decidió quedarse. En el momento que decidió ser residente permanente de los Estados Unidos, su categoría de preferencia, la primera preferencia de base familiar, era corriente para los sudafricanos. Como había una visa disponible inmediatamente para él, Sherman pudo gestionar su solicitud para ajuste de condición simultáneamente con la petición de su madre.

— *El relato de Jeremy* —

Jeremy y su esposa llegaron a Estados Unidos de Suecia, su país natal. Vinieron a trabajar a una compañía que diseñaba computadoras. La madre de Jeremy era ciudadana de Estados Unidos. A Jeremy le gustó tanto Estados Unidos que decidió residir allí. La madre de Jeremy está dispuesta a peticionar por él. Cuando Jeremy decidió ser residente permanente, había una lista de espera de varios años para la tercera preferencia de base familiar. Ésa es la preferencia para los hijos casados de ciudadanos de Estados Unidos. Por lo tanto, aunque la madre de Jeremy gestionó una petición, Jeremy no podía presentar su solicitud para el ajuste de condición, ya que no había visa disponible inmediatamente en su categoría de preferencia. Tres meses después que la madre de Jeremy gestionara la petición, USCIS la aprobó. Cada mes, Jeremy revisaba el Boletín de Visas (tratado anteriormente en este capítulo) hasta que finalmente su fecha prioritaria llegó al tapete. Pudo entonces gestionar su solicitud para el ajuste de condición. Incluyó una copia del aviso que aprobaba la petición de su madre ante USCIS.

— *El relato de Sean* —

Sean, de Escocia, vivía en Estados Unidos y trabajaba de arquitecto en Nueva York con la condición de trabajador profesional temporal H-1B. Llegó al trabajo con un grado de master *(magister)* y dos años de experiencia en el diseño de piscinas techadas. Su compañía consintió patrocinarlo para una visa de inmigrante y gestionó una solicitud de certificación laboral. Dos años después, el Departamento de Trabajo de Estados Unidos certificó que ningún trabajador de Estados Unidos estaba listo, dispuesto y capacitado para hacer el trabajo que Sean hacía. También certificó que su empleador le ofreció trabajo al sueldo corriente. No había lista de espera para la categoría de visa de inmigrante de Sean (tercera preferencia de base de empleo), pero antes que pudiera gestionar su solicitud para el ajuste de condición I-140, su empleador debía lograr que USCIS aprobara una petición de empleo I-140. Cuando USCIS aprobó la petición, Sean gestionó su solicitud para el ajuste de condición.

Verificación de la agencia

USCIS enviará sus huellas digitales y una página del Formulario USCIS G-325A (Información Biográfica) para una "verificación de agencia" de la Agencia Federal de Investigaciones *(Federal Bureau of Investigations*—FBI). Bajo circunstancias normales, la FBI informará dentro de 60 días si usted tiene una ficha de arresto en Estados Unidos. Sin embargo, no se considerará que hay demora en la verificación hasta 120 días después que USCIS haya mandado sus huellas digitales a la FBI. A menudo, USCIS también requerirá informaciones de la Agencia Central de Inteligencia *(Central Intelligence Agency*—CIA) y el cónsul en su último país de residencia y/o demás países donde haya vivido.

Generalmente, USCIS no se pone en contacto con otras agencias de gobierno, pero puede hacerlo. Por ejemplo, si un examinador USCIS sospecha que usted ha recibido Medicaid o algún otro tipo de beneficio público que le haga inadmisible (vea el capítulo 5 para más información sobre inadmisibilidad), puede comprobarlo con la agencia de gobierno pertinente.

Examen médico

A menos que su solicitud de refugiado incluyera un examen médico, forman parte de su solicitud de ajuste de condición los análisis de sangre, radiografía de tórax, y pruebas de vacunación contra ciertas enfermedades. Para informarse sobre las condiciones médicas que pueden causar que se le niegue la residencia permanente, vea el capítulo 5. Las mujeres embarazadas pueden quedar exoneradas de la radiografía. O una mujer embarazada debe esperar, algunas veces, hasta dar a luz para hacerse la radiografía. Puede exonerársele de los análisis de sangre si tiene una objeción religiosa legítima a que se le saque sangre. Puede exonerársele del requisito de vacunación si es contraria a sus creencias religiosas o convicciones morales, o si la vacuna no es apropiada para usted desde el punto de vista médico.

El paso final: la entrevista con USCIS para el ajuste de condición

El paso final del solicitante para el ajuste de condición es, por lo general, la entrevista con un examinador de USCIS. Usualmente, USCIS renuncia a su derecho a la entrevista en casos referentes a solicitudes para el ajuste de condición con base a una petición I-140 (la que se basa en una oferta de empleo) o una petición por padre o madre o hijo soltero de un ciudadano de Estados Unidos.

Si su caso se basa en una petición I-130 gestionada por su cónyuge, y USCIS le llama para una entrevista, querrán que el cónyuge que peticiona se presente a la entrevista con usted. Sólo en muy raras ocasiones podrá obtener su visa de inmigrante en un caso matrimonial sin que su cónyuge se presente. Esto se diferencia de las entrevistas para la residencia permanente en el consulado de Estados Unidos. Allí, un funcionario consular no espera que se presente el cónyuge que peticiona, a menos que el funcionario solicite específicamente que su cónyuge lo haga.

Si todo marcha bien durante su entrevista para el ajuste de condición, el examinador de USCIS puede concederle la condición de inmigrante ese mismo día. Que todo "marcha bien" significa que su fecha prioritaria es corriente (o que usted es familiar inmediato de un ciudadano de Estados Unidos), que las investigaciones de la agencia no revelaron información perjudicial, y que no se le declaró inadmisible. El examinador sella una aprobación de residencia permanente temporal en su pasaporte o en una notificación aprobatoria separada. Usted puede usar el pasaporte/notificación sellado para viajar como residente permanente a, y fuera de, Estados Unidos. También puede utilizar el pasaporte/notificación aprobatoria sellada para peticionar por familiares y para demostrar que tiene autorización para trabajar de USCIS. Tenga en cuenta que si tiene beneficiarios derivados, éstos pueden presentar su solicitud para la residencia permanente junto con usted.

En algunas oportunidades, el examinador de USCIS demora una decisión final sobre una solicitud para el ajuste de condición. Es más probable que esto ocurra cuando el examinador de USCIS solicita más información o documentación—por ejemplo, un documento presentado normalmente en una entrevista de ajuste de condición, como el pasaporte o la partida de nacimiento—que usted olvidó traer. Es posible que el examinador quiera ver más pruebas para saber si usted es inadmisible debido a actividad criminal o porque es probable que se convierta en una carga pública. O el examinador puede considerar que su caso requiere cierto tipo de investigación, como la veracidad de su matrimonio. Una decisión demorada también puede ocurrir por un error burocrático, por ejemplo si una agencia perdió documentos comprobatorios. Si tiene otro expediente en USCIS, la demora puede ocurrir porque no ubican el expediente.

Le responderán por correo si USCIS decidió que no necesitaba entrevistarle. Si se aprueba su solicitud, recibirá la notificación de presentarse en una Oficina Distrital de USCIS para procesar su tarjeta verde.

Si USCIS rechaza su solicitud, usted puede objetar a esa decisión durante el procedimiento de deportación (llamado "remoción" desde el 1º de abril de 1997) o, en raras oportunidades, en un juzgado federal. En ese caso, es casi seguro que necesitará la asesoría de un experto en leyes de inmigración.

Ajuste de condición de asilados y refugiados

Si se le admitió como refugiado o USCIS le concedió asilo, usted puede solicitar un ajuste de condición un año después de obtener la condición de refugiado o asilado.

Si tuvo un examen médico antes de su admisión como refugiado, USCIS no requerirá, por lo general, que se haga otro examen médico. Si se le admite en calidad de asilado, requerirá un examen médico.

Para tanto el asilado como el refugiado, ciertos motivos de exclusión no se aplican, incluso la exclusión por carga pública. Hay *waivers* (abandono) para todos los demás motivos de exclusión a menos que usted sea inadmisible por haber sido nazi o colaborador nazi, o haber traficado en narcóticos. Si usted es asilado o refugiado, su cónyuge e hijos solteros menores de 21 también son elegibles para el ajuste de condición. Su relación con ellos debe ser anterior al momento que se le consideró refugiado o asilado.

Si usted se asiló, USCIS fechará su residencia permanente un año antes de la aprobación de su solicitud de ajuste. Si se refugió, USCIS fechará la aprobación en su fecha de ingreso a Estados Unidos.

EL PROCESO CONSULAR

Como se explicó anteriormente, los solicitantes de visa de inmigrante utilizan generalmente el proceso consular si ya están fuera de Estados Unidos. El proceso consular es similar en todos los consulados, aunque cada uno tiene sus propios expedientes y/o procedimientos locales.

El proceso empieza cuando el Centro Nacional de Visas del Departamento de Estado *(Department of State National Visa Center*—NVC), 32 Rochester Avenue, Portsmouth, NH 03801-2909, teléfono 603-334-0700, recibe su petición I-130 o I-140 aprobada por USCIS. Si su fecha prioritaria es corriente o usted es familiar inmediato de un ciudadano de Estados Unidos, el NVC le mandará a usted o a su representante un Paquete de Instrucciones para Solicitantes de Visa de Inmigrante (llamado anteriormente "Paquete III") con los formularios del Departamento de Estado. Si hay una larga lista de espera para la categoría de su visa, el NVC le enviará notificación de que recibió su petición. Anote el número de su caso (es diferente al número del recibo de la petición que gestionó con USCIS) y guárdelo en un lugar seguro. Compruebe si la notificación del NVC sobre la clasificación de su visa de inmigrante (cómo califica para una visa de inmigrante) y su fecha prioritaria son correctas. El NVC le enviará los formularios de solicitud tres meses antes que su fecha prioritaria sea corriente. Los formularios solicitan información biográfica y le dan una lista de los documentos que necesitará para ser residente permanente. Devuelva los formularios de acuerdo con las instrucciones del paquete. Luego, debe recibir una notificación para presentarse para la entrevista de su visa de inmigrante en el consulado de Estados Unidos.

La solicitud de visa

Después que el consulado reciba los formularios en el Paquete de Instrucciones para Solicitantes de la Visa de Inmigrante y una visa quede disponible, el cónsul le enviará la solicitud de visa (llamada anteriormente *"Packet IV")* a usted o a su representante. Ésta es la última serie de documentos que debe preparar para presentarlos en su entrevista final para la visa. Este paquete para la solicitud de la visa incluye información sobre el examen médico y la hora y lugar de su entrevista.

Durante la entrevista, un funcionario consular de Estados Unidos revisará todos los documentos pertinentes a su caso, incluso la petición que gestionó su familiar o su empleador. Si el funcionario tiene cualquier duda sobre su petición, puede diferir su decisión mientras el consulado investiga su caso. Si el funcionario cree que usted no califica para la visa de inmigrante, rechazará su solicitud. En ese caso, su única esperanza es pedirle al funcionario que reconsidere o escribir al Departamento de Estado de Estados Unidos para solicitar una Opinión Consultiva que revoque la decisión del funcionario. El Departamento de Estado revoca algunas veces la decisión de un funcionario consular respecto a la ley, pero raras veces respecto a los hechos. Para obtener una opinión consultiva, contacte a la división llamada Advisory Opinion Division, U.S. Department of State, 2401 E Street, NW, Washington, D.C. 20522-0113, teléfono 202-663-1225.

Los relatos de Jeff y Mandy nos permiten comprender el proceso de revisión cuando un funcionario consular niega una solicitud de visa de inmigrante.

— El relato de Jeff —

La madre de Jeff, una residente permanente de Estados Unidos, peticionó a favor de Jeff. Aunque ella recibía asistencia pública, Jeff tenía un tío muy próspero en Estados Unidos. El tío y la madre de Jeff firmaron, respectivamente, un afidávit de mantenimiento en su favor, pero Jeff no lograba convencer al funcionario consular de Estados Unidos que lo entrevistó que no era probable que fuera una carga pública. El funcionario le negó la solicitud para la visa de inmigrante. Jeff estaría perdiendo su tiempo si escribiera al Departamento de Estado para solicitar una Opinión Consultiva sobre la negativa del funcionario consular. La decisión de que Jeff pueda o no convertirse en una carga pública va por cuenta del funcionario consular. Si quiere ser residente permanente de Estados Unidos, Jeff debe presentar otras pruebas de que es capaz de mantenerse.

— El relato de Mandy —

Mandy tuvo una adolescencia problemática. Sin embargo, su única condena criminal era por posesión de una pequeña cantidad de hashish a los 18 años. Eventualmente, Mandy se enamoró de un ciudadano de Estados Unidos que viajaba alrededor del mundo, y éste peticionó para su residencia permanente. Mandy estaba segura que calificaba para la residencia permanente pese a su condena criminal porque, bajo las leyes de su país, la condena quedó completamente borrada. Cuando se presentó para su entrevista para la visa de inmigrante, admitió su arresto y trajo los documentos del juzgado que explicaban esta borradura. El funcionario consular opinó que, bajo las leyes de inmigración, la borradura no era suficiente para eliminar la exclusión por una ofensa relacionada con las drogas, y el funcionario le negó la visa de inmigrante.

Si Mandy cree que merece ser residente permanente y el funcionario consular está en desacuerdo, ella puede solicitar una Opinión Consultiva del Departamento de Estado. La División de Opiniones Consultivas le escribirá al funcionario consular, y el funcionario acatará esa decisión. Si Mandy tiene éxito, el cónsul de Estados Unidos le concederá una visa de inmigrante.

OTROS FACTORES QUE DEBE CONOCER SOBRE SU ENTREVISTA FINAL PARA LA VISA DE INMIGRANTE

A continuación, otros factores que debe tomar en cuenta al prepararse para la entrevista de la visa de inmigrante.

Repaso de la petición

Aunque USCIS haya aprobado una petición gestionada por usted, un familiar, o su empleador, el examinador puede revisar la petición como parte de la revisión de USCIS sobre su derecho a la residencia permanente. Si usted gestionó la petición al mismo tiempo que su solicitud para el ajuste de su condición, tenga la seguridad que el examinador de USCIS la revisará.

Si un examinador USCIS o un funcionario consular cree que los documentos que establecen la relación de hermano-hermana, padre-niño, marido-mujer, o empleado-empleador son cuestionables, el funcionario puede solicitar una investigación de campo. Si se trata de una preferencia de base familiar, un investigador puede ir al lugar donde nacieron el beneficiario y el peticionario, o donde se desarrolló su relación, para saber si la relación es real. Para los casos de padre-hijo o hermanos, el cónsul puede solicitar que el peticionario y el beneficiario se hagan análisis de sangre para verificar su relación.

Si usted solicita la residencia permanente de base matrimonial con un ciudadano o residente permanente de Estados Unidos, el funcionario consular o examinador de USCIS puede investigar la relación o bien examinar los divorcios previos para asegurar su validez.

En la entrevista final, el examinador de USCIS o el funcionario consular querrá ver todos los documentos originales. Esto incluye las partidas de nacimiento y de matrimonio, así como cartas del trabajo y otros comprobantes de sus ingresos.

¿Necesita abogado?

Aunque muchas personas obtienen la residencia permanente sin abogado, le recomiendo que un abogado u otro experto en inmigración le ayude a preparar su entrevista final para la visa. En una entrevista de ajuste de condición, usted tiene derecho a que un abogado o representante acreditado esté con usted durante la entrevista. En una entrevista consular, aunque usted no tiene derecho a un abogado, la mayoría de los funcionarios consulares le permitirán que un abogado asista a la entrevista o esté disponible para responder sus preguntas.

SECCIÓN II: Naturalización y ciudadanía

"Mamá, nunca llegarás a ser ciudadana. Vives en este país desde hace 20 años, y todavía no hablas ni lees inglés", le recrimina María.

"Pero yo no necesito hablar inglés en este barrio", contesta Jane, la madre de María. "De cualquier forma, yo no necesito ser ciudadana de Estados Unidos. Estoy feliz así".

"Pero mamá, ¿qué pasa si quieres regresar a tu tierra cuando te retires del trabajo? Quizás no puedas venir a visitarnos", María responde.

María quisiera que todos los miembros de su familia fueran ciudadanos de Estados Unidos. Así, tendrían derecho a regresar a Estados Unidos aún después de muchos años en el extranjero. Ella ya es ciudadana de Estados Unidos. Su hermano, Chris, es residente permanente desde hace diez años, pero teme solicitar la naturalización porque tiene antecedentes criminales. A Chris lo arrestaron hace 10 años por un delito menor de robo en una tienda cuando acababa de llegar a Estados Unidos. Fue su primer y único arresto.

Tanto Jane como Chris pueden calificar para la ciudadanía de Estados Unidos. Como aprenderá en esta sección, Jane podrá quedar exonerada del requisito de inglés debido a su edad y largos años de residencia. En cuanto a Chris, también tiene buenas posibilidades de obtener la ciudadanía de Estados Unidos porque mantuvo un expediente limpio durante los últimos cinco años. Pero debido a sus antecedentes, debe hablar con un experto en leyes de inmigración antes de gestionar su solicitud de naturalización.

Esta sección le ayudará a recorrer el último paso de su travesía hacia la inmigración. Ese paso es la naturalización, o sea el proceso de adquirir la ciudadanía de Estados Unidos. El capítulo 7 describe las ventajas de ser ciudadano de Estados Unidos así como los riesgos y peligros latentes del proceso de naturalización. En el capítulo 7, explico también la doble ciudadanía. En el capítulo 8 encontrará los requisitos de naturalización, y en el capítulo 9, instrucciones detalladas sobre cómo completar el Formulario USCIS N-400, Solicitud de Naturalización—*Application for Naturalization*—con indicaciones prácticas para navegar por el proceso de naturalización. Finalmente, en el capítulo 10, se trata el tema de los niños y la naturalización: cómo una persona adquiere la ciudadanía por nacimiento y cómo sus niños adquieren la ciudadanía cuando usted se nacionaliza.

Naturalmente, el primer paso para naturalizarse es la residencia permanente. Si usted todavía no es residente permanente, debe leer la Sección I para saber cómo serlo.

CAPÍTULO 7

¿Quiere la cuidadanía de Estados Unidos?

En este capítulo, explico las ventajas de ser ciudadano de Estados Unidos, los riesgos del proceso de naturalización, y la doble nacionalidad. También presento la posible necesidad de un abogado que le ayude a nacionalizarse en Estados Unidos.

¿CUÁLES SON LAS VENTAJAS DEL CIUDADANO DE ESTADOS UNIDOS?

Veamos las razones de un residente permanente para querer ser ciudadano de Estados Unidos. En comparación con el residente permanente, un ciudadano de Estados Unidos puede:

1. Votar y tener un cargo público. El derecho al voto usualmente se reserva para un ciudadano de Estados Unidos. Algunas ciudades permiten que los residentes permanentes voten en las elecciones de las juntas escolares locales y las juntas comunitarias, pero son excepciones raras. Al naturalizarse, usted puede tener cualquier cargo público excepto los de presidente y vicepresidente de Estados Unidos.

2. Lograr puestos de gobierno a los que no pueden postular los residentes permanentes. La mayoría de los empleos federales y algunos empleos estatales y municipales (como bombero y policía) requieren la ciudadanía de Estados Unidos como condición de empleo.

3. Vivir fuera de Estados Unidos sin perder la residencia permanente. A diferencia de un residente permanente, un ciudadano de Estados Unidos no tiene que preocuparse por el derecho de regresar a Estados Unidos después de una larga ausencia en el extranjero. Si usted es residente permanente y permanece demasiado tiempo fuera del país, el gobierno puede decidir que usted abandonó su residencia y puede perder su derecho de retorno a Estados Unidos.

El relato de John demuestra por qué una persona que proyecta vivir en el extranjero por largo tiempo puede querer ser ciudadano de Estados Unidos.

— El relato de John —

John había sido residente permanente durante 20 años al jubilarse de su trabajo a la edad de 65. Oriundo de Grecia, quería vivir los años que le quedaban en su tierra natal, por lo que vendió su casa en Estados Unidos, cerró su cuenta bancaria, y se mudó a Atenas.

Cada año en Navidad, John regresaba a Estados Unidos para estar con su hijo, su nuera y sus nietos. Aunque John no vivía allí, usaba su tarjeta verde para ingresar a Estados Unidos. Durante varios años, no tuvo problemas en el aeropuerto. Los inspectores de USCIS no disputaban su condición de residente permanente. Finalmente, cinco años después que John se mudara a Atenas, el inspector de USCIS en el aeropuerto JFK de la ciudad de Nueva York notó que John venía a Estados Unidos todas las Navidades. El inspector le preguntó a John cuanto tiempo permanecería. John dijo la verdad: "un mes". El inspector le hizo más preguntas y averiguó que John no residía realmente en Estados Unidos sino en Atenas. El inspector USCIS le dijo a John que no era elegible para venir a Estados Unidos como residente permanente y le dio una alternativa. Podía regresar inmediatamente a Grecia y renunciar a su residencia permanente, o solicitar una audiencia donde trataría de convencer a un juez de inmigración que no abandonó su residencia en Estados Unidos. Si John hubiera adquirido la ciudadanía en Estados Unidos, podría vivir en Atenas todo el tiempo que quisiera y regresar a Estados Unidos en cualquier momento.

4. Evitar el peligro de que se le remueva por hechos que ocurrieron después de su naturalización. Si usted es ciudadano de Estados Unidos, no se le puede remover por violaciones a la ley o por políticas que se aprobaron después de hacerse ciudadano de Estados Unidos. Se puede remover a un residente permanente por una serie de razones, incluso la actividad criminal, contrabando y actividad política. Una vez que sea ciudadano de Estados Unidos, no se le puede remover de Estados Unidos a menos que usted no tuviera derecho de ser ciudadano de Estados Unidos en primer lugar. En ese caso, USCIS tendrá que quitarle su ciudadanía antes de removerle.

Los relatos de Jean y Gary demuestran los beneficios de ser ciudadano de Estados Unidos.

— El relato de Jean —

El día después de obtener la ciudadanía de Estados Unidos, Jean se dirigía a una fiesta en la ciudad de Nueva York con tres de sus amigos. Jean no sabía que uno de ellos, Tom, sentado junto a ella, traía una onza de cocaína debajo del asiento. Cuando el conductor del automóvil cruzó una luz roja, la policía lo detuvo. Había una orden de arresto contra el conductor, y la policía, después de llevar a cabo una búsqueda, descubrió la cocaína. A Jean y Tom se les acusó de poseer cocaína con la intención de venderla. Si se llega a procesarle, Jean podría convencer al jurado que no sabía nada de la cocaína. Sin embargo, si el jurado no le cree, puede juzgarla culpable. Aunque Jean ha sido ciudadana sólo un par de días, no se le puede deportar. Estados Unidos es su nuevo país y—aunque sufra pena de cárcel—tiene derecho de permanecer en Estados Unidos aunque se le condene por un crimen grave.

— El relato de Gary —

Cuando Gary solicitó la residencia permanente de Estados Unidos, manifestó en su solicitud que la policía nunca le había arrestado ni en Estados Unidos ni en su país de origen. No era cierto. A Gary lo habían condenado en su país natal por robo armado, pero sobornó a un funcionario del juzgado para obtener documentación que nunca se le había arrestado. Así, pudo ser residente permanente. Cuando solicitó la naturalización volvió a mentir, diciendo que nunca se le arrestó. Después de obtener la ciudadanía, hubo un escándalo en el consulado de Estados Unidos de que procesó su solicitud para la visa de inmigrante. Toda solicitud procesada durante el mes de la entrevista de Gary para su visa de inmigrante se investigó cuidadosamente. Los investigadores averiguaron que a Gary se le había arrestado y condenado por una ofensa grave y que había mentido sobre acontecimientos relacionados con su solicitud para la visa de inmigrante. USCIS puede tratar de desnaturalizar a Gary.

El proceso de desnaturalización es sumamente complicado y difícil. El gobierno de Estados Unidos evaluará el caso de Gary y decidirá si debe desnaturalizarlo. Si se le desnaturaliza, podría removérsele de Estados Unidos.

5. Obtener un pasaporte de Estados Unidos. A veces, un ciudadano de Estados Unidos puede visitar países que ciudadanos de otros países no pueden visitar. Algunos residentes permanentes toman la ciudadanía de Estados Unidos para viajar con más facilidad a países donde anteriormente debían obtener visas o donde se les prohibía el ingreso.

6. Tener derecho a beneficios públicos. La ley de reforma a la asistencia de 1996 les negó a algunos residentes permanentes muchos de los beneficios públicos. Si usted adquiere la ciudadanía de Estados Unidos, se sentirá mejor sabiendo que si necesita ayuda del gobierno, podrá obtenerla.

RIESGOS DEL PROCESO DE NATURALIZACIÓN

Cuando usted solicita la naturalización, le da a USCIS la oportunidad de repasar su historial de inmigración. Si ha cometido un acto que puede causar su remoción, consulte a un experto en leyes de inmigración antes de gestionar su solicitud. Tenga cuidado especialmente si se le ha condenado por un crimen o si USCIS puede creer que obtuvo su condición de residente permanente de manera impropia. Los relatos de Michael y Sharon muestran los riesgos de solicitar la naturalización.

— El relato de Michael —

Michael había sido residente permanente por sólo dos años cuando se le arrestó por vender una pequeña cantidad de cocaína en la ciudad de Nueva York. Como era su primera ofensa y como se trataba de menos de un gramo de cocaína, el juez lo sentenció a cinco años de libertad condicional. No fue a la cárcel. Al término de este período, y pensando que su ficha quedó limpia, Michael solicitó la naturalización. Pero además de no poder naturalizarse, se dio con una mala sorpresa: USCIS inició un proceso de deportación (llamado "remoción" desde el 1º de abril de 1997) contra él, como persona condenada a una ofensa relacionada con las drogas. Puede sustentar una defensa contra la remoción y llegar a ser ciudadano de Estados Unidos. Casi con certeza, tendrá que defenderse ante un juez de inmigración.

— El relato de Sharon —

Sharon obtuvo la residencia permanente cuando su madre peticionó por ella. Después de la entrevista en el consulado de Estados Unidos en Trinidad, donde el cónsul le concedió una visa de inmigrante, decidió casarse con Billy, con quien mantenía una relación sentimental desde la escuela. Se casó antes de su primer ingreso como residente permanente y llegó a Estados Unidos sin decirle al inspector del aeropuerto que se había casado. Se considera que éste es un caso de visa fraudulenta y es una ofensa por la que se le puede remover.

Cinco años más tarde, cuando solicitó la ciudadanía de Estados Unidos, el examinador de USCIS se dio cuenta de que el matrimonio de Sharon tuvo lugar antes de que ingresara en Estados Unidos. Una persona que inmigra como hija de un residente permanente no debe ser casada, por lo que Sharon no merecía la residencia permanente. Afortunadamente, su madre ya era ciudadana de Estados Unidos y peticionó en su favor como hija casada de una ciudadana de Estados Unidos. Varios meses después, Sharon recibió una nueva visa de inmigrante y volvió a iniciar la espera para recibir su ciudadanía de Estados Unidos. Sharon tuvo suerte.

CIUDADANÍA: SI USTED SE NATURALIZA, ¿PERDERÁ SU CIUDADANÍA EXTRANJERA?

Si se naturaliza para ser ciudadano de Estados Unidos, ¿tiene que abandonar su ciudadanía en otros países? Depende de las leyes del otro país. Cuando usted llega a ser ciudadano de Estados Unidos, el gobierno de Estados Unidos le solicita que renuncie a cualquier otra ciudadanía. Algunos países no reconocen esta renuncia y seguirán reconociéndole como ciudadano de ambos países. Entre los muchos países que permiten doble nacionalidad se encuentran Colombia, la República Dominicana, Francia, Israel, y México. (Para una lista de países que permiten doble nacionalidad, vea el apéndice J.) Si le preocupa perder la ciudadanía de otro país, haga las averiguaciones necesarias en el consulado de ese país antes de nacionalizarse.

Si ya es ciudadano de Estados Unidos y quiere ser ciudadano de otro país, probablemente pueda hacerlo sin arriesgar su ciudadanía de Estados Unidos. Pero puede perder su ciudadanía de Estados Unidos si comete un acto de expatriación, tal como formar parte de un ejército extranjero o participar en un gobierno extranjero.

CAPÍTULO 8

Requisitos para la naturalización

Si usted es residente permanente, puede adquirir la ciudadanía de Estados Unidos mediante el proceso llamado naturalización. Para naturalizarse, debe reunir—como la mayoría de los solicitantes—los requisitos siguientes:

1. Usted residió en Estados Unidos con la condición de residente permanente durante cinco años continuos. (Puede calificarse después de una residencia permanente de sólo tres años si se casó y vive con la misma esposa estadounidense durante esos tres años).
2. Usted estuvo presente físicamente en Estados Unidos durante la mitad del período de cinco (o tres) años.
3. Usted es una persona de buen carácter moral.
4. Usted tiene conocimientos básicos sobre el gobierno e historia de Estados Unidos (requisito sobre conocimiento cívico).
5. Usted puede leer, escribir y hablar un inglés sencillo (con excepciones para los residentes permanentes mayores que son residentes durante un tiempo muy largo).
6. Usted tiene por lo menos 18 años de edad.
7. Usted manifiesta su alianza con el gobierno de Estados Unidos.

Se enterará que la ley da lugar a excepciones para muchos de estos requisitos.

El requisito de la residencia continua

Para naturalizarse, debe vivir continuamente en Estados Unidos en calidad de residente permanente legal durante un mínimo de cinco años antes de naturalizarse. Si es cónyuge de un ciudadano, puede naturalizarse tres años después de ser residente permanente si está casado y vive matrimonialmente con un ciudadano de Estados Unidos durante esos tres años. USCIS mantiene que usted debe estar casado y vivir con su cónyuge—y ciudadano—de Estados Unidos tanto en el momento de presentar su solicitud de naturalización como en el momento de su entrevista de naturalización. Los cinco o tres años requeridos se denominan algunas veces el período establecido por ley. Usted puede presentar su solicitud 90 días antes de cumplir el requisito de la residencia permanente. Si lo hace más de 90 días antes de los cinco o tres años necesarios, USCIS rechazará su solicitud por registro prematuro.

Los relatos de María, Joseph, Louisa, y Karen muestran la regla de tres años para el cónyuge de un residente permanente.

— El relato de María —

María adquirió la residencia permanente el 2 de enero de 1992, cuando su madre la patrocinó. El 1º de enero de 1993 se casó con John, que era ciudadano de Estados Unidos. La primera oportunidad para que María quedara elegible para la ciudadanía de Estados Unidos fue el 2 de enero de 1996. En ese momento, había estado casada con un ciudadano de Estados Unidos durante los tres años de su residencia permanente.

— El relato de Joseph —

El 2 de enero de 2002, Joseph adquirió la residencia permanente condicional cuando lo patrocinó su esposa, Susan, una ciudadana de Estados Unidos. Si el matrimonio perdura y siguen viviendo juntos, Joseph puede ser ciudadano de Estados Unidos el 2 de enero de 2005. Si se divorcian, Joseph debe esperar hasta 2007 para ser apto para la ciudadanía.

— El relato de Louisa —

Louisa adquirió la residencia permanente cuando la patrocinó su esposo, un ciudadano de Estados Unidos. Se casó el 2 de enero de 1998, y logró la residencia permanente el 2 de enero de 1999. Dos años y medio después de ser residente permanente, ella y su esposo se separaron. Louisa no puede ser ciudadana de Estados Unidos por la regla de tres años porque ya no vive con su esposo, que es ciudadano de Estados Unidos, aunque sigue casada con él. Para sacarle provecho a la regla, Louisa tiene que estar casada y vivir con un ciudadano de Estados Unidos durante esos tres años. Louisa tendrá que esperar hasta el 2 de enero de 2004, cuando tenga la residencia permanente, para naturalizarse y ser ciudadana de Estados Unidos.

— El relato de Karen —

Karen obtuvo la residencia permanente el 2 de enero de 1991. La patrocinó su hermano. Cuatro años después, el 2 de enero de 1995, se casó con Tom, un ciudadano de Estados Unidos; un año más tarde, el 2 de enero de 1996—y cinco años después de ser residente permanente—era elegible para la ciudadanía de Estados Unidos. El hecho de haberse casado con un ciudadano de Estados Unidos no acelera su elegibilidad para la naturalización. Karen cumplió los requisitos después de cinco años de residencia continua, al margen de estar casada con un ciudadano de Estados Unidos.

Tener residencia continua no quiere decir necesariamente que usted permaneció en Estados Unidos sin salir durante el período establecido por ley. Quiere decir que, durante el período de cinco (o tres) años antes de naturalizarse:

1. Usted no abandonó su residencia permanente.
2. Su residencia principal fue Estados Unidos.

3. Y, ante todo, usted no salió del país por más de un año a la vez, o por 365 días consecutivos. Una ausencia de más de un año rompe la continuidad de su residencia. USCIS le da un año completo el primer día de su regreso. Luego usted necesita cuatro años más (dos más si está casado y vive con un ciudadano de Estados Unidos) para naturalizarse.

Si viaja al extranjero por negocios, para realizar trabajo religioso o para trabajar para el gobierno de Estados Unidos, usted puede ausentarse por más de un año sin romper su residencia continua, siempre que obtenga la aprobación de USCIS (vea "Excepciones al requisito de residencia continua" en la página 105).

El relato de Sonia muestra cómo la ausencia de más de un año rompe el período de residencia continua.

— El relato de Sonia —

Sonia obtuvo la residencia permanente el 1º de enero de 1989. La patrocinó su madre, que era ciudadana de Estados Unidos. El 1º de enero de 1991, Sonia partió de Estados Unidos por dos años para estudiar en España. Debido a que Sonia pensaba ausentarse de Estados Unidos por largo tiempo, solicitó un permiso de reingreso. (Vea el capítulo 1 para más información sobre los permisos de reingreso.) USCIS le concedió el permiso de reingreso, y cuando Sonia completó sus estudios, regresó a Estados Unidos el 2 de enero de 1993. Por haber permanecido fuera de Estados Unidos durante más de un año continuo, tuvo que esperar cuatro años y un día a partir de su último ingreso—o sea hasta el 3 de enero de 1997—antes de adquirir la ciudadanía de Estados Unidos. De haber estado casada y viviendo con un ciudadano de Estados Unidos, hubiera podido ser ciudadana después de dos años y un día.

Si estuvo fuera de Estados Unidos por más de seis meses, pero menos de un año en algunos de los años justamente anteriores a su solicitud de naturalización, el examinador de USCIS podría opinar que usted abandonó su residencia. Mucho dependerá de la razón o razones para dejar el país. Si tiene una explicación razonable sobre su larga estadía fuera de Estados Unidos, el examinador puede decidir que usted mantuvo su residencia en este país. Algunas de las razones más comunes para permanecer mucho tiempo fuera son por enfermedad de un miembro de la familia, estudios en una escuela o universidad, o asuntos de negocios. Los viajes al extranjero de menos de seis meses no son un problema, por lo general, a menos que haya efectuado tantos que parece como si estuviera viviendo fuera de Estados Unidos.

EXCEPCIONES AL REQUISITO DE RESIDENCIA CONTINUA

Ciertas personas de negocios, trabajadores religiosos, empleados de gobierno, investigadores para una institución de Estados Unidos reconocida por el USCIS, y marineros pueden permanecer fuera de Estados Unidos durante más de un año y seguir manteniendo el requisito de residencia continua. Para solicitar esta excepción, debe presentar el Formulario USCIS N-470, Solicitud para Preservar la Residencia con Propósitos de Naturalización *(Application to Preserve Residence for Naturalization Purposes).* Las reglas especiales de residencia continua también se aplican a los solicitantes que cumplieron el servicio militar en Estados Unidos (vea "Condiciones especiales de naturalización—Veteranos y personal del servicio militar" pág. TK) Su cónyuge e hijos dependientes que viven en el extranjero y que forman parte de su hogar también tienen derecho a este beneficio.

Trabajadores comerciales

Para calificarse para la excepción para los trabajadores comerciales, debe estar presente físicamente en Estados Unidos durante un período sin interrupciones de un año, como mínimo, después de obtener la residencia permanente y un año antes de presentar el Formulario USCIS N-470. Debe ser empleado o bajo contrato del gobierno de Estados Unidos; una institución dedicada a trabajos de investigación de Estados Unidos reconocida por el procurador general *(attorney general);* una empresa o subsidiaria de una empresa de Estados Unidos (la compañía de Estados Unidos debe ser propietaria de más del 50 por ciento de la subsidiaria), dedicada al desarrollo del comercio e intercambio comercial de Estados Unidos; o una organización internacional pública de la que sea miembro Estados Unidos. USCIS publica listas de instituciones de investigación y organismos internacionales públicos cuyos empleados cumplen los requisitos del Título 8 del Código de Reglamentos Federales (CFR).

Un trabajador comercial a quien USCIS conceda una exención del requisito de residencia continua no queda dispensado del requisito de presencia física que se explica más abajo.

Trabajadores religiosos

Igual que las personas en el extranjero por negocios, los trabajadores religiosos deben haber residido físicamente en Estados Unidos por lo menos un año después que se les concedió residencia permanente antes de que el solicitante presente su pedido de exención con el Formulario USCIS N-470.
Para que un trabajador religioso sea apto para esta exención, debe quedar autorizado por una denominación religiosa de Estados Unidos a cumplir funciones de su ministerio o sacerdocio o estar empleado de misionero, hermano, monja o hermana a tiempo completo por una denominación religiosa de Estados Unidos o una organización misionera intersectaria.

A diferencia de los trabajadores comerciales, los trabajadores religiosos cuyas solicitudes N-470 queden aprobadas pueden pasar temporadas fuera de Estados Unidos para cumplir tareas religiosas que se incluyen en el requisito de presencia física para la naturalización que se explica más abajo.

Marineros

Puede quedar exonerado de los requisitos de residencia continua y presencia física (vea la sección siguiente) si cumplió servicio en una embarcación de Estados Unidos. Por embarcación de Estados Unidos se entiende aquélla manejada por el gobierno de Estados Unidos o cuyo puerto de origen es Estados Unidos. Esta regla también se aplica a las personas que trabajan en embarcaciones registradas en Estados Unidos o que pertenecen a compañías de Estados Unidos. Usted debe haber sido residente permanente por el período establecido por la ley de cinco (o tres) años, pero el tiempo que pasó fuera de Estados Unidos no contará contra usted.

REQUISITO DE PRESENCIA FÍSICA

Para naturalizarse, usted debe estar en Estados Unidos físicamente por la mitad del período establecido por la ley de cinco (o tres) años de residencia continua. USCIS hace la cuenta a partir del día que recibió su solicitud de naturalización.

Los relatos de Tom y Marie Jean son un ejemplo del requisito de presencia física.

— El relato de Tom —

Tom era residente permanente desde el 2 de enero de 1992. En un viaje a la República Dominicana se enamoró de Sandra, una estudiante universitaria. Tom era profesor en la Universidad de Miami y empezó a tomar todas sus vacaciones con Sandra en la República Dominicana. Pasaba todos los meses de enero, junio, julio, y agosto en la República Dominicana con Sandra. Tom no tendrá problemas con su ciudadanía de Estados Unidos una vez que haya sido residente permanente durante cinco años. Porque Tom permanecía fuera de Estados Unidos sólo cuatro de cada 12 meses, habrá cumplido el requisito de presencia física. También mantuvo su residencia en Estados Unidos, como lo demuestra la continuación de su trabajo en la universidad.

— El relato de Marie Jean —

Marie Jean obtuvo su residencia permanente el 1º de enero de 1996. El 1º de enero de 1997 empezó a viajar a Francia con regularidad como consultora en finanzas internacionales de un banco de Estados Unidos. Aunque mantenía una vivienda en Estados Unidos, sólo vivía allí una semana al mes y permanecía en Francia las otras tres semanas. Es probable que Marie Jean no pierda su residencia permanente mientras mantenga un apartamento, una cuenta bancaria y otros lazos en Estados Unidos y sea empleada de una compañía de Estados Unidos. Pero mientras permanezca todo ese tiempo en Francia, no cumplirá el requisito de presencia física. El 2 de enero de 2001 cumplió cinco años de residencia continua pero no estuvo en Estados Unidos durante la mitad del período de cinco años.

REQUISITO DE BUEN CARÁCTER MORAL

Buen carácter moral no significa excelencia moral. Si tiene antecedentes de actividad criminal; ha dejado de pagar mantenimiento familiar; ha tenido problemas de alcohol o drogas; se ha visto involucrado en apuestas ilegales, prostitución o alcahuetería; no ha pagado sus impuestos; no se ha inscrito en el servicio selectivo; o le ha mentido a USCIS para obtener beneficios de inmigración, puede faltar al requisito de carácter moral. Por lo general, ofensas menores como multas por estacionamiento ilegal, condenas por desorden público, y muchas de este tipo no contarán para que usted demuestre que tiene buen carácter moral. Sin embargo, USCIS puede argumentar que usted no tiene buen carácter moral si se le ha condenado repetidamente por violaciones menores.

Quién tiene "buen carácter moral" de acuerdo con las leyes de Estados Unidos no es una pregunta de respuesta fácil. Si tiene dudas, en especial sobre una ficha criminal, debe hablar con un experto legal en inmigración antes de presentar su solicitud de naturalización.

En general, debe demostrar buen carácter moral sólo por el período de ley de cinco (o tres) años. Excepto por delitos mayores agravantes, los crímenes cometidos antes del período de ley en Estados Unidos o en el extranjero no afectarán su derecho de ser ciudadano a menos que reflejen su carácter actual. Pero si sigue bajo libertad condicional o bajo palabra por un crimen, USCIS puede negarle la naturalización hasta que el período de libertad condicional o bajo palabra haya terminado.

Un criminal condenado en o después del 29 de noviembre de 1990 queda permanentemente excluido de la naturalización. Un criminal agravado es una persona condenada por uno o más crímenes graves, especialmente crímenes que tengan que ver con las drogas y la violencia. (Para tener una idea mejor de lo que constituye un crimen agravado, vea el apéndice K, "Lista de Crímenes Agravados".) La ley de inmigración de 1996 amplió la definición de delito mayor agravado. Si se le condenó por un delito mayor grave antes del 29 de noviembre de 1990, es posible que pueda mostrar buen carácter moral, pero también puede deportársele. Si se le condenó alguna vez por un crimen, aun uno menor, sería absurdo que solicitara la naturalización sin hablar con un experto legal de inmigración.

Los relatos de Sam, Tim, y Jane muestran la complejidad del requisito de carácter moral.

— El relato de Sam —

Sam había estado involucrado en una serie de transacciones ilegales relacionadas con apuestas. Se le había arrestado varias veces, y cada vez se declaraba culpable por delitos menores de apuestas ilegales. Debido a que una persona que se gana la vida en juegos ilegales no puede naturalizarse, cuando Sam fue a su entrevista se le preguntó si había seguido jugando. Aunque no se le había arrestado en ningún momento en los últimos cinco años, el examinador de naturalización de USCIS se dio cuenta que Sam vivía en un barrio muy caro y su ropa también era cara. Durante los últimos cinco años, Sam trabajó de dependiente en una pequeña tienda de barrio. El examinador, que sospechaba juegos ilegales, mostró curiosidad por saber cómo Sam podía vivir tan bien con un sueldo tan bajo. Por suerte para Sam, había heredado un millón de dólares de un tío rico justo cinco años antes de su entrevista.

— El relato de Tim —

Tim obtuvo la residencia permanente el 1º de enero de 1980. Se le había arrestado en numerosas ocasiones por apostar ilegalmente a los caballos. Su último arresto fue en 1984. Sin embargo, a Tim se le negó la naturalización en 1990. Cuando fue para su entrevista, un examinador de USCIS se dio cuenta que aunque no tuvo empleo los últimos cinco años, vivía en una mansión en Beverly Hills, viajaba con regularidad a Europa (el examinador observó los sellos de entrada a otros países en el pasaporte de Tim), y llevaba un reloj de oro. Como tenía razones para pensar que Tim se ganaba la vida con apuestas ilegales, el examinador negó su solicitud, puesto que una persona que se gana la vida con juegos de apuestas ilegales no puede establecer buen carácter moral. La decisión del examinador se basó en la cantidad de arrestos de Tim y en que carecía de medios financieros visibles.

— *El relato de Jane* —

Jane consiguió ser residente permanente en enero de 1985. En enero de 1989, se le atrapó cuando robaba una cartera de una elegante tienda. Se declaró culpable de robo en febrero de 1990. Su crimen no era delito mayor grave. En febrero de 1995, al término del período de libertad condicional, se le entrevistó para su naturalización. Durante esos cinco años, había llevado una vida promedio sin problemas con la ley. Jane pudo establecer buen carácter moral durante los cinco años anteriores y no tuvo problemas para obtener su ciudadanía.

BUEN CARÁCTER MORAL Y ACTIVIDAD CRIMINAL

Usted no puede demostrar buen carácter moral si, durante el período de cinco (o tres años) anterior a su naturalización, se le condenó en Estados Unidos o en el extranjero de uno o más de los siguientes:

- Un crimen relacionado con vileza moral.
- Dos ofensas o más por apuestas ilegales.
- Una ofensa por narcóticos.
- Dos o más ofensas no políticas en las que se le sentenció a cinco o más años de cárcel.
- Cualquier crimen por el que se le recluyó por más de 180 días.
- Cualquier delito mayor agravado.

También se le puede negar la naturalización si admitió haber cometido un crimen relacionado con la vileza moral o si USCIS cree que usted se ha visto involucrado en el narcotráfico, aunque nunca se le haya condenado por estos crímenes.

No toda actividad criminal, aunque esté relacionada con una condena por un delito mayor, resultará necesariamente en una negativa de USCIS a su solicitud de naturalización. Un ejemplo de condena que no le impediría obtener la naturalización sería la de homicidio no premeditado vehicular.

Debido a que la condena por un solo crimen relacionado con la vileza moral puede ser una traba para la naturalización, veamos cómo la ley define estos términos. Vileza moral es un tipo de conducta o comportamiento reprensible en sí. Indica bajeza o un carácter depravado. Personas buenas pueden violar la ley, pero las personas buenas no cometen crímenes de vileza moral.

Por lo general, se considera que hay vileza moral en los crímenes relacionados con el fraude o la deshonestidad. Algunos crímenes que las leyes de inmigración juzgan ser de vileza moral son el incendio intencional; asalto con intención de matar, violación, robo, o causar daños corporales serios con un arma peligrosa o mortal; bigamia; chantaje; soborno, condenas por cheques devueltos; hurto; falsificación; desfalco; latrocinio; homicidio; ases-inato; alcahuetería; perjurio; prostitución; recibir bienes robados; robo y ofensas sexuales.

Los crímenes que no se consideran usualmente moralmente viles incluyen el asalto simple, alteración del orden, embriaguez, desorden público, una sola ofensa por apuesta ilegal, o violaciones de reglamentos gubernamentales que no requieren intento de fraude como un elemento del crimen.

REQUISITO DE OBLIGACIÓN ALIMENTICIA PARA MENORES

Si usted no cumple intencionalmente sus obligaciones de mantenimiento a sus hijos, no tiene buen carácter moral para la naturalización. Este requisito se refiere al apoyo financiero que les suministra a sus hijos cundo no viven con usted.

¿Cómo sabe USCIS si usted cumple estas obligaciones? El Formulario N-400 de USCIS le pregunta si usted está separado o divorciado y si vive con o aparte de su cónyuge. En algunas ocasiones, la notificación de entrevista le pedirá que traiga su decreto de divorcio y cualquier documento relacionado con su divorcio. Durante la entrevista, el examinador de USCIS puede preguntarle sobre sus obligaciones de mantenimiento y si las ha cumplido. Puede pedírsele que traiga documentación sobre el cumplimiento de estas obligaciones, tales como cheques cancelados. USCIS puede comprobar con la persona encargada del cuidado de sus hijos o pedirle que obtenga una carta de esta persona que confirme que usted mantiene a sus hijos.

REGISTRO EN EL SERVICIO SELECTIVO

USCIS opina que si usted no se registra ello refleja adversamente en su carácter moral y su fidelidad a la Constitución de los Estados Unidos.

Actualmente, Estados Unidos no recluta hombres o mujeres para sus fuerzas armadas. De todos modos, las leyes del Servicio Selectivo de Estados Unidos requieren que todos los hombres que sean ciudadanos, residentes permanentes e inmigrantes indocumentados de Estados Unidos se registren con el Servicio Selectivo.

El requisito de registro se refiere únicamente a los hombres que estuvieron en Estados Unidos entre los 18 y los 25 años y que nacieron después del 1º de enero de 1960. El requisito termina cuando usted cumpla 26 años. Las personas que nacieron antes del 1º de enero de 1960 no necesitan registrarse. El requisito de registro no se aplica a los no inmigrantes legales, como por ejemplo un estudiante con visa F-1 o un trabajador temporal con visa H-1B.

Si todavía no cumplió 26 años, puede registrarse tarde con el Servicio Selectivo. Conseguirá un formulario de registro en el correo de su localidad. Puede traer la prueba de su registro tardío cuando vaya a su entrevista de naturalización, y es posible que el examinador de USCIS le dispense por no haberse registrado antes.

Algunos hombres no saben que deben registrarse y no recibieron del Servicio Selectivo o el USCIS el aviso para registrarse. Si ésta es su situación, trate de someter un afidávit (declaración jurada) al examinador de USCIS de que no sabía que debía registrarse y que esta omisión no fue intencional. El examinador puede aprobar su solicitud.

Si se decide que usted no se registró con pleno conocimiento e intención, debe esperar hasta los 31 para ser ciudadano de Estados Unidos; cinco años después que su obligación de registrarse haya terminado. Si está casado y vive con un ciudadano de Estados Unidos, puede naturalizarse cuando cumpla los 29, tres años después del término de su obligación de registrarse.

Si se registró con el Servicio Selectivo pero no sabe su número de registro, puede llamar gratis al Servicio Selectivo al 888-655-1825. Se le pedirá su fecha de nacimiento y número de seguro social. También puede escribir para pedir su número: Selective Service, P.O. Box 94636, Palatine, IL 60094-4636. Incluya su nombre, fecha de nacimiento y número de seguro social.

IMPUESTOS

Si debió presentar una planilla de impuestos federales pero no lo hizo se le negará su solicitud de naturalización. A muchas personas no se les exige presentar planillas de impuestos porque sus ingresos son menores que la cantidad necesaria para presentar planilla. No tema responder "No" a esta pregunta si ganó tan poco dinero por uno o más años que no tuvo que presentar planilla.

Por lo general, USCIS querrá ver sus planillas de impuestos de los últimos cinco años, o querrá una explicación si no las presentó. El relato de Richard muestra cómo una persona puede naturalizarse sin tener que presentar planillas de impuestos.

— *El relato de Richard* —

Siempre le fue difícil a Richard ganar dinero. Desde que su madre, residente permanente, le consiguió una visa de inmigrante ha trabajado cuando sumo a tiempo incompleto. Algunas veces sobrevivió con asistencia pública. Nunca ganó más de $4,000 en un año. En 1996, Richard solicitó la ciudadanía de Estados Unidos. Puede contestar con veracidad que nunca dejó de presentar una planilla de impuestos federales—como ganaba tan poco, no se le exigía presentar una planilla. En su entrevista de naturalización, presentó un afidávit de su madre que explicaba que ella lo mantuvo durante los últimos cinco años. Trajo, además, recibos de sus cheques de asistencia pública. Richard aprobó la entrevista de naturalización.

OTROS INDICADORES USUALES DE LA FALTA DE BUEN CARÁCTER MORAL

Un borracho habitual o una persona que usa drogas no es una persona de buen carácter moral. Esto también es cierto si sus entradas provienen del juego ilegal, la prostitución o el narcotráfico. Si se le arrestó por cualquiera de estas actividades y no tiene medios visibles para ganarse la vida, USCIS puede pensar que usted persiste en sus actividades ilegales.

Si es polígamo o si alguna vez trajo personas de contrabando a Estados Unidos con fines de lucro, no cumplirá el requisito de buen carácter moral.

REQUISITO SOBRE CONOCIMIENTOS CÍVICOS

Para naturalizarse, usted debe tener conocimientos básicos de historia y gobierno de Estados Unidos. Debe responder correctamente preguntas de la lista de 100 preguntas del USCIS. Si usted tiene más de 65 años de edad y es residente permanente desde hace 20 años, debe contestar sólo seis de 10 preguntas sencillas tomadas de una lista de 25. Encontrará estas listas al final de este capítulo. Tal como el requisito de inglés (escritura y lectura), el de instrucción cívica puede cumplirse mediante un examen antes de la entrevista. Se le exonerará del conocimiento cívico por discapacidad mental o física documentada.

REQUISITO DEL INGLÉS

Con pocas excepciones, todo solicitante a la naturalización debe aprobar un examen de inglés—escrito, oral y de lectura. Si puede contestar oralmente las preguntas de la solicitud (como "¿Dónde vive?" y "Dónde nació?"), es probable que apruebe el examen oral de comprensión y hable en inglés.

Si, durante la entrevista, necesita abordar un tema en detalle—por ejemplo, si efectuó los pagos de mantenimiento requeridos—usted tiene derecho a que se discuta este tema en su idioma natal.

Se le exonera del requisito de idioma inglés por ser residente permanente durante más de 20 años y si es mayor de 50 o si es residente permanente desde hace más de 15 años y es mayor de 55. Si es apto para esta exención, debe aprobar un examen de historia y de instrucción cívica, de todos modos, pero puede tomar el examen en su idioma natal. Si es incapaz de escribir, leer o hablar por una discapacidad documentada mental o física, puede solicitar la exención del requisito de inglés. También se le dispensa de tomar un examen de idioma inglés si toma un examen similar como parte del proceso de obtener la residencia permanente por medio del programa de amnistía. Finalmente, los inmigrantes de Hmong que pelearon en la guerra de la CIA en Laos durante la guerra de Vietnam quedan dispensados del requisito del idioma inglés. Para ser elegible para esta exención, los veteranos de Hmong deben haber servido con una unidad guerrillera especial o con fuerzas irregulares en o de Laos en apoyo de los militares de Estados Unidos en algún momento entre el 28 de febrero de 1961 y el 18 de septiembre de 1978.

REQUISITO DE EDAD

Para naturalizarse, debe tener un mínimo de 18 años. No debe presentar su solicitud antes de cumplir los 18. En ciertas ocasiones, los hijos de solicitantes de naturalización menores de 18 años de edad pueden adquirir la ciudadanía a través de sus padres (vea el capítulo 10).

REQUISITO DE COMPETENCIA

Para naturalizarse, debe ser legalmente competente. Esto quiere decir que usted debe tener la capacidad mental para jurar lealtad a los Estados Unidos. USCIS puede pasar por alto el requisito del juramento si el solicitante no puede comprender o comunicar un entendimiento del significado del juramento por discapacidad física, mental, o de desarrollo. Aun las personas seriamente discapacitadas, incapaces de comprender la jura, son aptas para la naturalización.

LEALTAD AL GOBIERNO DE ESTADOS UNIDOS

Para ser ciudadano de Estados Unidos, debe expresar su lealtad a este país y su forma de gobierno. Como parte del proceso de naturalización, usted debe jurar su lealtad a los Estados Unidos. Encontrará el Juramento de Lealtad en el apéndice K. Debe estar listo para portar armas en favor de Estados Unidos o de efectuar algún tipo de servicio militar o trabajo civil de importancia nacional. Como se mencionó en la sección "Requisitos sobre la competencia", USCIS puede pasar por alto la jura para los discapacitados.

Puede negársele la naturalización si es o fue miembro de, o estuvo conectado con, un partido comunista u organización similar durante los diez años anteriores al registro de su solicitud de naturalización. También puede excluírsele de la naturalización si tuvo conexión con una organización que fomenta ideas anárquicas, la destitución de la organización gubernamental, sabotaje, daños o asesinato de funcionarios de gobierno de Estados Unidos.

Si su afiliación en uno de los grupos descritos arriba ocurrió más de diez años antes de presentar su solicitud de naturalización, es posible que pueda naturalizarse. También puede perdonarse su actividad política si su afiliación en la organización terminó antes de que usted cumpliera los 16 años de edad o si fue involuntaria; es decir, si quedó obligado por ley o para obtener las necesidades de vida.

CONDICIONES ESPECIALES DE NATURALIZACIÓN—VETERANOS Y PERSONAS EN EL SERVICIO MILITAR

Hay reglas especiales para los veteranos de servicio activo durante la Primera Guerra Mundial, la Segunda Guerra Mundial, las guerras de Corea, Vietnam, y del Golfo Pérsico. También hay reglamentos especiales para personas de las Filipinas que estuvieron en el servicio militar durante la Primera Guerra Mundial y para las personas que están o sirvieron en las fuerzas armadas de Estados Unidos por tres años o más.

Usted puede naturalizarse si es veterano filipino de la Primera Guerra Mundial o de la Guerra del Golfo. No necesita haber sido residente permanente en ningún momento. Se le exonera también de los conocimientos de inglés instrucción cívica y de los requisitos de buen carácter moral.

Los veteranos de guerra filipinos deben haber cumplido honorablemente su servicio militar en Estados Unidos entre el 1º de septiembre de 1939 y el 3 de diciembre de 1946. Deben haber estado en servicio activo bajo el comando de las fuerzas armadas de los Estados Unidos en el Lejano Oriente o en el ejército filipino, los Scouts filipinos, o una unidad guerrillera conocida. Finalmente, deben haber residido en las Filipinas antes de su servicio militar.

Los veteranos del Golfo Pérsico pueden naturalizarse si sirvieron honorablemente en el servicio activo entre el 2 de agosto de 1990 y el 11 de abril de 1991. La ley referente a los veteranos del Golfo Persa se refiere a todos los extranjeros en servicio activo entre el 2 de agosto de 1990 y el 11 de abril de 1991, no sólo los participantes en la Guerra del Golfo.

Puede naturalizarse si es residente permanente y sirvió honorablemente tres años en el servicio militar de Estados Unidos, no necesariamente de manera continua. En la mayoría de los casos, se le exonerará de la residencia continua y presencia física. Si no presenta su solicitud durante su servicio o a los seis meses de su licenciamiento, debe haber residido en Estados Unidos durante el tiempo que no sirvió, durante los cinco años previos. En este caso, tiene que cumplir los requisitos de buen carácter moral, idioma inglés, o conocimientos cívicos.

Lista de 100 preguntas que los examinadores de inmigración de USCIS utilizan

1. ¿Qué colores tiene nuestra bandera?
2. ¿Cuántas estrellas tiene nuestra bandera?
3. ¿De qué color son las estrellas de nuestra bandera?
4. ¿Qué significado tienen las estrellas de la bandera?
5. ¿Cuántas rayas tiene la bandera?
6. ¿De qué color son las rayas?
7. ¿Qué significado tienen las rayas de la bandera?
8. ¿Cuántos estados tiene la unión?
9. ¿Qué importancia tiene el 4 de julio?
10. ¿Cuál es el día de la independencia?
11. ¿Independencia de quién?
12. ¿Contra qué país luchamos durante la Guerra Revolucionaria?
13. ¿Quién fue el primer presidente de los Estados Unidos?
14. ¿Quién es el actual presidente de Estados Unidos?
15. ¿Quién es el actual vicepresidente de Estados Unidos?
16. ¿Quién elige al presidente de Estados Unidos?
17. ¿Quién asume la presidencia de Estados Unidos si el presidente muriera?
18. ¿Por cuánto tiempo elegimos al presidente?
19. ¿Qué es la Constitución?
20. ¿Puede cambiarse la Constitución?
21. ¿Cómo se llama un cambio en la Constitución?
22. ¿Cuántos cambios o enmiendas tiene la Constitución?
23. ¿Cuántos poderes o ramas tiene nuestro gobierno?
24. ¿Cuáles son los tres poderes o ramas de nuestro gobierno?
25. ¿Cuál es el poder legislativo de nuestro gobierno?
26. ¿Quién es responsable de las leyes de Estados Unidos?
27. ¿Qué es el Congreso?
28. ¿Cuáles son los deberes del Congreso?
29. ¿Quién elige al Congreso?
30. ¿Cuántos senadores tiene el Congreso?
31. ¿Puede nombrar a los dos senadores de su estado?
32. ¿Por cuánto tiempo elegimos a cada senador?
33. ¿Cuántos representantes tiene el Congreso?
34. ¿Por cuánto tiempo elegimos a los representantes?
35. ¿Cuál es el poder ejecutivo de nuestro gobierno?

36. ¿Cuál es el poder judicial de nuestro gobierno?
37. ¿Cuáles son los deberes de la Corte Suprema?
38. ¿Cuál es la ley suprema de los Estados Unidos?
39. ¿Qué es la Declaración de Derechos?
40. ¿Cuál es la capital de su estado?
41. ¿Quién es actualmente el gobernador de su estado?
42. ¿Quién asume la presidencia de Estados Unidos si mueren el presidente y el vicepresidente?
43. ¿Quién es el presidente de la Corte Suprema?
44. ¿Puede nombrar los 13 estados originales?
45. ¿Quién dijo "Give me liberty or give me death"—"Denme la libertad o denme la muerte?"
46. ¿Qué países eran nuestros enemigos durante la Primera Guerra Mundial?
47. ¿Cuáles son los estados 49 y 50 de la unión?
48. ¿Por cuántos períodos puede gobernar un presidente?
49. ¿Quién era Martin Luther King, Jr.?
50. ¿Quién encabeza su gobierno local?
51. De acuerdo con la Constitución, una persona debe cumplir ciertos requisitos para ser candidato a presidente. Nombre uno de los requisitos.
52. ¿Por qué hay 100 senadores en el Senado?
53. ¿Quién nombra a los jueces de la Corte Suprema?
54. ¿Cuántos jueces tiene la Corte Suprema?
55. ¿Por qué vinieron a América los peregrinos?
56. ¿Qué cargo tiene la persona que encabeza el ejecutivo del gobierno estatal?
57. ¿Qué cargo tiene la persona que encabeza el ejecutivo del gobierno de la ciudad?
58. ¿Qué día feriado festejaron por primera vez los colonos de Estados Unidos?
59. ¿Quién fue el redactor principal de la Declaración de Independencia?
60. ¿Cuándo se adoptó la Declaración de Independencia?
61. ¿Cuál es la creencia principal de la Declaración de Independencia?
62. ¿Cuál es el himno nacional de Estados Unidos?
63. ¿Quién escribió "The Star-Spangled Banner"?
64. ¿De dónde proviene la libertad de palabra?
65. ¿Qué edad mínima tiene el votante de Estados Unidos?
66. ¿Quién firma los proyectos de ley?
67. ¿Cuál es la corte más alta de Estados Unidos?
68. ¿Quién era presidente durante la Guerra Civil?
69. ¿Qué proclamó la Proclama de Emancipación?
70. ¿Qué grupo especial asesora al presidente?
71. ¿A qué presidente se le llama el "padre de nuestro país"?
72. ¿Qué formulario los Servicios de Cuidadania Inmigración USCIS se emplea para solicitar la ciudadanía por naturalización?
73. ¿Quién ayudó a los peregrinos en América?
74. ¿Cómo se llamaba la embarcación que trajo a los peregrinos a nuestras costas?

75. ¿Cuáles fueron los 13 estados originales de Estados Unidos?
76. Nombre tres de las libertades que menciona la Declaración de Derechos.
77. ¿Quién tiene poder para declarar la guerra?
78. Nombre una enmienda que garantice o se refiera al derecho al voto.
79. ¿Qué presidente liberó a los esclavos?
80. ¿En qué año se redactó la Constitución?
81. ¿Cómo se llaman las primeras 10 enmiendas a la Constitución?
82. Nombre un propósito de las Naciones Unidas.
83. ¿Dónde se reúne el Congreso?
84. ¿Los derechos de quiénes se garantizan en la Constitución y la Declaración de Derechos?
85. ¿Cómo se llama la introducción a la Constitución?
86. ¿Cuál es un beneficio de ser ciudadano de Estados Unidos?
87. ¿Cuál es el derecho más importante que tienen los ciudadanos de Estados Unidos?
88. ¿Cuál es la capital de los Estados Unidos?
89. ¿Qué es la Casa Blanca?
90. ¿Dónde queda la Casa Blanca?
91. ¿Cómo se llama la residencia oficial del presidente?
92. Nombre un derecho garantizado por la primera enmienda.
93. ¿Quién es el comandante en jefe de las fuerzas armadas de los Estados Unidos?
94. ¿Qué presidente fue el primer comandante en jefe de Estados Unidos?
95. ¿En qué mes votamos para presidente?
96. ¿En qué mes toma el mando el presidente?
97. ¿Cuántas veces puede reelegirse a un senador?
98. ¿Cuántas veces puede reelegirse a un representante?
99. ¿Cuáles son actualmente los dos partidos políticos principales de Estados Unidos?
100. ¿Cuántos estados tiene Estados Unidos?

[Respuestas]

1. Rojo, blanco y azul
2. 50
3. Blanco
4. Cada una representa un estado de la Unión
5. 13
6. Rojas y blancas
7. Representan los 13 estados originales
8. 50
9. El Día de la Independencia
10. 4 de julio
11. Inglaterra
12. Inglaterra
13. George Washington
14. En 2004, George W. Bush
15. En 2004, Richard Cheney
16. El colegio electoral

17. El vicepresidente
18. Cuatro años
19. La ley suprema del país
20. Sí
21. Una enmienda
22. 27
23. Tres
24. Legislativo, ejecutivo y judicial
25. El Congreso
26. El Congreso
27. El Senado y la Cámara de Representantes
28. Redactar las leyes
29. El pueblo
30. 100
31. [información local]
32. Seis años
33. 435
34. Dos años
35. El presidente, el vicepresidente, el gabinete, y los departamentos (llamados ministerios en otros países) a cargo de los miembros del gabinete
36. La Corte Suprema
37. Interpretar las leyes
38. La Constitución
39. Las primeras 10 enmiendas de la Constitución
40. [información local]
41. [información local]
42. El presidente de la Cámara de Representantes
43. William Rehnquist
44. Connecticut, New Hampshire, New York, New Jersey, Massachusetts, Pennsylvania, Delaware, Virginia, North Carolina, South Carolina, Georgia, Rhode Island, y Maryland
45. Patrick Henry
46. Alemania, Italia, y Japón
47. Hawaii y Alaska
48. Dos
49. Un líder de los derechos civiles
50. [insert local information]
51. Debe ser ciudadano nacido en Estados Unidos; haber cumplido por lo menos 35 años al iniciar su mandato; haber vivido en Estados Unidos un mínimo de 14 años
52. Cada estado tiene 2 senadores
53. El presidente
54. Nueve
55. Para tener libertad de religión o culto
56. Gobernador
57. Alcalde
58. *Thanksgiving* (Acción de Gracias)

59. Thomas Jefferson
60. 4 de julio de 1776
61. Que todos los hombres fueron creados iguales
62. *"The Star-Spangled Banner"*
63. Francis Scott Key
64. La Declaración de Derechos
65. 18
66. El presidente
67. La Corte Suprema
68. Abraham Lincoln
69. Liberó a muchos esclavos
70. El gabinete
71. George Washington
72. El Formulario N-400, Solicitud de Naturalización
73. Los indios americanos (americanos nativos)
74. Mayflower
75. Colonias
76. a.) El derecho a la libertad de palabra, prensa, religión, asamblea pacífica, y pedido para cambiar de gobierno
    b.) El derecho a las armas (el derecho de tener armas o ser dueño de una pistola, etc., aunque sujeto a cierta reglamentación)
    c.) El gobierno no puede establecer cuartel o vivienda para soldados en la morada de una persona durante tiempos de paz sin el consentimiento de esa persona
    d.) El gobierno no puede registrar o tomar la propiedad de una persona sin una orden judicial
    e.) No se puede juzgar a una persona dos veces por el mismo crimen y una persona no tiene que rendir testimonio contra sí misma
    f.) La persona acusada de un crimen mantiene ciertos derechos, como derecho a juicio y a abogado
    g.) Derecho a juicio con jurado en la mayoría de casos
    h.) Protección contra multas excesivas o castigo cruel e inusual
    i.) Hay otros derechos, aparte de los derechos mencionados en la Constitución
    j.) Cualquier poder no delegado al gobierno federal por la Constitución es poder ya sea del estado o del pueblo
77. El Congreso
78. 15, 19, 24, y 26
79. Abraham Lincoln
80. 1787
81. La Declaración de Derechos
82. Que los países deliberen y traten de resolver problemas mundiales; prestar ayuda económica a muchos países
83. En el Capitolio en Washington, D.C.
84. Los de todos los habitantes (ciudadanos y no ciudadanos que viven en Estados Unidos)
85. El Preámbulo
86. Obtener empleos del gobierno federal; viajar con un pasaporte de

Estados Unidos; presentar peticiones para que familiares cercanos puedan venir a vivir a Estados Unidos
87. El derecho al voto
88. El lugar donde se reúne el Congreso
89. La residencia oficial del presidente
90. 1600 Pennsylvania Avenue, NW, Washington, D.C.
91. La Casa Blanca *(The White House)*
92. Libertad de palabra, prensa, religión, asociación pacífica y pedido para cambiar de gobierno
93. El presidente
94. George Washington
95. Noviembre
96. Enero
97. No hay límite
98. No hay límite
99. Demócrata y Republicano
100. 50

65/20 Preguntas y respuestas

Éstas son preguntas de ciudadanía para solicitantes mayores de 65 años que tienen residencia permanente desde hace más de 20 años. Debe responder correctamente 6 de las 10 preguntas seleccionadas por un examinador de USCIS.

1. ¿Por qué festejamos el 4 de julio?
2. ¿Quién fue el primer presidente de Estados Unidos?
3. ¿Quién es el presidente de Estados Unidos?
4. ¿Qué es la Constitución?
5. ¿Cómo se les llama a las primeras 10 enmiendas de la Constitución?
6. ¿Quién elige al Congreso?
7. ¿Cuántos senadores tiene el Congreso?
8. ¿Por cuánto tiempo se elige a un senador?
9. ¿Por cuánto tiempo se elige a los representantes al Congreso?
10. ¿Quién nombra los jueces de la Corte Suprema?
11. ¿Cuáles son los tres poderes de nuestro gobierno?
12. ¿Cuál es el tribunal más importante de Estados Unidos?
13. ¿Qué río que corre de norte a sur divide Estados Unidos?
14. ¿Qué motivo importante precipitó la Guerra Civil?
15. ¿Cuáles son los dos partidos políticos principales de Estados Unidos?
16. ¿Cuántos estados tiene Estados Unidos?
17. ¿Cuál es la capital de Estados Unidos?
18. ¿Cuál es la edad mínima para votar en Estados Unidos?
19. ¿Quién es Martin Luther King, Jr.?
20. ¿Cuál fue el primer país que aterrizó en la luna?
21. ¿Cuál es la capital de su estado?
22. ¿Qué palabra se usa cuando el presidente rehusa firmar un proyecto de ley?
23. ¿Cuáles son los dos océanos que limitan los Estados Unidos?
24. ¿Qué americano famoso inventó la bombilla de luz eléctrica?
25. ¿Cuál es el himno nacional de Estados Unidos?

[Respuestas]

1. El Día de la Independencia
2. George Washington
3. George W. Bush (en 2004)
4. La ley suprema del país
5. La Declaración de Derechos
6. El pueblo
7. 100
8. Seis años
9. Dos años
10. El presidente
11. Ejecutivo, legislativo y judicial
12. La Corte Suprema
13. El río Misisipí
14. La esclavitud o el conflicto entre los estados
15. Republicanos y Demócratas
16. 50
17. Washington, D.C.
18. 18
19. Un líder de los derechos civiles
20. Estados Unidos de América
21. [información local]
22. El veto
23. Los océanos Atlántico y Pacífico
24. Thomas Edison
25. *"The Star-Spangled Banner"*

CAPÍTULO 9

La naturalización

Cómo completar la solicitud de naturalización, el registro para naturalizarse, la preparación para la entrevista final, su derecho de apelación

En este capítulo explico detalladamente cómo completar el formulario de USCIS N-400, Solicitud de Naturalización *(Application for Naturalization)*, y todos los formularios y documentos de apoyo. Ofrezco también consejos prácticos sobre cómo proceder para naturalizarse. Le prepararé para su entrevista de naturalización y le explicaré su derecho de apelación si USCIS niega su solicitud.

CÓMO COMPLETAR EL FORMULARIO N-400 DE USCIS

La mayor parte del formulario N-400 de USCIS es muy directo, pero tenga cuidado al contestar ciertas preguntas. Encontrará un formulario modelo en el apéndice L. Trate de llenar el formulario a máquina si le es posible, pero puede llenarlo con su puño y letra, siempre y cuando lo haga claramente con letra de molde o imprenta.

Puede obtener el formulario N-400 y otros formularios de USCIS llamando al 800-870-3676 o en el portal de USCIS, http://uscis.gov/. La versión en internet está disponible en formato fácil que se puede llenar. Puede completar el formulario en su computadora, imprimirla con su información, y mandarla por correo a USCIS. Todavía no puede inscribirse en línea, pero llegará ese momento.

Consejos para completar el formulario N-400 de USCIS

Tome en cuenta que no he descrito cada parte del formulario, sino sólo ciertas partes que pensé merecían explicación adicional. *Llene el formulario con tinta negra o azul.*

Parte 1: Su nombre (la persona que solicita la naturalización)

A. **Su nombre legal actual.**
Escriba su nombre como quiere que aparezca en su certificado de naturalización.

C. **Si usted ha usado otros nombres, póngalos en el siguiente espacio.**
Incluya aquí su nombre de soltera y otros nombres que puede haber usado en documentos oficiales, si los tuvo.

D. Cambio de nombre (opcional).

Puede usar el proceso de ciudadanía para cambiar legalmente de nombre. Cuando vaya a su entrevista de naturalización, el examinador de USCIS debe preguntarle si usted quiere prestar juramento ante un juez o magistrado federal o ante el USCIS. Si usted quiere cambiar su nombre legal, es posible que le juramente un juez o magistrado federal.

Parte 2: Información sobre su elegibilidad (Marque sólo una)

Marque "A" si usted, como la mayor parte de los que solicitan la naturalización, es apto porque ha sido residente permanente durante cinco años o más. Marque "B" si se casó y vive con un ciudadano de Estados Unidos desde hace tres años siendo residente permanente. (Vea el capítulo 8 para más sobre la regla de tres años).

Parte 3: Información sobre su persona

F. ¿Es cualquiera de sus padres ciudadano de Estados Unidos? (si "sí", vea las instrucciones).

Si uno o ambos padres se naturalizaron antes que usted cumpliera los 18, posiblemente ya sea ciudadano de Estados Unidos. Para más información sobre ciudadanías derivadas, vea el capítulo 10.

G. ¿Cuál es su estado civil actual?

A USCIS le interesa su estado civil por varias razones. Para más sobre este tema, vea el capítulo 8. Si usted hace su solicitud bajo la regla de tres años para residentes permanentes casados con ciudadanos de Estados Unidos, debe estar casado actualmente y vivir con su cónyuge, ciudadano de Estados Unidos. Para más información sobre la regla de tres años, vea la Parte 8 abajo.

H. ¿Solicita un *waiver* (abandono)—en este caso, un documento que le libere de los requisitos del inglés y/o de la historia y gobierno de Estados Unidos debido a una discapacidad, y presenta un Formulario N-648 con su solicitud?

Si usted no puede hablar o aprender inglés y/o aprender historia y gobierno de Estados Unidos debido a una discapacidad, puede ser apto para que se le libere de estos requisitos. Para solicitar una exención por discapacidad, presente el Formulario USCIS N-648, Certificación médica para excepciones por discapacidad *(Medical Certification for Disability Exceptions)*.

Algunos solicitantes no necesitan saber leer/escribir y hablar inglés. Algunos son elegibles para un examen que consiste en una lista más sencilla de preguntas sobre historia y gobierno. Para más información sobre los requisitos de inglés, historia y gobierno de Estados Unidos, vea el capítulo 8.

I. ¿Solicita un acomodo al proceso de naturalización por discapacidad o impedimento? (Vea las instrucciones para algunos ejemplos de acomodo).

Si usted no puede participar plenamente en el proceso de naturalización por discapacidad, USCIS hará arreglos especiales. En algunos casos hasta enviará a un funcionario a un hogar o sanatorio para entrevistar a un solicitante. Esta sección es donde debe indicarle a USCIS que necesitará un acomodo especial.

Parte 4: Direcciones y números de teléfono

USCIS le pide la dirección de su residencia y la de correo. Esta última es la dirección donde USCIS le enviará su notificación para que vaya por las huellas digitales y su entrevista de naturalización. Si usted cree que se mudará en el próximo par de años, use la dirección postal de un amigo o familiar. Si usted cambia de dirección, llame al 800-375-5283 para notificar al USCIS.

Parte 5: Información para búsqueda de registros criminales

Si usted ha tenido algún tropiezo con la policía o alguna otra autoridad de gobierno, consulte con un experto legal en inmigración antes de presentar su solicitud de naturalización.

Parte 6: Información sobre su residencia y empleo

Si usted no tuvo empleo durante los últimos cinco años, dígalo con franqueza. La falta de empleo no será una traba para la naturalización. Si usted recibe beneficios públicos, esto tampoco le impedirá ser ciudadano de Estados Unidos.

Si usted ha tenido empleo, USCIS le pedirá que presente su planilla de impuestos. Un motivo para negarle la ciudadanía de Estados Unidos puede ser no haber declarado ingresos. A menos que usted recibiera ingresos tan bajos que no requerían el pago de impuestos, USCIS no le naturalizará hasta que haya cumplido el reglamento de declaración del *Internal Revenue Service* (IRS)—el Servicio de Rentas Internas.

Supongamos que su empleador peticionó para su residencia permanente y usted dejó el empleo poco después de obtener su residencia permanente. El examinador de naturalización de USCIS puede preguntarle por qué dejó el trabajo de su patrocinador. La ley no requiere que mantenga su empleo con un patrocinador por un período definido. Sin embargo, el examinador puede pedirle una explicación de lo que ocurrió si usted deja su trabajo muy poco después de obtener su tarjeta verde. (Para más sobre su derecho de dejar a un empleador que le patrocinó para la tarjeta verde, vea el capítulo 3).

Parte 7: Tiempo fuera de Estados Unidos (incluso viajes a Canadá, México, y las islas del Caribe)

La sección que explica las ausencias de Estados Unidos tiene importancia especial. Muy pocas personas no tienen ausencias pero si es verdad debe decir “No”. Si su país de nacimiento o su última residencia queda cerca de Estados Unidos, el examinador de USCIS puede mostrarse escéptico si su solicitud dice que nunca salió del país. Pero si ésa es la verdad, naturalmente usted debe contestar “No”.

Si usted ha viajado mucho, USCIS examinará sus ausencias para detectar si cumple el requisito de presencia física. Si sus ausencias fueron largas, USCIS puede preguntarle si usted abandonó su residencia permanente. USCIS querrá asegurarse de que ha cumplido los requisitos de residencia continua y de presencia física. Si usted estuvo fuera de Estados Unidos por más de un año continuo durante los últimos cinco (o tres) años, no cumplió el requisito de residencia continua. Si usted estuvo fuera del país por más de seis meses pero menos de un año, el examinador de USCIS puede querer saber por qué permaneció tanto tiempo en el extranjero.

Debe también haber estado presente físicamente en Estados Unidos por lo menos la mitad de los cinco años pasados (tres años si presenta su solicitud bajo la regla de tres años para el cónyuge de un ciudadano de Estados Unidos). La ley permite excepciones a algunas de estas reglas en el caso de algunas personas de negocios, trabajadores religiosos, marineros y personas en el servicio militar así como las que trabajan para el gobierno de Estados Unidos en el extranjero.

Parte 8: Información sobre su historia matrimonial

Si usted obtuvo su residencia permanente debido a una petición conyugal, y se divorció o separó de su cónyuge poco después de obtener la residencia permanente, USCIS puede preguntarle si su matrimonio fue "real", o *"bona fide"*. Para más sobre las peticiones conyugales, vea el capítulo 2. El examinador de USCIS puede interesarse por su estado matrimonial y también asegurarse de su honestidad cuando solicitó beneficios públicos y/o completó la planilla de impuestos.

El relato de Jeremy muestra por qué un examinador de USCIS puede pedirle detalles sobre su matrimonio a una persona que solicite naturalizarse.

— El relato de Jeremy —

Jeremy obtuvo su tarjeta verde cuando se casó con Jenny, ciudadana de Estados Unidos. Estaban casados tres años. Jeremy estuvo casado antes con Rachel. Tan sólo dos meses después de obtener su residencia permanente, Jeremy y Jenny se divorciaron. Luego, Jeremy se casó por segunda vez con Rachel y peticionó para que ella obtuviera su tarjeta verde. El que Jeremy se volviera a casar con su exesposa no prueba que su matrimonio con Jenny fue por la tarjeta verde. Después de todo, la actriz Elizabeth Taylor se casó con Richard Burton dos veces. Sin embargo, para ser ciudadano de Estados Unidos, puede que Jeremy tenga que darle pruebas al examinador de naturalización de USCIS de que no se casó con Jenny puramente por la tarjeta verde.

Parte 9: Información sobre sus hijos

Proporcione información sobre todos sus hijos, aun los hijos que son ciudadanos de Estados Unidos. USCIS no le pide que "incluya" a sus hijos en su solicitud; lo que le pregunta es que dé información básica sobre ellos. Si no proporciona la información correcta en el momento que se le hace la pregunta puede tener problemas en el futuro. Algunos de sus hijos pueden ser ciudadanos de Estados Unidos automáticamente cuando usted se naturaliza. Para más sobre la naturalización de sus hijos, vea el capítulo 10.

Parte 10: Preguntas adicionales

Responda cuidadosamente estas preguntas. Para naturalizarse, usted debe ser una persona de buen carácter moral y adherirse (o ser fiel a) los principios básicos de este país. La parte 10 le ayudará a USCIS a determinar si usted cumple estos criterios. Si usted contestó "Sí" a cualquiera de las preguntas, consulte con un experto legal de inmigración antes de presentar su solicitud de naturalización. Esta contestación afirmativa—"Sí"—puede afectar adversamente su elegibilidad para la ciudadanía.

Tome nota: Algunas veces USCIS opina que un motivo para negarle su solicitud es si usted mintió en la solicitud misma, por más insignificante que haya sido esta declaración no verdadera.

A. Preguntas generales

1. **¿Alguna vez dijo que era ciudadano de Estados Unidos (por escrito o por cualquier otro medio)?**
2. **¿Alguna vez se inscribió para votar en una elección federal, estatal, o local en Estados Unidos?**
3. **¿Alguna vez votó en una elección federal, estatal, o local en Estados Unidos?**

El propósito de estas preguntas es determinar si presentó en algún momento una solicitud falsa para ser ciudadano de Estados Unidos o se inscribió para votar indebidamente o si votó ilegalmente en una elección. Algunas personas, creyendo honestamente ser ciudadanos de Estados Unidos, se inscribieron y votaron en elecciones. Aun si usted contestó "Sí" a esta pregunta, puede ser apto para la naturalización. En ciertas oportunidades, aun personas que declararon falsamente ser ciudadanos de Estados Unidos no lo hicieron de una manera que los excluyera de la ciudadanía. Un experto legal en inmigración puede asesorarle más detalladamente.

En algunas ciudades, aun inmigrantes indocumentados pueden votar en elecciones de junta escolar y las comunitarias. Si la ley local le permitió el voto, el haber ejercido el voto no le excluirá de naturalizarse.

4. **Desde que es residente permanente legal, ¿dejó de presentar en cualquier momento la planilla de impuestos federal, estatal, o local requerida?**

Si usted tenía que presentar una planilla pero no lo hizo, se le negará su solicitud de naturalización. Muchas personas no tienen que presentar planillas de impuestos. Por ejemplo, algunas personas no tienen que presentar planilla porque sus ingresos son menores que la cantidad necesaria para presentarla. No tema contestar "No" a esta pregunta si usted gana tan poco dinero en uno o más años que no requiere presentar una planilla.

Por lo general, USCIS quisiera ver su planilla de impuestos de los últimos cinco años (tres años si usted es apto bajo la regla de tres años como cónyuge de un ciudadano de Estados Unidos), o quiere saber por qué no la presentó. Para más información sobre impuestos y ciudadanía, vea el capítulo 8.

5. ¿Debe impuestos federales, estatales, o locales atrasados?

La deuda por impuestos no significa que se le prohibirá, de hecho, ser ciudadano de Estados Unidos. Pero el examinador de naturalización puede tomarlo en cuenta.

6. ¿Tiene un título de nobleza de algún país?

Un título de nobleza es inconsistente con la ciudadanía de Estados Unidos. Si usted tiene un título de nobleza, debe renunciar al título antes de naturalizarse.

7. ¿En los últimos 5 años, alguna vez se le declaró incompetente legal o se le recluyó en una institución mental?

Esta pregunta se incluyó para ayudar a USCIS a decidir si usted es capaz de comprender el Juramento de Lealtad *(Pledge of Allegiance)* a los Estados Unidos. En el 2000, se aprobó una ley que permitía que USCIS excluyera del requisito de juramentar a los solicitantes discapacitados mental o físicamente. Si contestó "Sí" a esta pregunta no se le excluirá de naturalizarse.

De todos modos, si usted era incompetente desde el punto de vista legal en el momento de ser residente permanente, USCIS puede objetar a que mantenga su condición de residente permanente. Si se le declaró incompetente desde el punto de vista legal o se le recluyó en una institución mental en los últimos cinco años esto no significa necesariamente que no se le permitirá naturalizarse ciudadano de Estados Unidos.

8a. ¿Alguna vez fue miembro o se asoció a una organización, asociación, fondo, fundación, partido, club, sociedad, o grupo similar en Estados Unidos o en algún otro lugar?

8b. Si usted contestó "Sí", anote el nombre de cada grupo en el espacio provisto. Si necesita más espacio, adjunte los nombres de los demás grupos en otra hoja.

Si la verdadera respuesta a esta pregunta es ninguno, escriba "Ninguno". De otro modo, incluya el nombre de la organización, tal como se solicita. Debe incluir clubes religiosos, sociales y atléticos. El examinador trata de enterarse si usted es inelegible para la naturalización debido a ciertas actividades políticas, tales como afiliación en una organización comunista o filocomunista.

9. ¿Ha sido miembro o se asoció de algún modo (directo o indirecto) con:
a. el partido Comunista?
b. cualquier otro partido totalitario?
c. una organización terrorista?

Si usted se asoció a una organización comunista o lo que la ley llama un "partido totalitario", no puede presentarse para la naturalización por un mínimo de diez años después de haber dejado de ser miembro de la organización. USCIS puede hacer una excepción si usted fue miembro involuntario del partido, por razones tales como para obtener un trabajo mejor o por algún tipo de presión económica o física. USCIS puede naturalizar a una persona que fue miembro de una organización comunista si la persona canceló su afiliación antes de los 16 años. Se prohíbe la naturalización a los terroristas.

10. ¿Alguna vez favoreció (directa o indirectamente) el derrocamiento de un gobierno por la fuerza o por medios violentos?

Aunque sea inelegible debido a la cláusula que se refiere a las personas que favorecieron el derrocamiento de un gobierno, usted puede naturalizarse bajo las reglas que se refieren a miembros de organizaciones "comunistas" o "totalitarias" descritas en la pregunta 9 de arriba.

11. ¿Alguna vez persiguió (directa o indirectamente) a alguien por su raza, religión, origen nacional, afiliación en un grupo social particular, o por sus creencias políticas?

Una persona que persiguió a otra por motivos de raza, religión, origen nacional, afiliación en un grupo social particular, o por su opinión política no puede naturalizarse ciudadano de Estados Unidos.

12. Entre el 23 de marzo de 1933 y el 8 de mayo de 1945, trabajó para o se asoció de alguna manera (directa o indirecta) con:

- **a. El gobierno nazi de Alemania?**
- **b. Algún gobierno en un lugar (1) ocupado, (2) aliado o (3) establecido con la ayuda del gobierno de Alemania nazi?**
- **c. Una unidad: militar alemana, nazi, o S.S.; paramilitar, de autodefensa, vigilancia, ciudadana, policial; agencia u oficina de gobierno; campo de exterminación o concentración; prisión; campamento de prisioneros de guerra, trabajos forzados o tránsito?**

Los ex nazis no pueden naturalizarse ciudadanos de Estados Unidos sea cual fuera el tiempo que pasó desde que fueron miembros del partido.

C. Residencia continua

Desde que obtuvo la residencia permanente legal de Estados Unidos:

13. Ha declarado ser "no residente" en una planilla de impuestos federal, estatal, o local?

14. ¿Alguna vez dejó de presentar una planilla de impuestos federal, estatal, o local por considerarse "no residente?"

Si usted solicitó una exención del pago de impuestos federales por no considerarse residente de Estados Unidos, puede ser inelegible para la naturalización. Esto también rige si usted presentó una planilla de impuestos bajo el rubro de no residente de Estados Unidos. En cualquier caso, USCIS puede tomar en cuenta que usted abandonó su residencia o interrumpió el período estatutario de cinco (o tres) años de residencia continua.

D. Buen carácter moral

15. **¿Cometió un crimen u ofensa y NO se le arrestó?**
16. **¿Le arrestó, citó, o detuvo una autoridad (incluso funcionarios de USCIS y militares) por alguna razón?**
17. **¿Se le acusó de haber cometido un crimen u ofensa?**
18. **¿Se le condenó por un crimen u ofensa?**
19. **¿Estuvo en un programa de sentencia alternativa o de rehabilitación (por ejemplo diversión, enjuiciamiento diferido, adjudicación retenida, adjudicación diferida)?**
20. **¿Recibió condena condicional, estuvo en libertad condicional o bajo palabra?**
21. **¿Estuvo en la cárcel o prisión?**

Si usted cometió ciertos actos criminales, aun si nunca se le condenó por un crimen, puede ser inelegible para la naturalización. Si el acto ocurrió cinco años antes de su entrevista (tres años si usted estaba casado y vivía con un ciudadano de Estados Unidos), en algunos casos puede naturalizarse. Para las implicaciones de actividad criminal en la naturalización, vea el capítulo 8.

La posición de USCIS es que si a usted se le arrestó y nunca se le acusó de un crimen o si su registro se eliminó completamente, debe contestar "Sí" a las preguntas pertinentes de este formulario. El impacto de la ley de inmigración en un acto criminal o el que se le haya acusado de cometer un acto criminal es una de las partes más complicadas de la ley de inmigración. Si usted tiene cualquier pregunta sobre este tema, vea a un experto legal en inmigración.

22. **En algún momento:**
    a. **¿se le consideró un borracho habitual?**

Un alcohólico crónico es un borracho habitual. El examinador de USCIS puede preguntarle sobre la cantidad de alcohol que bebe, si tuvo varios arrestos por conducir mientras estaba borracho (que a veces se llama "manejando bajo la influencia"—*"driving under the influence")* o se le acusó de desorden público por incidentes a raíz de su abuso de alcohol.

b. **¿fue prostituta o procuró a alguien para la prostitución?**

Una prostituta profesional no es elegible para la naturalización. La ley dice que una prostituta profesional es una persona dedicada a la prostitución por un período de tiempo. Una sola condena por un acto de prostitución no le hará, necesariamente, inelegible para la ciudadanía. Esto es igualmente cierto cuando se trata de una sola condena por solicitar a una prostituta.

c. **¿vendió o trajo de contrabando substancias controladas, drogas legales o narcóticos?**

La mayoría de las ofensas por drogas hacen que una persona sea inelegible para la naturalización. La única excepción es si se le juzgó culpable de una sola ofensa de posesión simple de 30 gramos o menos de marijuana. Algunas ofensas por drogas son sólo impedimentos temporales para la naturalización, pero aun ofensas que le impiden la naturalización temporalmente pueden precipitar un proceso de remoción.

d. ¿estuvo casado con más de una persona al mismo tiempo?

Esta pregunta trata de identificar a los individuos que practican o favorecen la poligamia. La posición de USCIS es que una persona que fue polígama no puede establecer buen carácter moral. De todas formas, si usted fue polígamo fuera de Estados Unidos y no vino a Estados Unidos para ejercer o favorecer la poligamia, puede ser apto para la naturalización. Un experto legal en inmigración puede ayudarle en este caso.

e. ¿ayudó a alguien a ingresar o tratar de ingresar a Estados Unidos ilegalmente?

Puede negársele la naturalización si usted trajo a alguien de contrabando a los Estados Unidos. No es necesaria la condena por un crimen de contrabando. Puede excluírsele aun sin la condena. Las cláusulas de contrabando de la ley de inmigración que le harían inelegible para la ciudadanía son relativamente nuevas. No está claro si se le impedirá la naturalización a una persona que trajo a un familiar de contrabando a Estados Unidos.

f. ¿apostó ilegalmente o recibió ingresos de apuestas ilegales?

Es claro que esto no se refiere a una persona que participa en apuestas legales, como ser empleado en un casino de Las Vegas. A nadie se le impedirá la naturalización simplemente porque se le condenó por una sola apuesta ilegal. La exclusión de naturalización se refiere a actividades de apuestas/juegos ilegales que son su fuente principal de ingresos o si a usted se le condenó por dos o más ofensas por apostar ilegalmente durante el período estatutario de cinco (o tres) años durante los que tiene que demostrar buen carácter moral. Algunas ofensas por apuestas se consideran delitos graves y le excluirían permanentemente de establecer el buen carácter moral necesario para ser ciudadano de Estados Unidos. Y una condena le haría removible (deportable) de Estados Unidos.

g. ¿dejó de mantener a sus dependientes o de pagar pensión por divorcio?

Si no mantiene a sus dependientes o no paga pensión tras un divorcio, mostrará falta de buen carácter moral. Si usted tiene hijos que no viven con usted o un cónyuge que no vive con usted, prepárese para contestar preguntas tales como si debe mantenerles o si lo hace. Si usted tiene hijos que no viven con usted, sobre todo, prepárese a demostrarle al examinador de naturalización que usted contribuye al mantenimiento de sus hijos. Si usted no tiene que mantener a sus hijos, necesitará demostrárselo al examinador.

Tome note que si usted contesta "Sí" a cualquiera de las subsecciones de la pregunta 22, es posible que no pueda demostrar buen carácter moral. USCIS puede negar su solicitud de naturalización. Sin embargo, si el hecho ocurrió anteriormente al período de cinco años (tres si usted es casado y vive con un ciudadano de Estados Unidos), y ha vivido en Estados Unidos en calidad de residente permanente, es posible que pueda mostrar buen carácter moral.

23. ¿Dio información falsa o engañosa a algún funcionario del gobierno de Estados Unidos mientras solicitaba un beneficio de inmigración o para prevenir la deportación, exclusión o remoción?

Si usted prestó testimonio falso para tratar de obtener un beneficio de inmigración, no podrá establecer buen carácter moral. Esta prohibición no es permanente. Se refiere sólo al período estatutario de cinco (o tres) años durante el que debe demostrar buen carácter moral.

24. ¿Alguna vez le mintió a un funcionario del gobierno de Estados Unidos para ingresar o ser admitido a Estados Unidos?

Esta pregunta simplemente brinda información que le haría inelegible bajo las mismas reglas de la pregunta 23, arriba.

E. Procesos de remoción, exclusión, y deportación

Si usted se encuentra en este momento en un proceso de remoción, USCIS postergará una decisión sobre su solicitud de naturalización hasta que un juez de inmigración decida su caso. Si se exigió que se le removiera, excluyera, o deportara de Estados Unidos y pudo resolver ese problema antes o después de ser residente permanente, puede continuar siendo elegible a la ciudadanía de Estados Unidos.

F. Servicio militar

29. ¿Alguna vez sirvió en las fuerzas armadas de Estados Unidos?

Si usted sirvió en las fuerzas armadas de Estados Unidos, USCIS verificará su registro de servicio militar en la investigación sobre sus antecedentes y carácter. Deberá someter el Formulario G-325B de USCIS, Información Biográfica *(Biographic Information)*, con su solicitud de naturalización.

30. ¿Alguna vez partió de Estados Unidos para que no se le reclutara en las fuerzas armadas de Estados Unidos?

Las personas que evadieron el reclutamiento durante la guerra de Vietnam pueden naturalizarse debido al perdón que concedió Jimmy Carter cuando fue presidente de Estados Unidos. Los perdones benefician a los hombres que abandonaron el país para evitar que se les reclutara en las fuerzas armadas de Estados Unidos entre el 4 de agosto de 1964 y el 28 de marzo de 1973.

31. ¿Alguna vez solicitó cualquier tipo de exención del servicio militar de Estados Unidos?

Si se le reclutó, pero dijo que estaba exonerado del servicio militar porque no era ciudadano de Estados Unidos, puede quedar permanentemente excluido de la ciudadanía de Estados Unidos. Pero si usted no tenía obligación de servir y no necesitaba la exención, puede naturalizarse pese a haber dicho que tenía la exención. También puede naturalizarse si usted muestra que no pidió el *waiver* con conocimiento de causa o que no comprendió las consecuencias de solicitar el *waiver*. La solicitud de estado de objetor de conciencia no le impedirá ser ciudadano de Estados Unidos.

32. ¿Ha sido desertor de las fuerzas armadas de Estados Unidos?

Los desertores del servicio militar en tiempo de guerra pueden ser inelegibles para la ciudadanía de Estados Unidos. Algunos de los que desertaron durante la guerra de Vietnam, entre el 4 de agosto de 1964 y el 28 de marzo de 1973, pueden beneficiarse del perdón que concedió el ex presidente Jimmy Carter.

G. Registro en el Servicio Selectivo

33. Es usted un hombre que vivió en Estados Unidos en algún momento entre los 18 y los 26 años en cualquier condición excepto la de no inmigrante legal?

-Si usted contestó "no", vaya a la pregunta 34.

-Si usted contestó "sí", anote la información en el espacio provisto.

-Si usted contestó "sí", pero *no* se registró con el Sistema de Servicio Selectivo y todavía tiene menos de 26 años de edad, debe registrarse antes de solicitar la naturalización para completar la siguiente información:

Día de registro (mes/día/año) ____________________

Número de Servicio Selectivo ____/____/____

-Si usted contestó "sí", pero *no* se registró con el Servicio Selectivo y tiene actualmente 26 años o más, adjunte una declaración que explique por qué no se registró.

USCIS considera que no registrarse es un factor negativo sobre su carácter moral y su adhesión a la Constitución de Estados Unidos. Este país no recluta actualmente a hombres o mujeres en las fuerzas armadas. De todas formas, las leyes del Servicio Selectivo de Estados Unidos requieren que todos los hombres se registren con el Servicio Selectivo si (1) son ciudadanos de Estados Unidos, residentes permanentes, o inmigrantes indocumentados, (2) están en Estados Unidos, y (3) tienen entre 18 y 25 años de edad.

El requisito de registro se refiere sólo a hombres que nacieron después del 1º de enero de 1960. El requisito termina al cumplir 26 años. El requisito de registro no se refiere a los hombres que están aquí con la condición de no inmigrantes legales, como los que tienen visas B-2 de visitante, F-1 de estudiante, o H-1B de trabajador profesional temporal.

Si usted todavía no cumplió 26 años, puede inscribirse tarde en el Servicio Selectivo. Obtendrá un formulario de inscripción en su oficina de correos. Traiga la prueba de su registro tardío con usted a su entrevista de naturalización y quizás el examinador de USCIS le disculpará por no haberse inscrito.

Algunos hombres no conocían su obligación de registrarse y no recibieron notificación de registro del Servicio Selectivo o de USCIS. Si ésta es su situación, trate de someter un *afidávit* (declaración jurada) al examinador de USCIS explicando que si no se registró no lo hizo adrede. Es posible que el examinador apruebe su solicitud.

Si queda demostrado que usted no se registró a sabiendas y por su voluntad, debe esperar hasta cumplir por lo menos 31, cinco años después que haya terminado su obligación de registrarse, antes de ser apto para ser ciudadano de Estados Unidos. Si usted está casado y vive con un ciudadano de Estados Unidos, puede naturalizarse cuando llegue a la edad de 29, tres años después que haya terminado su obligación de registrarse.

Si usted se registró con el Servicio Selectivo pero no conoce su número de registro puede obtener su número llamando o escribiendo a la Administración del Servicio Selectivo. Puede llamar al número gratis de respuesta automática: 888-655-1825. Tenga su fecha de nacimiento y número de seguro social a la mano. Para hablar con un representante del Servicio Selectivo llame al 847-688-6888 o escriba al Servicio Selectivo a: P.O. Box 94636, Palatine, IL 60094-4636. No olvide incluir su nombre, fecha de nacimiento y número de seguro social.

H. Requisitos para el juramento (vea la Parte 14 para el texto del juramento)

Responda las preguntas 34 a 39. Si usted contestó "no" a cualquiera de estas preguntas, adjunte (1) su explicación escrita sobre por qué contestó "no" y (2) cualquier información adicional documentada que ayude a explicar su respuesta.

34. ¿Apoya usted la Constitución y el tipo de gobierno de Estados Unidos?

Para naturalizarse, usted debe creer en el sistema de gobierno de Estados Unidos y en nuestra Constitución. Si usted es partidario del totalitarismo o el derrocamiento de nuestro gobierno, puede ser inelegible para la naturalización. La ley no permite exenciones del requisito que usted sea partidario del sistema de gobierno de Estados Unidos.

35. ¿Comprende plenamente el Juramento de Lealtad a los Estados Unidos?

Ésta es una pregunta nueva que no se ha hecho en formularios anteriores. Pienso que la pregunta se refiere a dos puntos: (1) a determinar si usted tiene la capacidad mental para comprender el juramento y (2) asegurarse de que, más tarde, su declaración en el formulario puede usarse contra usted en caso de que usted diga que no comprendió bien el juramento.

36. ¿Está usted dispuesto a prestar el Juramento de Lealtad a Estados Unidos?
37. Si la ley lo requiere, ¿está usted dispuesto a portar armas por Estados Unidos?
38. Si la ley lo requiere, ¿está dispuesto a cumplir servicios de no combatiente en las fuerzas armadas de Estados Unidos?
39. Si la ley lo requiere, ¿está dispuesto a cumplir trabajos de importancia nacional bajo dirección civil?

Para naturalizarse, debe estar dispuesto a prestar el Juramento de Lealtad a Estados Unidos. Puede omitir la parte del juramento que se relaciona con portar armas o el cumplimiento del servicio militar. Si usted quiere omitir parte del juramento, conteste "no" a la pregunta 36.

El Juramento de Lealtad viene impreso en el formulario N-400 de USCIS. Debe estar dispuesto a portar armas, cumplir algún tipo de servicio militar o efectuar trabajos civiles de importancia nacional. Si usted cumple las normas de objetor de conciencia, puede solicitar una modalidad abreviada del juramento especificando que sólo está dispuesto a cumplir servicio civil. Debe, en cualquier caso, estar dispuesto a cumplir algún tipo de servicio de gobierno.

Parte 11: Su firma

Certifico, bajo pena de perjurio bajo las leyes de Estados Unidos de América, que esta solicitud y las pruebas que presento con ella, son todas verdaderas y correctas. Autorizo que se suministre toda la información que USCIS necesite para determinar mi elegibilidad para la naturalización.

Si usted es físicamente capaz de escribir, debe firmar aquí. Si usted es físicamente incapaz de escribir, la persona que le ayudó a completar el formulario debe firmar la Parte 12.

Parte 12: Firma de la persona que preparó esta solicitud para usted (si es pertinente)

La ley no requiere que un individuo que ayuda a otro a completar el formulario N-400 de USCIS firme la Parte 12. La persona que le ayudó a completar el formulario sólo debe firmar aquí si usted está incapacitado físicamente para escribir.

Partes 13–14:

No complete las partes 13 y 14 hasta que un funcionario de USCIS le indique que lo haga.

Completará esas partes en la entrevista, cuando se lo indique el funcionario de USCIS.

PROCEDIMIENTOS Y DATOS PARA LA NATURALIZACIÓN

Presentación del formulario N-400 de USCIS

Debe presentar su solicitud en un servicentro de USCIS en la zona geográfica donde resida. Debe ser residente de ese estado por 90 días. Envíe su solicitud por correo certificado con solicitud de recibo de retorno. Guarde una copia de su comprobante de registro en un lugar seguro en caso que el original se pierda o destruya. Puede presentar su solicitud tres meses antes de cumplir el requisito de residencia continua.

Presente el formulario N-400 de USCIS, Solicitud de Naturalización, con el pago de la solicitud, que cuando se redactó este libro era de $260 más $50 para las huellas digitales de USCIS, por un total de $310. No son necesarias las huellas digitales de los solicitantes a partir de los 75 años de edad. Antes de presentar su solicitud, busque el portal de Respuestas de Inmigración—*Immigration Answers*—www.allanwernick.com para asegurarse que la tarifa no cambió. Encontrará una copia del formulario en el apéndice L. Pague la tarifa de registro con un cheque personal o con un giro postal o bancario; tendrá así la prueba de que USCIS recibió su pago.

Solicitudes para que se le exonere de la tarifa *(Fee waiver)*

USCIS exonerará del pago de $260—que debe adjuntarse con la presentación de la solicitud de naturalización—a las personas que puedan demostrar que no tienen medios para hacerlo. A diferencia de la mayoría de solicitantes de la residencia permanente, usted puede naturalizarse aun si recibe asistencia pública. Sin embargo, USCIS puede exigirle el pago de $50 para las huellas digitales.

Si usted quiere que no se le cobre por la solicitud, necesita demostrar que no tiene medios. Éstos son algunos de los factores que USCIS tomará en cuenta

- Si en los últimos 180 días usted era apto para recibir, o si recibió, un beneficio público de recursos federal—*federal means-tested public benefit*—como cupones/tarjetas alimenticias, Medicaid, Ingreso de Seguros Suplementario—*Supplemental Security Income* o SSI—y Asistencia Temporal para Familias Necesitadas.
- Si el ingreso que declaró al *Internal Revenue Service (IRS)* por el año impositivo más reciente está dentro o debajo del nivel de pobreza. Vea el apéndice F para las guías de pobreza recientes.
- Si era adulto mayor (65 años o más) presentó el pedido de pago
- Si es una persona discapacitada. La discapacidad debe haberla determinado previamente la Administración de Seguro Social, los Servicios de Salud y Humanos, la Administración de Veteranos, el Departamento de Defensa—*Social Security Administration (SSA), Health and Human Services (HHS), Veteran's Administration (VA), Department of Defense (DOD)*—u otra agencia federal.
- Razones humanitarias o de compasión, que justifiquen concederle el pedido de exención de pago. USCIS da ejemplos de solicitantes destituidos temporalmente; solicitantes que no tienen, poseen o controlan ingresos suficientes para efectuar el pago sin causar penurias graves; o solicitantes con ingresos fijos recluidos en un sanatorio.
- Cualquier otra prueba o hechos que establezcan su falta de medios para efectuar los pagos de registro requeridos.

Si usted solicita que se le libre de este pago, incluya una hoja separada con su solicitud que diga estas palabras: *"FEE WAIVER REQUEST INCLUDED"* (SE INCLUYE PEDIDO DE EXONERACIÓN DE LA TARIFA DE PAGO) en letra roja.

Fotos y huellas digitales

Debe también presentar dos fotografías con su solicitud. Las fotos deben ser de tres cuartos de perfil y mostrar su oreja derecha. Imprima su nombre al reverso de cada una, y bajo su nombre escriba su número "A"—es decir, el número en su tarjeta de residente permanente. No tiene que presentar huellas con su solicitud. USCIS le notificará cuándo debe presentarse en un centro de huellas digitales.

Cambio de nombre

Puede cambiar su nombre como parte del proceso de naturalización. Para cambiarse de nombre, una corte federal tiene que tomarle juramento como ciudadano de Estados Unidos. Si su entrevista de naturalización marcha bien, puede escoger que le juramente USCIS o un juez o magistrado federal. En algunas partes del país, es más rápido que USCIS le juramente que un tribunal. La única otra diferencia es que sólo el tribunal puede cambiarle de nombre. Si usted desea comenzar a usar un nombre diferente al nombre de su tarjeta de extranjería, o cambiar de nombre por matrimonio o divorcio, debe solicitar el juramento en un tribunal.

¿Necesita abogado para naturalizarse?

La mayoría de personas adquieren la ciudadanía sin ayuda de un abogado. Naturalmente, si usted puede permitirse un abogado particular, quizás quiera esta ayuda o puede sentirse más cómodo con un abogado al lado durante el proceso. Algunos casos de naturalización son complicados y requieren la consulta de un experto legal en inmigración. Si usted no puede permitirse un abogado, hay muchas organizaciones por todo Estados Unidos que ayudan a llenar las solicitudes de naturalización gratis o a un costo bajo. Encontrará una lista en el apéndice M.

Puede ser recomendable consultar a un experto legal en inmigración si usted piensa que USCIS puede descubrir algo que causaría su remoción. (Vea "Riesgos del proceso de naturalización" en el capítulo 7). Si usted cree que tendrá un problema en su entrevista, quizás quiera asistir a la entrevista con un abogado.

La entrevista con USCIS

En algún momento después de registrar su solicitud, recibirá una notificación para presentarse a la entrevista. En la entrevista, USCIS requiere que usted demuestre que sabe leer, hablar y escribir inglés; el examinador de USCIS revisará su solicitud; y se le hará preguntas orales sobre su conocimiento del gobierno y la política de Estados Unidos. Como se mencionó antes, no se requiere que algunos solicitantes mayores, residentes de muchos años, sepan leer, hablar y escribir inglés para ser ciudadanos de Estados Unidos. Puede ser apto para un pedido de exoneración o *waiver* del requisito de idioma inglés si usted tiene un defecto físico o mental.

Al comenzar su entrevista, el examinador de USCIS le pedirá que jure que toda la información que está a punto de dar es verdadera. Después de prestar juramento, el examinador de USCIS repasará su solicitud para asegurarse que sus declaraciones son exactas. El examinador le pedirá que presente su planilla de impuestos o que explique por qué no necesita presentarla.

Testigos—Ya no son necesarios

Hasta 1981, USCIS requería a los solicitantes a la naturalización que trajeran a la entrevista de naturalización a dos personas para que atestiguaran sobre el carácter del solicitante. Éste ya no es el caso. Puede traer a un testigo si necesita ayuda para demostrar que es elegible para naturalizarse.

Después de la entrevista

Si USCIS aprueba su solicitud de naturalización, el examinador debe darle a escoger si quiere que lo juramenten en una ceremonia de USCIS o en la corte federal. La ceremonia en USCIS es usualmente más rápida, pero si usted quiere cambiarse de nombre como parte del proceso de naturalización, debe pedirlo en una ceremonia en la corte. En el momento de la ceremonia, hará el Juramento de Fidelidad a Estados Unidos y será un ciudadano naturalizado.

Si USCIS le niega su solicitud debido a que no pudo demostrar capacidad para leer, escribir, o hablar inglés, le darán otras dos oportunidades para aprobar el examen sin tener que volver a pagar. Puede solicitar la naturalización con tanta frecuencia como quiera.

El examinador de USCIS decide un caso usualmente, pero no siempre, durante la entrevista. USCIS debe decidir su caso en un plazo de 120 días, o usted tendrá derecho de presentar una solicitud ante el juzgado distrital federal para que su caso se resuelva.

Apelación de la negativa de USCIS para su naturalización

Si USCIS rechaza su solicitud, el examinador de USCIS debe informarle que usted tiene 30 días para solicitar una audiencia ante un funcionario de inmigración. Si usted no tiene éxito en esa audiencia, puede solicitar que se revise la decisión en una corte federal. El juzgado tomará una decisión independiente y puede revocar la decisión de USCIS.

CAPÍTULO 10

Cómo los hijos pueden ser ciudadanos de Estados Unidos

Nacimiento en Estados Unidos, nacimiento en el extranjero, y naturalización

Es posible que usted no lo sepa, pero quizás ya sea ciudadano de Estados Unidos. Puede ser ciudadano de Estados Unidos por nacimiento ya sea porque nació en Estados Unidos o porque, aunque nació en el extranjero, uno o ambos padres eran en ese momento ciudadanos de Estados Unidos. O puede haber adquirido la ciudadanía de Estados Unidos en el momento de la naturalización de su(s) padre(s).

NACIMIENTO EN ESTADOS UNIDOS

A menos que sus padres fueran miembros del cuerpo diplomático, si nació en Estados Unidos, usted es ciudadano de Estados Unidos. Aun si sus padres eran inmigrantes indocumentados, sigue siendo ciudadano de Estados Unidos. Usted también es ciudadano de Estados Unidos si nació en Puerto Rico, las Islas Vírgenes de Estados Unidos, Guam, o las Islas Marianas. Si nació en la Samoa Americana o la Isla de Swain, usted es nacional de Estados Unidos y es elegible a tener pasaporte de Estados Unidos. El relato de François demuestra cómo una persona puede ser ciudadana de Estados Unidos sin siquiera saberlo.

— El relato de François —

François tenía 25 años de edad cuando trató de obtener una visa para ir a Estados Unidos desde Haití. Se había enamorado de Marcia, una joven ciudadana de Estados Unidos. Marcia conoció a François durante un viaje de negocios a Haití. Cuando François perdió su trabajo, solicitó una visa de visitante para ver a Marcia, que había regresado a Estados Unidos. El funcionario consular de Estados Unidos rechazó su solicitud porque François no pudo establecer que no hubiese abandonado su residencia en Haití.

François y Marcia se escribían con regularidad, y él estaba ansioso por reunirse con ella en Estados Unidos. Marcia estaba enamorada de François pero no quería casarse con él hasta que hubieran pasado algún tiempo juntos. Estaba desesperada por encontrar la forma de traerlo a su país y hasta pensó en la posibilidad de que un contrabandista lo trajera con documentos falsos. Finalmente, consultó con un abogado de inmigración quien le explicó distintas opciones, incluso la visa de novio K-1. Hacia el final de la entrevista con el abogado, Marcia mencionó que aunque François nació en Estados Unidos mientras sus padres estudiaban en la Universidad de Nueva York, nunca se había registrado para obtener la ciudadanía. Cuando su familia partió de Estados Unidos, François tenía nueve meses. Hasta el momento de hablar con el abogado, François y Marcia no sabían que su nacimiento en Estados Unidos significaba que François era ciudadano de Estados Unidos.

Marcia obtuvo la partida de nacimiento de François y se la mandó. François llegó a Estados Unidos al día siguiente y usó su partida de nacimiento como prueba de que era ciudadano de Estados Unidos.

NACIMIENTO EN EL EXTRANJERO DE PADRES CIUDADANOS DE ESTADOS UNIDOS

Si usted nació fuera de Estados Unidos y uno de sus padres era ciudadano de Estados Unidos, puede haber adquirido automáticamente la ciudadanía de Estados Unidos al nacer. Un niño nacido hoy en el extranjero de padres ciudadanos de Estados Unidos es ciudadano de Estados Unidos si cumple uno de los siguientes requisitos:

- Ambos padres eran ciudadanos de Estados Unidos, los padres estaban casados, y uno de los padres residió en Estados Unidos.
- Los padres no estaban casados y la madre, ciudadana de Estados Unidos, estuvo presente físicamente en Estados Unidos durante por lo menos un año antes del nacimiento del niño.
- Los padres no estaban casados y el padre, ciudadano de Estados Unidos, (1) reconoció al niño antes de que éste cumpliera 18 años o reconoce la paternidad bajo juramento y por escrito; (2) consintió por escrito mantener al niño hasta que tuviera 18 años (a menos que el padre muriera); o (3) estuvo en Estados Unidos por un mínimo de un año continuo antes del nacimiento del niño.
- Los padres estaban casados pero sólo uno de los padres era ciudadano de Estados Unidos, y esa persona estaba presente físicamente en este país o en una de sus posesiones por cinco años antes del nacimiento del niño, por lo menos dos de ellos después que el padre cumpliera 14 años.

CUADROS DE CIUDADANÍA PARA LOS HIJOS NACIDOS EN EL EXTRANJERO

Las reglas actuales que acabo de describir se refieren a hijos de ciudadanos de Estados Unidos nacidos en el extranjero en o después del 14 de noviembre de 1986. Las reglas pueden ser diferentes si usted nació antes del 14 de noviembre de 1986. Para ayudarle a saber si usted es ciudadano de Estados Unidos, le proporciono cuadros que resumen las reglas de ciudadanía referentes a nacimientos fuera de Estados Unidos. La regla que se refiere a usted depende de la fecha de su nacimiento. Los cuadros de las páginas 153 y 154 le ayudarán a decidir si usted adquirió la ciudadanía de Estados Unidos al nacer.

El relato de Michelle nos muestra cómo los cuadros pueden ayudarnos a determinar si un niño nacido en el extranjero es ciudadano de Estados Unidos al nacer.

— El relato de Michelle —

Michelle nació en Italia in 1960, vivió en Italia toda su vida, y nunca estuvo en Estados Unidos. En ese entonces, su padre, Frank, era ciudadano de Estados Unidos, tenía 20 años y se había criado en la ciudad de Nueva York. A los 19, en su primer viaje al extranjero, fue a Italia a estudiar arquitectura italiana. La madre de Michelle era ciudadana italiana. Sus padres se casaron cuando nació. Poco después del nacimiento de Michelle, sus padres se separaron y Frank regresó a Estados Unidos. Se divorciaron dos años más tarde.

Michelle es ciudadana de Estados Unidos. Como era legítima al nacer, miramos el cuadro A (página 153) bajo la sección niños nacidos en o después del 24 de diciembre de 1952. Vemos que un niño nacido en el extranjero de un ciudadano que estuvo presente en Estados Unidos durante los cinco años anteriores, por lo menos dos de ellos después de los 14 años (para los nacimientos posteriores al 14 de noviembre de 1986), es ciudadano de Estados Unidos por nacimiento. Frank había vivido más de 10 años en Estados Unidos, cinco de ellos después de la edad de 14.

El cuadro también muestra que no hay requisito de retención para Michelle, una niña nacida en 1960. Michelle es ciudadana de Estados Unidos aunque nunca haya pisado Estados Unidos.

Si usted es ciudadano de Estados Unidos por nacimiento porque nació en el extranjero de padres (uno o ambos) ciudadanos de Estados Unidos, no necesita reclamar su ciudadanía de Estados Unidos dentro de un período de tiempo específico. Si usted es ciudadano pero no nació en Estados Unidos, puede solicitar un pasaporte de Estados Unidos en una oficina de correos, de pasaportes o en un consulado de Estados Unidos. O puede solicitar que USCIS le conceda un certificado de ciudadanía valiéndose del Formulario de USCIS N-600, Solicitud para el Certificado de Ciudadanía (*Application for Certificate of Citizenship*). Por lo general, la solicitud de un pasaporte de Estados Unidos es un trámite más fácil y más rápido que la solicitud de un certificado.

CIUDADANÍA DERIVADA

Si uno de sus padres es ciudadano de Estados Unidos, usted puede ser un ciudadano derivado. La ciudadanía derivada ocurre automáticamente por lo que llamamos el funcionamiento de la ley. Esto significa que si ocurren ciertos hechos, usted obtiene ciudadanía de Estados Unidos, lo sepa o no lo sepa. No tiene que llenar una solicitud: simplemente ocurre.

El 27 de febrero de 2001 entró en vigor una ley que cambió el reglamento sobre quién obtiene una ciudadanía derivada. La ley se refiere tanto a niños naturales como a los adoptados. No se refiere a hijastros a menos que el padre/madre por matrimonio adopte legalmente al niño. Bajo esta ley, llamada la Ley de Ciudadanía de los Hijos de 2001, un niño nacido fuera de Estados Unidos es ciudadano de Estados Unidos automáticamente cuando se cumplen todas las siguientes condiciones:

1. Por lo menos uno de los padres del niño es ciudadano de Estados Unidos, ya sea por nacimiento o naturalización.
2. El niño tiene menos de 18 años.
3. El niño reside en Estados Unidos en custodia legal y física del ciudadano padre/madre.
4. El niño es residente permanente, de acuerdo con su admisión legal a la residencia permanente.

Tome note que si el niño es ilegítimo al nacer, la naturalización del padre no resultará en que el niño obtenga automáticamente la ciudadanía derivada. Para que un niño que nació ilegítimo adquiera ciudadanía derivada de su padre, el niño debe legitimarse de acuerdo con las leyes del país de nacimiento. En algunos países, lo único que se requiere es que el padre ponga su nombre en la partida de nacimiento del niño. Su cónsul en Estados Unidos puede ayudarle a contestar preguntas sobre las reglas de legitimación en su país. Si depende de la legitimación para reclamar ciudadanía derivada, la legitimación debe ocurrir antes que el niño cumpla 18 años.

El orden de los factores no altera el producto. Si su hijo es residente permanente, no cumplió 18, y sólo entonces usted se naturaliza, su hijo adquirirá la ciudadanía automáticamente. Si usted se naturaliza y luego su hijo adquiere residencia permanente, su hijo será ciudadano de Estados Unidos en el momento de obtener su residencia permanente, siempre y cuando esto suceda antes de que el niño cumpla los 18.

Los relatos de Suki y Yoichi, Carina, y Juanita muestran cómo funciona la naturalización derivada bajo la nueva ley.

— El relato de Suki y Yoichi —

Suki, Yoichi, y sus padres se mudaron a Estados Unidos del Japón en 1990 cuando Suki tenía 10 y Yoichi 12. Toda la familia llegó a Estados Unidos con visas de inmigrante. En 1997, su padre se naturalizó. En virtud de la naturalización de sus padres, Suki pasó a ser ciudadana de Estados Unidos. Tenía 17 años y era residente permanente cuando su padre se naturalizó. Suki puede obtener un pasaporte de Estados Unidos. Para recibirlo debe llevar a la oficina de pasaportes de Estados Unidos el certificado de naturalización de su padre, la partida de matrimonio de sus padres, su partida de nacimiento, y su pasaporte extranjero con el sello de entrada de residente permanente legal, o tarjeta de residente (es decir, tarjeta de extranjería). Yoichi ya había alcanzado la edad de 18 años cuando su padre juró la ciudadanía de Estados Unidos. Para ser ciudadano de Estados Unidos, Yoichi debe presentar su propia solicitud de naturalización.

— El relato de Carina —

Carina era hija de Jean-Pierre, un ciudadano francés. Carina nació en Francia en 1990. Jean-Pierre no estaba casado con la madre de Carina. Siendo Carina todavía una criatura, su padre vino a Estados Unidos como *chef* de un elegante restaurante francés. El restaurante fue su patrocinador para la visa de residente permanente. Carina recibió su residencia permanente al mismo tiempo que su padre porque era beneficiaria derivada de una petición de preferencia. Si Jean-Pierre adquiere la ciudadanía de Estados Unidos antes de que Carina cumpla los 18, Carina será, automáticamente, ciudadana de Estados Unidos. En Francia, la ley considera que los hijos nacidos fuera del matrimonio son legítimos al nacer. La única medida que Jean-Pierre necesita tomar para que Carina sea ciudadana de Estados Unidos es naturalizarse antes de que Carina cumpla 18 años.

Supongamos que Jean-Pierre se naturaliza cuando Carina cumpla 17, y el próximo mes Carina regresa a Francia, sin saber que es ciudadana de Estados Unidos. Puede regresar a Estados Unidos como ciudadana de Estados Unidos en cualquier momento. Si le presenta su partida de nacimiento, que identifica a Jean-Pierre como su padre, a un funcionario consular de Estados Unidos junto con una copia de su partida de naturalización, Carina puede obtener su pasaporte de Estados Unidos. El hecho de que no supiera que era ciudadana de Estados Unidos y que partiera de Estados Unidos tan pronto después de la naturalización de su padre carece de importancia.

— El relato de Juanita —

Juan y Carmen vivían en Venezuela cuando nació su hija Juanita. Eran ciudadanos venezolanos. Cuando Juanita tenía cuatro años de edad, sus padres decidieron mudarse a Estados Unidos y ser residentes permanentes. Dejaron a Juanita en Venezuela con su abuela mientras ellos se establecían en Estados Unidos. Cuando Juanita tenía 12 años, su madre se naturalizó. Cuando Juanita tenía 13, su padre peticionó por ella y vino a Estados Unidos en calidad de residente permanente. Debido a que la madre de Juanita es ciudadana de Estados Unidos, cuando Juanita llegue a Estados Unidos con una visa de inmigrante obtendrá automáticamente la naturalización derivada. Puede solicitar inmediatamente su pasaporte de Estados Unidos.

Los hijos naturalizados automáticamente no tienen que aprobar ningún examen. Si usted necesita pruebas de que su hijo quedó naturalizado automáticamente, puede obtener un certificado de ciudadanía o un pasaporte de Estados Unidos para su hijo. Para obtener un certificado de ciudadanía, presente el Formulario de USCIS N-600. Es más rápido, menos costoso y más fácil obtener un pasaporte de Estados Unidos que un certificado de ciudadanía.

Hijos que cumplieron 18 años antes del 27 de febrero de 2001

Antes del 27 de febrero de 2001, los hijos no residentes permanentes derivaban su ciudadanía bajo reglas diferentes a las de hoy. Los hijos que cumplieron 18 antes de esta fecha adquirieron la ciudadanía de Estados Unidos sólo si reunían una de las siguientes condiciones: (1) uno de los padres se naturalizó antes que el niño cumpliera 18; (2) el hijo era residente permanente antes de cumplir 18; o (3) el hijo no estaba casado y cumplió uno de los siguientes requisitos:

- El otro padre era ciudadano o adquirió la ciudadanía de Estados Unidos.
- El niño nació fuera del matrimonio y quien estaba naturalizada era la madre.
- El otro padre del niño murió.
- Los padres se divorciaron o separaron y el padre que se naturalizaba tenía custodia legal del niño después del divorcio o la separación.

El relato de Jerold muestra cómo funciona la regla de ciudadanía derivada antes del 27 febrero de 2001.

— *El relato de Jerold* —

Jerold tenía diez años de edad cuando su madre, Betty Ruth, se naturalizó ciudadana de Estados Unidos. Jerold y sus padres inmigraron a Estados Unidos de Polonia. Todos ellos ingresaron con visas de residencia permanente. Ralph, padre de Jerold, estaba tan dedicado a su carrera de ingeniero que no se preocupó por solicitar la naturalización. Finalmente, en el año 2000, cuando Jerold cumplió 17, sus padres se naturalizaron. Jerold se convirtió en ciudadano derivado de Estados Unidos el día que sus padres se naturalizaron. Podía obtener prueba de ciudadanía de Estados Unidos solicitando una partida de ciudadanía mediante el Formulario de USCIS N-600 o solicitando un pasaporte de Estados Unidos. O podía no hacer nada.

Si Betty Ruth hubiera querido que Jerold fuera ciudadano de Estados Unidos antes de que Ralph se naturalizara, podía haber solicitado un certificado de ciudadanía para él, valiéndose del Formulario de USCIS N-600. Jerold hubiera sido ciudadano de Estados Unidos cuando USCIS aprobara la solicitud N-600. A diferencia del caso de un ciudadano derivado, no hubiera obtenido un pasaporte de Estados Unidos hasta que USCIS aprobara la N-600. La naturalización derivada es automática. La ciudadanía por solicitud de uno de los padres requiere la aprobación de USCIS. Bajo la ley actual, el procedimiento N-600 descrito en el caso de Jerold es improcedente.

Ciudadanía por solicitud para los hijos que nacieron en el extranjero

Algunos hijos nacidos en el extranjero que no adquieren la ciudadanía cuando nacieron o que no adquieren ciudadanía derivada, pueden ser ciudadanos de Estados Unidos mediante la solicitud de uno de los padres. El padre o madre debe solicitar un certificado de ciudadanía para el niño con el Formulario de USCIS N-600K. Para ser apto, uno de los padres debe ser ciudadano de Estados Unidos, el niño debe estar legalmente presente en Estados Unidos; tener menos de 18 años; y estar bajo custodia legal y física de uno de los padres que sea ciudadano de Estados Unidos y que ha residido en Estados Unidos durante cinco años, dos de ellos después de cumplir los 14 años. Si el hijo es adoptado, debe habérsele adoptado antes de los 16 (a menos que sea hermano natural de un niño adoptado y fue adoptado cuando era menor de 18 años) y debe cumplir todos los requisitos del niño adoptado o huérfano. El ciudadano que no estuvo presente físicamente en Estados Unidos por cinco años, dos de ellos después de cumplir 14 años, también puede obtener un certificado para su hijo si el hijo tiene menos de 18, se encuentra en Estados Unidos después de habérsele admitido legalmente, y cualquiera de sus abuelos/abuelas se encuentra presente físicamente en Estados Unidos durante cinco años, dos de ellos después que el abuelo/abuela cumplió 14 años de edad.

Cuadro A

Nacimiento fuera de Estados Unidos a padre o madre ciudadanos de EE.UU.— Nacimientos legítimos

Fecha de nacimiento del niño	Residencia requerida de padre(s) para transmitir la ciudadanía	Residencia requerida del niño para retener la ciudadanía
Antes del 24 de mayo de 1934	Su madre o padre es ciudadano que residió en Estados Unidos antes del nacimiento del niño.	Ninguna
En o después del 24 de mayo de 1934 y antes del 13 de enero de 1941	a. Ambos padres eran ciudadanos, uno con residencia previa. b. Uno de los padres es ciudadano con residencia previa en Estados Unidos	Ninguna
En o después del 13 de enero de 1941 y antes del 24 de diciembre de 1952	a. Uno de los padres es ciudadano con 10 años de residencia previa en EE.UU., por lo menos 5 de ellos después de la edad de 16 años. (Si el servicio militar del ciudadano padre o madre fue honorable entre el 7 de diciembre de 1941 y el 31 de diciembre de 1946, basta si los 5 años fueron después de la edad de 12. Si el servicio militar fue entre el 31 de diciembre de 1946 y el 24 de diciembre de 1952, el padre o madre debe haber estado presente 10 años, por lo menos 5 de ellos después de los 14 años de edad).	Igual que el rubro siguiente 2 años de presencia continua en Estados Unidos entre las edades de 14 y 28, excepto sin el requisito de retención si nació en o después de 10 de octubre de 1952. (Excepción: no hay requisitos de retención si el ciudadano padre/madre fue empleado de ciertas organizaciones cuando usted nació. Esta excepción no es válida si la ciudadanía se transmite bajo las exenciones de servicio militar en la columna de la izquierda).
	b. Ambos padres son ciudadanos, uno con residencia previa en Estados Unidos	Ninguna
En o después del 24 de diciembre de 1952	a. Ambos padres son ciudadanos, uno con residencia previa en Estados Unidos	Ninguna
	b. Presencia física en EEUU de 10 años del padre o madre que sea ciudadano, por lo menos 5 años después de la edad de 14 (para los nacimientos entre el 24 de diciembre de 1952 y el 13 de noviembre de 1986). O—que uno de los padres sea ciudadano, con 5 años de presencia física previa en EEUU, por lo menos 2 de ellos después de la edad de 14 (para los nacimientos en o después del 14 de noviembre de 1986).	Ninguna. El requisito de retención se abolió desde el 10 de octubre de 1978. No hay requisito de retención para las personas que seguían siendo ciudadanas en esa fecha.

Cuadro B

Nacimiento fuera de Estados Unidos a padre o madre ciudadanos —Nacimientos ilegítimos

Hijo no legitimado

Fecha de nacimiento del niño	Requisitos para la transmisión de ciudadanía
Antes del 24 de diciembre de 1952	La madre era ciudadana de Estados Unidos que residió en Estados Unidos o sus posesiones de ultramar antes del nacimiento del niño. Un niño que nació después del 24 de mayo de 1934 adquirió ciudadanía de Estados Unidos cuando la Ley de Nacionalidad de 1940 concedió la ciudadanía retroactiva a la fecha de nacimiento.
En o después del 24 de diciembre de 1952	La madre era ciudadana de Estados Unidos y estuvo presente físicamente en Estados Unidos o sus posesiones de ultramar por un período continuo de 1 año antes del nacimiento del niño.

Niño legitimado por padre extranjero

La regla general es que la ciudadanía adquirida por un niño ilegítimo por medio de su madre ciudadana no se ve afectada por legitimación posterior del padre extranjero. La única excepción es que la ciudadanía no se transmite por medio de la madre ciudadana de Estados Unidos si un padre extranjero legitima a su niño ilegítimo y se cumplen estas tres condiciones: (1) el niño nació antes del 24 de mayo de 1934, (2) el niño se legitimó antes de cumplir 21 años, y (3) la legitimación ocurrió antes del 13 de enero de 1941.

Niño !egitimado por el padre, ciudadano de Estados Unidos

La legitimación hace que el niño sea legítimo de nacimiento. Por lo tanto, son válidos los requisitos de transmisión y retención referentes a los niños legítimos nacidos fuera de Estados Unidos (Cuadro A). En otras palabras, si el niño no adquirió su ciudadanía por medio de la madre pero se legitimó a través del padre, ciudadano de Estados Unidos, bajo las siguientes condiciones, aplique las cláusulas apropiadas del Cuadro A. No se requiere la legitimación de los niños de ciertos veteranos de la Segunda Guerra Mundial.

Fecha de nacimiento del niño	
Antes del 13 de enero de 1941 la ley del domicilio paterno	1. Se legitimó al niño en cualquier momento después del nacimiento bajo del domicilio la ley paterno. 2. El padre había cumplido el requisito de residencia en la fecha de nacimiento del niño. 3. No se requiere residencia para que el niño retenga la ciudadanía de Estados Unidos.
En o después del 13 de enero de 1941	1. Niño legitimado antes de los 21 años bajo la ley del domicilio paterno. 2. El padre tenía la residencia requerida cuando el niño nació. 3. El niño cumple los requisitos de residencia para la retención.
En o después del 24 de diciembre de 1952	1. Se legitimó al niño antes de los 21 bajo la ley del domicilio paterno. 2. El padre tenía residencia requerida cuando el niño nació. 3. El niño no debe estar casado.

Niño legitimado o reconocido por el padre, cuando éste es ciudadano de Estados Unidos

Niño nacido en o después del 15 de noviembre de 1968 y relación establecida en o después del 14 de noviembre de 1986.	1. Relación de sangre establecida entre niño y padre. 2. Padre, a menos que haya muerto, debe proporcionar bajo juramento y por documento escrito que financiará el mantenimiento del niño hasta que el niño cumpla 18 años. 3. Niño debe legitimarse bajo la ley de residencia o domicilio del niño, o el padre debe reconocer la paternidad del niño por escrito bajo juramento, o la paternidad debe establecerla un juzgado competente. 4. El padre debe haber sido ciudadano de Estados Unidos y haber cumplido los requisitos de residencia cuando nació el niño. 5. El niño debe ser menor de 18 años cuando se le legitimó o reconoció. (Un niño entre las edades de 15 y 18 años el 14 de noviembre de 1986 puede optar por adquirir la ciudadanía bajo la ley anterior.)

SECCIÓN III: Visas de no inmigrante

"Andrew, el primo Jerry acaba de llamar. No vendrá este verano. No consiguió su visa de visitante". María estaba contrariada porque su primo favorito no vendría a la ceremonia de graduación de la escuela secundaria de su hijo.

"¿Hizo lo que le dije? ¿Le mostró al cónsul de Estados Unidos su estado de cuentas bancario, el título de propiedad de su casa, y la carta de su empleador?", preguntó Andrew.

"No, simplemente incluyó nuestra invitación a la solicitud. Pensó que le bastaría. Pues parece que no fue suficiente", dijo María con tristeza.

"No te preocupes, María", le respondió Andrew. "Jerry todavía tiene tiempo para conseguir su visa si hace lo que le dije. Puede llegar a tiempo a la ceremonia de graduación, y durante su visita vamos a decirle que regrese a una universidad. Hablé con el consejero de estudiantes extranjeros en *State Technical College.* Jerry podría ser apto para una visa de estudiante".

La mayoría de nacionales extranjeros llegan a Estados Unidos como no inmigrantes. Ejemplos de no inmigrantes son los turistas, estudiantes, trabajadores temporales y visitantes de negocios. Una visa de no inmigrante limita lo que usted, como no inmigrante, puede hacer en Estados Unidos y en la mayoría de los casos limita el tiempo de su visita.

Una visa de no inmigrante es un sello en su pasaporte, usualmente colocado por un funcionario consular de Estados Unidos, que le permite el ingreso a Estados Unidos para propósitos que no tengan que ver con la inmigración. La condición de no inmigrante se refiere a su estado legal mientras permanezca en Estados Unidos con una visa de no inmigrante.

En el capítulo 11 proporciono una lista, con una breve explicación, de todas las visas de no inmigrante. En los capítulos 12, 13, 14, 15, y 16, suministro información detallada con consejos prácticos sobre los tipos más comunes de visas de no inmigrante. En el capítulo 12, explico la visa de visitante B-1/B-2 (y el Programa de Liberación de Visas, que les permite a algunos visitantes ingresar al país sin visa). Dedico el capítulo 13 a la visa de estudiante F-1, que usan más de 500,000 personas cada año. En el capítulo 14, explico la visa H-1B para trabajadores profesionales temporales y las reglas especiales para profesionales canadienses y mexicanos basadas en el Acuerdo Norteamericano de Libre Comercio (NAFTA—*North American Free Trade Association)*. Amplié el capítulo 14 de esta edición para incluir información detallada sobre cómo solicitar la condición H-1B. En el capítulo 15, explico la visa K para el cónyuge o novio(a) de un ciudadano de Estados Unidos, y en el capítulo 16, la nueva visa V para ciertos cónyuges y niños de residente permanentes.

En el capítulo 17, repaso conceptos generales que se refieren a no inmigrantes que vienen a Estados Unidos. También explico cómo preparar una solicitud de visa de no inmigrante para que le dé buen resultado e incluso cómo demostrar que no tiene intenciones de inmigrar.

CAPÍTULO 11

Tipos de visas de no inmigrante

Aquí tiene una lista, con breves explicaciones, de todas las visas de no inmigrante:

A-1 Embajador, ministro público, diplomático de carrera, o funcionario consular y miembros de la familia inmediata
A-2 Otros funcionarios de gobierno o empleados extranjeros y miembros de la familia inmediata.
A-3 Ayudante, empleado doméstico, o empleado personal de las clases A-1 y A-2 y miembros de la familia inmediata

A-1, A-2, y A-3: Las solicitudes para estas visas se tramitan de país a país a través del Departamento de Estado de Estados Unidos.

B-1 Visitante temporal de negocios
B-2 Visitante temporal de placer

B-1: Estas visas son para individuos que vienen a Estados Unidos por negocios. Los ejemplos incluyen establecer una nueva empresa, aceptar pedidos o suministrar otros servicios para una empresa extranjera, o asistir a una conferencia profesional. Un visitante de negocios B-1 no puede recibir sueldo de un empleador de Estados Unidos.

B-2: Las visas B-2 son para los individuos que vienen a Estados Unidos de vacaciones, para asistir a un acontecimiento familiar como un matrimonio o un entierro, y para otras actividades no comerciales. También se dan a estudiantes en perspectiva que viajan a Estados Unidos para conocer instituciones de enseñanza superior donde podrían matricularse.

Las visas B-1/B-2 no le permiten trabajar para un empleador de Estados Unidos, pero quizás usted pueda efectuar un cambio a alguna condición de empleo. (Para más sobre la condición B-1/B-2, vea el capítulo 12).

C-1 Tránsito continuo

La visa C-1 es para el ingreso a los Estados Unidos en tránsito a otro país o, si es miembro de una tripulación, para embarcarse. Es para las personas en tránsito por Estados Unidos con una estadía no mayor de 29 días.

C-2 Viaje a la sede de las Naciones Unidas

La visa C-2 es para viajar a las Naciones Unidas en Nueva York. Los tenedores de visas C-2 pueden viajar sólo dentro de un radio de 25 millas de Columbus Circle, en la ciudad de Nueva York.

D-1 Visa de tripulante

La visa D-1 es para miembros de una tripulación que desembarquen temporalmente en Estados Unidos, y que partirán en una embarcación de la misma línea de transportes.

D-2 Visa de tripulante

La visa D-2 es para miembros de tripulaciones que tienen el propósito de partir en una embarcación de una compañía distinta a la que emplearon para viajar a Estados Unidos.

E-1 Negociante de tratados
E-2 Inversionista de tratados

La condición de las visas E-1 y E-2 se basa en tratados entre Estados Unidos y el país del que es nacional un extranjero. No todos los países extranjeros tienen acuerdos de comercio o inversiones con Estados Unidos que haría posible que sus nacionales fueran aptos para la condición E-1 o E-2. Algunos países tienen elegibilidad para la E-1 o la E-2, pero no ambas.

La condición de tratado E-1 es para gerentes y empleados esenciales de compañías extranjeras. La compañía debe tener actividad comercial con Estados Unidos. El comercio debe representar por lo menos un 51 por ciento de las actividades comerciales de la compañía. Para obtener una visa E-1, nacionales del país del tratado deben ser dueños de por lo menos la mitad de la compañía. Usted, el negociante del tratado, debe ser nacional del mismo país del tratado. Para obtener una visa E-1, usted debe venir a Estados Unidos para ser gerente o su trabajo debe requerir destrezas esenciales para las operaciones de la compañía.

La condición de inversionista E-2 requiere una inversión por parte de uno o más nacionales de un inversionista del país del tratado. Al igual que la E-1, nacionales del país del tratado deben ser dueños de por lo menos la mitad de la compañía estadounidense. La inversión no puede ser pasiva (por ejemplo, cuentas bancarias o terrenos sin urbanizar). Una inversión que sólo mantiene a usted y su familia se considera marginal y no reunirá las condiciones para que usted obtenga la condición E-2. La condición E-2 es para que el inversionista dirija y desarrolle la empresa. También es para los empleados esenciales del inversionista, que trabajarán en una capacidad gerencial o que tienen las destrezas especiales necesarias para el desarrollo de la inversión.

En la actualidad, la condición de inversionista de tratado es para nacionales de Alemania, Argentina, Australia, Austria, Bélgica, Bolivia, Bosnia-Herzegovina, Brunei, Bulgaria, Canadá, China (Taiwán), Colombia, Corea del Sur, Costa Rica, Croacia, Dinamarca, España, Estonia, Etiopía, Filipinas, Finlandia, Francia, Grecia, Honduras, Irán, Irlanda, Israel, Italia, Japón, Jordania, Letonia, Liberia, Luxemburgo, Macedonia, México, Holanda, Noruega, Omán, Pakistán, Paraguay, Reino Unido, Surinam, Suecia, Suiza, Tailandia, Togo, y Turquía.

La condición de inversionista de tratado E-2 es para nacionales de Alemania, Argentina, Australia, Austria, Bangladesh, Bélgica, Bosnia-Herzegovina, Bulgaria, Camerún, Canadá, China (Taiwán), Colombia, Congo (antes Zaire), Corea del Sur, Costa Rica, Croacia, República Checa, Egipto, Eslovaquia, España, Etiopía, Filipinas, Finlandia, Francia, Georgia, Granada, Holanda, Honduras, Irán, Irlanda, Italia, Japón, Jordania, Kazajistán, Kirguizistán, Liberia, Luxemburgo, Macedonia, México, Moldavia, Noruega, Omán, Pakistán, Panamá, Paraguay, Polonia, Reino Unido, Rumania, Senegal, Sri Lanka, Surinam, Suecia, Suiza, Tailandia, Togo, Túnez, y Turquía.

El cónyuge de un tenedor de la E-1 o E-2 es elegible para una autorización de empleo de USCIS.

F-1 Condición para estudiantes

Puede obtener la condición F-1 para asistir a la escuela a cualquier nivel, desde primaria hasta el postgrado. USCIS debe haber acreditado a la institución de enseñanza para expedir el Formulario I-20, un documento que usted utiliza como prueba de aceptación de esa institución. Bajo circunstancias limitadas, un estudiante F-1 puede trabajar. (Para más sobre la condición de estudiante F-1, vea el capítulo 13).

G-1, G-2, G-3, G-4 Individuos que vienen a trabajar en organizaciones internacionales y sus empleados y familias

Las visas G permiten que los empleados de las Naciones Unidas, del Banco Mundial y otras organizaciones internacionales, así como miembros de organizaciones no gubernamentales afiliadas con las Naciones Unidas, trabajen en Estados Unidos.

H-1A Enfermeros profesionales

La condición H-1A, que era una categoría exclusiva para enfermeros) licenciados), se eliminó el 1º de septiembre de 1995. Las enfermeras o los enfermeros profesionales no inmigrantes deben ahora reunir los requisitos para las condiciones H-1B, H-1C, o TN (vea la siguiente lista).

H-1B Trabajadores profesionales

La condición H-1B es para el trabajador profesional temporal. Dedico el capítulo 14 a esta condición popular. La condición H-1B le permite a un trabajador de especialidad (que se define como una persona que desempeña un trabajo para el cual el empleador requiere, como mínimo, un grado universitario de cuatro años o su equivalente) para vivir y trabajar en Estados Unidos hasta por seis años seguidos. A diferencia de algunas categorías de no inmigrante, para obtener la condición H-1B no necesita demostrar que usted tiene una residencia en el extranjero; ni tiene que mostrar que sería difícil encontrar un empleado que desempeñe su trabajo.

H-1C Enfermeros en lugares donde hay escasez de atención de salud profesional *(Health Professional Shortage Areas*—HPSA)

La condición H-1C es para enfermeros en lugares donde hay escasez de atención de salud profesional (HPSA) y es por un período de tres años. Esta ley termina automáticamente (la expresión en inglés es *"sunset law"*—ley de puesta de sol) en 2003 pero puede prorrogarse. Los enfermeros con grados de bachiller que hacen trabajos que normalmente requieren un grado de bachiller en enfermería pueden obtener la condición H-1C.

H-2A Trabajador agrícola temporal

La H-2A es para trabajadores agrícolas temporales. El empleador debe obtener un certificado del Departamento de Trabajo de Estados Unidos de que no hay trabajadores aptos disponibles en Estados Unidos y el empleado debe ganar el sueldo corriente.

H-2B Otros trabajadores temporales

Esta condición le permite trabajar para un empleador en un puesto temporal. Con frecuencia, hay puestos para los proyectos de corta duración y los que están en sus comienzos que se consideran temporales. La condición H-2B requiere pruebas de la escasez de trabajadores legales en Estados Unidos. Usted puede obtener una visa H-2B por un período de hasta un año a la vez con un límite de tres años. Generalmente, es muy difícil obtener la condición H-2B, y es aún más difícil prorrogar su estadía más allá de un año.

El relato de Gregory ilustra la condición H-2B.

— El relato de Gregory —

Gregory, de Atenas, Grecia, es artesano especializado. Tiene diez años de experiencia en la fabricación de mesas de mármol con grabados complicados. Una compañía de Estados Unidos quisiera que viniera a Estados Unidos por un año para contribuir al desarrollo de su nueva línea de mesas de mármol. El proyecto incluirá la fabricación de las mesas y el entrenamiento de trabajadores en este país. El empleador anticipa que dentro de un año, la unidad de producción de mesas de la compañía en Estados Unidos estará en pleno funcionamiento y ya no necesitará los servicios de Gregory. El empleador de Gregory en Estados Unidos, con la ayuda de un abogado, anuncia en un periódico local la oferta de trabajo al sueldo corriente. El empleador se da cuenta que individuos calificados no solicitan el trabajo que la compañía quisiera ofrecerle a Gregory. El Departamento de Trabajo le concede al empleador un certificado laboral válido por un año. El empleador presenta una petición H-2B que USCIS aprueba. USCIS envía la petición aprobada al consulado de Estados Unidos en Atenas, donde Gregory obtiene una visa H-2B válida por un año.

H-3 Aprendiz

La condición H-3 es para que usted reciba ingresos por su trabajo en un programa de entrenamiento si el entrenamiento no está disponible en su propio país. La condición H-3 tiene un límite de dos años. Para obtener una visa H-3, usted no necesita un grado universitario. Su empleador puede pagarle un sueldo, y la cantidad puede ser menor al sueldo corriente. Usted debe suministrar detalles sobre el programa de entrenamiento, y su empleador debe mostrar que usted no desplazará a un trabajador de Estados Unidos. Su empleador también debe mostrar que cualquier trabajo productivo que usted desempeñe será secundario al entrenamiento que reciba.

El relato de Vanessa ofrece un ejemplo de la visa de entrenamiento H-3.

— *El relato de Vanessa* —

Vanessa, de Venezuela, quiere participar en un programa de entrenamiento de dos años para ejecutivos de cuentas en una de las principales compañías internacionales de corretaje de bolsa. La sede de la compañía queda en Estados Unidos. Vanessa no tiene un grado universitario.

La compañía le pagará $40,000 al año durante el período de entrenamiento. Vanessa necesita una visa H-3 para participar en el programa. Para obtener su condición H-3, el empleador/entrenador de Vanessa debe establecer que ella participará en un programa de entrenamiento organizado. El empleador/entrenador debe suministrar una explicación detallada a USCIS sobre los materiales de lectura requeridos, los temas que se discutirán y el proceso de evaluación. No basta decir que Vanessa aprenderá en el trabajo durante esos dos años.

El empleador de Vanessa deberá también demostrar que el entrenamiento que recibirá no está disponible en Venezuela y que el propósito primordial del empleo de Vanessa es el entrenamiento, no la creación de ganancias inmediatas para la compañía. Debido a que está tomando su entrenamiento en acciones y materias primas de Estados Unidos, esto no debe ser un problema. El hecho es que el propósito del programa es entrenar a personas para empleos en las oficinas de la compañía en el extranjero.

H-4 Cónyuge o dependiente de trabajadores H-1A, H-1B, H-2, o H-3

El cónyuge y los dependientes de individuos de la condición H pueden estar en Estados Unidos bajo la condición H-4. Una persona en la condición H-4 no puede trabajar legalmente en Estados Unidos. Pero nada impide que un solicitante H-4 obtenga su propia visa H-1, H-2, o H-3. Una persona en la condición H-4 puede asistir a un plantel de enseñanza sin cambiar a la condición F-1.

I Periodista internacional

Para ser apto para la condición de la visa I, debe emplearle un periódico, revista, estación o red de televisión, u otra organización de medios de comunicación masivos de un país fuera de Estados Unidos. Usted puede permanecer en Estados Unidos mientras continúe su empleo, pero sólo puede trabajar para su empleador en el extranjero.

J-1 Visitante de intercambio
J-2 Cónyuge y niños dependientes de la J-1

J-1: La condición de visitante de intercambio se usa primordialmente para traer a estudiantes, eruditos e investigadores a Estados Unidos. También es para algunas personas de negocios, estudiantes de intercambio de escuelas secundarias, graduados universitarios, nodrizas o amas y consejeros de campamentos internacionales. Usted puede obtener una visa J-1 si participa en un programa administrado por la Agencia de Información de Estados Unidos (USIA) del Departamento de Estado.

Los visitantes de intercambio J-1 reciben por lo general apoyo financiero del gobierno de Estados Unidos, de su propio gobierno, o de la institución de enseñanza superior a la que asisten en Estados Unidos. Algunos, pero no todos los visitantes de intercambio J-1, quedan sujetos a un requisito de dos años de residencia en el país de donde vinieron. El cumplimiento de este requisito significa regresar a su propio país por dos años después del vencimiento de la visa J-1. Si usted está sujeto a este requisito, no puede cambiar a la condición de trabajador temporal o residente permanente hasta haber satisfecho el requisito o haber conseguido liberación de este requisito. Si usted está sujeto a este requisito, debe cumplir la condición u obtener una liberación del requisito para cambiar de condición, a la de trabajador profesional temporal H-1B, trabajador temporal H-2, aprendiz H-3, cesionario intraempresarial L-1, estudiante F-1, o residente permanente. Es difícil, por lo general, obtener estas liberaciones.

No todos los visitantes de intercambio J-1 están sujetos al requisito de dos años. Usted está sujeto al requisito de residencia extranjera de dos años sólo si:

- Su participación en el programa la financió, parcial o totalmente, directa o indirectamente, una agencia del gobierno de Estados Unidos o una agencia de su propio país.
- Una agencia de gobierno de su propio país declara que necesita las destrezas que usted adquirió como visitante de intercambio.
- Usted es graduado extranjero en medicina.

Para ser apto para la condición J-1, debe aceptarle un programa J-1. El patrocinador del programa expide el Formulario IAP-66 que confirma su aceptación. Usted presenta el IAP-66 a un funcionario consular de Estados Unidos para obtener una visa J-1. Como presunto J-1, puede algunas veces obtener una visa de visitante B-2 para venir a Estados Unidos. Para obtener una visa J-1, debe tener una residencia en el extranjero que no piensa abandonar.

Su cónyuge y niños menores no casados pueden acompañarle a Estados Unidos y pueden permanecer con usted mientras usted tenga la condición legal J-1. A diferencia del dependiente F-2 o del estudiante F-1, los cónyuges dependientes J-2 pueden obtener autorización de USCIS para trabajar. Deben demostrar que trabajan para atender sus propias necesidades financieras y las de sus hijos y no para mantener al tenedor de la visa J-1.

K-1 Visa de novio(a)
K-2 Hijo menor de los tenedores de visa K-1
K-3 Cónyuge ciudadano de Estados Unidos
K-4 Hijos menores no casados de tenedores de visa K-3

Las visas K son para novios(as) o cónyuge de un ciudadano de Estados Unidos y para los niños no casados menores de 21 del novio(a) o cónyuge. Generalmente, puede obtener una visa K antes que una visa de inmigrante. Para más información sobre las visas K, vea el capítulo 15.

L-1 Cesionario intraempresarial
L-2 Cónyuge y dependientes de la L-1

Para ser apto como cesionario L-1, debe haber sido empleado ejecutivo, gerente, o tener un puesto que requiera conocimiento especializado. Debe haber sido empleado en esa capacidad por un año continuo en los tres años anteriores a su transferencia a Estados Unidos. El requisito de un año de empleo continuo se reduce a seis meses en algunos casos en los que el empleador presentó una petición general L-1.

El trabajo que hará en Estados Unidos debe ser para la misma compañía o una afiliada o a subsidiaria de esa compañía. USCIS aprueba la condición L-1 por un período inicial de hasta tres años, un año si viene a trabajar en una oficina nueva o que se inició hace menos de un año. Luego puede solicitar prórrogas por hasta dos años a la vez por un total de siete años como gerente o ejecutivo pero sólo cinco años en un puesto que requiere conocimientos especializados.

El cónyuge de un tenedor de la condición L-1 puede solicitar autorización de empleo de USCIS.

M-1 Estudiante de escuela técnica o vocacional
M-2 Cónyuge y dependientes de la M-1

Puede obtener la condición M-1 para asistir a instituciones que ofrecen educación técnica o vocacional. Los programas incluyen cursos como mecánica de automóviles, estudios paralegales (de asistencia legal), destrezas de secretario(a), belleza y cosméticos, tecleado, y programación de computadoras. Los estudiantes M-1 no pueden cambiar a la condición F-1 mientras estén en Estados Unidos y sólo pueden cambiar a la condición H-1B si el estudiante no logró la educación para capacitarse por medio de la condición M-1. Un estudiante M-1 que quiere ser un estudiante F-1 debe salir del país y solicitar una visa F-1 en un consulado de Estados Unidos.

Los estudiantes M-1 pueden trabajar algunas veces, pero las opciones son muy limitadas. El consejero de estudiantes extranjeros puede explicarle sus opciones de trabajo.

N-1 El padre/madre de algunos menores no casados que son inmigrantes espciales

N-2 El niño menor no casado del tenedor de la visa N-1 y el niño menor no casado de ciertos inmigrantes especiales

Ciertos no inmigrantes G-1 son aptos para la residencia permanente en calidad de Inmigrantes Especiales. Si es menor de 21 y obtiene la residencia permanente como inmigrante especial G-1, puede traer a sus padres a este país como no inmigrantes N-1 hasta que llegue a la edad de 21. Si usted es un inmigrante especial G-1, puede también traer a sus hijos no casados menores de 21 a los Estados Unidos como no inmigrantes N-1. Finalmente, si trae a sus padres como no inmigrantes N-1, ellos pueden traer a sus niños no casados menores de 21. La visa N es para los padres de inmigrantes especiales G-1, donde el no inmigrante N es menor de 21, y a los niños y padres de tenedores de visas N.

OTAN-1 hasta OTAN-7

Las visas OTAN (NATO en inglés—*North Atlantic Treaty Organization)* son para las personas que vienen a los Estados Unidos para trabajar en Organización del Tratado del Atlántico Norte y para sus dependientes y empleados personales.

O-1 Individuos de aptitud extraordinaria

O-2 Cónyuge y dependientes de la O-1

La categoría de visa O es para individuos con aptitudes extraordinarias en las ciencias, las artes, los negocios, o el atletismo, comprobadas por aclamación nacional o internacional. Puede obtener una visa O aun si usted no es una persona extraordinaria, si acompaña a un individuo O a los Estados Unidos para prestar asistencia en una función artística o atlética. Tiene que formar parte integral de la función y tener destrezas críticas y experiencia que no tengan otras personas.

P-1 Atletas y animadores de grupo reconocidos a escala internacional

P-2 Animadores que vienen debido a un programa de intercambio

P-3 Artistas y animadores que vienen para dar funciones de grupo culturales únicas en su género

P-4 Cónyuge y dependientes de los tenedores de visas P-1, P-2, y P-3

La categoría de visa P-1 le permite el ingreso a Estados Unidos para desempeñarse como atleta a un nivel de actuación reconocido mundialmente. También puede obtener una visa P-1 visa si forma parte de un grupo de espectáculos reconocido mundialmente en su campo. Usted no tiene que ser reconocido mundialmente a nivel individual, mientras lo sea su equipo o su grupo.

La condición P-2 es para venir a los Estados Unidos como participante en un intercambio cultural internacional. La condición P-3 le permite venir aquí para actuar en una función cultural única en su género. Para las condiciones

P-2 y P-3, usted y su grupo no necesitan ser reconocidos mundialmente en su campo.

El ingreso con la condición P puede ser por un período inicial de hasta cinco años con una prórroga de hasta cinco años.

Q-1 Visitantes de intercambio cultural
Q-2 Cónyuge y niños dependientes de visitantes de intercambio Q-1

La visa Q-1 le permite venir a los Estados Unidos hasta por 15 meses para participar en un programa de intercambio cultural internacional. USCIS debe aprobar el programa. El propósito del programa, así como su propio propósito para venir a Estados Unidos en calidad de visitante de intercambio Q, debe ser para contribuir a que el público de Estados Unidos aprenda algo sobre culturas extranjeras. Se le puede pagar por el trabajo que haga en la condición Q.

Q(ii) Programa cultural y de entrenamiento del proceso de paz de Irlanda

A fines de 1998, el Congreso añadió esta nueva categoría de visa para las personas no inmigrantes de Irlanda del Note y los condados contiguos. La ley permite 4,000 visas por año durante tres años. Para ser apto, usted debe tener 35 años o menos (puede traer a su cónyuge y niños dependientes con usted). Las visas tienen el propósito de proporcionar entrenamiento práctico, empleo y la experiencia de coexistencia y resolución de conflictos en una sociedad diversa. Por cada visa bajo este programa, habrá una visa menos para los trabajadores temporales no inmigrantes H-2b. Esa categoría tiene un cupo anual de 66,000.

R-1 Condición para trabajadores religiosos
R-2 Cónyuge y niños dependientes de los trabajadores religiosos R-1

Puede obtener una visa R si usted viene a Estados Unidos para trabajos religiosos como ministro, un trabajador religioso profesional, o una persona en una vocación u ocupación religiosa tal como trabajador litúrgico, cantor, o misionero. Para ser apto para una visa R, debe haber sido miembro de la denominación religiosa que presente la solicitud durante un mínimo de dos años inmediatamente anteriores a la solicitud de ingreso. Además, usted debe demostrar que reúne condiciones en la vocación u ocupación religiosa. El período inicial concedido a un trabajador R es un máximo de tres años. Puede solicitar dos años más.

S-1 Informantes criminales
S-2 Informantes del terrorismo

Cada año, USCIS puede admitir hasta 200 personas para que asistan en procesos criminales y 50 más para que suministren información sobre actividades terroristas. El cónyuge y los niños de los tenedores no inmigrantes de la visa S también pueden venir a Estados Unidos como no inmigrantes S. Algunas de estas personas no inmigrantes S son aptas para la residencia permanente.

T Víctimas del narcotráfico

Víctimas del contrabando internacional.

TN Profesionales de NAFTA

La visa TN es para nacionales canadienses y mexicanos que vienen a Estados Unidos para trabajos profesionales. (Para más sobre la visa TN, vea el capítulo 14).

U-1 Víctimas de actividad criminal
U-2 Cónyuge, niño, o padre/madre del tenedor de la U-1

Las víctimas de abuso físico o mental y sus familias pueden ser aptas para una visa U. El solicitante debe presentar una petición ante USCIS y demostrar que él o ella han sufrido abuso físico o mental de gravedad como víctima de cualquier actividad criminal de una lista de 26. La lista incluye violación, tortura, abuso doméstico, y prostitución esclavizada.

V Cónyuges y niños menores de residentes permanentes

La visa V permite que ciertos cónyuges y niños de residentes permanentes legales vengan a Estados Unidos mientras esperan por la residencia permanente. Explico la visa V en detalle en el capítulo 16.

CAPÍTULO 12

Visitantes de negocios o placer y el Programa de Exención de Visas B-1/B-2

Cada año, millones de personas vienen a Estados Unidos de visita o por negocios. Los turistas y otras personas que vienen por razones personales necesitan una visa B-2. Los visitantes de negocios utilizan la Visa B-1. A menudo, una visa de visitante será B-1/B-2, lo cual significa que usted puede usarla para negocios o visitas personales.

En este capítulo, explico quién es elegible para visitar Estados Unidos y doy consejos prácticos para obtener una visa de visitante. Explico además el programa de exención de visas *(Visa Waiver Program)* por el cual ciudadanos de algunos países pueden visitar Estados Unidos sin visa. Los ciudadanos canadienses también pueden venir de visita sin antes obtener una visa de visitante.

B-1 VISITANTE DE NEGOCIOS

Usted reúne los requisitos para la visa B-1 si vino en plan de negocios a Estados Unidos pero no es empleado de una empresa de Estados Unidos. Ejemplos de situaciones para las que es apto para la visa B-1 son si viene para:

- representar a una empresa extranjera y viene para efectuar ventas
- organizar el comercio de una compañía extranjera
- hacer indagaciones sobre las posibilidades de inversión
- hablar en una conferencia y cobra sólo sus gastos, no un sueldo
- participar, en condición de atleta, en eventos de atletismo y sus únicos ingresos ocurrirán ya sea porque salió victorioso (ganó dinero en una pelea o un torneo de golf) o por endosar estas actividades (un jugador de tenis que recibe dinero por un contrato de zapatos)
- negociar un contrato en nombre de una empresa extranjera
- un proceso legal en el que está involucrado
- efectuar trabajos independientes de investigación
- participar en actividades académicas con un honorario definido. La actividad no puede durar más de nueve días en una sola institución académica; y debe auspiciarla una institución de educación superior o entidad afiliada sin fines de lucro, o una organización de investigaciones guberna-

mental. No puede aceptar honorarios de más de cinco instituciones u organizaciones en un período de seis meses.

Para obtener una visa B-1, debe suministrar pruebas sobre el propósito de su viaje a un funcionario consular de Estados Unidos, y ser capaz de explicarle sus objetivos y su plan de actividades durante su estadía en el país. Cuanto más específico sea, mejor. Debe tener suficientes recursos financieros personales o los que le proporcione su empresa para no tener que trabajar para una empresa de Estados Unidos durante su estancia. Para obtener una visa B-1, debe tener una residencia en el extranjero que usted no abandonó. Funcionarios consulares pueden pedirle pruebas de sus vínculos con su país. Por ejemplo, traiga con usted la carta de su entidad escolar o empleador, o una prueba de que usted es propietario de un negocio.

Por lo general, si usted ingresa en Estados Unidos con una visa B-1, se le admitirá por 90 días. USCIS puede concederle una prórroga si logra establecer necesidad. O, si puede demostrar por qué necesita permanecer en Estados Unidos por negocios durante más de 90 días, puede pedirle al inspector de USCIS en su puerto de entrada que le admita por un período más largo.

Los relatos de Virginia y Jorge son ejemplos de actividades legítimas B-1.

— *El relato de Virginia* —

Virginia es dueña de una pequeña fábrica de zapatos en Bogotá, Colombia. Recientemente desarrolló una nueva colección y quiere presentar los nuevos diseños de su compañía a mayoristas y minoristas en Estados Unidos. Cuando solicita su visa B-1, lleva una copia de los documentos de incorporación de su compañía, una carta de su banco con los recursos de la compañía, y una lista de sus citas de negocios en Estados Unidos. Virginia no tiene problema para conseguir la visa B-1.

— *El relato de Jorge* —

Jorge, de México, tiene un doctorado en biología. Es un experto de fama mundial en enfermedades infecciosas. Desarrolló recientemente un nuevo análisis para determinar si una persona es VIH positiva. Se le ha invitado a ser el orador principal en una conferencia nacional de la salud de tres días en Filadelfia. El comité de planeamiento de la conferencia cubrirá sus desembolsos en efectivo y recibirá un honorario de $2,000. Jorge puede darle pruebas al funcionario consular que lo entrevistó de que, si alguien lo empleara para trabajar tres días en Estados Unidos, su honorario sería de miles de dólares más que el honorario que recibirá. Jorge reúne los requisitos para la visa B-1. Si Jorge quisiera trabajar temporalmente en Estados Unidos para una empresa de Estados Unidos, podría obtener una visa H-1B (vea el capítulo 14 para más sobre la condición H-1B).

B-2 VISITANTE TEMPORAL DE PLACER

Una visa B-2 le permite venir a Estados Unidos por razones personales que no son trabajo o estudio. Ejemplos:

- Usted viene para hacer turismo

- Usted viene para un tratamiento médico
- Usted viene para asistir a un entierro
- Usted viene para asistir a una boda, graduación, bautizo o bar mitzvah
- Usted viene para visitar amigos o familiares

Para obtener una visa B-2, debe tener una residencia en el extranjero que usted no abandonó. A menudo, es difícil comprobarlo si usted es residente de un país en desarrollo. Funcionarios consulares de Estados Unidos en los países en desarrollo sospechan a menudo que un individuo que solicita una visa B-2 quiere quedarse y trabajar en Estados Unidos. Si usted piensa que un funcionario consular puede sospechar sobre sus intenciones, prepárese para mostrar que usted tiene razones para regresar a su propio país al final de su visita a Estados Unidos. Debe documentar sus vínculos a su país. Ejemplos son una carta de su empleador, si trabaja; una carta de su institución educacional, si estudia; prueba de lazos de familia; y prueba de alguna propiedad, si la tiene.

Un funcionario consular tiende a ser más comprensivo si usted puede mostrarle que viene para un acontecimiento específico como una boda o una graduación universitaria. Prepárese para explicar detalladamente lo que hará en Estados Unidos, dónde piensa quedarse y cómo pagará por su viaje. Le irá mejor si tiene un boleto de ida y vuelta.

Con una visa B-2, USCIS usualmente se le admite a Estados Unidos por seis meses. Puede solicitar prórrogas después de ese plazo. No es común que USCIS le conceda al tenedor de una visa B-2 más de una prórroga de seis meses. El relato de Joyce ofrece un ejemplo sobre cómo obtener una visa B-2.

— El relato de Joyce —

Joyce, de Jamaica, quiere visitar Nueva York. Durante la visita, desea asistir a la boda de su hermana. También quiere visitar varias universidades para ver si le conviene estudiar en Nueva York. Le da todas estas explicaciones al funcionario consular, quien rechaza su solicitud. El funcionario está seguro que Joyce no regresará a Jamaica si le da una visa B-2 de visitante. Joyce regresa al consulado de Estados Unidos la semana siguiente con un pasaporte antiguo que muestra que estuvo en Estados Unidos varias veces y que, cada vez, regresó dentro del plazo concedido por USCIS. Trae también una carta de su escuela secundaria que demuestra que necesita un solo semestre para recibir su diploma. Finalmente, muestra una invitación a la boda de su hermana dentro de tres meses, que la menciona entre las damas de honor. Esta vez, Joyce convence al funcionario consular que regresará después de su visita, y el funcionario le concede la visa B-2.

PROGRAMA DE EXECIÓN DE VISAS

Bajo el Programa de Execión de Visas (VWP), los ciudadanos de algunos países no necesitan las visas B-1 o B-2 para visitar Estados Unidos por negocios o placer. Estos países son Andorra, Australia, Austria, Bélgica, Brunei, Dinamarca, Finlandia, Francia, Alemania, Islandia, Irlanda, Italia, Japón, Liechtenstein, Luxemburgo, Mónaco, Holanda, Nueva Zelanda, Noruega,

Portugal, San Marino, Singapur, Eslovenia, España, Suecia, Suiza, y el Reino Unido. Si viene de uno de estos países, puede ingresar en Estados Unidos sin una visa B-1 o B-2 y permanecer aquí no más de 90 días. El Departamento de Estado coloca a países en la lista del VWP después de establecer que a sus ciudadanos raramente se les niega visas de visitante en consulados de Estados Unidos. Los canadienses también pueden ingresar sin visa a este país para una visita de 90 días.

Si ingresa en Estados Unidos bajo el VWP, no puede prorrogar su estadía más allá de los 90 días excepto en circunstancias muy poco usuales, y no puede cambiar a otra condición de no inmigrante mientras esté en Estados Unidos. Y los que ingresan por el VWP que se quedan más de la cuenta o faltan a su condición de cualquier otra manera no pueden reingresar al VWP. Para reingresar como visitante, USCIS dice que necesitará una visa B-1 o B-2.

Ocasionalmente se añaden o sacan países de la lista del VWP. Para información actualizada, vaya al portal *Immigration Answers* (Respuestas de inmigración) en www.ilw.com.

CAPÍTULO 13

Condición de estudiante F-1

Para obtener una visa de estudiante F-1, una escuela, universidad u otra institución de enseñanza superior acreditada por USCIS para admitir estudiantes extranjeros debe aceptarle. Aunque es mucho menos común, usted también puede obtener una visa F-1 para asistir a la escuela elemental o secundaria. Debe mostrar que tiene suficiente dinero o soporte financiero para estudiar en Estados Unidos sin trabajar, y debe demostrar que no piensa inmigrar a los Estados Unidos.

EL SISTEMA DE INFORMACIÓN SOBRE EL ESTUDIANTE Y EL VISITANTE DE INTERCAMBIO (*STUDENT AND EXCHANGE VISITOR INFORMATION SYSTEM*—SEVIS)

En reacción a los acontecimientos del 11 de septiembre, el Servicio de Ciudadanía e Inmigración de Estados Unidos (USCIS) implementó reglas para supervisar a los estudiantes extranjeros en Estados Unidos. Estas reglas incluyen un sistema de rastreo, el Sistema de Información sobre el Estudiante y el Visitante de Intercambio (SEVIS). Las reglas de SEVIS requieren que las escuelas informen a USCIS todo cambio en la condición académica de un estudiante (registro de notas), dirección y condición de inmigración del estudiante. Tanto USCIS como los consulados de Estados Unidos tienen acceso a la información de SEVIS. Entre otros, el consejero de estudiantes extranjeros (*foreign student adviser*—FSA) debe ahora darle a USCIS la siguiente información:

- Fecha de inicio del próximo ciclo del estudiante
- La no matriculación del estudiante
- El incumplimiento de un curso completo de estudios sin autorización previa del funcionario designado por la institución académica (DSO—*Designated School Official*)
- Cualquier incumplimiento para mantener la condición o completar el programa
- Cambio de nombre legal o dirección en Estados Unidos del estudiante o del dependiente
- Toda medida disciplinaria del lugar de enseñanza contra el estudiante si

se le condena por un crimen
- Graduación del estudiante antes del término del programa de acuerdo con la fecha anotada en el Formulario I-20
- A los 21 días de algún cambio de nombre, dirección en Estados Unidos o currículo en un lugar de enseñanza, un FSA debe proporcionar la información actualizada a SEVIS
- En un plazo de 30 días, el FSA debe informar lo siguiente sobre el estudiante o visitante de intercambio—si no se matriculó o no inició sus estudios; su fecha de matrícula en una institución o programa de intercambio aprobado; su programa de grado y campo de estudios
- la fecha de la terminación de la matrícula y la razón de la terminación

Observe que los requisitos de monitoreo de SEVIS y los demás reglamentos nuevos exigen un mayor grado de comprensión y cumplimiento por parte de los estudiantes extranjeros.

ACEPTACIÓN A UNA ESCUELA, ENTIDAD DE ENSEÑANZA SUPERIOR O UNIVERSIDAD

Como presunto estudiante, usted debe cumplir las normas de una institución sobre la entrada de estudiantes extranjeros. El ingreso a algunas es fácil. Pero es más difícil ingresar a otras, especialmente a las universidades de más prestigio. Llame o escriba a todas las instituciones que le interesen, lea sus catálogos y siga cuidadosamente las instrucciones de la solicitud. Muchas escuelas exigen que, como parte del proceso de solicitud, el estudiante extranjero tome el examen de inglés en calidad de idioma extranjero *(Test of English as a Foreign Language*—TOEFL). La institución generalmente exonera al estudiante de este examen si viene de un país donde la mayoría de los residentes hablan inglés. Por ejemplo, una entidad académica no exigirá que estudiantes de Australia y Gran Bretaña tomen el examen, pero pueden requerirlo de estudiantes de India o Kenia. Las instituciones que dan clases en el idioma del estudiante o que ofrecen clases en inglés como segundo idioma *(English as a Second Language*—ESL) usualmente no exigen el TOEFL.

Formulario I-20

Una vez que se le acepta y se evalúa su capacidad para pagar por su educación, el FSA le dará el Formulario I-20, Certificado de elegibilidad para la condición de estudiante no inmigrante F-1. *(Certificate of Eligibility for Nonimmigrant F-1 Student Status)*. Antes de concederle el Formulario I-20, la institución debe asegurarse que usted tiene suficientes recursos financieros para estudiar a tiempo completo sin trabajar ilegalmente.

Prueba de soporte financiero

Un estudiante F-1 sólo puede trabajar en Estados Unidos bajo ciertas circunstancias (vea “Cuando el estudiante F-1 trabaja mientras estudia”, en la pág. TK). Luego, para obtener una visa F-1, debe mostrar que usted puede mantenerse a sí mismo, tanto en lo que se refiere al pago de sus estudios como a sus gastos de mantenimiento. Primero presentará pruebas a su escuela de que puede costearse su educación. Pueden ser sus propios fondos o los de miembros de su familia cercana. Como el costo de vida y de estudios en Estados Unidos puede ser caro, una parte importante de la solicitud de la condición F-1 es dar pruebas de soporte financiero.

Su Formulario I-20 anotará el costo aproximado de un año de enseñanza en el lugar que usted escogió. Si solicita la condición F-1, debe mostrar que tiene dinero para costearse el primer año de estudios en Estados Unidos. Además, debe tener recursos financieros seguros para cubrir el resto de su programa educacional. Usted puede dar pruebas de capacidad financiera de varias maneras.

Una manera de demostrar que puede costear su educación y mantenimiento es por medio de una declaración jurada de mantenimiento *(Affidavit of Support)*. Un miembro de su familia inmediata—uno de sus padres, hermano o hermana—generalmente completa la declaración jurada de mantenimiento. Debe estar fechada menos de seis meses antes de presentarla.

Además de esta declaración, necesitará cartas de un banco, planilla de impuestos, u otra prueba que confirme los recursos financieros de la persona que firme su declaración. Puede presentar un afidávit de una persona que no sea miembro de su familia inmediata, pero no es recomendable.

No necesita esta declaración si tiene los recursos personales para costearse su educación. Sin embargo, necesitará mostrar que podrá mantenerse a lo largo de sus años de estudios. Debe presentar pruebas como cuentas bancarias, un fideicomiso *(trust)*, o ingreso similar.

Si un familiar lejano o un amigo le mantiene, es mejor que esa persona deposite el dinero directamente en su cuenta bancaria personal porque una declaración de mantenimiento por sí sola puede no lograr convencer a un funcionario consular. También debe mencionar cualquier factor que reduzca sus gastos, como pensión gratis, para establecer su capacidad de mantenerse sin trabajar.

Los relatos de Martín y Yoshi ofrecen ejemplos de cómo demostrar que usted es capaz de mantenerse si es estudiante universitario.

— El relato de Martín —

Martín, de Irlanda, quiere estudiar en Estados Unidos. Una universidad pública de Texas de mucho prestigio y costo de enseñanza razonable le ha aceptado. Pese al costo relativamente bajo de sus derechos de matrícula y enseñanza, la familia de Martín tendrá gran dificultad para demostrar que lo puede mantener sin que él tenga que trabajar. La entidad calcula que la pensión es de $7,000 por estudiante, y la enseñaza para las personas que no residen en el estado es de $8,000, por un total de $15,000 al año.

Aunque el padre de Martín tiene un buen trabajo de ingeniero, $15,000 por año es un poquito más de lo que la familia en Irlanda puede permitirse. Sin embargo, Martín es un hombre afortunado. Su hermana mayor vive en la ciudad donde queda la universidad y le ha invitado a quedarse con ella hasta que complete sus estudios. Martín tendrá su propia habitación y alimentación gratis. Además, la hermana de Martín le dará $50 semanales para sus gastos de transporte y diversiones. Los únicos gastos que tendrá el padre de Martín en Irlanda serán los de enseñanza, su ropa y sus libros. Al presentar declaraciones de su hermana y de su padre (y apoyado por las planillas de impuestos y una carta del banco de su padre), Martín puede establecer estabilidad financiera suficiente para que la universidad le entregue un Formulario I-20. Martín presenta la documentación, y un funcionario consular de Estados Unidos le concede una visa F-1 de estudiante.

— *El relato de Yoshi* —

Yoshi, de Tokio, acaba de recibir su grado de bachiller en ciencias políticas de la Universidad de Tokio. Una universidad privada en San Francisco, California, lo aceptó en un programa doctoral. La universidad estableció que los gastos de mantenimiento de un estudiante son de $9,000 anuales y que los gastos de enseñanza son de $15,000 anuales, por un total de $24,000. Ni Yoshi ni su familia tienen remotamente el dinero necesario para pagar estos gastos. Sin embargo, Yoshi obtiene su visa F-1 porque una universidad le ofrece una beca por el total de los gastos de enseñanza. Para obtener la beca, debe enseñar un curso por semestre (vea "Empleo en el campus" en la pág. 175). También recibirá una beca para sus gastos de mantenimiento. Por lo tanto, aunque Yoshi no tenga mucho dinero, no tendrá que trabajar a excepción de su trabajo de instructor en el campus.

Cónyuges y niños de estudiantes con la F-1

En calidad de estudiante F-1, su cónyuge y niños dependientes pueden obtener una condición derivada que se conoce como su F-2. Su familia puede solicitarla al mismo tiempo que usted solicite la condición F-1 o puede hacerlo más tarde. Si los miembros de su familia solicitan sus visas en un día distinto al suyo, necesitarán su propio Formulario I-20. Y deben mostrar los gastos adicionales necesarios para su mantenimiento. Deberán darle a USCIS pruebas sólidas de que tienen a su disponibilidad recursos considerables, porque a los miembros de su familia no se les permite trabajar en Estados Unidos con una condición F-2.

En muchos países en desarrollo, obtener visas F-2 es muy difícil para la esposa e hijos de un estudiante F-1. El cónsul de Estados Unidos a menudo cree que si la familia del estudiante acompaña al estudiante a Estados Unidos, el estudiante no tendrá razón para regresar a su país.

Un cónyuge o hijo F-2 sólo puede asistir a la universidad para tomar cursos ocasionales como pasatiempo. Los niños F-2 pueden asistir a la escuela desde kindergarten hasta el 12º grado.

Cómo puede trabajar mientras estudia el estudiante F-1

Muchos estudiantes extranjeros desean trabajar para adquirir experiencia, interactuar con hombres de negocios de Estados Unidos y suplementar su ingreso familiar. A veces, usted necesita fondos extra porque sus necesidades financieras han cambiado, como por ejemplo si tiene un bebé. Aunque para obtener una visa F-1 usted tuvo que demostrar que podía mantenerse sin trabajar, USCIS le ofrece varias posibilidades de empleo mientras sustente la condición F-1.

Empleo en el campus

Un estudiante F-1 puede trabajar hasta 20 horas a la semana mientras el establemiento de enseñanza esté en funcionamiento y a tiempo completo durante las vacaciones y períodos de receso. Debe tener la intención de matricularse para el próximo ciclo.

Empleo en el campus significa empleo en el plantel del lugar de enseñanza o en otro local afiliado. Significa empleo en el campus del tipo usual al que realizan normalmente los estudiantes. Algunos ejemplos son el trabajo en la biblioteca de la escuela, cafetería, o tienda de estudiantes, o empleo que es parte de las becas para estudiantes de pre y post grado. Para que el lugar de empleo fuera del campus se considere empleo en el campus, este lugar debe estar asociado o afiliado educacionalmente con el currículo establecido por la escuela. O debe relacionarse con proyectos de investigación financiados por un contrato al nivel del postgrado.

Los empleadores dentro del campus generalmente saben que el estudiante F-1 tiene un Formulario I-20 válido que le permite trabajar hasta 20 horas por semana. En algunas ocasiones necesitará una carta del consejero de estudiantes extranjeros para demostrar que el consejero le autorizó a trabajar en el campus. La carta de autorización del consejero de estudiantes extranjeros le ayudará a obtener una tarjeta de seguro social. Los estudiantes que aceptan empleo en el campus no tienen que obtener el documento de autorización de empleo—*Employment Authorization Document* (EAD) del USCIS.

Programas y servicios de capacitación práctica

El USCIS llama programas de capacitación práctica curricular a los programas de entrenamiento y aprendizaje (en inglés, *Co-op—cooperative training and internship programs).* Usted puede obtener capacitación práctica curricular sólo si participa en un programa de empleo-trabajo que forma parte de un requisito de grado o un plan de estudios. No quedará apto para la capacitación práctica curricular hasta que esté matriculado un mínimo de nueve meses. El reglamento de USCIS hace una excepción a la regla de nueve meses si usted se matriculó para estudios graduados que requieren su participación inmediata en capacitación práctica curricular.

Su consejero de estudiantes extranjeros debe darle permiso para participar en alguna capacitación práctica curricular.

Entrenamiento práctico antes de completar los estudios

Usted puede trabajar fuera del campus en un sector relacionado con sus estudios si usted trabaja un máximo de 20 horas a la semana durante el año académico. Usted puede trabajar a tiempo completo durante las vacaciones siempre que tenga el propósito de matricularse para el próximo ciclo. El tiempo que emplee en capacitación práctica se le deducirá de los 12 meses de empleo a tiempo completo que el gobierno le concede para su entrenamiento práctico después de completar sus estudios (vea abajo, "Capacitación práctica después de completar los estudios").

Por ejemplo, si usted trabaja 20 horas por semana durante 6 meses, se le deducirían 3 de los 12 meses de capacitación práctica que se le permite después de completar los estudios.

El permiso para la capacitación práctica requiere únicamente que el consejero de estudiantes extranjeros certifique, mediante su firma en el Formulario I-538, que el empleo se relaciona directamente a su especialización académica y es consistente con su nivel educacional.

Autorización de empleo basada en necesidad económica crítica

Si circunstancias imprevistas cambian su situación económica, puede obtener permiso para trabajar fuera del campus en cualquier trabajo que usted escoja. Puede trabajar 20 horas por semana durante el ciclo escolar y a tiempo completo durante las vacaciones. Ejemplos de un cambio de circunstancias incluyen la pérdida de su ayuda financiera o empleo en el campus por razones fuera de su control, un cambio inesperado en su costo de vida o matrícula, gastos médicos considerables, una devaluación de la moneda de su país, o una pérdida económica que afecte a su patrocinador. El empleo basado en necesidad económica no se deduce del tiempo permitido para la capacitación práctica después de haber completado sus estudios. Para ser apto, debe completar un año académico bajo la condición F-1 y mantener buenas notas.

— El relato de Yoshi continúa —

Después de su primer año de estudios graduados y debido a una crisis económica en la universidad, Yoshi perdió su beca y parte del ingreso que recibía por enseñar.

Para demostrar su nueva necesidad financiera, Yoshi obtuvo una carta del encargado de ayuda financiera de su universidad que explicaba la pérdida de su beca. También obtuvo una carta del decano de la facultad sobre la pérdida de parte de sus ingresos de instructor. Presentó estas cartas a USCIS con una declaración jurada (afidávit) acerca de su situación financiera y el Formulario I-538, certificado por el consejero de estudiantes extranjeros. USCIS le concedió autorización para trabajar a tiempo incompleto fuera del campus. Yoshi consiguió emplearse de comerciante internacional de materias primas y se volvió rico de la noche a la mañana.

Capacitación práctica después de completar los estudios

Los estudiantes F-1 tienen derecho a capacitación práctica de hasta 12 meses al término de sus estudios. Sin embargo, como se explicó antes, si recibió 12 meses o más de capacitación práctica curricular, ya no es elegible para la capacitación práctica al completar sus estudios. El tiempo de su capacitación práctica antes de completar sus estudios también se deducirá del máximo de 12 meses.

Debe completar sus 12 meses de capacitación práctica al término de sus estudios dentro de 14 meses después de completar sus estudios. Tiene 12 meses de capacitación práctica por cada grado superior que obtenga. Esto incluye períodos de 12 meses para cada uno de los grados de asociado, bachiller, magíster *(master)* y otros de postgrado.

— El relato de Martín continúa —

Martín completó sus estudios para el bachillerato en ciencias políticas. Luego obtuvo permiso de capacitación práctica para completar sus estudios y solicitó de USCIS un documento de autorización de empleo *(Employment Authorization*

Document—EAD). No tenía oferta de empleo cuando recibió el EAD, que era válido por 14 meses. Le tomó seis meses encontrar un empleo de instructor de historia de Estados Unidos en una institución de enseñanza superior comunitaria. Aun cuando estudió ciencias políticas, el curso de historia de Estados Unidos que enseñaría se aproximaba a su campo de estudios y así tendría la capacitación práctica requerida. Martín puede enseñar durante ocho meses (catorce meses menos seis meses) en calidad de aprendiz práctico bajo la condición F-1. Si quiere continuar trabajando después de esos ocho meses, debe cambiar su condición por una como la H-1B—trabajador temporal o residente permanente.

Cómo cambiar la condición F-1 / Cómo obtener una visa F-1

Una vez que el consejero (FSA) de su entidad académica le entregue el formulario I-20 de USCIS, su próximo paso es solicitar la condición F-1. Si usted ingresó en Estados Unidos con una visa de no inmigrante y su condición continúa siendo legal, puede solicitar el cambio de su condición actual por la de F-1. En ese caso, presente el formulario I-539 USCIS, Solicitud para prórroga/cambio de condición de no inmigrante. *No puede* asistir a la universidad con la condición de visitante B-1/B-2 o con la de dependiente F-2 mientras espera la decisión de USCIS sobre su cambio a la condición F-1. Esta regla se aplica sólo a los visitantes B-1/B-2 y a los dependientes F-2. Otras personas que son legalmente no inmigrantes pueden asistir a un plantel de enseñanza mientras esperan el resultado de su solicitud de cambio de condición. Usted debe esperar que USCIS apruebe su cambio de condición antes de asistir al lugar de enseñanza. No se penalizará a los H-1B, G y otros no inmigrantes si empiezan sus clases antes de obtener la aprobación para el cambio a la condición F-1.

A veces es difícil para el visitante B-1/B-2 cambiar a la condición de estudiante F-1. Si presenta su solicitud dentro de los 60 días de su llegada a Estados Unidos, USCIS puede pensar que usted encubrió sus planes para estudiar en Estados Unidos, o que trata de evitar las dificultades que pueden presentarse si solicita una visa de estudiante en el consulado de Estados Unidos en su propio país. Sea cual fuera el lugar desde donde hace su solicitud, es recomendable que incluya una explicación (en forma de afidávit) con la solicitud para un cambio de condición a la de estudiante F-1, sobre la razón de querer un cambio y por qué no hizo la solicitud para la visa F-1 en su propio país. El afidávit también debe explicar por qué quiere estudiar en Estados Unidos. Si sus deseos de estudiar datan de una fecha posterior a su ingreso en Estados Unidos, explique lo que motivó el cambio. Si tiene planes concretos sobre cómo beneficiará su educación cuando regrese a su país, menciónelos también.

No debe tener problemas para cambiar la condición B-1/B-2 por la de estudiante si, cuando recibió su visa B-1/B-2 o cuando llegó a Estados Unidos, un funcionario de gobierno anotó “estudiante presunto” *(intending student)* o una frase similar en su pasaporte o en el formulario I-94 Llegada/Partida.

Debe presentar su solicitud de cambio de condición antes que venza su condición de visitante, a menos que tenga una razón particularmente buena que le impida hacerlo. Para más sobre cambios de condición, vea el capítulo 17.

VIAJE AL EXTRANJERO

Con medidas estrictas de seguridad en todos los puertos de entrada de Estados Unidos, necesita prestar atención especial cuando viaje fuera del país. Antes de su partida, vea a su FSA para estar seguro que tiene (o podrá conseguir) todos los documentos que necesitará para que se le readmita a Estados Unidos.

1. **Formulario I-20 SEVIS válido con la firma del consejero de estudiantes extranjeros.** El documento debe estar fechado no más de seis meses antes de la fecha de su regreso a los Estados Unidos.
2. **Pasaporte** válido por un mínimo de seis meses más allá de su fecha anticipada de retorno.
3. **Sello de visa F-1 no vencido en su pasaporte.** Tome nota que los canadienses no necesitan visa para su ingreso a Estados Unidos. En algunas circunstancias que se mencionan abajo, quizás pueda que viajar a Canadá, México, o islas adyacentes a Estados Unidos hasta por 30 días aun si su visa venció.
4. **Prueba de soporte financiero.** Vea la sección con este nombre más arriba.
5. **Prueba de matrícula en su universidad.** Puede ser la libreta de notas o una carta del consejero de estudiantes extranjeros.

El sello de su visa F-1 venció

Si el sello de su visa F-1 venció, para regresar a Estados Unidos después de salir del país necesitará un nuevo sello de visa en su pasaporte. Aunque el cónsul de Estados Unidos generalmente concede nuevas visas a los estudiantes que mantuvieron su condición, no hay garantías de ello. Si un cónsul de Estados Unidos rehúsa darle una nueva visa, quizás usted no tenga otro recurso. ***Si su visa venció, no salga de Estados Unidos sin hablar antes con su consejero de estudiantes extranjeros.***

Si en su formulario I-94 Entrada/Salida USCIS le concedió derecho de estar en Estados Unidos por la Duración de su Condición—*Duration of Status* o D/S—o si la fecha en su formulario I-94 no venció, usted puede viajar al Canadá, México, y las islas adyacentes a Estados Unidos hasta por 30 días. Sin embargo, si solicita una visa nueva mientras está en el extranjero y un cónsul de Estados Unidos le niega la solicitud de visa, usted *no puede* volver a ingresar a Estados Unidos con su I-94 aunque ésta no haya vencido.

CAPÍTULO 14

Condiciones H-1B, H1-B1, y TN para trabajadores profesionales temporales

En este capítulo, describo las condiciones H-1B, H-1B1, y TN. Estas condiciones son para trabajadores temporales en puestos profesionales. La condición H-1B1 es para nacionales de Chile y de Singapur. La condición TN sólo es para canadienses y mexicanos bajo el tratado de NAFTA *(North American Free Trade Association*—Asociación Norteamericana de Libre Comercio). A diferencia de la mayor parte de visas de empleo permanente, usted puede obtener las condiciones H-1B o TN aunque muchos trabajadores de Estados Unidos puedan realizar el mismo trabajo. En la primera parte de este capítulo, explico las reglas de la condición H-1B. En la segunda parte ofrezco información detallada sobre el proceso para obtener la H-1B.

PRIMERA PARTE: REGLAS PARA LA CONDICIÓN H-1P

Puede obtener la condición H-1B si tiene un grado universitario de bachiller (4 años) o el equivalente en educación y experiencia adquiridos en Estados Unidos o en cualquier otro país. Si el trabajo requiere una licencia o certificado, usted debe tener esa copia, a menos que el único impedimento para conseguirla sea tener seguro social.

Es posible obtener la condición H-1B aunque su estadía sea ilegal, pero quizás tenga que salir del país para obtener la visa antes de poder trabajar aquí. Hasta puede obtener la condición H-1B si ha iniciado un caso de residencia permanente, una regla que hace que la H-1B sea diferente de muchas clasificaciones de no inmigrantes.

No puede presentar una petición en su propio favor para la condición H-1B; su empleador debe hacerlo y ofrecerle un puesto para el cual su grado sea necesario. Un empleador H-1B puede ser un individuo, una sociedad, o una sociedad anónima. Aun si usted es el único dueño de una empresa, esa empresa puede peticionar por usted.

Para obtener la condición H-1B, su empleador debe pagarle el sueldo usual *(prevailing* = prevaleciente) para el puesto o el sueldo que se le paga a trabajadores en puestos similares en la compañía (llamado sueldo efectivo o actual), cualquiera sea el más alto. Los empleadores también deben ofrecerles a los trabajadores H-1B los mismos beneficios que les ofrecen a otros trabajadores. Estos beneficios incluyen salud, vida, discapacidad permanente y otros planes de seguro, jubilación y planes de ahorros, bonificaciones y opciones de compra de acciones.

USCIS aprobará una petición H-1B por hasta tres años a la vez, hasta un máximo de seis años. Luego, en circunstancias limitadas (que se explican más adelante), USCIS puede prorrogar su condición H-1B más allá de los seis años a intervalos de un año.

La condición TN les permite a los profesionales canadienses, pero no a los nacionales mexicanos, trabajar aquí sin que el empleador tenga que esperar a que el USCIS apruebe su petición. El principal beneficio de la condición TN para los canadienses y los mexicanos es que algunos trabajadores sin un grado universitario de cuatro años o su equivalente pueden ser aptos. Para más sobre la condición TN, vea la sección "Condición TN para nacionales canadienses y mexicanos" más abajo.

No tiene que ser alguien especial; sólo debe reunir los requisitos necesarios

La ley de inmigración de Estados Unidos denomina "ocupaciones de especialización" a los puestos H-1B. Pero usted no tiene que ser alguien "especial" para reunir la condición H-1B—simplemente necesita un grado de cuatro años o su equivalente y una oferta de trabajo que requiera un grado en su campo específico. Y, a diferencia de la mayoría de las solicitudes de inmigración (permanente) basadas en el empleo, su empleador no necesita demostrar que no hay trabajadores listos, dispuestos y capaces de hacer su trabajo. Aun si centenares de trabajadores de Estados Unidos son aptos para el puesto, su empleador puede escogerle a usted para el trabajo y peticionar por usted para la condición H-1B.

El relato de James muestra cómo una persona que apenas cumple los requisitos puede obtener la condición H-1B aunque en Estados Unidos haya solicitantes calificados y legales para ocupar ese puesto.

— El relato de James —

James, de Inglaterra, recibió con las justas su grado en gerencia de negocios de la Universidad de California en Los Ángeles. Iba a fiestas más que a clases. Como resultado, tenía notas bajas. Se graduó . . . pero entre los últimos de su clase.

Después de graduarse, James tuvo dificultades para conseguir trabajo. Finalmente, a través de un amigo de su tío, consiguió un puesto ejecutivo para principiantes en un hotel. El trabajo exigía un grado universitario en administración de empresas o gerencia de hoteles pero no requería experiencia. Aunque el empleador nunca anunciaba el puesto, recibía un promedio de 30 a 40 solicitudes semanales de candidatos calificados. Sin embargo, el empleador era amigo del tío de James y no sólo le ofreció el puesto a James sino que además presentó una petición para que obtuviera la condición H-1B. James solicitó—y logró—el cambio de la F-1 a la H-1B. USCIS aprobó su cambio de condición por un período de tres años.

El requisito de grado universitario

Un elemento clave para conseguir la condición H-1B es demostrar que el trabajo que el empleador le ofrece requiere la clase de grado universitario que usted tiene como condición de empleo. Aun si usted tiene un grado, no puede obtener una visa H-1B si su grado no es el que se necesita, típicamente, para el puesto.

Algunos puestos profesionales como maestro, profesor de enseñanza superior, ingeniero y arquitecto casi siempre requieren el grado de bachiller como mínimo. Algunas posiciones no son tan obvias. El puesto de gerente de una tienda de zapatos pequeña no requiere normalmente un grado específico de bachiller. Usted tendría grandes dificultades para obtener la condición H-1B para ser gerente de una tienda de zapatos. Por otro lado, el puesto de contador por lo general requiere un grado en contaduría y tendría validez para solicitar la condición H-1B.

Tomemos el ejemplo de una pequeña fábrica que emplea a un secretario, un representante de ventas, un comprador, un gerente y un ingeniero.

La ocupación de secretario probablemente no se clasificaría entre las de especialidad. Muy pocas veces requiere un grado de cuatro años de estudios. El representante de ventas y el comprador podrían considerarse profesionales, pero sólo si la compra y la venta requieren conocimientos adquiridos normalmente con una educación universitaria; por ejemplo, un puesto de vendedor o comprador de productos químicos o de ingeniería.

El puesto de gerente puede o no ser de especialidad. Si es necesario que el gerente tenga conocimientos financieros o legales, y el volumen del negocio justifica que el gerente ocupe la mayor parte de su tiempo valiéndose de estos conocimientos, ésta puede ser una posición H-1B. El trabajo del gerente se considerará una ocupación de especialidad si el trabajo requiere conocimientos especiales adquiridos normalmente por medio de una educación universitaria. Si el puesto de gerente generalmente requiere menos de un grado universitario, el puesto no se considerará una ocupación de especialidad. El puesto de ingeniero sí se considera generalmente una ocupación de especialidad ya que para ser ingeniero se necesita usualmente un grado universitario en ingeniería de cuatro años.

Los relatos de Tommy, Mary, y Carson demuestran la importancia de mostrar la relación entre la educación de un solicitante H-1B y las responsabilidades del trabajo.

— El relato de Tommy —

Tommy, de Tailandia, estudió ingeniería en su país y quería venir a Estados Unidos para trabajar de ingeniero. Hizo evaluar sus registros académicos por un servicio profesional de evaluación en Estados Unidos. El servicio convino que su educación era equivalente al grado de bachiller de ciencias en ingeniería de Estados Unidos. Aunque carecía de experiencia de trabajo, un reclutador de Silicon Valley Engineering Associates, una empresa de Estados Unidos, le ofreció un puesto de ingeniero.

El caso H-1B de Tommy es fácil. El grado de ingeniería es usual para la posición de ingeniero.

— El relato de Mary —

Mary, de Etiopía, recibió el grado de bachiller en ciencias políticas de una universidad de su país. Se especializó en relaciones internacionales. Cuando vino a Nueva York de vacaciones, empezó a buscar un trabajo que la capacitara para la condición H-1B basada en su nuevo grado. Buscó puestos de profesora en diversos cursos, incluso ciencias sociales en una escuela secundaria, e historia y ciencias políticas en universidades de pre-grado. Hasta trató de conseguir trabajo de profesora en una escuela primaria particular. También consideró un puesto de investigaciones en gobierno o ciencias políticas. Finalmente obtuvo un puesto editando una publicación que preparaba y distribuía textos sobre las Naciones Unidas y las relaciones internacionales.

Aunque Mary no tenía experiencia en este campo, su grado de bachiller en ciencias políticas y el que tomara varios cursos en relaciones internacionales la calificó para el puesto. Su empleador explicó en una carta a USCIS que el trabajo de Mary consistía en mucho más que corregir gramática y ortografía. Editaba los textos para comprobar su exactitud, lo que involucraba realizar investigaciones sobre historia universal y gobierno. USCIS decidió que su grado la calificaba para el puesto de editora de textos.

— El relato de Carson —

Carson recibió su grado en City College de la Ciudad de Nueva York con la condición de estudiante internacional F-1. Su mejor amigo, John, un ciudadano de Estados Unidos, lo presentó a su padre, John Sr., fabricante y distribuidor de alimentos congelados. John Sr. pensaba lanzar una campaña para el desarrollo, mercadotecnia y distribución de alimentos congelados a nivel mundial. Quería desarrollar productos especiales y dedicar esfuerzos y técnicas especiales para cada país de su mercado. Aunque Carson nunca estudió negocios, y menos comercialización, se le entrenó en la investigación y análisis de culturas nacionales y regionales. John Sr. pensaba que esas destrezas serían útiles para refinar sus métodos de ventas, y por lo tanto patrocinó a Carson para condición H-1B. Pese a que USCIS dudaba, en un comienzo, que la educación de Carson era de valor para el puesto, terminó por aprobar la petición. Cuando USCIS cuestionó la capacidad de Carson, John Sr. presentó cartas de un profesor de antropología y de un profesor de la escuela de comercio que confirmaban el papel importante de los antropólogos en las estrategias modernas de desarrollo de productos y mercadotecnia.

El requisito del sueldo usual o prevaleciente y del sueldo efectivo o actual

Para obtener la condición H-1B, su empleador debe convenir pagarle cuando menos el sueldo usual para el puesto en el área geográfica donde usted trabajará. Si el sueldo efectivo, es decir el sueldo que se le paga a otros trabajadores en las labores que usted desempeña es más elevado, el empleador debe pagarle el sueldo más alto. Además, el empleador debe ofrecerle los mismos beneficios que les ofrece a otros trabajadores. El reglamento de USCIS describe varias alternativas para que su empleador decida cuál es el sueldo usual. Si el puesto queda incluido en un contrato sindical, el sueldo del contrato es el sueldo usual. El sueldo usual cuando el trabajo se efectúa por contrato federal queda establecido por ley federal. En otros casos, el empleador puede usar un sueldo determinado por una agencia estatal de empleos, o emplear un estudio federal llamado "fuente independiente autorizada" o bien "otra fuente legítima", incluso un estudio llevado a cabo por el empleador. Para trabajar en instituciones de educación superior, entidades sin fines de lucro afiliadas o relacionadas, organizaciones de investigación sin fines de lucro o gubernamentales, puede usar la determinación de sueldo usual en instituciones similares. Encontrará más información para determinar el sueldo usual en la segunda parte, pág. TK.

La compensación legal como parte del sueldo usual

Una regla del Departamento de Trabajo de Estados Unidos requiere que un empleador pague los gastos y honorarios legales para que el trabajador obtenga la condición H-1B. Si el empleador no carga con estos costos, la cantidad que se le paga al trabajador, menos los honorarios legales, debe estar dentro del cinco por ciento del sueldo usual. Muchos abogados de inmigración se oponen a esta regla y esperan que el Departamento de Trabajo la cambie eventualmente, pero esto es poco probable. Muchos abogados simplemente ignoran la regla, lo que coloca al empleador en riesgo. Si se determina que el empleador pagó menos del sueldo requerido para el puesto, el Departamento de Trabajo de Estados Unidos podría imponer penas, incluso multas y limitaciones al empleo de los trabajadores H-1B en el futuro.

Usted debe tener una oferta de empleo

USCIS no aprobará una petición H-1B a menos que un empleador o agente de Estados Unidos peticione por usted. Su empleador puede ser un individuo, una sociedad, o una corporación. Algunas veces, una corporación que le pertenezca totalmente o por mayoría a un individuo, peticionará por ese mismo individuo, diciendo que es, además, un empleado de la empresa. Esto es aceptable si la compañía se instituyó legalmente, si la oferta de trabajo se hizo de buena fe *(bona fide)*, y el individuo cumple todos los demás requisitos para una petición H-1B. Algunas veces USCIS revisa cuidadosamente las peticiones de empresas nuevas con capital limitado para asegurarse de que la empresa no se constituyó únicamente para proporcionarle empleo a un trabajador H-1B.

La solicitud de condición laboral *(Labor Condition Application)* para trabajadores H-1B

El empleador H-1B debe obtener una solicitud de condición laboral *(Labor Condition Application*—LCA) certificada por el Departamento de Trabajo de Estados Unidos antes de presentar una petición H-1B ante el UCSIS. En la LCA, el empleador certifica que el trabajo se ofrece a un sueldo más alto que el sueldo usual para el puesto, que el empleador ofrece el trabajo en condiciones laborales normales a todos sus demás trabajadores en la misma categoría de trabajo, y que el empleador desplegó la notificación de registro de la certificación H-1B en dos sitios conspicuos en el lugar de empleo o notificó sobre ello al representante de negociaciones de los empleados. La notificación debe desplegarse durante diez días, pero el empleador puede presentar la LCA inmediatamente después de colocarla en un lugar visible. El empleador debe también guardar los registros que demuestren que lo manifestado en la

LCA es verdadero. Para más información sobre la LCA, vea la segunda parte de este capítulo.

¿Cuánto tiempo puede trabajar aquí con la condición H-1B?

USCIS puede aprobar una petición inicial H-1B por hasta tres años. Llegado ese punto, usted es elegible para una prórroga de tres años. USCIS prorrogará su condición más allá de los seis años sólo si usted tuvo una certificación laboral o una petición I-140 basada en el empleo que esté pendiente por 365 días. Luego, usted puede solicitar prórrogas de hasta un año hasta que se llegue a una decisión final de su caso de residencia permanente. La petición I-140—solicitud de certificación laboral o de ajuste de condición—debe haberse presentado antes de que finalicen cinco años después del cambio de condición a, o entrada como, trabajador H-1B.

Cambio de empleadores, aumento de empleadores y la regla de portabilidad

La condición H-1B es específica a cierto empleador. Esto significa que para que usted trabaje para un empleador, USCIS debe haber aprobado una petición H-1B que le permite trabajar específicamente para ese empleador. Si quiere cambiar empleadores, el nuevo empleador debe antes peticionar por usted. Si usted quiere trabajar para dos empleadores al mismo tiempo, cada uno debe tramitar la aprobación de una petición H-1B para usted.

El relato de Jaime demuestra la regla correspondiente si usted tiene dos empleadores H-1B.

— *El relato de Jaime* —

Jaime es profesor en California State College en Northridge. Tiene un grado de *master* (magíster) en matemáticas, que recibió de una universidad mexicana. Estudia para su doctorado (Ph.D.) en matemáticas de la Universidad de California en Los Ángeles. Jaime es un profesor auxiliar, es decir a tiempo incompleto. Enseña dos clases por semestre en California State College. Jaime quiere enseñar un tercer curso en Los Ángeles Community College. Debido a que la condición H-1B es específica al empleador, esa universidad debe hacer aprobar una petición H-1B para Jaime antes de darle el empleo. Los Ángeles Community College debe certificar una LCA y presentar la nueva petición. Cuando Los Ángeles Community College presente una petición H-1B para Jaime, puede empezar a enseñar allí. No necesita esperar a que USCIS apruebe esa petición, ni tiene que obtener una visa nueva.

Bajo la regla de portabilidad H-1B, si usted ya tiene la condición legal H-1B, puede empezar a trabajar para un nuevo segundo empleador sin que USCIS haya aprobado la petición del segundo empleador. Para beneficiarse por esta regla, el segundo empleador debe presentar una petición no frívola antes de que venza su estadía H-1B con el primer empleador. Una petición no frívola se basa de alguna forma en la ley o en los hechos. Como mínimo, esto significa que la segunda petición se registra con una LCA certificada. Para más información sobre cómo conseguir una LCA certificada, vea la segunda parte en la página TK.

Si se le emitió una visa basada en la primera petición H-1B, usted puede continuar usando esa visa para viajar hasta que su estadía con esa visa venza, más diez días. Cuando USCIS apruebe la segunda petición, usted puede obtener una visa nueva.

El relato de Jill muestra la regla de portabilidad H-1B.

— El relato de Jill —

Jill, ciudadana italiana, llegó a Estados Unidos para trabajar de analista financiera en un banco de Estados Unidos. Tiene un grado en economía de la Universidad de Turín, Italia. Su empleador peticionó para que trabajara tres años con la condición H-1B. USCIS aprobó la petición y Jill obtuvo una visa H-1B en el consulado de Estados Unidos en Roma. Después de dos años, otro banco le ofreció un puesto, también de analista financiera pero con un sueldo más alto. El nuevo banco peticionó para que trabajara con ellos tres años con la condición H-1B. Jill puede empezar a trabajar allí en cuanto USCIS reciba la petición del banco. El nuevo banco debe obtener una LCA certificada antes de presentar la petición, pero una vez que la presente Jill puede cambiar de trabajo. No necesita esperar hasta que USCIS apruebe la petición. Ni tampoco necesita una visa nueva. Si permanece en Estados Unidos puede trabajar mientras mantenga la condición H-1B, aun si su visa vence. Su visa actual es válida por un año más, y puede usarla para su ingreso y salida de Estados Unidos. Si viaja fuera de Estados Unidos después que USCIS apruebe la condición H-1B para el nuevo empleador, puede obtener una visa nueva, aunque no necesita hacerlo hasta que su visa venza.

Cambios en las condiciones de empleo

Si las responsabilidades de su trabajo cambian notablemente, es posible que su empleador deba presentar una nueva petición H-1B para usted. USCIS también requiere una nueva petición si usted trabajará más de 90 días en tres años en un lugar que esté más allá de la distancia normal de viaje del lugar donde se haya determinado el sueldo usual.

Prórrogas de estadía

Usted solicita una prórroga de estadía con una nueva petición H-1B. Si su LCA venció, usted deberá respaldar la petición con una nueva LCA. También debe incluir una carta de su empleador que confirme la continuación de su empleo en la posición H-1B. Si presenta la solicitud de prórroga antes que venza su H-1B, usted puede continuar trabajando para su empleador mientras espera que USCIS apruebe la prórroga. Aviso: Si viaja al extranjero después que su visa H-1B venza, necesitará una visa nueva para el reingreso, y no puede obtener esa visa hasta que USCIS apruebe su prórroga. Algunos documentos USCIS manifiestan que usted puede regresar sin una visa nueva dentro de diez días después del vencimiento de su visa. No hay nada en el reglamento de USCIS que respalde esto. No cuente con la política de la "prórroga de diez días".

El relato de Libby demuestra la regla de prórroga.

— *El relato de Libby* —

Libby es ingeniero de Applied Engineering Incorporated. Trabaja para la compañía en la condición de trabajador profesional temporal H-1B. USCIS aprobó inicialmente la condición H-1B por tres años. Seis meses después del vencimiento de tres años, la compañía solicitó una extensión para Libby. Primero, la compañía debía obtener una nueva LCA pero luego pudo presentar la petición de solicitud de prórroga. Usualmente, seis meses son suficientes para que el Departamento de Trabajo de Estados Unidos apruebe una nueva LCA y para que USCIS apruebe una nueva petición, pero en el caso de Libby USCIS perdió la petición del empleador. Debido a que la petición se presentó antes de que la condición de Libby venciera, puede continuar trabajando para la compañía aun después que su condición venza hasta que USCIS decida sobre la petición y solicitud de prórroga. Si USCIS eventualmente aprueba la petición y solicitud de prórroga, Libby puede permanecer en Estados Unidos para trabajar con la condición H-1B por tres años más.

Después de la aprobación de su petición inicial H-1B y cambio de condición, Libby viajó a su país, Australia, y obtuvo una visa H-1B en el consulado de Estados Unidos. Su visa vence durante el período inicial H-1B autorizado por el USCIS. Aunque Libby puede seguir trabajando y viviendo en Estados Unidos después del vencimiento de su visa, siempre y cuando el empleador haya presentado una petición de prórroga por ella, no puede obtener una visa nueva hasta que la petición se apruebe. Si la petición no se aprueba hasta después que venza su visa bajo la petición original, si viaja no podrá regresar a Estados Unidos hasta que obtenga aprobación para la prórroga y obtenga una visa nueva.

Adjudicación facilitada o despachada

La aprobación de la petición H-1B toma usualmente de 30 a 90 días, aunque esto varía notablemente de región en región y de año en año. Si usted quiere que USCIS decida su caso con mayor rapidez, puede pagar $1,000 para facilitar el despacho. Haga el pedido de facilitación con el Formulario I-907 USCIS, *Request for Premium Processing Service* (Pedido de procesamiento preferencial). USCIS dice que si usted hace el pago, la agencia atenderá la petición en 15 días. Cada región de USCIS tiene su propia dirección postal, número de teléfono, y dirección electrónica para el despacho de estos casos. Vaya al portal de USCIS, www.ins.usdoj.gov/, para una lista actualizada de números de teléfono y direcciones electrónicas. Si a su empleador le urgen sus servicios y el procedimiento de facilitación de despacho para la H-1B no es suficientemente rápido, USCIS puede procesar su petición aun con mayor rapidez. Pero tome en cuenta que para conseguir que su petición H-1B se apruebe en menos de 15 días, usted deberá demostrar circunstancias verdaderamente excepcionales.

El pago de $1,000 por capacitación

Con pocas excepciones (vea la siguiente lista), los empleadores que peticionan por los trabajadores H-1B deben pagar $1,000 además de los gastos normales de registro. Los fondos se usan para becas y programas de capacitación para trabajadores legales de Estados Unidos y para financiar las actividades de administración y cumplimiento del Departamento de Trabajo

bajo el programa H-1B. El empleador debe pagar estos fondos y no debe pedirle al empleado que le reembolse los $1,000.

Quedan libres del pago de los $1,000 extra:

- Las instituciones de educación superior y organizaciones sin fines de lucro relacionadas o afiliadas a éstas.
- Las organizaciones sin fines de lucro o las gubernamentales dedicadas a las investigaciones.
- Un empleador que solicita por segunda vez prórroga de permanencia para un no inmigrante H-1B.
- Las instituciones de enseñanza primaria o secundaria.
- Las organizaciones sin fines de lucro dedicadas a la capacitación clínica de estudiantes con currículos establecidos.

El número de visas H-1B disponibles cada año

La ley establece el límite anual de extranjeros que pueden recibir la condición H-1B en un año fiscal. El límite anual era de 195,000 para 2001, 2002, y 2003. El año fiscal USCIS es del 1 de octubre al 30 de septiembre. El 30 de septiembre de 2003, el límite bajó a 65,000. El Congreso podría aumentar esta cifra en cualquier momento. Para información actualizada, vaya al portal Respuestas de Inmigración *(Immigration Answers)*, www.allanwernick.com. Con un límite de 65,000, la cuota se llena meses antes del fin del año fiscal. Cuando esto ocurre, ningún solicitante nuevo puede obtener la condición H-1B hasta el 1 de octubre, cuando comienza el nuevo año fiscal. USCIS sólo cuenta los solicitantes nuevos. Los solicitantes de prórroga se excluyen del total.

Las personas con la condición H-1B que cambian de trabajo o solicitan prórrogas se excluyen del total. Quedan también excluidos los empleados de instituciones de educación superior y las entidades afines o afiliadas sin fines de lucro así como las organizaciones gubernamentales de investigaciones o aquéllas sin fines de lucro.

Si se le excluye del conteo, puede obtener la condición H-1B aun después del límite.

Reglas especiales para empleadores dependientes H-1B y las personas que anteriormente cometieron infracciones al reglamento H-1B

La ley requiere promesas o testimonios especiales de empleadores con un alto porcentaje de trabajadores H-1B. La ley los llama empleadores dependientes. Las mismas reglas se aplican a los empleadores que no cumplieron intencionalmente el reglamento H-1B.

La ley define al empleador dependiente aquél con:

- Un máximo de 25 empleados a tiempo completo con más de siete trabajadores H-1B.
- Entre 26 y 50 empleados a tiempo completo con más de 12 trabajadores H-1B.
- Más de 50 empleados a tiempo completo con un 15 por ciento o más de trabajadores H-1B.

Los empleadores dependientes deben declarar que no han desplazado a ningún trabajador de Estados Unidos por un trabajador H-1B. También deben testimoniar que no desplazarán a ningún trabajador de Estados Unidos empleado por ellos en el período de 90 días antes y 90 días después de presentar una petición de visa H-1B. Requisitos similares se aplican cuando un dependiente coloca a un trabajador H-1B en otra firma. Los empleadores dependientes deben también testimoniar que han tomado pasos de buena fe para reclutar personal en Estados Unidos. Deben ofrecer el puesto al sueldo usual o normal a todo trabajador de Estados Unidos que solicite el trabajo y que sea tan o más calificado que el solicitante H-1B. El empleador no necesita efectuar este tipo de reclutamiento si el trabajador H-1B es una persona de habilidad extraordinaria, un profesor o investigador destacado o un gerente o ejecutivo multinacional.

La ley no requiere la nueva certificación si un empleador dependiente peticiona por un trabajador H-1B con el grado de *master* (magíster) o superior (o el equivalente) o que reciba sueldos de $60,000 por año como mínimo.

La regla llamada "no en la bancada" *(No Benching Rule)*

Si usted tiene un empleo de tiempo completo su empleador debe pagarle su sueldo completo como lo anota su petición H-1B, aun si no trabaja ese número de horas. Las únicas excepciones son si su empleador le despide, usted se ausenta voluntariamente, o no puede desempeñar sus tareas. En el caso de empleados a tiempo incompleto, el empleador debe pagar sueldos por el mínimo número de horas en la petición. Esto se llama la cláusula "no en la bancada" *(no benching provision)*. Su propósito es asegurar que no se traerán a trabajadores H-1B en calidad de trabajadores a tiempo completo para después utilizarlos y pagarles como trabajadores ocasionales. Las instituciones educacionales pueden establecer políticas de sueldos si pagan por trabajos de menos de 12 meses siempre que usted, como empleado H-1B, lo consienta.

La obligación del empleador de pagar el viaje de regreso

Si su empleador le despide antes que su H-1B venza, la ley requiere que su empleador le pague el transporte de regreso a su país. Si su empleador rehúsa pagárselo, USCIS no forzará el pago, pero usted puede enjuiciar a su empleador por los gastos de viaje. USCIS puede castigar al empleador restringiendo su capacidad de emplear a otros trabajadores H-1B.

Su cónyuge e hijos

Si usted obtiene la condición H-1B, su cónyuge e hijos no casados menores de 21 pueden obtener la condición H-4. Si están legalmente en Estados Unidos pueden cambiar a la condición H-4 con el Formulario I-539 de USCIS, *Application to Extend/Change Nonimmigrant Status* (Solicitud para prorrogar/cambiar la condición de no inmigrante). Si están en el extranjero, pueden solicitar una visa H-4 en un consulado de Estados Unidos. Los cónyuges H-4 pueden trabajar en Estados Unidos después de recibir la autorización de empleo de USCIS. Presente su solicitud con el formulario I-765 de USCIS *Application for Employment Authorization* (Solicitud para autorización de empleo).

La condición H-1B1 para nacionales chilenos y singapurenses y la condición TN para nacionales canadienses y mexicanos

De acuerdo con diversos acuerdos de libre comercio, los profesionales de Chile, Singapur, Canadá, y México pueden trabajar en Estados Unidos con una condición similar a la H-1B. Para los nacionales de Chile y Singapur la condición especial se llama H-1B1. Para los canadienses y los mexicanos, se llama TN. La mayoría de los profesionales de los países H-1B1 y TN pueden escoger entre las condiciones H-1B, H-1B1, o TN. Algunos profesionales califican para la H-1B1 o la TN pero no para la H-1B. Aunque similares a la condición H-1B, las H-1B1, y TN incluyen algunos puestos profesionales que no requieren un grado universitario. Los profesionales H-1B1 y TN pueden renovar su condición indefinidamente, en comparación con el límite de seis años para la H-1B. Además, los solicitantes de las H-1B1 y TN no necesitan obtener una petición H-1B aprobada por USCIS antes de obtener la condición de no inmigrantes. A diferencia de la H-1B, un empleador TN no necesita pagar el sueldo usual. Al igual que los empleadores H-1B, los empleadores H-1B1 deben pagar el sueldo usual.

¿Quién es un profesional H-1B1 y TN?

Encontrará una lista de profesionales TN en el Apéndice N. Si su trabajo se encuentra en una categoría de la lista, podrá algunas veces obtener la condición TN aunque no tenga el equivalente de un grado universitario de cuatro años en Estados Unidos. Por ejemplo, los grados del bachillerato canadiense, incluso los que requieren sólo tres años de estudio, y los certificados mexicanos de la postsecundaria pueden calificarle para la condición TN. Los asesores de gerencia prefieren frecuentemente la experiencia que el equivalente de un grado de bachiller para obtener la condición TN.

Los chilenos y singapurenses elegibles para la condición H-1B también pueden calificars para la H-1B. Y los nacionales de esos países que trabajen de ajustadores de reclamos por desastres y consultores de gerencia pueden cumplir los requisitos de la condición H-1B1 mediante una combinación de capacitación especializada más tres años de experiencia en lugar del requisito habitual de cuatro años para las H-1B. Sólo los nacionales chilenos pueden calificar de gerentes agrícolas y fisioterapeutas con una combinación de un certificado de postsecundaria en la especialidad y tres años de experiencia.

Cómo obtener las condiciones H-1B1 y TN

Los solicitantes de las TN y H-1B1 no necesitan una petición aprobada para obtener la condición H-1B1. Si usted está en Estados Unidos con una condición legal de no inmigrante, puede solicitar un cambio a la condición TN o H-1B dentro de Estados Unidos. Si está en otro país, siga las instrucciones a continuación.

Para obtener la condición TN si usted es canadiense, debe presentarse a ciertos puertos de entrada de Estados Unidos con una carta de un empleador de Estados Unidos que confirme los detalles de la posición ofrecida y prueba de sus calificaciones.

Si es mexicano, lleve la carta de empleo y prueba de sus calificaciones a un consulado de Estados Unidos donde podrá solicitar una visa TN. O si usted se encuentra en Estados Unidos en condición legal, puede solicitar un cambio a la condición H-1B1.

Si es nacional de Chile o Singapur preséntele al funcionario consular de Estados Unidos su oferta de empleo con una LCA certificada. Si se encuentra en Estados Unidos en condición legal, puede solicitar un cambio a la condición H-1B1.

Aun si usted califica para la TN o la H-1B1, puede preferir la condición H-1B. Se admite a los trabajadores TN o H-1B1 por un año, aunque tienen derecho de reingreso ilimitado durante ese año. Al final del año, debe solicitarle a USCIS una prórroga o volver a presentar una solicitud para una condición en un puerto de entrada de Estados Unidos. Puede repetir este proceso indefinidamente, pero algunos profesionales prefieren la concesión de tres años de la H-1B. Más aún, a diferencia de los profesionales H-1B, para obtener la condición TN o la H-1B, debe tener una residencia en el extranjero que no ha abandonado. Esto puede causarle problemas si ya inició el proceso para la residencia permanente.

Segunda parte: Revista del procedimiento para la H-1B

Describo en esta sección el proceso de obtener la condición H-1B desde el comienzo hasta el final—desde el momento de encontrar un empleador hasta la presentación de una solicitud completada. Cada caso es distinto. Es imposible incluir cada una de las posibilidades. Pero las reglas, procedimientos, y datos prácticos que doy a continuación le servirán de guía para la mayoría de los casos H-1B. Como en todos los casos de inmigración, se recomienda a los solicitantes de la H-1B que busquen asesoramiento de un experto legal en inmigración.

En la primera parte de este capítulo, expliqué las reglas para los empleadores dependientes de la H-1B y aquéllos que anteriormente cometieron infracciones contra las reglas H-1B. Si su empleador está sujeto a estas reglas, busque la ayuda de un experto. Una explicación más profunda sobre cómo enfrentar estas situaciones está fuera del alcance de este libro.

Cómo encontrar a un empleador y convencerlo a que presente una petición en su favor

Se encuentra a la mayoría de los empleadores H-1B del mismo modo que usted buscaría cualquier empleador, revisando los anuncios clasificados y solicitando el puesto. Cuando solicite el puesto, usted no tiene ninguna obligación de decirle a un empleador que necesita patrocinio para la H-1B. Pero no presione demasiado por el patrocinio. Una vez que un empleador sepa que usted necesita patrocinio para trabajar en Estados Unidos, el empleador queda libre de retirar la oferta de trabajo en vez de presentar una en su favor.

Cuando le hable al empleador sobre el patrocinio, explíquele claramente que, a diferencia de muchos casos de residencia permanente basados en el empleo, un empleador no necesita demostrar la falta de trabajadores de Estados Unidos. Tome nota de la diferencia entre el patrocinio para la condición H-1B y el patrocinio para la residencia permanente basada en el empleo, un proceso mucho más complicado con normas muy diferentes. Además, explique que el proceso H-1B es mucho más rápido que el de una visa de residente permanente. Trate de mostrarle este capítulo a su empleador.

Algunos portales de internet emparejan a empleados H-1B con empleadores dispuestos a patrocinarlos. En el apéndice P, doy una lista de algunos de estos portales. Como con cualquier relación de negocios, tenga cuidado cuando use un servicio de empleos. Esta lista de servicios no significa que yo puedo comprobar sus capacidades.

Cómo notificarles a los empleados de la compañía sobre la LCA

Excepto donde el puesto esté ligado a un contrato sindical, el empleador debe desplegar un anuncio del registro con la LCA durante diez días laborales en dos lugares conspicuos en el sitio de empleo. El empleador no necesita esperar los diez días laborales para presentar la LCA. La manera más fácil de cumplir el requisito de anuncio es desplegando una copia de la LCA. En caso que el puesto esté ligado a un contrato sindical, el empleador no necesita desplegar un anuncio sino simplemente notificar al representante de negociaciones.

El empleador debe guardar prueba de la notificación para su revisión pública. Para más información sobre qué registros debe mantener el empleador, vea *"LCA Record-Keeping Requirements"* (Requisitos para guardar los registros, en la página 337.)

Antes de que el empleado H-1B empiece a trabajar, el empleador debe entregarle una copia certificada de la LCA.

Cómo completar la LCA

No es muy difícil certificar una LCA. El Departamento de Trabajo verifica si está bien completada y si la escala de sueldos del empleador es consistente con el sueldo usual anotado en el formulario. El Departamento de Trabajo no verifica si el sueldo usual es el correcto. La determinación de la exactitud del sueldo usual del empleador sólo se cuestiona si alguien dice que no lo es o si el Departamento de Trabajo lleva a cabo una auditoría; de modo que la certificación del Departamento de Trabajo significa únicamente que la LCA se completó correctamente.

Puede presentar una LCA por internet. Vaya a www.ows.doleta.gov/index.asp. La respuesta es instantánea. El Departamento de Trabajo certifica la LCA en línea, luego usted la imprime y el empleador la firma. También puede buscar el formulario ETA 9035 del Departamento de Trabajo en el mismo portal y llenarlo en línea. Para información actualizada sobre los procedimientos de la LCA, visite el portal de *Office of Workforce Security* (Oficina de seguridad de la fuerza laboral) del Departamento de Trabajo en www.doleta.gov/.

Las obligaciones del empleador

En la primera parte de este capítulo, expliqué las obligaciones del empleador de acuerdo con el reglamento del Departamento de Trabajo. Para asegurarse que un empleador está bien informado sobre estas obligaciones, un abogado o experto legal en inmigración meticuloso le dará al empleador un resumen detallado de las reglas LCA. Esto protege tanto al abogado como al empleado al darle notificación al empleador sobre la ley que gobierna el empleo H-1B. Un ejemplo excelente es la hoja de datos—*Fact Sheet on Labor Condition Applications for Number of Nonimmigrants H1-B (for Employers That Are Not "H-1B Dependent" or "Willful Violators")* [Hoja de datos sobre la solicitudes de las condiciones de trabajo para el número de no inmigrantes H-1B (para los empleadores que no son "dependientes H-1B" o los que "no hayan cometido infracciones intencionales")], preparado por la abogada Phyllis Jewell, experta en la H-1B. Encontrará una copia de la hoja de datos como muestra 1 en el apéndice P.

Cómo determinar el sueldo usual

La parte más complicada e importante de completar el formulario LCA es determinar el sueldo usual. Aun si los empleadores se equivocan al determinar el sueldo usual, el Departamento de Trabajo puede certificar la LCA. Sin embargo, se puede penalizar a los empleadores si pagan un sueldo menor al que el Departamento de Trabajo determina que es el sueldo usual. Excepto por los puestos ligados a contratos sindicales y estatutos federales, los empleadores pueden pagar un sueldo menor en un 5 por ciento al sueldo usual sin incurrir penas.

La ley permite que las instituciones de educación superior, las organizaciones sin fines de lucro y las gubernamentales de investigaciones tomen en cuenta sólo el sueldo de los empleados en dichas instituciones (y no el sueldo en todas las instituciones, incluso las empresas comerciales) para determinar el sueldo usual.

Éstas son las formas para determinar el sueldo usual:

Contrato Sindical. Si el puesto está ligado a un contrato de negociación colectiva (contrato sindical), el sueldo del contrato para ese puesto es el sueldo usual.

Contratistas federales. Los sueldos que pagan los contratistas de gobierno los determinan la Ley Davis-Bacon y la Ley de Contrato de Servicios McNamara-O'Hara.

Agencia de Seguridad de Empleos del Estado *(State Employment Security Agency*—SESA). Cada estado tiene una Agencia de Seguridad de Empleo que usted puede contactar para averiguar el sueldo usual para un puesto. Necesitará el formulario adecuado y la instrucciones de registro de la agencia del estado. Muchos empleadores piensan que el sueldo de SESA es injustificadamente alto. Más aún, conseguir una determinación de sueldo SESA puede añadir semanas al proceso. Debido a esto, muchos empleadores prefieren hacer sus propios estudios o utilizar los estudios publicados. De todos modos, un sueldo SESA es el único sueldo (aparte de los sueldos por contrato sindicales y federales) que un empleador puede usar para tener la certeza absoluta que el sueldo ofrecido es el sueldo usual. Esto se debe a que si el pedido de sueldo SESA describe correctamente el puesto, el Departamento de Trabajo debe aceptar el sueldo SESA como el sueldo usual.

Fuente independiente autorizada. El Departamento de Trabajo permite que un empleador use una fuente independiente autorizada como sueldo usual. Éstos son estudios publicados por organizaciones profesionales, agencias gubernamentales, y consultores de sueldo profesional. Para que la fuente independiente autorizada sea aceptable, el estudio publicado del salario debe (1) suministrar un punto medio aritmético (promedio calibrado) de sueldos para trabajadores en la categoría ocupacional apropiada en el área de la vacante que se quiere llenar; (2) haberse publicado en los últimos 24 meses; (3) ser basudo en datos recolectados dentro de los 24 meses de la publicación del estudio; y (4) ser el más reciente.

Una fuente autorizada popular independiente es la propia Biblioteca sobre sueldos en línea del Departamento de Trabajo—edc.dws.state.ut.us/owl.asp. ¿Cuál es la diferencia entre un sueldo SESA y un sueldo en línea del Departamento de Trabajo? Para el sueldo en línea, el empleador decide el título correcto del puesto y determina la experiencia y el nivel de educación. Con un sueldo SESA, el empleador proporciona la descripción del puesto y el Departamento de Trabajo determina la clasificación apropiada del puesto. Esto quiere decir que sólo el sueldo SESA protege completamente al empleador de cualquier reparo a la determinación del sueldo usual. De todas formas, la Biblioteca de sueldos en línea—*Online Wage Library*—es una herramienta útil y una manera rápida para ayudar a un empleador a determinar un sueldo. El procedimiento correcto evitará que el sueldo se ponga en duda.

Estudio del empleador. Un empleador puede efectuar su propio estudio. Para hacerlo, el empleador contacta entre ocho y diez compañías o instituciones con empleados que hagan trabajo similar. El empleador añade el total de sueldos de todos los empleados en la encuesta y los divide por el número de empleados.

Datos para completar el formulario LCA

El Departamento de Trabajo ahora ofrece información clara y detallada para completar el formulario. Lea las instrucciones cuidadosamente. Aquí tiene mi comentario sobre unos cuantos rubros importantes:

EIN: Es el Número de identificación del empleador—*Employer Identification Number*. Éste es, o bien un número de identificación del impuesto federal o el número del seguro social.

Tasa de sueldo: Ponga aquí el sueldo actual que el empleador le pagará al trabajador H-1B. Este sueldo puede ser hasta un 5 por ciento menor que el sueldo usual anotado.

Trabajadores de tiempo incompleto: Los trabajadores H-1B pueden tener trabajo de tiempo completo o incompleto. Si usted trabaja para más de un empleador H-1B, cada empleador debe obtener una visa H-1B aprobada para usted con una LCA certificada por separado.

Fecha comienzo/final: Si usted quisiera ser un trabajador H-1B tan pronto sea posible, pregunte cuánto tiempo demora obtener una LCA certificada y una H-1B aprobada en su área antes de completar esta sección. Luego escoja una fecha de inicio en o después de la fecha que usted piensa que USCIS aprobará su petición. Si usted presenta una condición de prórroga para trabajar en el mismo puesto o uno similar con su empleador actual o con un nuevo empleador, escoja una fecha en o después de la fecha que usted crea que el empleador presentará la petición H-1B. Esto, porque usted puede empezar a trabajar el día que el empleador presente la petición. No necesita esperar a que USCIS apruebe la petición. Para beneficiarse de la prórroga o las nuevas reglas del empleador, usted sólo necesita solicitar su condición H-1B nueva o prorrogada antes de que su condición actual H-1B venza.

Código ocupacional: La lista de códigos ocupacionales se incluye en las instrucciones del formulario LCA. Si se registra por internet encontrará un enlace para los códigos en el formulario en línea. Escoja el que más se aproxime a su ocupación.

Número de no inmigrantes H-1B: Puede obtener una certificación LCA para más de un solicitante H-1B. Sin embargo, debe presentar para su aprobación una H-B para cada empleado H-1B.

Fuente de sueldos: Si su sueldo proviene de la Biblioteca de sueldos en línea del Departamento de Trabajo, ingrese "OES". Si se obtuvo de una fuente independiente autorizada distinta, ingrese el nombre de la compañía o institución que suministró el sueldo, o si es del caso, el "Estudio conducido por el empleador"—*"Employer-Conducted Survey."*

Información para la ubicación de trabajo adicional o subsiguiente: Si el empleado trabajará en uno o más locales, quizás tenga que completar esta sección. El sueldo usual puede ser distinto para cada local. El sueldo actual debe estar dentro del 5 por ciento del sueldo usual en los nuevos locales. Un rubro de la ley complejo y cambiante es cómo determinar si algún trabajo particular fuera del sector primario de empleo constituye un sitio de trabajo adicional o subsiguiente. Hable con un experto legal en inmigración si tiene preguntas sobre este tema.

Información para la divulgación pública: Para más información sobre los registros del empleador, vea Requisitos para el mantenimiento de registros LCA abajo.

Información de contacto: Si tiene un representante legal, incluya su número de teléfono aquí, aunque el Departamento de Trabajo llama escasas veces.

Cómo presentar la LCA

Puede mandar su LCA por correo o por fax. La mayoría de los abogados prefiere usar fax. En la actualidad, el número de fax es 800-397-0478. La dirección de correo es ETA-H1B, P.O. Box 13640, Philadelphia, PA 19101. El número telefónico y la dirección pueden cambiar. Para la información más reciente, vaya al portal de respuestas de inmigración—*Immigration Answers*—www.allanwernick.com.

Requisitos para el mantenimiento de registros LCA

Un empleador H-1B debe guardar registros que demuestren el cumplimiento de los requisitos LCA. Algunos registros deben mantenerse en un archivo de acceso público. Este archivo debe quedar a disposición de cualquier persona que quiera verlo, incluso otros empleados de la compañía. El archivo debe quedar a disposición pública dentro del día después que el empleador presente la LCA. Los registros deben mantenerse por un año más allá del período anotado en la LCA.

El archivo de acceso público debe incluir:

Copia completada de la LCA. Documentación que mencione la tasa de sueldo que se les pagará a los no inmigrantes H-1B. Es suficiente una simple declara-ción del sueldo del empleado H-1B. Vea el ejemplo 2 en el apéndice Q.

Una explicación del sistema que usa el empleador para establecer el sueldo actual para el puesto. Una declaración general sobre el sueldo para el puesto y la base para determinar el sueldo del empleado H-1B. Vea el ejemplo 3 en el apéndice R. El empleador debe guardar nóminas por tres años para los trabajadores H-1B y otros con empleos similares, pero estos registros no necesitan formar parte del archivo de acceso público.

Una copia de la documentación que se usa para establecer el sueldo usual. El nombre de la fuente (por ejemplo, SESA). Si usa un estudio publicado, incluya una copia de las porciones del estudio, incluso el título del estudio, la fecha, metodología, alcance geográfico y nivel de trabajo y descripción. En caso que el empleador lleve a cabo el estudio, guarde en archivo aparte información detallada de las instituciones contactadas y los sueldos pagados a los trabajadores que realizan tareas similares. Vea los ejemplos 4a y 4b en el apéndice S.

Una copia de la notificación que se les da a los empleados. Ésta puede ser la LCA y la información sobre las fechas de los anuncios, o una copia de la notificación que se le da al sindicato.

Cómo preparar la petición H-1B y los documentos de apoyo

Es fácil preparar la mayoría de las peticiones H-1B. Los dos problemas más comunes son demostrar que el puesto es una ocupación especializada (profesional) y demostrar que el empleado tiene el grado para el puesto.

Cómo demostrar que la suya es una ocupación especializada

Como lo expliqué en la primera parte, una ocupación especializada es aquélla que requiere el grado de bachiller o uno mayor, o el equivalente en un campo específico. Donde el enlace entre el grado y el puesto no es obvio, el empleador puede tener que esforzarse para que USCIS comprenda por qué un puesto necesita un trabajador con un grado particular. Ejemplos: un analista de bolsa con un grado en ingeniería o un ejecutivo en mercadotecnia con un grado en antropología. En casos difíciles, el empleador puede tener que valerse de artículos en revistas profesionales, registros de la compañía para mostrar que otros empleados en la misma posición tienen grados similares, y testimonios de expertos por escrito.

Éstos son algunos de los criterios que USCIS utiliza para decidir si un grado particular es necesario para un puesto:

- Un grado de bachiller o mayor, o el equivalente, es el requisito normal mínimo para el ingreso en un puesto particular.
- El requisito de grado es común en la industria, cuando se trata de puestos paralelos entre organizaciones similares.
- El empleador normalmente requiere el grado o su equivalente.
- Las tareas específicas son tan especializadas y complejas que el conocimiento requerido para desempeñar sus responsabilidades se asocia usualmente con que el trabajador haya recibido el grado.

Cómo demostrar que usted tiene el grado

Supongamos que el trabajo requiere un grado en ingeniería civil y usted afirma que tiene ese grado. ¿Cómo probarlo? Si obtuvo su grado de una universidad de Estados Unidos o Canadá, debe presentar una copia original de sus notas. *"Original"* significa una copia que envíe la institución. No necesita estar en un sobre sellado.

Si su grado proviene de una institución extranjera, necesitará una evaluación profesional para determinar si sus notas y su diploma muestran el equivalente de grado de Estados Unidos. Muchos servicios de evaluación de credenciales pueden analizar sus documentos. (Encontrará una lista de servicios de evaluación de credenciales en el apéndice T.)

Algunas veces puede combinar la educación con la capacitación para lograr el equivalente de un grado de Estados Unidos. Generalmente, tres años de lo que USCIS llama experiencia progresiva sustituye un año de educación universitaria. Experiencia progresiva significa que cada año usted manejó tareas más difíciles en el puesto. La capacitación sobre el terreno para el puesto debe incluir la aplicación teórica y práctica de conocimiento especializado que normalmente se adquiriría por medio de una educación universitaria. Algunos servicios evalúan la capacitación sobre el terreno para el puesto como sustituto para la educación. Un profesor universitario también puede evaluar la experiencia. Si el evaluador tiene las aptitudes adecuadas, USCIS puede aceptar la evaluación como sustituto de un grado.

— El relato de Rigoberto —

Rigoberto fue a la universidad por dos años en su país, Venezuela, donde estudió artes y letras. Pero dejó la universidad para mantener a su familia y empezó a trabajar de vendedor en La Electrónica de Mario, un minorista importante en el ramo de productos electrónicos de consumo en Caracas. Un año después, lo ascendieron a vendedor principal del departamento de televisión.

Después de cada revisión anual, Rigoberto recibía un nuevo ascenso.

Después de tres años en La Electrónica de Mario, Rigoberto cambió de compañía y obtuvo el puesto de subgerente de La Tienda Electrónica Loca de José", un puesto superior al de Mario. Después de tres años, Rigoberto llegó a ser gerente ejecutivo de la tienda. A lo largo de toda su carrera en el negocio minorista de la electrónica, recibió varios ascensos, cada vez con más responsabilidades. Además, asistía de vez en cuando a programas de capacitación enviado por su empleador para prepararle para puestos nuevos y más difíciles.

Un tío de Nueva York tiene una tienda de productos electrónicos y Rigoberto quisiera ser gerente de la tienda con la condición H-1B. Para que Rigoberto demuestre que es apto para la condición H-1B, necesita una evaluación profesional de sus credenciales. El evaluador de credenciales probablemente acre-di-tará sus dos años universitarios. Luego, evaluará su experiencia para determinar si los seis años de experiencia equivalen a dos años de educación en los negocios.

Para prepararse para la evaluación, Rigoberto debe obtener cartas de sus empleadores que expliquen las responsabilidades de cada uno de sus puestos en las dos compañías donde trabajó. El evaluador puede pedirle un análisis de la experiencia de uno o más profesores universitarios, incluso por lo menos uno en una escuela de administración de negocios. Si una evaluación profesional determina que Rigoberto tiene el equivalente a un grado universitario en gerencia de negocios y USCIS acepta esta evaluación, Rigoberto no debe tener problemas para obtener la condición H-1B para trabajar para su tío.

El conjunto de documentos de la petición H-1B

El empleador debe presentar por lo menos tres formularios de USCIS como parte del conjunto de documentos de la petición H-1B. Toda presentación H-1B debe incluir el Formulario I-129 Suplemento H, Petición para un trabajador no inmigrante *(Petition for a Nonimmigrant Worker)*; y el Formulario I-129W, Colección de datos y exoneración de la tarifa de registro H-1B *(Data Collection and Filing Fee Exemption.* (Encontrará copias en blanco del formulario I-129 y del suplemento H en el apéndice U). Si su cónyuge y/o niño solicita un cambio a la condición H-4, usted debe presentar el Formulario I-539 de USCIS, Solicitud para prorrogar/cambiar la condición de no inmigrante *(Application to Extend/Change the Condition of Nonimmigrant)*. Si usted solicita que USCIS facilite su petición, presente el formulario I-907, Pedido de procesamiento preferencial *(Request for Premium Processing Service.)* A continuación encontrará algunos datos sobre cómo completar el Formulario I-129, y el Suplemento H I-129. Al final de esta sección doy una lista para re-gistrar la petición. Los abogados y representantes acreditados deben incluir el Formulario G-28 de USCIS, *Notice of Entry of Appearance as Attorney or Representative*—Notificación del ingreso de un abogado o representante.

Formulario I-129, Petición para un trabajador no inmigrante

La mayor parte de las preguntas en la petición I-129 se entienden por sí mismas; por eso no expliqué todo el formulario, sino sólo ciertas partes que me parecía necesitaban mayor explicación. Es de interés tratar algunos puntos.

Parte Cuarta. Cómo se procesa la información

USCIS quiere saber dónde solicitará usted una visa H-1B, en caso de ser necesario. Si usted está en Estados Unidos con una condición legal, en la mayoría de los casos puede cambiar a la condición H-1B sin dejar Estados Unidos. Para más sobre el cambio de condición, vea el capítulo 15. Usted puede empezar a trabajar mientras USCIS aprueba el cambio de condición. Si sale de Estados Unidos, debe obtener una visa H-1B en un consulado de Estados Unidos antes de regresar con la condición H-1B. En la mayor parte de casos, un cónsul de Estados Unidos le concederá una visa sin haber recibido aún una copia de la notificación de aprobación enviada por el USCIS. Cuando solicite una visa, debe presentar una carta sobre su puesto actual que indique el empleo que piensa iniciar o continuar, su sueldo (consistente con el sueldo en la petición), y el título de su puesto (también consistente con la petición). Además, debe presentarle al abogado del USCIS o al empleador una copia de la notificación de aprobación.

Aun si cambia de condición, debe designar a un cónsul por si USCIS le niega su pedido de cambio de condición. Si usted está en el extranjero, USCIS le enviará la notificación de aprobación al consulado designado.

Los canadienses no necesitan visa. En su lugar, designe un lugar de inspección, ya sea el puerto de entrada o la estación de preinspección de USCIS en el aeropuerto de partida.

¿Ha presentado alguna vez una petición de inmigrante para cualquier persona en esta petición? No se preocupe si debe contestar "Sí" a esta pregunta. A diferencia de la mayoría de no inmigrantes, un trabajador H-1B puede intentar obtener residencia permanente y seguir cumpliendo los requisitos para la condición H-1B.

Parte 5. Información básica sobre el empleo y empleador propuestos.

Otra compensación: Es suficiente poner aquí "Beneficios Normales".

Ingreso anual bruto—Ingreso anual neto: Aun las compañías que no tienen ganancias pueden patrocinar trabajadores H-1B. Muchas de las grandes compañías arrojan pérdidas. Algunas veces, pero no siempre, USCIS le pedirá a una pequeña empresa con poco o ningún ingreso que dé pruebas de que tiene suficientes recursos para pagarle al trabajador H-1B. Usted no necesita presentar esta prueba con su petición H-1B. Si USCIS quiere esta prueba, le enviará al empleador un pedido para que la suministre. La prueba puede ser una carta del contador del empleador, un estado de cuentas bancario u otra prueba de que los propietarios del negocio cuentan con recursos para las operaciones de la compañía y para pagar el sueldo ofrecido.

Parte 7. Firma de la persona que prepara el formulario, si es otra que la anterior.

Puede dejar esta parte en blanco.

FORMULARIO I-129 SUPLEMENTO H

Sección 1. Complete si quiere la clasificación H-1A o la H-1B.

Lo mejor es poner "Vea la carta de empleador adjunta" en este lugar y adjuntar una carta del empleador que explique los requisitos del puesto y las calificaciones del empleado. Para un modelo de carta, vea el ejemplo 5 en el apéndice V.

La lista para los documentos de la petición

Ésta es una lista de los materiales de la petición:

____ **Carta de presentación de documentos:** Haga una lista de todos los documentos y cheques. Antes de enviarlos, revise los documentos que incluye con la lista en la carta de presentación.

____ **Formulario I-129, Petición para un trabajador no inmigrante**

____ Carta del empleador que explique las tareas del trabajo, las calificaciones del empleado, y, de ser necesario, por qué la educación y/o capacitación del empleado es necesaria para cumplir los requisitos del trabajo.

____ Notas y diploma si son del caso.

____ Evaluación por expertos de credenciales de educación fuera de Estados Unidos y Canadá y/o evaluación de experiencia si se requiere.

____ **Formulario I-129, Suplemento H**

____ **Formulario I-129W, H-1B Colección de datos y exoneración de la tarifa de registro *(Data Collection* y *Filing Fee Exemption):*** Debe incluir este formulario aun si usted no pretende que se le exonere de la tarifa de capacitación de $1,000.

____ **Formulario I-539, Solicitud para prorrogar/cambiar la condición de no in-migrante *(Application to Extend/Change Nonimmigrant Status):*** Incluya este formulario sólo si su cónyuge y/o hijo solicita un cambio a la condición H-4 o una prórroga para la H-4. Si más de un miembro de la familia solicita un cambio de condición o una prórroga, incluya el Formulario I-539 Suplemento 1.

____ **Formulario I-907, Pedido de procesamiento preferencial *(Premium Processing Service):*** Incluya este formulario sólo si necesita que se despache su caso y está dispuesto a pagar $1,000 por el servicio.

____ **Cheque(s):** Tome nota que todas las tarifas son las existentes cuando se escribieron estas líneas. Las tarifas de USCIS cambian a menudo, por lo que debe revisar el portal de USCIS, www.ins.usdoj.gov/, o el portal *Immigration Answers,* www.allanwernick.com, para información actualizada sobre las tarifas.

____ Para el Formulario I-129, $130.

____ Para el Formulario I-539 (si se requiere), $140. La tarifa de $140 incluye a todos los miembros de la familia.

____ **Para el Formulario I-907 (si se desea), $1,000.** Esta tarifa sólo es necesaria si usted quiere que se le facilite la adjudicación.

____ **Formulario G-28,** Notificación de ingreso de presencia como abogado o representante acreditado: Incluya este formulario sólo si presenta los documentos un abogado o representante acreditado. Si el Formulario I-539 se presenta para un cambio de condición de un cónyuge y/o hijo, el representante debe presentar un formulario G-28 distinto con el I-539.

El paso final: cómo obtener la condición H-1B

Si está legalmente en Estados Unidos, puede solicitar un cambio a la condición H-1B. No necesita incluir una solicitud de cambio de condición con su petición. La petición incluye un pedido de cambio de condición. Cuando USCIS apruebe su cambio a la condición H-1B, usted solicita una visa en cualquier consulado de Estados Unidos. Muchos trabajadores H-1B solicitan su primera visa H-1B en Canadá o México.

Si no está en Estados Unidos legalmente, en la mayoría de los casos debe solicitar su visa en el país de su nacionalidad. A diferencia de la mayoría de solicitantes de la visa de no inmigrante, el solicitante H-1B no necesita demostrar que intenta regresar a su país después de su estadía en Estados Unidos. Esto significa que aun si usted ha faltado a su condición, sigue teniendo una buena posibilidad de que un cónsul de Estados Unidos le conceda una visa H-1B. Aviso: Algunos solicitantes fuera de condición que parten de Estados Unidos no pueden regresar por tres o algunas veces hasta por diez años. Si USCIS le concedió una duración de condición *(duration of condition*—D/S) en su último ingreso, las exclusiones de tres y diez años no corresponden, a menos que USCIS o un juez de inmigración falle que usted faltó a su condición. Para más información sobre las exclusiones de tres y diez años y el reglamento D/S, vea el capítulo 5. Si viene bajo la excepción D/S, usted mantiene el derecho de solicitar su visa en un país que no sea el de su nacionalidad, incluso México o Canadá. Para más información sobre cómo obtener su visa H-1B, vea el capítulo 17. Si su permanencia es ilegal, hable con un experto legal en inmigración antes de viajar al extranjero.

CAPÍTULO 15

Visas K para novios o cónyuges de ciudadanos de Estados Unidos

Si usted es ciudadano de Estados Unidos, puede traer a su novio o novia a Estados Unidos con una visa K. Un ciudadano de Estados Unidos puede también usar la visa K para traer a un cónyuge a Estados Unidos. La visa K no es para el novio o novia o el cónyuge de un residente permanente.

Los tenedores de la visa K pueden traer a sus niños no casados menores de 21 años con ellos a Estados Unidos.

VISA K PARA NOVIOS

Si usted es ciudadano de Estados Unidos y piensa casarse con una persona del exterior, puede traerla a Estados Unidos hasta por 90 días con una visa de novios. En la mayoría de los casos, necesitará dar pruebas de que ustedes se vieron en los dos años anteriores a que presentara la petición a favor del novio o novia. USCIS le exonerará de este requisito de "reunión" en caso que el viaje al extranjero le cause penuria extrema; por ejemplo, si no puede viajar por un problema de salud. USCIS también puede eximirlo de este requisito si reunirse antes de la boda es contrario a las costumbres de su gente o de su novio/novia. Un ejemplo es cuando la religión prohíbe a los novios verse antes del día de la boda. La visa de novios sólo puede conseguirse en el extranjero. Una persona en Estados Unidos no puede cambiar a la condición K sin salir de Estados Unidos.

Para traer a su novio o novia a Estados Unidos, usted presenta el Formulario I-129F de USCIS, Petición para novio extranjero *(Petition for Alien Fiancé)*. Una vez que USCIS la aprueba, la agencia la enviará al cónsul de Estados Unidos que usted designe en la petición. Aunque las visas K no son para inmigrantes, la entrevista para la visa con el funcionario consular de Estados Unidos es similar a la entrevista para la visa de inmigrante. El funcionario consular evaluará cuidadosamente la autenticidad de la relación. Se le requiere a su novio o novia someterse a un examen médico y dar pruebas de que no será una "carga pública", es decir, que puede vivir en Estados Unidos sin asistencia pública. Para demostrar que su novio/a no será una carga pública, usted puede usar el Formulario no obligante I-134 de USCIS, Declaración Jurada de

Mantenimiento—*Affidavit of Support.* (Para más información sobre el tema de carga pública, vea el capítulo 5.) Si todo marcha bien, el funcionario consular le concederá a su novio o novia una visa con la que puede venir a Estados Unidos por 90 días. A su llegada, esta persona puede solicitar autorización de empleo mediante el Formulario I-765 de USCIS, Solicitud para la Autorización de Empleo—*Application for Employment Authorization.* Y el tenedor de la visa K puede viajar libremente entre Estados Unidos y el extranjero.

Si se casa, su novio o novia puede solicitar un ajuste de condición a la residencia permanente. (Para más información sobre el ajuste de condición, vea el capítulo 6.) No necesita presentar el Formulario I-130 de USCIS, Petición para un familiar extranjero—*Petition for an Alien Relative.* Incluya, en cambio, una copia del Formulario I-94 del tenedor de la visa K, Documento de Llegada/Partida—*Arrival/Departure Document.*

La ley limita los derechos de los tenedores de la visa K. No pueden cambiar a otra condición de no inmigrante. Un tenedor de la visa K que quiera una condición de visa distinta debe solicitar esa otra visa en un consulado de Estados Unidos. El relato de Kelly demuestra la regla sobre el cambio de condición.

— El relato de Kelly —

Kelly llegó a Estados Unidos con una visa K para casarse con Sean. Ella y Sean se enamoraron cuando él estudiaba en la Universidad de Oxford en Londres. Sean regresó al lugar de su nacimiento, la ciudad de Nueva York, y peticionó para que Kelly viniera a reunirse con él mediante la condición K. Poco después de su llegada, Kelly se dio cuenta que Sean no era el hombre para ella. Pero Nueva York le gustó y, antes que vencieran los 90 días de su estadía, recibió una oferta de trabajo como arquitecta. Kelly es apta para la condición H-1B para trabajadores profesionales temporales pero pese a que su condición es legal, no puede cambiar de la K a otra condición. De modo que para trabajar en Estados Unidos con la condición H-1B, debe regresar a su país para solicitar una visa H-1B en el consulado de Estados Unidos.

Otra limitación de la condición K es que el novio/a con una K sólo puede ajustar su condición a la residencia permanente si se casa con el peticionario de la K. Si el tenedor de una visa K es apto para la residencia permanente en otra categoría, él o ella debe partir de Estados Unidos y solicitar una visa de inmigrante en un consulado de Estados Unidos. (Para más información sobre el ajuste de condición y trámite consular, vea el capítulo 6.)

El relato de Simón muestra la regla aplicable cuando un tenedor de visa K no se casa con su novio/a.

— El relato de Simón —

Simón conoció a Sally cuando Sally visitaba Roma, Italia, la ciudad natal de Simón. Sally es ciudadano de Estados Unidos. Fue amor a primera vista. Simón y Sally decidieron casarse, pero Sally quería que su novio conociera a su familia y amigos y estuviera algún tiempo con ella en Estados Unidos. Proyectaban radicarse en la ciudad de Nueva York.

Sally presentó una petición de novio/a I-129F para Simón. USCIS aprobó la petición y la envió al consulado de Estados Unidos en Roma. El cónsul le concedió la solicitud de visa K a Simón, quien viajó a Estados Unidos. Un funcionario de USCIS en el aeropuerto le concedió una estadía de 90 días, el máximo posible para un tenedor de visa K.

Pero poco después, Sally y Simón se dieron cuenta que no estaban hechos el uno para el otro. Simón decidió quedarse en Estados Unidos. Después de varios meses, se enamoró de otra ciudadana de Estados Unidos, Cassandra. Cassandra peticionó por Simón y USCIS aprobó la petición. Simón puede ser un residente permanente en base a la petición de Cassandra, pero tendrá que viajar a Italia para que lo entrevisten en un consulado de Estados Unidos antes de obtener su visa de inmigrante. No puede ajustar su petición (el proceso de la entrevista en Estados Unidos). (Para más información sobre el ajuste de condición y el trámite consular, vea el capítulo 6). Según el tiempo que exceda los 90 días que le concedió el INS, puede prohibírsele la residencia permanente por Presencia Ilegal. (Para más información sobre la prohibición, vea el capítulo 5).

Visa K para cónyuges

La Ley de Inmigración Legal y Equidad Familiar del 2000—*Legal Immigration and Family Equity Act of 2000* (LIFE) puso la visa K a la disposición del cónyuge de un ciudadano de Estados Unidos. Los niños no casados menores de 21 años de ese cónyuge pueden también venir a Estados Unidos con la condición K. Para obtener una visa K, su cónyuge debe estar fuera de este país. Aunque su cónyuge se encuentre en Estados Unidos legalmente, él o ella no puede cambiar la condición K por otra condición de no inmigrante. Puede formular la petición para su novio o novia mientras él o ella esté aquí, pero la visa debe recogerse en un consulado de Estados Unidos. Si la boda tuvo lugar en el extranjero, debe solicitar la visa en el país donde se efectió el matrimonio.

Si su cónyuge ya es beneficiario de un Formulario I-130 aprobado por USCIS, no es elegible para una visa K. El cónyuge debe esperar para solicitar la residencia permanente directamente mediante un "ajuste de condición" en Estados Unidos o una visa de inmigrante en un consulado de Estados Unidos. La ventaja principal para el cónyuge de la visa K es que su esposo o esposa podrá venir antes a Estados Unidos por medio de la condición K que con una visa de inmigrante. Sin embargo, su cónyuge puede obtener la residencia permanente con más rapidez si espera en su país para obtener una visa de inmigrante. Ésta es la razón: Si usted presenta una petición K para un cónyuge, su cónyuge estará aquí entre tres y seis meses más tarde. Pero para obtener la residencia permanente, su cónyuge debe solicitar aquí su "ajuste de condición", un proceso que podría tomar 18 meses o más. Si su cónyuge solicita una visa de inmigrante en un consulado de Estados Unidos podría tomar 12 meses o más hasta que el cónsul le otorgue la visa.

Para que su cónyuge (y los niños de su cónyuge) obtengan la condición K, usted debe antes presentar el Formulario I-130 de USCIS para su cónyuge. No necesita presentar el Formulario I-130 para los niños no casados menores de 21 años. Los niños pueden acompañar a su cónyuge con la condición K. De todos modos, le recomiendo que usted registre la solicitud de los niños, suponiendo que usted sea su "padre o madre" bajo las leyes de inmigración. Eso se debe a que los niños no obtendrán la residencia permanente automáticamente al mismo tiempo que su padre o madre. En calidad de ciudadano de Estados Unidos, el padre/madre de un niño no obtiene los beneficios del beneficiario derivado. (Para más información sobre beneficiarios derivados, vea el capítulo 1). Si quiere que el niño obtenga la residencia permanente, usted querrá presentar eventualmente una petición I-130 a favor del niño.

Aviso: Si su cónyuge está en Estados Unidos ilegalmente por más de 180 días, y luego se va para obtener una visa K, puede quedar sujeto a la prohibición de tres o diez años para reingresar en Estados Unidos. Esa regla se aplica a los solicitantes de la visa K y a los solicitantes de la visa de inmigrante. (Para más información sobre la prohibición o exclusión por "presencia ilegal", vea el capítulo 5). La condición K es mejor para personas que ya están en el extranjero.

Los relatos de Rafael y Norma muestran por qué una persona en Estados Unidos puede no querer la condición K.

— El relato de Rafael —

La esposa de Rafael, Wilma, es ciudadana de Estados Unidos. Rafael vino a Estados Unidos de la República Dominicana como visitante y permaneció después del vencimiento de su visa. Dos años después de su ingreso en Estados Unidos, se casó con Wilma. Ella presentó una petición I-130 para él, y él simultáneamente solicitó un ajuste de condición. Rafael es apto para una visa K, pero le puede acarrear más problemas que soluciones. Como solicitante para el ajuste de condición, puede trabajar en Estados Unidos. Si viaja al extranjero para obtener la visa K, necesitará una liberación (waiver) de la prohibición por presencia ilegal para obtener la visa y regresar. A menos que tenga una emergencia seria que deba atender en el extranjero, le vale más quedarse aquí y no tratar de obtener la visa K.

— El relato de Norma —

Norma vino a Estados Unidos con la condición de estudiante F-1. Estaba en plena capacitación práctica después de graduarse de la universidad cuando se casó con Howard, un ciudadano de Estados Unidos. (Para más información sobre la capacitación práctica estudiantil, vea el capítulo 13.) Norma puede solicitar un ajuste de condición, permiso para trabajar y permiso para viajar con una petición I-130 que Howard presentó. Puede trabajar y viajar mientras espera por su visa de inmigrante. No le hace falta obtener la condición K.

En momentos de redactarse esta sección, USCIS todavía no había preparado un formulario especial para las peticiones K para cónyuges; de modo que para obtener una visa K para su cónyuge, usted presentará su petición con el Formulario I-129F de USCIS. Cuando USCIS entregue un nuevo formulario, informaré sobre éste en el portal *Immigration Answers* (Respuestas de inmigración), www.ilw.com/wernick/. Envíe la petición K de su cónyuge a USCIS P.O. Box 7218, Chicago, IL 60680-7218.

Como en el caso de las visas de novios K, el cónsul le exigirá un examen médico a su cónyuge (y a los niños de su cónyuge) y que presente pruebas de que él o ella puede vivir en Estados Unidos sin asistencia pública. Para demostrar que su cónyuge no será una "carga pública", usted puede seguir las reglas de la declaración jurada de mantenimiento, que no es obligante, en el Formulario I-134 de USCIS. (Para más información sobre el examen médico y el reglamento de carga pública, vea el capítulo 6.)

Una vez que su cónyuge y los niños de su cónyuge obtengan sus visas K, pueden solicitar ingreso a Estados Unidos en un puerto de tierra, mar o aire. El funcionario de USCIS admitirá a su cónyuge por dos años. USCIS admitirá a los niños de su cónyuge por dos años también, o hasta el día antes de que éstos cumplan 21 años, cual sea el período de tiempo más corto. Su cónyuge y los niños de su cónyuge pueden entonces presentar su solicitud de autorización de empleo mediante el Formulario I-765 de USCIS, Solicitud para la Autorización de Empleo *(Application for Employment Authorization)*. Y pueden viajar libremente entre Estados Unidos y el extranjero.

CAPÍTULO 16

La visa V para cónyuge e hijos solteros de residentes permanentes

Para ayudar a unir a las familias durante la larga espera bajo la categoría Segunda Preferencia de base familiar, el Congreso de Estados Unidos estableció una nueva visa V. Permite que ciertos cónyuges y niños de residentes permanentes no casados menores de 21 años vivan y trabajen en Estados Unidos mientras esperan por su propia residencia permanente. La condición V dura dos años y, de ser necesario, puede prorrogarse. Donde corresponda, hijos de un mínimo de 19 años obtienen la condición V válida hasta el día antes de cumplir 21 años.

REQUISITOS DE LA VISA V

La visa V es para el cónyuge y los hijos no casados menores de 21 años de residentes permanentes. Para ser apto, su padre/madre o cónyuge debe peticionar por usted en o antes del 21 de diciembre de 2000, y usted debe esperar por lo menos tres años hasta que le otorguen la residencia permanente. Los hijos elegibles para la condición de visa V incluyen aquéllos cuyo madre o padre peticionó por ellos directamente (bajo la Segunda Preferencia de base familiar) y también los hijos que son "beneficiarios derivados" de un cónyuge de un residente permanente. (Para más información sobre beneficiarios derivados, vea el capítulo 1). Empiece por contar los tres años a partir de la fecha que el USCIS recibió la petición de preferencia que presentó el cónyuge o padre/madre que es residente permanente. No importa cuándo apruebe la petición el USCIS. Lo importante es la fecha en que el USCIS reciba la petición.

Los relatos de Violeta y Fred muestran la regla de los tres años.

— El relato de Violeta —

Violeta llegó a Estados Unidos con una visa de visitante en 1997. El 2 de enero de 1998 se casó con un residente permanente que presentó, en gestión para Violeta, el Formulario I-130 del INS, Petición para un familiar USCIS *(Petition for USCIS Relative)*. El 2 de enero de 2001 había estado esperando más de tres años para llegar al comienzo de la lista de espera bajo la Segunda Preferencia A de base familiar, y por ello es apta para la condición V.

— El relato de Fred —

La madre de Fred, residente permanente, presentó una petición para Fred el 21 de diciembre de 2000. Fred tenía 12 años en esa fecha. USCIS aprobó la petición el 1º de junio de 2001, pero porque la cuota llevaba retraso para los hijos e hijas no casados de residentes permanentes, tiene una espera de cinco a seis años para conseguir su visa de inmigrante. El 21 de diciembre 2003 habrá esperado tres años y podrá entonces solicitar la condición V, ya que su madre peticionó por él en o antes del 21 de diciembre de 2000.

Los beneficios de la visa V

Los tenedores de la visa V pueden vivir y trabajar legalmente en Estados Unidos durante el largo proceso para obtener la visa de inmigrante. También pueden viajar al extranjero y regresar mientras esperan a que llegue su número bajo el sistema de cuotas de preferencia, aunque no siempre se recomiendan los viajes, como se explicará en la siguiente sección. La condición V le protege con una condición legal y el derecho de solicitar autorización de empleo mediante el Formulario I-765 de USCIS, Solicitud de autorización de empleo *(Application for Employment Authorization)*. Cuando el tenedor de la visa V llega al comienzo de la lista bajo el sistema de cuota preferencial, puede solicitar un ajuste de condición a la de residente permanente.

Viaje para las personas con la condición V

Para muchos solicitantes de la visa V, el derecho de viajar es algo que ansían. Muchas personas han vivido en Estados Unidos separadas de sus familias por muchos años. Para las personas que estén aquí ilegalmente que viajan al extranjero, las exclusiones a la residencia permanente y reingreso a Estados Unidos no se aplican a su derecho de reingreso. Sin embargo, si se le excluye de la residencia permanente porque permaneció en Estados Unidos ilegalmente por más de 180 días, puede encarar estas exclusiones cuando solicite su ajuste de condición. Por lo menos así interpretaba USCIS la ley cuando se escribió este libro. Muchos expertos critican esta interpretación. Si USCIS cambia su posición, puede enterarse en el portal de respuestas a la inmigración—*Immigration Answers*—www.allanwernick.com.

El relato de William demuestra cómo la exclusión por presencia ilegal impacta a los tenedores de la visa V.

— El relato de William —

William vino de Italia a Estados Unidos el 1º de febrero de 1999. Ingresó con un pasaporte falso y con una visa falsa. El 1º de marzo de 1999, su madre, residente permanente, peticionó por él. El 1º de marzo de 2002 quedó elegible para solicitar la condición V. Solicitó un cambio de condición, y USCIS aprobó su solicitud. Ahora tiene todos los beneficios de la condición V, pero no tiene la visa V. Supongamos que quiere viajar a Italia para ver a su novia. Si viaja al extranjero, obtendrá una visa V y USCIS lo dejará ingresar a Estados Unidos pese a que permaneció ilegalmente en Estados Unidos por más de 365 días. A pesar de todo esto, de acuerdo con las reglas de USCIS, cuando solicite la residencia permanente se le excluirá porque la presencia ilegal es motivo de inadmisibilidad. No puede obtener residencia permanente a menos que USCIS lo libere (mediante un *waiver*) de la exclusión. Para obtener el *waiver*, debe probar que su madre sufrirá penuria extrema si él no consigue la visa de inmigrante. Mi consejo es que evite los viajes fuera de Estados Uni-dos a menos que un experto le diga que tiene un caso contundente en su favor para el *waiver*.

Para más información sobre las exclusiones debido a presencia ilegal y los *waivers* disponibles, vea el capítulo 5.

Cómo obtener una visa V

Si está fuera de Estados Unidos, solicite una visa V en un consulado de Estados Unidos. Si está en Estados Unidos, puede solicitar un cambio a la condición V sin regresar a su país. Si USCIS le concede el cambio de condición, puede vivir y trabajar aquí con la condición V. No necesita que se le estampe una visa V en su pasaporte a menos que viaje fuera de Estados Unidos.

El relato de Terry muestra cómo una persona a quien se le concedió un cambio a la condición V obtiene una visa.

— *El relato de Terry* —

Terry es estudiante internacional, y está aquí con la condición de estudiante F-1. En la universidad, se casó con una residente permanente. El 1º de mayo de 1999 su esposa peticionó por él. El 1º de mayo de 2002 todavía no había llegado a la cabeza de la lista de espera bajo el sistema de cuota preferencial, por lo que solicitó y recibió la condición V. Viajó con su esposa a su ciudad natal en Nigeria para que su esposa conociera a su madre. Durante su visita, Terry puede solicitar una visa V en un consulado de Estados Unidos. Luego, siempre que su condición V siga siendo válida, puede viajar entre Estados Unidos y el extranjero con la condición V. Puede solicitar un ajuste de condición cuando llegue al frente de la lista bajo la cuota para el cónyuge de un residente permanente.

Cómo solicitar un cambio a la condición V

Si está en Estados Unidos, solicite una visa V mediante el Formulario I-539 de USCIS, *Application to Extend/Change Nonimmigrant Status*—Solicitud para extender/cambiar la condición de no inmigrante—y el Formulario I-693 USCIS, *Medical Examination of Aliens Seeking Adjustment of Status*—Examen médico de extranjeros que buscan el ajuste de condición. Pagará una tarifa de registro y otra para las huellas digitales. Si su cónyuge y/o hijos no casados solicitan un cambio de condición con usted, usted necesita presentar sólo un formulario I-539 para toda la familia y pagar sólo una tarifa de registro. Sin embargo, debe pagar por separado la tarifa de huellas digitales para cada miembro de la familia. Haga una lista de todos los miembros de la familia que sean aptos (su cónyuge e hijos no casados menores de 21 años), en un suplemento I-539. También debe presentar pruebas de que usted puede mantenerse sin asistencia pública. Para demostrar que no será una "carga pública", puede seguir las reglas de mantenimiento, que no le comprometen, del I-134 de USCIS, *Affidavit of Support*—Declaración jurada de mantenimiento. (Para más sobre el examen médico y el reglamento de carga pública, vea el capítulo 6). Debe incluir una copia del recibo de registro de la I-130, *Petition for Alien Relative*—Petición para un familiar extranjero—para demostrar que una petición se registró en su favor no después del 21 de diciembre de 2000. Si quiere un permiso de trabajo de USCIS debe incluir el Formulario I-765 de USCIS, Solicitud para autorización de empleo *(Application for Employment Authorization)*, con su solicitud de cambio de condición. Presente su visa V, *Change of Condition Application*—Solicitud de cambio de condición—a: USCIS, P.O. Box 7216, Chicago, IL 60680-7216.

Si vive fuera de Estados Unidos, solicite una visa V en un consulado de Estados Unidos. Presente su solicitud en el puesto consular que usted especificó en la petición I-130 (que su familiar presentó para que usted fuera apto para la residencia permanente) como el lugar donde solicitar una visa de inmigrante. Si tiene familiares en el extranjero aptos para una visa V, mándeles una copia del recibo de registro de USCIS. No es necesario que USCIS apruebe la petición. Pero si tiene notificación de aprobación, mándela también. Algunos solicitantes habrán recibido notificación del Departamento de Estado de Estados Unidos informándoles que pueden solicitar la visa V. Su pariente puede solicitar la visa aun sin notificárselo.

CAPÍTULO 17

Cómo ingresar y cómo permanecer con la condición de no inmigrante

Por lo general, para ingresar en Estados Unidos como no inmigrante, se necesita una visa de no inmigrante. Una visa de no inmigrante es un sello en su pasaporte que coloca un funcionario consular de Estados Unidos en un consulado de Estados Unidos (en Taiwán la solicitud se realiza en el American Institute). Debe mostrárselo al inspector de USCIS en un puerto terrestre, aéreo o marítimo. Cuando ingrese en Estados Unidos, un inspector USCIS estampará o escribirá en una tarjeta blanca el Formulario I-94 de USCIS, la fecha de su ingreso y la fecha en que su condición vencerá. Una vez en Estados Unidos en calidad de no inmigrante, decimos que usted está aquí con la condición de no inmigrante.

No todo no inmigrante necesita una visa para ingresar a Estados Unidos. Bajo el programa de exención de visas—*Visa Waiver Program* (VWP)—los ciudadanos de ciertos países pueden ingresar en Estados Unidos por negocios o placer sin antes obtener una visa. (Expliqué el VWP en el capítulo 12). La mayoría de canadienses no inmigrantes no necesitan una visa para ingresar a Estados Unidos. Las excepciones son los comerciantes de tratado y los inversionistas de tratado canadienses que sí necesitan una visa E. Los canadienses no inmigrantes que quieren ingresar sin una visa deben cumplir todos los requisitos de ingreso, incluso en algunos casos, una petición aprobada.

DÓNDE SOLICITAR SU VISA DE NO INMIGRANTE

Por lo general, debe solicitar una visa de no inmigrante en un consulado de Estados Unidos en el país de su residencia actual o la anterior. En algunos países, puede mandar su solicitud por correo al consulado, aunque a menudo el funcionario consular requerirá una presentación personal. Desde los hechos del 9/11, los consulados han limitado el número de solicitantes que pueden obtener una visa sin una presentación personal. Ahora se requieren las presentaciones personales excepto en casos excepcionales.

Algunos consulados tienen altas tasas de rechazo, sobre todo en los países en desarrollo. Por esta razón, algunos solicitantes de visas tratan de obtener su visa en el consulado de un país diferente al de su residencia. Esta estrategia se llama "procedimiento de tercer país".

La ley de inmigración de 1996 eliminó el procedimiento de tercer país para muchas personas que residían ilegalmente en Estados Unidos. En estos momentos, usted puede procesar por tercer país sólo si está en condición legal, si nunca se quedó más de lo que le permitía su visa ni se le adjudicó fuera de condición, si presentó una solicitud con tiempo para un cambio o prórroga de condición y esa solicitud está pendiente, o puede mostrar que existen "circunstancias extraordinarias" en su caso. Si reside en Estados Unidos ilegalmente y quiere una visa nueva, en la mayoría de los casos tendrá que solicitarla en un consulado en su país de nacionalidad.

¿Cómo define USCIS "circunstancias extraordinarias"? Si su país de nacionalidad no tiene consulado, ello constituiría casi con certeza una "circunstancia extraordinaria". Médicos que se encuentran en Estados Unidos como visitantes de intercambio J-1 y trabajan en lugares de servicio médico insuficiente y que están fuera de condición por razones técnicas, pueden también continuar calificándose para el proceso de visa de no inmigrante por un tercer país. Otras circunstancias extraordinarias posibles:

- Su empleador presentó una solicitud de cambio de condición para usted y USCIS no aprobó el cambio hasta que su condición venció. Debe haber estado en condición legal cuando su empleador peticionó por usted y su estadía venció sólo porque USCIS no pudo aprobar el cambio de condición a tiempo.
- Usted solicitó una prórroga de estadía antes del vencimiento de su estadía actual y USCIS todavía no falló sobre su solicitud de prórroga.

Por último, el solicitante de visas A y G todavía puede sacar provecho al procesar por terceros países.

Aun si está en Estados Unidos en condición legal, algunos funcionarios consulares no recomiendan "buscar ofertas especiales consulares"—es decir, intentos de encontrar el consulado donde usted cree que tiene mayores posibilidades de que se apruebe su solicitud de visa. Es más probable que un funcionario consular de tercer país favorezca una solicitud de visa si usted tiene razones legítimas personales o de negocios para estar en ese distrito consular. Algunos consulados, sin embargo, aceptarán casi cualquier solicitud de visa si el solicitante partió de Estados Unidos en condición legal. Los consulados cambian de política con frecuencia sobre la aceptación de solicitantes de terceros países. Llame al cónsul del lugar donde piensa solicitar una visa para obtener la información más reciente antes de solicitarla.

Si usted llegó a Estados Unidos con una visa H, L, o E, y su visa venció pero USCIS le concedió una prórroga, podrá usualmente obtener una visa nueva mediante una solicitud al Departamento de Estado de Estados Unidos en Washington. Esto se llama una revalidación de visa.

Restricciones a los no inmigrantes de Irak, Irán, Siria, Libia, Sudán, y Arabia Saudita

Deben tomarse las huellas digitales de las personas no inmigrantes de Irak, Irán, Siria, Libia, Sudán, y Arabia Saudita a su llegada a Estados Unidos. Se dispensa a los no inmigrantes A y G. Treinta días después de su llegada, y todos los años siguientes, estos individuos deben presentarse en persona en una oficina de campo USCIS y presentar prueba de residencia. Los no inmigrantes de los países designados pueden notificar a un agente USCIS de su partida de Estados Unidos.

Cómo tener éxito con una solicitud de visa de no inmigrante

Poco puede hacer un solicitante de visa contra una negativa del funcionario consular sobre una solicitud de visa de no inmigrante. Por eso es importante que usted se comporte con cortesía, que le haga su presentación con claridad al funcionario consular de Estados Unidos y que esté tan preparado como sea posible. Debe guardar copias de todos los documentos que le suministra al cónsul, en caso de que se presente un problema.

Si solicita una visa de no inmigrante, debe anticipar dos puntos principales: intención de no inmigrante y causal de inadmisibilidad (una exclusión de un solicitante que de otro modo sería elegible; antes llamada "causal de exclusión"). Describo detalladamente la intención de no inmigrante en la siguiente sección. En el apéndice F, doy los motivos de inadmisibilidad. Si usted es inadmisible por una de las razones mencionadas, quizás pueda obtener una visa de no inmigrante, pero quizás tenga que solicitar que se le libere de los motivos de inadmisibilidad con un *"waiver of inadmissibility."* Si piensa que puede ser inadmisible, hable con un experto legal en inmigración antes de solicitar una visa.

Cómo demostrar la intención de no inmigrante

Tener intención de no inmigrante significa que usted piensa dejar Estados Unidos cuando su estadía venza. También significa que usted no usará la visa de no inmigrante como medio para venir a Estados Unidos a quedarse de manera permanente. Es más probable que tenga problemas con la intención de no inmigrante si solicita una de las siguientes visas: B, C, D, F, J, o M.

No hay problema que frustre más a los solicitantes de la visa de no inmigrante que la negativa de un funcionario consular a aceptar su solicitud por creer que tiene intenciones de inmigrar. Por lo general, si usted proviene de un país desarrollado, le será fácil demostrar que tiene intenciones de no inmigrar a menos que haya violado las leyes de inmigración anteriormente o que se haya registrado una petición de visa de inmigrante permanente en su favor. Si proviene de un país en desarrollo, un funcionario consular puede suponer que usted tiene intenciones de residir permanentemente en Estados Unidos. En los casos en que la intención de no inmigrante se pone en duda, es importante mostrarle al funcionario consular de Estados Unidos que usted mantiene fuertes lazos con su país de residencia. Quiere mostrar lazos familiares, comunitarios o sociales, afiliación en organizaciones y grupos religiosos, un negocio de familia, una propiedad inmobiliaria y cuentas bancarias. Los relatos de Mirella y Juan dan ejemplos de cómo encaran los solicitantes de la visa de no inmigrante sus intenciones de no inmigrar.

— El relato de Mirella —

Mirella es de Italia y solicita una visa de estudiante para asistir a Los Angeles City College, una institución de enseñanza superior de dos años en California. La institución la aceptó, y el consejero de estudiantes extranjeros le envió el Formulario I-20. El Formulario I-20 demuestra que cumple los requisitos básicos para una visa F-1.

Pero la madre de Mirella es residente permanente de Estados Unidos y le peticionó a USCIS para que Mirella también fuera residente permanente. Cuando Mirella solicita su visa en el consulado de Estados Unidos en Milán, anota correctamente en su solicitud de visa de no inmigrante que su madre peticionó por ella. Aunque es probable que Mirella no obtenga su visa de inmigrante por cuatro o cinco años, el funcionario consular que la entrevista le pregunta si verdaderamente tiene la intención de no inmigrar. ¿Regresará a Italia cuando complete sus estudios en Los Angeles City College? ¿Continuará sus estudios universitarios durante cuatro años? Si no tiene las notas apropiadas, ¿regresará a Italia? ¿Usará su visa F-1 para ingresar en Estados Unidos mientras espera por la visa de inmigrante?

Es raro que funcionarios consulares le nieguen a los italianos la visa de no inmigrante, pero sucede. El que Mirella obtenga una visa de estudiante depende de su capacidad de persuadir al funcionario consular de que no faltará a su condición de estudiante; y de que si completa sus estudios antes de calificar para una visa de inmigrante, regresará a Italia hasta que le toque el turno de inmigrar.

— El relato de Juan —

Juan es ciudadano de la República Dominicana que vive en Puerto Plata, un pueblo de playa precioso. Tiene 25 años y es soltero. Quiere asistir a la graduación de su hermana—la primera persona de la familia que se gradúa de una universidad de Estados Unidos—en la Universidad de Nueva York. La primera vez que acude al consulado de Estados Unidos para solicitar una visa de visitante B-2, el funcionario consular que lo entrevista rechaza su pedido. El funcionario no cree que Juan, un joven sin esposa ni hijos en la República Dominicana, regresará en dos semanas, como dijo que lo haría.

Dos días después, Juan vuelve a solicitarle al funcionario consular una visa de visitante. Esta vez trae una carta de su empleador, un banco importante, que muestra lo que gana de sueldo y explica que se le ascenderá a vicepresidente. Juan también lleva el título de una pequeña casa de su propiedad en Santo Domingo, la capital de la República Dominicana, y una copia de la notificación de la graduación de la Universidad de Nueva York, que menciona a su hermana como oradora en la ceremonia de graduación. En base a los lazos evidentes que atan a Juan a la República Dominicana y a la prueba del acontecimiento específico (la graduación de su hermana), el funcionario consular aprueba la solicitud de Juan para una visa de visitante B-2.

¿Por cuánto tiempo y por qué número de ingresos puede usted usar su visa?

Si un funcionario consular le concede una visa de no inmigrante, pondrá un sello de visa en su pasaporte. El sello tendrá un número de visa, la ubicación del consulado donde se emitió la visa, la fecha de vencimiento, y el número de veces que puede usar la visa para ingresar en Estados Unidos. La visa puede ser por tiempo indefinido y válida para ingresos múltiples, lo cual quiere decir que usted puede ingresar y salir de Estados Unidos con la frecuencia que quiera y por toda su vida. O la visa puede tener un límite de tiempo y ser válida por un número limitado de entradas.

Por ejemplo, si tiene una visa de un año con entrada única, puede venir a Estados Unidos en cualquier momento ese año, pero una vez que use la visa, ya no será válida para el ingreso a Estados Unidos. Si parte de Estados Unidos después de una entrada con una visa de entrada única, necesitará solicitar una visa nueva antes de su regreso. Con una visa de entrada única, puede reingresar sin una visa nueva sólo si permanece en la condición y regresa de un viaje que no haya durado más de 30 días a Canadá o México. Los tenedores de visa F y J que mantienen la condición pero con visas vencidas pueden reingresar de viajes a México, Canadá y/o el Caribe no mayores de 30 días.

Si usted tiene una visa de entradas múltiples, puede usarla para ingresar a Estados Unidos hasta que la visa venza. Cuando solicita el ingreso a Estados Unidos, un funcionario de frontera revisará sus documentos y anotará el tipo de visa que usted utilizó para ingresar. El funcionario también anotará en el Formulario I-94 el tiempo que puede permanecer en Estados Unidos.

El Formulario I-94 es un documento que usted puede usar para demostrar su ingreso legal en Estados Unidos y su condición mientras permanezca aquí. El sello de entrada en su pasaporte u otro documento legal es también prueba de ingreso legal. Si usted efectuó un ingreso legal, su visa puede vencer, pero usted puede seguir en Estados Unidos en condición legal.

Los relatos de Ying y Sharon muestran la diferencia entre la validez de su visa y la legalidad de su condición.

— *El relato de Ying* —

Un funcionario consular en Beijing, China, le concedió a Ying una visa H-1B de una sola entrada. La visa era válida por un mes a partir de la fecha que el funcionario se la concedió. Una empresa en Houston, Texas, había peticionado a USCIS para que permitiera que Ying trabajara para ellos tres años de ingeniero eléctrico primario. USCIS aprobó la petición por un período de tres años y envió el aviso de aprobación a Beijing, donde Ying solicitó su visa.

Ying llegó a Nueva York, donde pensaba quedarse una semana con familiares y visitar la ciudad, el 15 de enero de 1998, dos semanas después que el funcionario consular estampó la visa en su pasaporte. En el aeropuerto, un inspector USCIS estampó su Formulario I-94 "H-1B, válida hasta el 15 de enero de 2002". Por lo tanto, aunque su visa venció dos semanas después de ingresar en Estados Unidos, puede vivir legalmente en Estados Unidos y trabajar para la empresa de Houston hasta el 15 de enero de 2005. Si USCIS le concede una prórroga, puede quedarse aún más tiempo.

— *El relato de Sharon* —

Sharon, de Costa Rica, llegó a Estados Unidos con una visa de estudiante F-1 para estudiar en la Universidad de Wisconsin. La visa era válida por un año. Un funcionario de USCIS en el aeropuerto estampó su Formulario I-94 "D/S" *(Duration of Status).* El sello D/S quería decir que Sharon podía permanecer en Estados Unidos mientras tomaba un curso completo de estudios. Después de su tercer año en la universidad, Sharon decidió irse de viaje a la bella ciudad de Vancouver, Canadá. Aunque su visa venció, estaba en condición legal y no tuvo que obtener una visa nueva. El próximo verano, cuando vaya a Costa Rica a visitar a sus padres, necesitará una nueva F-1 para reingresar a Estados Unidos.

Si un funcionario consular le niega su solicitud de visa de no inmigrante

Si un funcionario consular rechaza su solicitud para una visa de no inmigrante, el funcionario usualmente le dará las razones del rechazo y usted recibirá notificación por escrito dándole esas razones. Algunas veces puede preguntarle al funcionario de visas que vuelva a considerar el rechazo. Por ejemplo, si el funcionario le negó la solicitud porque usted no pudo mostrar suficientes lazos con su país, usted puede regresar con pruebas adicionales como una carta del trabajo, que muestre la probabilidad de que usted tenga que regresar a su país. Sin embargo, si el funcionario consular insiste en negarle la solicitud, es muy difícil que revoque esta decisión.

Si un funcionario consular rechaza su solicitud o pedido de que reconsidere, su único recurso es una Opinión Consultiva del Departamento de Estado de Estados Unidos, pidiéndole que revoque la decisión del funcionario. Cuando la decisión del funcionario se basa en la opinión de que usted intenta vivir permanentemente en Estados Unidos, algo que la ley llama un "inmigrante con intenciones", es muy poco probable que el Departamento de Estado revoque la decisión del funcionario consular. Cuando se trata de una cuestión de ley, como la interpretación de reglamentos o estatutos gubernamentales, el Departamento de Estado a veces revoca la decisión del funcionario consular. Para obtener una Opinión Consultiva escriba a: Advisory Opinions, Division for Visa Services, U.S. Department of State, 2401 E Street, NW, Washington, D.C. 20522-0113.

El procedimiento en el puerto de entrada

Cuando se presenta en un puerto aéreo, terrestre o marítimo de Estados Unidos, un funcionario de ese gobierno (o un pre-inspector de Estados Unidos estacionado en ciertos países) revisará su pasaporte antes de abordar, le preguntará el propósito de su viaje a Estados Unidos, y decidirá si debe admitírsele. Usualmente, la inspección es de rutina. Algunas veces, el funcionario le hará preguntas detalladas y examinará su equipaje. Si usted tiene una visa válida, sin expirar, el inspector hará una de tres cosas: (1) admitirle y estampar su I-94 con el tipo de visa y el plazo de tiempo para el que fue admitido, (2) dejarle ingresar a prueba mientras se llevan a cabo otros procedimientos (admitirle física pero no legalmente), o (3) decirle que usted no es admisible y pedirle que regrese de donde vino.

Si solicita el ingreso con una visa válida, tiene derecho a una audiencia ante un juez de inmigración como su derecho para ingresar a Estados Unidos. Si solicita ingreso bajo el programa de renuncia de visa, renuncia al derecho a una audiencia.

Cómo cambiar la condición de no inmigrante

A su llegada a Estados Unidos con una visa de no inmigrante, quizás quiera cambiar su condición de no inmigrante. Puede haber llegado como trabajador profesional H-1B y quiera cambiar su condición por una de estudiante F-1. O, si está aquí en condición de estudiante F-1, después de graduarse de la universidad, puede querer cambiar por una de trabajador profesional temporal H-1B.

La solicitud de cambio de condición se hace usualmente mediante el Formulario I-539 de USCIS, *Application to Extend/Change Nonimmigrant Status*—Solicitud para prorrogar/cambiar la condición de no inmigrante. Presente la solicitud de cambio de condición al Centro Regional de Servicios de USCIS, *Regional Service Center*, con jurisdicción en su residencia temporal en Estados Unidos. Cuando cambie a la condición de trabajo H-1B, H-2, o H-3, usted no necesita presentar una solicitud de cambio de condición por separado. La solicitud de cambio de condición es parte de la petición que presentó usted o su empleador. Es mucho más probable que USCIS cambie su condición si está dentro de la condición, es decir, si el período autorizado de su estadía no venció. Si está fuera de condición, debe tener una razón excepcionalmente válida para que su condición haya vencido. Una excepción es el solicitante de la visa V, que puede solicitar cambio a la condición V sin abandonar Estados Unidos.

Prórroga de permanencia

Si quiere permanecer en Estados Unidos más allá del plazo que le concedió un inspector de USCIS cuando usted ingresó al país, necesitará presentar una prórroga de estadía con el Formulario I-539. Tiene que presentar su solicitud de prórroga antes de que venza su estadía, o necesitará una excusa realmente extraordinaria sobre la razón de haberse registrado tarde.

SECCIÓN IV: Asilados y refugiados

¿Cómo pudiste quedarte en Estados Unidos?" le preguntó María a su amiga Bárbara mientras tomaban café. "No tienes familia aquí", añadió.

"USCIS me dio asilo político", contestó Bárbara. "Fue duro convencerles que yo no podía regresar a mi país. Pero tenía una copia de los documentos que me dieron cuando me soltaron de la cárcel, y yo les di declaraciones de mis amigos del movimiento de resistencia. Eso los convenció", dijo Bárbara. "Luego, un año después de darme asilo, solicité la residencia permanente. Tomó un tiempo, pero eventualmente USCIS me dio la tarjeta verde".

Quizás el aspecto más controvertido de la ley de inmigración de Estados Unidos involucra el tratamiento de las personas que buscan asilo y refugio en Estados Unidos. Con demasiada frecuencia, los intereses de la política exterior y la discriminación racial han prejuiciado la política de asilo y refugio de este país. Es un aspecto de la ley que se debate y litiga constantemente, y por lo tanto fluctúa constantemente.

Veamos los términos "asilado" y "refugiado". El asilado es una persona que tiene temores fundados de ser perseguido en su país debido a su raza, religión, nacionalidad, opiniones políticas, o afiliación en un grupo social particular. Los refugiados solicitan la condición de refugiado en una oficina de USCIS fuera de Estados Unidos. Si tienen éxito, USCIS les da documentos de viaje que pueden usar para ingresar a Estados Unidos. Los asilados son personas que se encuentran en Estados Unidos o en un puerto de entrada de Estados Unidos cuando solicitan vivir en este país.

Empiezo el capítulo 18 con una explicación sobre cómo demostrar un temor fundado de persecución; también describo el proceso para presentar una solicitud de asilo. En el capítulo 19, explico el procedimiento para los refugiados.

En estos tiempos, es muy difícil conseguir la condición de asilado o refugiado. No trate de obtenerla por sí mismo. Si está en Estados Unidos, hable con un experto en leyes de inmigración antes de enviar su solicitud de asilo a USCIS. Si está en el extranjero, hable con un representante de una agencia voluntaria (sin fines de lucro) o con un representante de la Alta Comisión de Refugiados de las Naciones Unidas—*United Nations High Commission on Refugees (UNHCR)*—antes de contactar al gobierno de Estados Unidos.

CAPÍTULO 18

Cómo demostrar temor de persecución y obtener asilo

USCIS alteró drásticamente el procedimiento de asilo en enero de 1995, y el Congreso de Estados Unidos lo cambió aún más en 1996. El reglamento y las normas actuales contribuyen a resolver rápidamente las demandas de asilo. El proceso tiene la intención de desanimar a las personas con solicitudes frívolas, y conceder asilo rápidamente a los solicitantes calificados. Un resultado importante del nuevo reglamento es que si usted solicita asilo y pierde su demanda, el gobierno tratará de removerle.

Críticos de USCIS dicen que al servicio le interesa más deportar a los solicitantes de asilo que encontrar refugiados genuinos. Sin embargo, se concede asilo diariamente a un número de personas. Aunque desaniman a personas con casos débiles o inexistentes que buscan asilo simplemente para conseguir permiso de trabajo, los procedimientos actuales benefician a las personas con solicitudes de envergadura.

Como explico más abajo, un juez de inmigración o un funcionario de USCIS puede concederle asilo. En cualquier caso, usted debe demostrar que tiene temores fundados de que se le perseguirá si regresa a su país. Algunas veces se emplea el término asilo "político" para describir cierta clase de condición de asilado. Sin embargo, puede asilarse debido a muchos tipos de persecución, no simplemente por razones políticas. La persecución puede basarse en su religión, raza, nacionalidad, afiliación en un grupo social particular, o por opinión política.

Si se le concede asilo, puede trabajar en Estados Unidos y, un año después que se apruebe su caso, solicitar la residencia permanente. Sin embargo, es posible que tenga que esperar largo tiempo antes de que USCIS le conceda finalmente su residencia permanente.

La regla de un año

Debe presentar su solicitud de asilo dentro del año de su llegada a Estados Unidos. Las únicas excepciones son si usted puede demostrar cambio de circunstancias en su país o que "circunstancias extraordinarias" le impidieron registrarse dentro del límite de un año.

Algunos ejemplos del cambio de circunstancias son un cambio de gobierno en su país o un ataque reciente a un familiar o colega. Un ejemplo de circunstancia que puede haberle prevenido presentar una solicitud es la discapacidad mental o física.

La regla de un año no es apta para solicitudes de Impedimento de Remoción o solicitudes bajo el Convenio de Tortura que se explica abajo.

Cómo demostrar un temor de persecución fundado

Un temor de persecución fundado no quiere decir, necesariamente, que a usted se le torturará, matará, o aun arrestará si regresa a su país. La persecución también puede consistir en la confiscación de su propiedad, la negativa a una oportunidad de trabajo, y la obligación de cumplir leyes que van contra sus creencias religiosas. Puede demostrar un temor bien fundado de persecución si demuestra que se le ha perseguido en el pasado y que esas condiciones no cambiaron. O puede dar pruebas de lo que puede suceder si usted regresa a su país. Lo que constituye "persecución" es un asunto legal complicado que puede explicar mejor un experto en inmigración.

Lo usual es que tenga que demostrar su temor a la persecución por sus propias declaraciones, tanto escritas como orales, y por declaraciones juradas (afi-dávits) de amigos y familiares. También puede usar las declaraciones de los expertos que tienen información sobre las condiciones en su país y lo que ya le ha sucedido y/o lo que le puede pasar si regresa, así como artículos en los periódicos y registros de arresto.

La persecución no tiene que ser exclusivamente del gobierno. Si sufre persecución de una autoridad no gubernamental—por ejemplo si el grupo religioso mayoritario le persigue porque usted es miembro de una minoría religiosa—y usted puede demostrar que su gobierno no quiere o no puede prevenir la persecución, usted puede reclamar asilo. La ley de inmigración de 1996 dice que usted puede demostrar temor a la persecución si demuestra ser víctima del control obligatorio de población, como esterilización o aborto forzado. Sólo 1,000 personas por año pueden obtener asilo (o ser refugiados) bajo esta cláusula especial.

Usted no puede basar un caso de asilo únicamente en penuria económica—por ejemplo, que usted se moriría de hambre—porque la pobreza y la hambruna son condiciones comunes en su país. Tampoco basta mostrar que los habitantes de su país corren peligro debido a una guerra o un conflicto civil o un gobierno represivo. La persecución debe basarse en uno de cinco criterios: raza, religión, nacionalidad, opiniones políticas o afiliación en un grupo social particular.

El relato de Carmen muestra que el sufrimiento debido a una guerra o un desastre nacional no puede servir de base para una demanda de asilo.

— El relato de Carmen —

Carmen nació y se crió en El Salvador. Ni ella ni miembros cercanos de su familia actuaban en política. No apoyaban ni al gobierno ni a los rebeldes que trataban de derrocar al gobierno. Carmen estaba consciente del conflicto político en su país, pero ella y su familia trataban en lo posible de alejarse de donde se luchaba. Desafortunadamente, se desató una batalla entre el gobierno y las fuerzas rebeldes cerca de su pueblo que terminó matando accidentalmente a sus padres, hermano y hermana.

Sola y sin medios para mantenerse, decidió venir a Estados Unidos para tratar de encontrar un empleo y no morir de hambre. Se las arregló para llegar a México y eventualmente, con la ayuda de amigos de California, le pagó a un contrabandista para cruzar la frontera con Estados Unidos.

Carmen no puede obtener asilo en base a lo que le ocurrió a su familia en El Salvador. Aunque su vida peligraba debido al combate, nunca se le persiguió por sus opiniones políticas, raza, nacionalidad, religión o afiliación en un grupo social particular.

Negativas discrecionarias de asilo

Aun si usted puede demostrar un temor de persecución bien fundado, un funcionario de asilo o juez de inmigración puede negarle asilo si el funcionario o juez, tomando en consideración todos los hechos de su caso, no piensa que usted merece asilo debido a factores negativos. Llamamos a esta negativa una cuestión de discreción. Cuando un funcionario o un juez ejerce discreción, toma en cuenta tanto los factores negativos de su caso como los factores positivos. El funcionario o juez puede negarle asilo como cuestión de discreción porque usted pudo haber solicitado ser refugiado antes de venir a Estados Unidos; porque usted llegó a Estados Unidos con documentos falsos; o porque tiene un registro criminal que preocupa (aunque no sea suficientemente serio para excluirle automáticamente). También pueden negarle asilo por cuestión de discreción si se le persiguió en el pasado, pero ése ya no es el caso y ya no es peligroso retornar a su país. Los jueces de inmigración niegan asilo comúnmente por una de estas razones. Funcionarios de asilo raramente niegan asilo por cuestiones de discreción.

Si se le niega asilo por cuestión de discreción, un juez de inmigración puede concederle un impedimento de deportación, ahora llamado "impedimento de remoción" (*withholding of removal*), y usted puede tener derecho de permanecer en Estados Unidos (vea Impedimento de deportación/remoción, pág. 227).

El relato de Uri nos ayuda a comprender cómo la discreción afecta las solicitudes de asilo.

— El relato de Uri —

Uri nació en Albania y huyó a Yugoslavia en 1979 con su familia cuando tenía cinco años. Pero su vida en Yugoslavia no fue fácil. Desde entonces, la policía yugoslava lo detuvo, interrogó, y maltrató físicamente en muchas ocasiones, insistiendo que estaba involucrado en las actividades políticas de la minoría albanesa en Yugoslavia, pese a sus negativas. Partió de Yugoslavia in 1986 y fue a Bruselas, Bélgica, para evitar mayores encuentros con funcionarios de la policía.

Uri permaneció en Bruselas por seis semanas con un amigo de su familia en Albania y Yugoslavia. Su amigo llamó a una organización de refugiados en Italia para preguntar si Uri podía ir a un campamento de refugiados italiano. La organización contestó que no podía ser de ayuda. Uri solicitó una visa de turista en la embajada de Estados Unidos en Bruselas, pero se le negó la solicitud. Un funcionario consular le dijo a Uri que fuera a Yugoslavia para solicitar una visa.

Un día, mientras explicaba su situación en un café albanés en Bélgica, un extraño ofreció venderle un pasaporte belga sellado con una visa de turista de Estados Unidos. Uri le dio su foto y le pagó $1,000 por un pasaporte falso.

Uri vino como visitante a Estados Unidos a comienzos de 1987 con su pasaporte falso. Fue a vivir con sus tíos y primos, que estaban en Estados Unidos desde hacía muchos años. Un mes más tarde, USCIS dio con él cuando tendieron una redada en la fábrica donde trabajaba. Uri solicitó una audiencia ante un juez de inmigración. Le dijo inmediatamente al juez que quería solicitar asilo. Después de tomar en cuenta la evidencia, incluso el largo testimonio de Uri, el juez decidió que Uri tenía temores fundados de ser perseguido si retornaba a su país. Sin embargo, porque había usado documentos falsos para llegar a Estados Unidos en vez de solicitar la condición de refugiado en el extranjero, USCIS no estuvo a favor de asilar a Uri.

Para decidir si Uri obtendría asilo, o el beneficio menor del impedimento de remoción, el juez tomó en cuenta los factores en favor y en contra de Uri. Los factores favorables fueron la persecución que sufrió y que probablemente sufriría si regresaba a su país, así como sus esfuerzos por permanecer en Europa en calidad de refugiado. El factor negativo fue su uso de un pasaporte falso para ingresar a Estados Unidos y haber esperado a que se le detuviera antes de dar el primer paso para solicitar asilo. El juez le concedió asilo a Uri.

Obstáculos para el asilo

Más allá de las exclusiones discrecionarias al asilo, existen también exclusiones obligatorias. Un funcionario de asilo o juez de inmigración debe negarle asilo si usted se radicó definitivamente en un tercer país. Un tercer país es un país que no sea Estados Unidos ni el país donde usted teme que le persigan. El funcionario o juez también debe negarle asilo si se le condenó por un crimen muy grave, incluso delitos agravantes, o si usted persiguió a otros. (Vea el apéndice J, “Lista de delitos con agravantes”.)

Si usted no es elegible al asilo porque se radicó firmemente en un tercer país, un juez puede concederle un impedimento de remoción (vea la pág. TK), y podrá permanecer en Estados Unidos. Si usted es inelegible para el asilo porque cometió crímenes graves o porque persiguió a otros, USCIS puede tratar de deportarle a su país, aunque pueda sufrir persecución. Sin embargo, bajo el Convenio contra la Tortura, que se describe abajo, no pueden removerle a un país donde le torturarán, aunque haya perseguido a otros o haya cometido un crimen grave.

Establecimiento firme

El raciocinio que rige la ley de nueva radicación firme es que una persona que busca la condición de refugiado no tiene derecho de escoger dónde vivir; es decir, no puede ir a cualquier país que desee. Para que la radicación firme sea un obstáculo al asilo, debe haber tenido, o deben haberle ofrecido, todos los derechos y beneficios de un residente permanente o ciudadano de ese tercer país: derecho de trabajar, derecho de asistir a la escuela, derecho de permanecer indefinidamente en el país, y derecho de partir y regresar a ese país. El relato de Jacobo demuestra el concepto de la radicación firme.

— El relato de Jacobo —

Jacobo era jefe de un movimiento estudiantil que apoyaba a los zapatistas, un grupo militante armado mexicano que desafiaba la autoridad del gobierno. Aunque nunca admitió ser miembro del ejército zapatista, muchos creían que había participado en luchas armadas. Jacobo supo a través de un amigo del gobierno que las autoridades mexicanas estaban a punto de arrestarle. Decidió irse a España. Les dijo a las autoridades españolas que pensaba solamente visitar el país, pero terminó quedándose más de un año, continuando sus esfuerzos de apoyo al movimiento zapatista. Llegó a Estados Unidos cuando un grupo de estudiantes mexicano-americanos lo invitó a hablar en la Universidad de Texas en Austin. A las pocas semanas en Texas, Jacobo se dio cuenta que podía hacer más por su causa en Estados Unidos que en España, y decidió solicitar asilo.

El hecho de que Jacobo estuviera un año en España no lo descalificará automáticamente del asilo. Estuvo en España sin condición legal ni permiso para trabajar. Aunque libre de persecución en España, no se había radicado firmemente ni le habían ofrecido radicación firme.

Actividad criminal

Si se le condena por uno o más delitos graves y si su condena es de un mínimo de cinco años de prisión, quedará inelegible para que se impida que se le deporte/remueva. Por lo tanto, se le negará tanto el derecho de asilo y del que se suspenda su remoción, y el gobierno puede enviarle a su país, a menos que puedan torturarle y por lo tanto queda protegido por el Convenio contra la Tortura.

La defensa del tratado

Bajo el Convenio de las Naciones Unidas contra la Tortura y otros Crímenes, Tratamiento o Castigo Inhumano o Degradante (llamado simplemente el Convenio contra la Tortura—*Convention Against Torture*, CAT), no se le puede regresar a un país donde será torturado.

La Junta de Recursos de Inmigración—*Board of Immigration Appeals* (BIA)—define la tortura como un acto que: (1) causa dolor físico o mental severo o sufrimiento que debe ser "una forma extrema de tratamiento cruel e inhumano" y no modalidades menores; (2) tiene "la intención específica" de causar dolor físico o mental o sufrimiento y un acto que causa dolor o sufrimiento severo no anticipado o no intencional no es tortura; (3) tiene un "propósito ilícito" tal como "obtener información o una confesión, castigo por el acto de una víctima o de otra persona, intimidación o coerción de una víctima u otra persona o cualquier propósito discriminatorio"; (4) es un acto intencional del gobierno dirigido contra una persona en la custodia o control del infractor, y no cubre "actos negligentes o de individuos particulares que no actúen en favor del gobierno"; y (5) "no incluye dolor o sufrimiento que provienen únicamente de, o que sean inherentes o incidentales a sanciones legales" como una pena de muerte impuesta judicialmente.

A diferencia de una concesión de asilo o impedimento de deportación, para beneficiarse bajo la CAT, usted no necesita demostrar que se le perseguirá por una razón particular. El hecho de que usted enfrenta tortura es suficiente para prevenir que el gobierno le remueva.

Sólo un juez de inmigración puede concederle el derecho de permanencia en Estados Unidos porque si regresa a su país se le torturará. La asistencia bajo el Convenio sobre la tortura no le hace elegible a la residencia permanente, ni para el relevo de la custodia del gobierno. Sin embargo, a menos que usted sea una amenaza para su comunidad, el gobierno probablemente le libere si un juez le concede asistencia CAT.

Procedimientos de la solicitud

Un aspecto común a todas las solicitudes de asilo es que USCIS pide en cada caso una Opinión Consultiva al Departamento de Estado. Un funcionario de asilo o juez de inmigración no tiene la obligación de seguir la recomendación del departamento de Estado. Es libre de ignorarla. Es más, la ley requiere que los funcionarios de asilo y los jueces de inmigración lleguen a una decisión independiente de la Opinión Consultiva del Departamento de Estado.

Solicitudes de asilo defensivas y afirmativas

Decimos que usted presenta una solicitud afirmativa de asilo cuando solicita asilo antes que el gobierno trate de deportarle. Debe presentarla afirmativamente sólo cuando está seguro, después de hablar con un experto, que el suyo es un caso que tiene todas las de ganar. Si su solicitud tiene éxito y USCIS le concede asilo, obtendrá autorización de trabajo y será apto para la residencia permanente después de un año. Si está aquí fuera de condición y USCIS niega su solicitud, tratarán de deportarle. Si está aquí bajo alguna condición (por ejemplo, como estudiante extranjero legal) y USCIS niega su solicitud, le será difícil conseguir una visa de no inmigrante en el futuro.

Si USCIS niega su demanda de asilo, puede renovar su solicitud ante un juez de inmigración, pero al final de cuentes se le puede forzar a salir de Estados Unidos.

Decimos que presenta una solicitud defensiva cuando solicita asilo sólo después que el gobierno ha ordenado su presencia para un proceso de deportación/remoción y usted puede solicitar asilo como una defensa. Con una solicitud defensiva, no tiene mucho que perder. Quizás no obtenga asilo, pero a menos que su solicitud sea frívola—es decir, sin ningún mérito—no se le penalizará por intentarlo. Si USCIS decide que su solicitud es frívola, podría impedírsele la residencia permanente.

Solicitudes afirmativas

Debe presentar una solicitud afirmativa de asilo al Centro Regional de Servicios de USCIS en el área donde vive (vea el apéndice C, “Oficinas nacionales y regionales de USCIS”). Envíe la solicitud (Formulario I-589 de USCIS, Solicitud de asilo e impedimento de remoción—*Application for Asylum and for Withholding of Removal)* con dos fotos de tres cuartos de perfil y dos tablas de huellas digitales de USCIS. No se requiere pago para el registro. Debe incluir su propia declaración y las declaraciones juradas (afidávits) de personas que puedan apoyar su demanda. Si se le arrestó por sus creencias, debe incluir un registro de arrestos, si lo tiene. Debe incluir todo lo que usted crea ayudará a que se decida en su favor. Artículos en los periódicos sobre usted, su país, o sus creencias, libros, registros médicos—usted decidirá. Debe presentar una traducción de los documentos que no estén en inglés. Puede suplementar su solicitud más tarde pero es mejor que su presentación sea sólida en el momento de presentar su solicitud.

El Centro Regional de Servicios de USCIS enviará su solicitud, con los documentos de soporte, a la oficina de asilo. USCIS le citará para una entrevista con un funcionario de asilo de USCIS.

Un abogado o representante de una organización sin fines de lucro reconocida puede representarle en su entrevista de asilo. Puede traer testigos, pero la entrevista es usualmente corta, por lo que a menudo es mejor presentar declaraciones por escrito certificadas por un notario que traer testigos.

Si USCIS decide aprobar su solicitud, puede solicitar autorización de empleo (conocida también como "cédula o tarjeta de trabajo"). Su cónyuge y niños no casados menores de 21 años también pueden obtener asilo. Si su cónyuge e hijos están fuera de Estados Unidos, puede peticionar para traerlos aquí mediante el formulario I-730 de USCIS, Petición familiar de refugiado/asilado—*Refugee/Asylum Relative Petition.* De acuerdo con la Ley de Protección de Condición del Niño—*Status Protection Act*—el hijo de un asilado puede conseguir "asilo derivado" si el niño no cumplió 21 años el día que USCIS reciba la solicitud de asilo de los padres. Esto es válido aun si el niño cumple 21 antes de que USCIS apruebe la solicitud de asilo de su padre/madre.

Si USCIS niega su solicitud y usted está fuera de condición, recibirá notificación para presentarse a una audiencia de remoción.

En su audiencia de remoción, puede pedirle al juez de inmigración que le conceda asilo. El juez tendrá su solicitud original, y usted puede suplementar el registro con declaraciones juradas adicionales y evidencia documental. Puede también tener sus propios testigos. El juez de inmigración tendrá en cuenta su credibilidad (si se le puede creer), si sus declaraciones son confiables y tienen credibilidad, y la credibilidad de sus testigos. Las reglas de USCIS declaran específicamente que el testimonio de asilo de un solicitante, por sí solo, puede bastar para conceder una demanda de asilo.

Si el juez de inmigración le concede asilo, tendrá los mismos derechos y beneficios que cualquier asilado. Si el juez de inmigración decide contra usted, puede apelar esa decisión ante la Junta de Recursos de Inmigración—*Board of Immigration Appeals* (BIA). El gobierno también puede apelar. Si la BIA rechaza su apelación, puede pedirle a una corte federal que revise la decisión de la BIA. El gobierno no puede removerle de Estados Unidos hasta que la BIA decida su caso.

Los relatos de Darian y Sofía demuestran los conceptos de solicitudes afirmativas de asilo.

— El relato de Darian —

La familia de Darian participaba intensamente en la actividad política de su país. Formaba parte de un movimiento opositor que ganaba fuerzas en su empeño de democratizarlo. Darian tenía sólo 20 años y no desempeñaba un papel importante en la política de su país, pero hablaba abiertamente contra los abusos del gobierno. Después de su primer año en la universidad, decidió pasar el verano con familiares en Estados Unidos. Llegó a Estados Unidos con una visa de visitante y con planes de regresar a la universidad.

Mientras estaba en Estados Unidos, Darian se enteró que funcionarios del gobierno habían arrestado a su padre, madre, hermano y hermana. Los periódicos de su país decían que el gobierno enjuiciaría a la familia por traición y que agentes del gobierno buscaban a Darian. Era obvio que no podía regresar a su país.

Darian no tenía dinero suficiente para vivir en Estados Unidos sin trabajar, y no era apto para una visa de trabajo. Después de tratar su caso con el representante de una agencia de ayuda a inmigrantes, decidió solicitar asilo.

Darian obtuvo una declaración jurada de un profesor universitario, experto en la política de su país. También obtuvo afidávits de familiares en Estados Unidos que conocían la oposición de su familia al gobierno. Cuando envió su solicitud, incluyó copias de los artículos escritos sobre él y su familia. Presentó su solicitud con los documentos de soporte al Centro Regional de Servicios de USCIS. Un funcionario de asilo de USCIS lo entrevistó y le concedió asilo. Un año más tarde, será elegible para solicitar la residencia permanente en Estados Unidos.

La solicitud de Darian era una solicitud afirmativa porque el gobierno no trató de removerlo de Estados Unidos cuando presentó su solicitud.

— *El relato de Sophie* —

Sophie nació en América Latina. Se las arregló para venir a Estados Unidos cruzando la frontera entre México y Estados Unidos de noche. De acuerdo con las leyes de inmigración, no tenía derecho de estar en Estados Unidos. Consiguió trabajo en un lugar donde trabajaba arduamente y ganaba muy poco. Sabía que, a menos que obtuviera permiso de USCIS para trabajar, le sería muy duro ganarse la vida en Estados Unidos. Sophie había oído que USCIS concedía asilo a muchas personas de su país. No había participado mayormente en actividades políticas, pero se desesperaba por conseguir un permiso de trabajo. Fue donde un "consultor de inmigración" que le cobró $500 y le aconsejó solicitar asilo. El consultor no era ni abogado ni representante de una organización sin fines de lucro.

Con ayuda del consultor, Sophie solicitó asilo de USCIS. El consultor llenó el formulario sin preguntarle a Sophie en qué basar su demanda de asilo, y Sophie lo firmó. USCIS le dio cita para una entrevista con un funcionario de asilo. Durante la entrevista, le fue difícil a Sophie contestar las preguntas del funcionario. Dijo que había tenido intensa actividad política en su país, pero no supo explicar su punto de vista y cambiaba su relato. No presentó ninguna otra prueba aparte de su propia declaración sobre por qué su temor a la persecución estaba bien fundamentado.

El funcionario de asilo le pidió a Sophie que regresara 30 días más tarde para saber cuál era el fallo. Al regresar a la oficina de asilo, se enteró que se le negaba la solicitud de asilo. Una oficina de USCIS le dio una notificación para presentarse al proceso de remoción.

Sophie había presentado una solicitud afirmativa de asilo. USCIS no supo que Sophie se encontraba en Estados Unidos hasta que presentó la solicitud. Pero por presentar una solicitud mal sustentada, se veía ante un proceso de remoción. A menos que Sophie encuentre la manera legal de permanecer en Estados Unidos, se le forzará a regresar a su país.

Solicitudes defensivas

Usted presenta solicitudes defensivas ante el tribunal de inmigración después que el gobierno le haya exigido presentarse a una audiencia de remoción. En su audiencia, tendrá derecho de presentar testigos y pruebas. Si el juez de inmigración niega su solicitud, puede pedirle que usted abandone el país.

El relato de LaNedra conceptúa las solicitudes defensivas de asilo.

— El relato de LaNedra —

LaNedra era una maestra de escuela en un país pobre. Era muy popular con sus alumnos y sus padres. Tenía la reputación de alguien que valoraba a la gente. Con frecuencia, cuando personas de su pueblo tenían problemas con las autoridades locales, iban donde LaNedra para que ella hablara con las autoridades. LaNedra nunca se consideró un personaje político, pero el gobierno local pensaba que era un estorbo, especialmente después que organizó a un grupo de padres para que protestaran contra las malas condiciones en las escuelas. En cierta oportunidad, cuando encabezó una manifestación, el jefe de policía la arrestó por desorden público y le dijo que si no callaba podía terminar en la cárcel. LaNedra ganaba muy poco dinero. Tenía grandes dificultades para mantenerse y mantener a sus dos hijos. Su esposo había muerto después del nacimiento del segundo niño, y ella era la única fuente de recursos de su familia. Porque hablaba contra los abusos del gobierno local, LaNedra no podía encontrar un trabajo mejor. Un familiar en Estados Unidos le recomendó venir a Nueva York diciéndole que encontraría trabajo. LaNedra obtuvo una visa de visitante y vino a Estados Unidos.

La vida en Estados Unidos fue muy difícil para LaNedra porque no tenía autorización para trabajar. Consiguió un trabajo "fuera de planilla" por $100 semanales en una fábrica de ropa de confección. Un día el gobierno le tendió una redada a la fábrica y arrestó a LaNedra. Terminó en un procedimiento de deportación/remoción.

LaNedra apenas tenía documentación sobre lo que le había ocurrido en su país. Su caso dependerá principalmente de su propio testimonio. Su demanda es genuina pero no muy sólida. Pero como el asilo es su única oportunidad de permanecer en Estados Unidos, no tiene motivos para no pedirle asilo al juez. La solicitud de asilo de LaNedra es defensiva.

El impedimento a la deportación/remoción

Aun si un juez le niega asilo como una cuestión de discreción, puede tener derecho a permanecer temporalmente en Estados Unidos bajo la ley de impedimento de remoción, que hasta el 1º de abril de 1997 se llamaba "impedimento de deportación"—"*withholding of deportation*". Sólo un juez de inmigración puede concederle un impedimento de remoción.

La prueba para este tipo de asistencia es más difícil que para el asilo. Para obtener asistencia para el impedimento de remoción, debe mostrar una probabilidad clara de que se le perseguirá si se le manda a su país. Ésta es una norma superior al "temor bien fundado de la persecución" que se emplea en casos de asilo.

El impedimento de remoción no lo califica para la residencia permanente en un año como con el asilo. Sin embargo, obtendrá un permiso de trabajo de USCIS. Si obtiene el impedimento de remoción después que el juez niegue su solicitud de asilo, puede obtener la residencia permanente de alguna otra manera, por ejemplo casándose con un ciudadano de Estados Unidos o por una oferta de trabajo.

Le será difícil obtener un impedimento de remoción si se le condenó por un crimen especialmente serio (como un delito grave); persiguió a otros; cometió un crimen no político serio fuera de Estados Unidos; si es un peligro para la seguridad de Estados Unidos; o si es terrorista.

Solicitudes al ingresar a Estados Unidos (o dentro de los dos años de ingreso)

Desde el 1º de abril de 1997, si (1) usted llegó a un puerto de entrada de Estados Unidos sin los documentos de entrada adecuados; (2) se le detuvo al tratar de ingresar furtivamente a Estados Unidos; o (3) permaneció en Estados Unidos menos de dos años, puede acelerarse su proceso de solicitud de asilo. Bajo la ley de inmigración de 1996, se le podía detener hasta que el gobierno decidiera que usted probó un temor bien fundado a la persecución y que usted era elegible ya sea al asilo o al impedimento de remoción.

El primer paso del nuevo procedimiento es la entrevista con un funcionario de asilo. Si convence al funcionario que tiene una demanda verosímil de persecución, se le detendrá hasta mayor consideración de su solicitud. Si no llega a convencer al funcionario de asilo que tiene una demanda verosímil de persecución, tiene derecho a una audiencia ante un juez de inmigración. La audiencia debe realizarse dentro de siete días. Si el juez le niega su demanda de asilo, se le enviará de regreso al país donde estaba antes de su llegada a Estados Unidos.

CAPÍTULO 19

Refugiados y el procesamiento de refugiados

Así como con los solicitantes de asilo, si usted quiere venir a Estados Unidos como refugiado, debe demostrar que tiene temores fundados de ser perseguido en su país natal. (Vea el capítulo 18 para una explicación de "temor fundado de ser perseguido"). Tal cual los solicitantes de asilo, quienes solicitan refugio deben demostrar que se les perseguirá en base a su raza, religión, opiniones políticas, nacionalidad o afiliación en un grupo social. Y, como en el caso de los asilados, se le puede negar la condición de refugiado si se estableció firmemente en un tercer país o cometió ciertos crímenes graves. Quedan también excluidos de la condición de refugiado, sin derecho a exoneración *(waiver)* de esta exclusión aquellas personas que fueron o son miembros del partido nazi, participaron en genocidio, y se les condenó por ciertos crímenes graves.

Si USCIS aprueba su solicitud de refugiado, su cónyuge y sus hijos no casados menores de 21 años pueden acompañarlo o seguirlo a Estados Unidos después de su llegada. Un año después de su admisión a Estados Unidos en condición de refugiado, puede solicitar una visa de inmigrante *(green card)*.

El refugiado típico vive fuera de su país natal y teme regresar a éste. En situaciones excepcionales puede solicitar ser refugiado sin abandonar su país en un centro de procesamiento de refugiados de USCIS "en el país". En años recientes, USCIS ha establecido estos centros en La Habana, Moscú, y Ciudad Ho Chi Minh.

CÓMO SOLICITAR LOS DOCUMENTOS DE REFUGIADO

Si quiere solicitar que se le admita a Estados Unidos como refugiado, puede contactar a una organización internacional de ayuda. También puede contactar a la Alta Comisión de Refugiados de las Naciones Unidas (UNHCR), con oficinas en países de todo el mundo. Las embajadas y consulados de Estados Unidos también pueden suministrarle información sobre el procesamiento de refugiados. Las solicitudes de los refugiados se procesan en las oficinas de USCIS fuera de Estados Unidos.

La cuota anual de ingreso de refugiados en Estados Unidos la establece el Presidente previa consulta al Congreso. Una vez que haya establecido su temor bien fundado de ser perseguido, USCIS tendrá en cuenta varios factores antes de que decida sobre su ingreso a Estados Unidos con la condición de refugiado. Entre estos factores se cuentan los de índole familiar y otros lazos con Estados Unidos, humanitarios en general, y los de interés para Estados Unidos.

La solicitud de refugiado se presenta en el formulario I-590 de USCIS, *Registration for Classification as a Refugee* (Registro para clasificación de refugiado), y se presenta con el formulario G-325C de USCIS, *Biographic Information*—Información Biográfica—junto con un cuadro completo de huellas digitales. Un funcionario de USCIS le tomará declaración jurada al solicitante. USCIS exigirá un examen médico que evalúe al solicitante para tuberculosis (TB), VIH, y otras enfermedades de transmisión sexual. Las enfermedades que responden al tratamiento deben curarse antes que el refugiado pueda viajar a Estados Unidos. Las personas que son VIH positivo necesitan un documento de exoneración *(waiver)* (vea "Temas de salud" en el capítulo 5). Para obtener los documentos de viaje de refugiado debe también tener un patrocinador que garantice su transporte a Estados Unidos. El patrocinador puede ser un individuo o una organización.

Una vez que USCIS haya decidido que usted cumple los requisitos de refugiado, usted debe hacer los arreglos para establecerse en Estados Unidos. El INS, la UNHCR, o una agencia voluntaria en el extranjero le ayudará a contactar una agencia de restablecimiento en Estados Unidos. Antes de que usted obtenga los documentos de refugiado, una agencia voluntaria de Estados Unidos debe dar su consentimiento para asistirle cuando llegue a Estados Unidos.

Ya en Estados Unidos, agencias voluntarias generalmente suministran soporte en sus primeros 90 días. Todos los refugiados pueden obtener a su llegada autorización de USCIS para trabajar, y son elegibles para la mayoría de los beneficios públicos, como Medicaid y cupones o tarjetas para alimentos.

Para viajar fuera de Estados Unidos, un refugiado puede obtener un "documento de viaje de refugiado", renovable a intervalos de un año. Es blanco y se parece al pasaporte de Estados Unidos.

Si su cónyuge y/o hijos no lo acompañaron a Estados Unidos, puede peticionar o patrocinarlos para que vengan a Estados Unidos. Los niños no deben estar casados y deben tener menos de 21 años. Para peticiones para miembros de la familia use el formulario I-730 de USCIS, *Refugee/Asylum Relative Petition*—Petición para familiares de refugiado/asilado.

El relato de María nos permite comprender el procedimiento para los refugiados.

— El relato de María —

En 1987, María era miembro activo del movimiento antigubernamental en Polonia. Tomaba riesgos frecuentes, participando en actos ilegales contra el gobierno. En uno de éstos, durante las elecciones, la policía la arrestó e interrogó. La dejó ir después de quitarle su pasaporte. Se le arrestó inmediatamente después de dejar la estación de policía por no tener una cédula de identidad y se le mantuvo en la cárcel por 48 horas. Decidió salir del país en cuanto se le puso en libertad, yéndose directamente del aeropuerto al campamento de refugiados en Latina, Italia, donde se fueron algunos de sus mejores amigos del movimiento y donde se declaró refugiada política.

Los amigos de María ya estaban en Estados Unidos. La Fundación Tolstoy, una de muchas agencias voluntarias de asistencia a refugiados en Europa con base en Estados Unidos, la ayudó a presentar su solicitud de asilo ante el gobierno italiano. Los italianos rechazaron su solicitud, pero obtuvo una entrevista con USCIS en el consulado de Estados Unidos en Roma.

Durante la entrevista, confirmó las declaraciones en su solicitud de que temía la persecución si regresaba a Polonia. Le dio a USCIS en Roma los nombres de amigos con los que conspiró en Polonia, los mismos amigos que Estados Unidos admitió de refugiados. Reconstruyó los detalles de su arresto y actividad política. USCIS consintió darle la condición de refugiada en Estados Unidos.

Después de un año en el campamento de Latina, Italia, viajó a Estados Unidos donde se reunió con los amigos que la patrocinaron. Después de un año, solicitó la residencia permanente.

SECCIÓN V:
Sanciones al empleador

"Escucha esto, mamá. Fui a una entrevista de trabajo hoy, y el jefe de personal me pidió mi pasaporte. Soy ciudadana de este país desde hace más de 20 años y me siguen pidiendo documentos de trabajo", le dijo María a su madre. "Ni siquiera tengo pasaporte".

"Mejor te olvidas de ese trabajo. A lo mejor no quieren gente como nosotros", le dijo su madre.

"Pero pagan más del doble de lo que gano ahora, y los beneficios son mucho mejores", le respondió María. Muy mortificada, llamó a un abogado de inmigración para averiguar qué documentos necesitaba mostrar al presunto empleador para demostrar que tenía autorización para trabajar.

El abogado le dijo a María que un empleador tiene derecho a pedirle tanto una prueba de identidad como autorización para trabajar, pero no a pedirle pasaporte. María tiene que presentar una prueba de que se le autoriza trabajar en Estados Unidos, o el empleador no puede contratarla.

Las sanciones al empleador se refieren a la ley que requiere que los empleadores verifiquen los documentos de los empleados nuevos para asegurarse de que están autorizados para trabajar en Estados Unidos. La ley castiga a los empleadores que no verifican los documentos de los empleados y que emplean a sabiendas trabajadores que no tienen autorización para trabajar. Pero los empleadores deben andar con cuidado en el cumplimiento de la ley.

Un empleador que pide más documentos, o documentos distintos, de lo que la ley requiere, o rehúsa aceptar documentos que son aparentemente válidos puede recibir multas y otras penalidades. No sólo puede sancionársele por no verificar los documentos sino que también puede sancionarse al empleador por discriminar contra un trabajador en base a la ciudadanía o nacionalidad del trabajador.

La ley de sanciones al empleador formó parte de la ley de reforma y control de la inmigración de 1986—*Immigration Reform and Control Act of 1986* (IRCA). La IRCA, conocida también como la ley de amnistía, dio visas de inmigrante a millones de indocumentados que residían en Estados Unidos desde antes del 1° de enero de 1982. Se supone que las cláusulas de sanciones al empleador desaniman a los trabajadores indocumentados de venir ilegalmente a Estados Unidos al limitarles el acceso al empleo. Aunque la mayoría de los expertos en la ley mantienen que las sanciones al empleador son un fracaso, esfuerzos por derogar la ley no obtuvieron el apoyo necesario en el Congreso de Estados Unidos.

Si usted es un empleador, el capítulo 20 le ayudará a comprender las responsabilidades que tiene de mantener sus registros y las penalidades que enfrenta por infracciones a la ley. Si usted es un empleado, el capítulo 20 le ayudará a saber si un empleador le trata justamente cuando le pide que presente sus documentos de autorización de trabajo.

Las leyes de inmigración de 1996 cambiaron el reglamento de sanciones al empleador al eliminar algunos de los documentos que pueden utilizarse para demostrar autorización para trabajar. Las nuevas leyes crean mayores dificultades para que los trabajadores demuestren que un empleador discrimina contra ellos. Finalmente, la nueva ley creó una defensa de "buena fe" para los empleadores acusados de guardar registros inadecuados que tratan de cumplir la ley pero que cometieron un error sin mala intención.

CAPÍTULO 20

Obligaciones del empleador según las sanciones al empleador

La ley de sanciones al empleador requiere que los empleadores examinen los documentos de autorización de empleo de todos los trabajadores que empleen. Para cumplir con la ley de sanciones al empleador, éste debe (1) asegurarse de que sus trabajadores puedan suministrar documentos que demuestren que se les autoriza trabajar en Estados Unidos, (2) mantener registros de autorización de trabajo mediante el Formulario I-9 de USCIS, *Employment Eligibility Verification* (Verificación de la elegibilidad al empleo), (3) no emplear a sabiendas a una persona que no esté autorizada para trabajar. Si un empleador infringe esta ley, puede resultar multado. Por emplear a sabiendas a 20 o más trabajadores sin autorización en un período de 12 meses, puede sufrir pena de cárcel.

La ley también penaliza a empleadores de tres empleados o más que discriminan contra un trabajador debido a su nacionalidad o ciudadanía.

Usted infringe la ley si discrimina intencionalmente contra trabajadores en base a su nacionalidad al no aceptar documentos que a primera vista parecen válidos, o si no permite que el empleado escoja los documentos que quiere presentar entre los que el INS considera aceptables. Si usted discriminó, puede: recibir una multa, pagar una bonificación de pago atrasado, pagar los honorarios de un abogado, y/o se le puede exigir que cambie sus prácticas de empleo. La ley antidiscriminatoria se aplica a todos los trabajadores empleados después del 6 de noviembre de 1986.

Para cumplir con la ley de sanciones al empleador, usted y su empleado deben llenar el formulario I-9. Son necesarias tanto su firma como la del empleado. El empleado firma para confirmar que tiene autorización de trabajo. Usted firma para confirmar que ha hecho un esfuerzo de buena fe para asegurarse de que el empleado tiene autorización para trabajar. Puede obtener el formulario y el Manual para Empleadores llamando al 800-870-3676. Puede también conseguir el formulario en el portal de USCIS, www.ins.usdoj.gov/. Puede imprimir sus propias copias.

Los contratistas de trabajadores agrícolas deben completar el Formulario I-9 para trabajadores reclutados o contratados a través de terceros con el pago de una comisión.

LOS REQUISITOS DE VERIFICACIÓN Y MANTENIMIENTO DE REGISTROS

Aun si tiene un solo empleado, debe completar el formulario I-9 para ese empleado. Aunque esté seguro de que el empleado puede trabajar legalmente en Estados Unidos o aunque el empleado sea miembro de su familia, debe completar el formulario I-9 para ese empleado. Las únicas excepciones son las de contratistas independientes, trabajadores bajo su supervisión pero suministrados por otra compañía, "empleados domésticos casuales" como la persona que usted contrata ocasionalmente para limpiar su casa una o dos veces por semana, y trabajadores que viene empleando desde antes del 6 de noviembre de 1986 (sin tomar en cuenta las ausencias con permiso o las despedidas). Re-comiendo que los empleadores copien y distribuyan los dos lados de los formularios I-9, y luego les indiquen a los empleados que vean el reverso para seleccionar los documentos factibles.

¿Cuándo debe completarse la I-9?

Su empleado debe completar la Sección 1 del formulario I-9 en el momento que comienza a trabajar. Es la parte del formulario que el empleado firma confirmando que se le autoriza a ser empleado en Estados Unidos. No puede pedirle a un presunto empleado documentos de autorización de trabajo hasta después que haya decidido emplearle. Debe completar la Sección 2, la parte del formulario donde usted firma, dentro de tres días laborables. Si contrata al empleado por sólo tres días, debe completar la Sección 1 y la Sección 2 en su primer día de empleo.

Supongamos que su empleado dice tener autorización para trabajar pero no tiene uno de los documentos necesarios. Usted puede contratar al empleado, pero éste debe presentar, dentro de tres días, un documento de autorización de trabajo o un recibo por registrar un documento de reemplazo. Si el empleado le muestra pruebas de que solicitó un documento que necesita, debe presentar el documento mismo dentro de 90 días.

El relato de Frank le ayudará a comprender el factor tiempo en completar el Formulario I-9.

— El relato de Frank —

Henry's Carpet era un negocio creciente. Henry dependía de su gerenta, Beatrice, para contratar y despedir. Thomas, su gerente de oficina, tenía la responsabilidad de asegurar que los trabajadores nuevos tuvieran los documentos de autorización de trabajo adecuados y de mantener los registros I-9 de la compañía.

Beatrice entrevistó a Frank para un puesto de colocador de alfombras. Como con todos los solicitantes, hizo una lista de sus referencias con planes para llamarlos para pedir informes sobre el historial de trabajo de Frank. No le pidió a Frank pruebas de autorización de trabajo porque todavía no había decidido si lo contrataría. Si le hubiera pedido documentos de autorización de trabajo antes de contratarle, y no le hubiera contratado, él podría acusar a Beatrice de discriminación y decir que sólo cuando vio que no era ciudadano de Estados Unidos decidió no contratarle.

Una semana después, cuando Beatrice completó su investigación del historial de trabajo de Frank, le llamó para ofrecerle un empleo. Le dijo que fuera a ver a Thomas, el gerente de oficina, y que trajera pruebas de que tenía autorización para trabajar en Estados Unidos.

Durante su reunión con Thomas, Frank llenó la Sección 1 del formulario diciendo que era residente permanente de Estados Unidos (tenedor de tarjeta verde). Pero Frank olvidó su tarjeta del seguro social. Mostró su libreta de conducir como prueba de identidad, pero no pudo demostrar autorización para trabajar en Estados Unidos. Debido a que Frank había firmado la Sección 1 del formulario I-9, declarando ser residente permanente, Henry's Carpet puede ponerlo a trabajar inmediatamente. Pero Frank debe presentar dentro de tres días su tarjeta de seguro social, la de residente permanente *(green card)*, o bien cualquier otra prueba aceptable que escoja, para establecer que puede trabajar en Estados Unidos. Si no presenta pruebas de que tiene autorización para trabajar (o que al menos solicitó un documento de reemplazo que demostraría que puede trabajar), la compañía habrá violado la ley y puede recibir una multa por no cumplir los requisitos de inspección, verificación y mantenimiento de registros.

Documentos falsos

La ley requiere que el empleador actúe de buena fe, no que se las dé de experto sobre la falsedad de los documentos. Aunque el Congreso pensó en algún momento exigir que los empleadores verificaran los documentos de los empleados a través de un banco nacional de datos, todavía no existía este requisito en el momento de publicarse este libro. Algunos empleadores, mediante sus asociaciones industriales, han convenido participar en un programa piloto de verificación de empleo—*Employment Verification Pilot* (EVP). Estos programas son voluntarios, no obligatorios, y se usan únicamente para verificar elegibilidad de empleo para los nuevos trabajadores contratados.

Actuar de buena fe significa que si un documento es obviamente falso, falsificado, alterado, no es original, o no se relaciona con el individuo, usted no puede aceptarlo. Por ejemplo, no puede aceptar una reproducción de metal o plástico de una tarjeta de seguro social como prueba de que el empleado tiene autorización para trabajar.

Si usted piensa que los documentos que presenta un empleado son obviamente falsos o pertenecen a otra persona, usted no tiene que contratar al trabajador. Debe documentar por qué piensa que los documentos no son aceptables en caso de una acusación de discriminación. USCIS no puede verificar la condición de los empleados para los empleadores a menos que usted tenga pruebas claras y específicas sobre documentos falsos, o si usted participa en el programa EVP de USCIS.

¿Por cuánto tiempo debo guardar el formulario I-9?

Usted debe guardar una copia de los formularios I-9 por tres años después de la fecha de contratación o un año después que el empleo termine, cual sea el último. Es mejor destruirlos después de esa fecha.

Copia de documentos

Usted puede guardar copias de los documentos que sus empleados le muestran, pero no está obligado a hacerlo. Muchos empleadores eligen hacer copias de los documentos que presentan los empleados, ya que en ese caso

USCIS puede llegar a su propia conclusión sobre si los documentos parecían válidos a primera vista. Usted debe tener una política uniforme. Si únicamente hace copias de los documentos de empleados de un grupo nacional en particular, esto podría usarse contra usted en caso que un trabajador alegue discriminación. Si usted hace copia de algunos, pero no todos los documentos de los empleados, puede perder la defensa de buena fe de que usted pensaba que los documentos eran genuinos.

La defensa de mantener un registro de infracciones

Si usted hace un esfuerzo válido por cumplir los requisitos de mantenimiento de registros de las sanciones al empleador, ésa es una defensa total de una acusación que usted no mantuvo registros adecuados.

Sin embargo, si USCIS le informa que sus registros son deficientes, usted debe cuadrar sus registros dentro de diez días para el cumplimiento de la ley o quedar sujeto a multas.

CÓMO VERIFICAR LOS DOCUMENTOS DE SUS EMPLEADOS

Su empleado debe presentar prueba de identidad y autorización para trabajar. El empleado puede presentar un solo documento que dé pruebas tanto de su identidad como de su autorización de trabajo, tales como un pasaporte de Estados Unidos, tarjeta de residente permanente *(green card)*, o el documento de autorización de empleo—USCIS *Employment Authorization Document* (con foto). O el empleado puede presentar una combinación de documentos, tal como una Licencia para conducir (para demostrar identidad) y una tarjeta de seguro social (para demostrar autorización de trabajo). Del empleado depende presentar los documentos que escoja entre los de la lista al reverso del formulario I-9. No olvide mostrarle al empleado la lista y pedirle que escoja.

El Manual para Empleadores de USCIS *(Handbook for Employers)* reseña los requisitos de documentación de las sanciones al empleador. USCIS proporciona tres listas de documentos. Los documentos en la Lista A demostran empleo e identidad. Los documentos de la Lista B establecen identidad solamente. Los documentos de la Lista C establecen solamente elegibilidad para trabajar. Para cumplir la ley de sanciones, su empleado debe presentar ya sea un documento de la Lista A o un documento de la Lista B más uno de la Lista C. Encontrará más adelante las listas de documentos suministrados por el INS. (He enmendado la lista para que esté en cumplimiento con la ley de inmigración de 1996). Añado un breve comentario con algunos documentos. USCIS tiene gran discreción para enmendar las listas de documentos. Las listas son exactas hasta el momento de publicarse este libro. Las leyes de inmigración de 1996 eliminaron tres documentos de la lista que demuestran identidad y autorización de empleo: el Certificado de Ciudadanía de Estados Unidos (Formulario N-560 o N-561 del INS), el Certificado de Naturalización (Formulario N-550 o N-570 del INS), y un pasaporte extranjero vigente con un sello del Formulario I-551 de USCIS o el Formulario I-94 de USCIS adjunto que indica la autorización válida de empleo. Sin embargo, estos documentos todavía son aceptables hasta que USCIS emita un nuevo formulario I-9, lo que no había hecho todavía al publicarse este libro.

Lista A: Documentos que muestran tanto identidad como elegibilidad de empleo

1. Pasaporte de Estados Unidos (Expirado o vigente).

Usted puede aceptar un pasaporte expirado de Estados Unidos como prueba tanto de identidad como de autorización para trabajar.

2. Un recibo por la tarjeta de extranjería (de residencia permanente) (Formulario I-551 de USCIS) con foto.

Aunque se usa el término *"green card"* para describir la tarjeta de residente permanente (la tarjeta que se le da a un inmigrante legal), la tarjeta ya no es verde. Las tarjetas recientes son color salmón o rosado. Si un trabajador presenta una tarjeta de residente permanente verde o azul, quizás quiera sugerirle que solicite una nueva de USCIS. Estas tarjetas antiguas expiraron y no son válidas para mostrar autorización de trabajo. Puede aceptar un recibo de USCIS por una nueva tarjeta como prueba de que se le autoriza a trabajar, o puede pedirle al empleado que suministre otros documentos, como una licencia de conducir y la tarjeta del seguro social.

3. Tarjeta temporal de residente sin expirar (Formulario I-688 de USCIS).

Ésta es la tarjeta que USCIS le da a una persona que solicitó legalización y se le concedió residencia temporal.

4. Tarjeta de autorización de empleo sin expirar *(Employment Authorization Card*—Formulario I-688A de USCIS, conocido también como Documento de autorización de empleo—*Employment Authorization Document* o EAD).

Ésta es la tarjeta que se le da a un solicitante bajo el programa de "amnistía" para la legalización, antes de que sea residente temporal de Estados Unidos. USCIS presenta estas tarjetas a intervalos de un año, actualizándolas con etiquetas engomadas. Muchas personas solicitaron amnistía tarde, y USCIS renovó sus tarjetas por varios años sin darles visas de inmigrante.

5. Permiso de reingreso sin expirar (Formulario I-327 de USCIS).
6. Documentos de viaje de refugiado sin expirar (Formulario I-571 de USCIS).
7. Documento de autorización de empleo sin expirar (Formulario I-688B de USCIS) con fotografía. Este documento se conoce comúnmente como la "tarjeta de trabajo" o "EAD". Indica condición de trabajo temporal.

Lista B: Documentos que establecen identidad (vigentes o expirados)

1. Licencia para conducir o cédula de identidad (ID).

Este documento lo extiende un estado o posesión de Estados Unidos en ultramar y es aceptable para demostrar identidad si incluye una fotografía o información tal como el nombre, fecha de nacimiento, sexo, altura, color de ojos y dirección.

2. Cédula de identidad (ID)

Cualquier tarjeta de identidad de una agencia del gobierno federal, estatal o local es aceptable siempre que incluya una fotografía o información tal como el nombre, fecha de nacimiento, sexo, altura, color de ojos y dirección.

3. Tarjeta de identidad de la escuela con una fotografía
4. Tarjeta de registro de votante
5. Cédula militar o registro de conscripción
6. Tarjeta de identidad de un dependiente de un militar
7. Cédula de marino mercante del Servicio de Guardacostas de Estados Unidos
8. Documento de una tribu nativa americana
9. Licencia para conducir canadiense

Para las personas menores de 18 que no puedan presentar uno de los documento de la lista anterior:

10. Registro o libreta de calificaciones de la escuela
11. Registro de una clínica, médico, o registro de un hospital
12. Registro de una guardería infantil o jardin de infantes

Lista C: Documentos que establecen elegibilidad de empleo

Las leyes de inmigración de 1996 eliminaron la partida de nacimiento de Estados Unidos como documento para mostrar elegibilidad de empleo.

1. Tarjeta de Seguro Social de Estados Unidos (excepto las tarjetas que indican *"Not for Employment Purposes"*—No tiene validez para propósitos de empleo)

Los visitantes y otras personas que están legalmente en Estados Unidos sin permiso de trabajo de USCIS pueden tener tarjetas de seguro social. Las tarjetas se utilizan para las operaciones bancarias y otros propósitos legítimos. En años recientes, la Administración del Seguro Social añadió las palabras *"Not for Employment Purposes"*—No tiene validez para propósitos de empleo— en las tarjetas expedidas a individuos que no tienen autorización para trabajar en Estados Unidos. Las tarjetas con esta anotación no pueden usarse para demostrar autorización para trabajar. Los empleadores deben tener cuidado antes de rechazar tarjetas que desconocen. Hay 20 versiones distintas de la tarjeta en circulación.

Las tarjetas de seguro social falsas son muy comunes. Sin embargo, a menos que sea obvio que la tarjeta que se le presente se haya alterado o falsificado, o que usted tenga otra razón para pensar que es falsa (digamos que el empleado le dice que es falsa) usted debe aceptar su validez. Recalco una vez más: trate a todos los empleados de la misma manera. Estará infringiendo las cláusulas antidiscriminatorias de la ley si pone en duda los documentos de los trabajadores de una raza o nacionalidad en particular.

2. Documento de la tribu de un nativo americano

Una persona con un documento de una tribu nativa americana debe colocar este documento tanto en la "Lista B" como en la "Lista C". Un documento de una tribu no es un documento de "Lista A".

3. Tarjeta de ciudadanía de Estados Unidos (Formulario I-197 del INS)
4. Tarjeta de identidad para uso del ciudadano residente de Estados Unidos (Formulario USCIS I-179)
5. Documento de autorización de empleo sin expirar de USCIS, aparte de otros bajo la Lista A

Los relatos de Samantha, Larry, y Bertha sirven de ejemplo para mostrar cómo la lista de documentos se utiliza para determinar autorización de empleo.

— El relato de Samantha —

Samantha completa la Sección del Formulario I-9 indicando que es ciudadana de Estados Unidos. Le presenta a su empleador su licencia de conducir y su libreta del seguro social. El empleador de Samantha puede contratarla y completar el formulario I-9. Samantha no tiene que presentar pasaporte de Estados Unidos, partida de nacimiento, ni otra prueba de ciudadanía de Estados Unidos. La licencia de conducir y la tarjeta del seguro social muestran su identidad y su autorización para trabajar.

— El relato de Larry —

Larry es residente permanente de Estados Unidos. Le presenta a su empleador su tarjeta de residente permanente. La tarjeta de residente permanente es un documento que demuestra identidad y autorización para trabajar. No tiene que presentar tarjeta de seguro social. Su empleador puede contratarle sin infringir las leyes de sanciones al empleador. La compañía le pedirá a Larry su número de seguro social para informar sobre sus ingresos, pero el empleador puede contratarlo sin tener que ver la tarjeta.

— El relato de Bertha —

Bertha es ciudadana de Estados Unidos. Le presenta a su empleador una tarjeta de seguro social que demuestra su autorización para trabajar. La tarjeta del seguro social no es prueba de identidad porque no está en la Lista B. Para probar su identidad, muestra una tarjeta de identidad emitida por su universidad, San Diego State University. Una tarjeta de identidad de una agencia estatal o de una institución de enseñanza y la tarjeta del seguro social son suficientes para mostrar tanto su identidad como su autorización para trabajar.

No escoja documentos selectivamente

No tiene derecho a exigir un documento en particular de sus empleados. Si un empleado presenta uno mencionado en las listas que USCIS considera aceptable, usted debe aceptar los documentos siempre que aparenten ser válidos.

El relato de Mary da un ejemplo de la importancia de aceptar cualquier documento de la lista suministrada por el USCIS.

— El relato de Mary —

Mary es dueña de su propio negocio, Mary's Marketing. Emplea a más de 50 personas que lo hacen todo, desde campañas de mercadotecnia hasta la distribución de volantes en esquinas callejeras.

Mary ha tenido problemas con el gobierno federal. Le hicieron auditorías varias veces por no haber presentado planillas de impuestos correctas. De ninguna manera quisiera faltar a las leyes de sanciones al empleador. Por eso, tiene como regla que todo empleado nuevo debe presentar la tarjeta del seguro social y el pasaporte de Estados Unidos o la tarjeta de residente permanente.

Sonia, de Rusia, solicitó trabajo como especialista de diseño por computación en Mary's Marketing. Mary, contenta con la entrevista, le ofreció un puesto a Sonia. Sonia es refugiada. No tiene pasaporte de Estados Unidos ni tarjeta de residente permanente. Le muestra a Mary un documento de autorización de empleo (con foto) que obtuvo del INS. Sonia no recibió todavía su tarjeta del seguro social en el correo, pero la Administración del Seguro Social le dio un número. Mary decide no emplear a Sonia y le dice que regrese cuando tenga su tarjeta del seguro social y una tarjeta de residente permanente o un pasaporte de Estados Unidos. Mary infringe la ley porque el documento de autorización de empleo está en la Lista A.

Nueva verificación

Si la autorización de trabajo de un empleado expira, usted debe volver a verificar la elegibilidad de trabajo del empleado no más tarde que el último día de autorización anotado en el documento. Puede volver a verificar al empleado en el formulario I-9 original sin tener que preparar uno nuevo. No necesita volver a verificar la elegibilidad de los empleados que son residentes permanentes, aunque su tarjeta de "Residente Permanente" muestre una fecha de expiración. Sólo la tarjeta expira, no la condición. Permanecen autorizados para trabajar. Debe volver a verificar a los empleados que sólo tienen tarjetas de autorización de empleo.

Para los empleados que deben renovar su autorización de empleo, asegúrese de que soliciten su prórroga de autorización de empleo por lo menos 120 días antes de la fecha de expiración del permiso de prórroga. Luego, si USCIS no decide el caso dentro de los 90 días de recibir la solicitud de prórroga, los empleados pueden obtener un "Documento interino de autorización de empleo" en la oficina local de USCIS. Debido a que algunas oficinas de USCIS no conocen el reglamento para conceder autorización interina de empleo, los empleados deben decirle a USCIS que presentan su solicitud bajo la "8 CFR Sec. 274a.13(d)".

El relato de Jonathan nos ayuda a comprender el requisito de efectuar una nueva verificación.

— El relato de Jonathan —

Jonathan solicitó amnistía tarde. (Para más sobre la amnistía tardía, vea el capítulo 1). USCIS continúa considerando su caso. En los últimos cuatro años, USCIS ha renovado su autorización de trabajo. Su tarjeta de autorización de empleo (con foto) muestra que expirará el 1º de noviembre de 2002. La tarjeta demuestra su identidad y su autorización para trabajar. Cualquier empleador que contrate a Jonathan debe tener un sistema recordatorio *(tickler system)* para comprobar el 1º de noviembre de 2002 si Jonathan todavía tiene autorización para trabajar. Como su documento de autorización de empleo expira en esa fecha, si no presenta un documento de la Lista A o la Lista C, su empleador corre el riesgo de una multa si USCIS se entera, lo cual es poco probable, de que se le mantuvo en nómina. No es necesario que su empleador vea una prórroga del documento de autorización de trabajo de USCIS, siempre que Jonathan le muestre a su empleador un documento válido de la Lista A o la Lista C y dice que tiene autorización para trabajar. Recuerde que es el empleado quien escoge qué documento presentar para establecer autorización para trabajar. El empleador debe anotar el documento en la sección 3 del formulario I-9 y firmar esa sección.

CUANDO SE CONTRATA TRABAJADORES SABIENDO QUE NO TIENEN AUTORIZACIÓN PARA TRABAJAR

Las sanciones al empleador son más severas para los empleadores que emplean, a sabiendas, trabajadores que no tienen autorización para trabajar. No puede multársele bajo esta cláusula si hace un esfuerzo de buena fe y usa las pautas del I-9 para verificar los documentos del trabajador. Sin embargo, si USCIS se entera que, para contratar trabajadores sin autorización, usted completó el formulario I-9 descuidadamente, podría multársele por "contratar a sabiendas" a quien no debía. También puede multársele por "contratar a sabiendas" si deja que un empleado continúe trabajando después de la expiración de su autorización de trabajo. Empleadores a quienes USCIS acusa de contratar a sabiendas son los que, por lo general, no completan el Formulario I-9 y que emplean grandes cantidades de trabajadores indocumentados, pero USCIS también tiene derecho de acusar a empleadores con pocos trabajadores.

"NO CORRESPONDE" *(NO MATCH)*: CARTAS DE LA ADMINISTRACIÓN DEL SEGURO SOCIAL

Muchos empleadores están recibiendo cartas llamadas "no corresponde" *("no match")* de la Administración del Seguro Social (SSA) en las que se comunica que los números del seguro social que el empleador envió a la SSA no son válidos. Las cartas le advierten al empleador que arriesga una multa de $50 por cada número inválido.

La carta "no corresponde" no significa necesariamente que el empleado trabaja sin autorización. A veces el empleado cambió de apellido cuando se casó, o el empleador puso un nombre distinto al apellido registrado con los computadores de la SSA. O quizás alguien traspuso un número o cometió un error tipográfico. En otros casos, el trabajador inventó un número porque es ilegal.

En una carta del Asesor General de USCIS, David Martin, de fecha 23 de diciembre de 1997, USCIS aclaró que estas cartas de la SSA no requieren que los empleadores vuelvan a verificar a los empleados. Si tiene una pregunta sobre este tema, dígale a su abogado que la carta se publicó en el boletín noticioso *"75 Interpreter Releases 203"*, (75 Comunicaciones de Intérprete 203) de fecha 9 de febrero de 1998. La mayoría de las bibliotecas legales tienen la publicación. Y las cartas no notifican al empleador que el empleado está indocumentado. La SSA admite que no tiene autoridad para multar a los empleadores. Sólo el IRS puede hacerlo. El IRS lo hace muy raras veces. La SSA no comparte la carta *"no match"*—o "no corresponde"—con el INS, y el IRS no aplica multas por los números que no son válidos.

Cuando algunos empleados reciben la carta *"no match"* colocan un aviso a los empleados en un lugar prominente sugiriendo que comprueben sus cheques de sueldo para ver si el nombre y el número de seguro social (SSN) son exactamente iguales a los de su tarjeta. Después de todo, si más adelante el empleado tiene problemas para obtener beneficios, es el empleado quien perderá.

EJECUCIÓN DE LAS SANCIONES AL EMPLEADOR

USCIS no puede verificar los registros de todos los negocios en Estados Unidos. Al igual que la colecta de impuestos del IRS, la ejecución de sanciones al empleador depende del cumplimiento voluntario junto con la amenaza de una auditoría. Empresas tan grandes como Disney o tan pequeñas como un café han tenido auditorías de USCIS.

Auditorías I-9 del INS

Después de un pedido oficial del INS, se les da tres días a los empleadores para presentar los formularios de inspección I-9. Emplee este tiempo para solicitar, si la necesita, una prórroga para revisar sus formularios y asegurarse de que están completos. Si agrega la información que falta, como el número de la licencia de conducir que un trabajador le mostró cuando empezó a trabajar, compruebe la fecha y ponga sus iniciales en la corrección una vez que añada la información. No les ponga fecha atrasada a los formularios. Sin embargo, es prueba de su buena fe que hizo las correcciones necesarias antes de presentarle los formularios al INS. Revise los formularios para estar seguro que llenó todos los cuadros y que el empleado y el empleador firmaron y fecharon los formularios.

Compare sus formularios con su lista de empleados o el informe trimestral de nómina para asegurarse que tiene todos los formularios para todos sus empleados. Después de terminar su revisión, numere cada formulario y haga una copia de todos los documentos que le da al INS para sus registros. USCIS puede presentar órdenes judiciales para forzarle a presentar otra prueba relevante a la investigación. Si USCIS solicita sus formularios I-9, pida consejo inmediato a un experto en leyes de empleo o a un experto en leyes de inmigración. ¡No suponga que una auditoría de USCIS es algo fácil!

Visitas del INS

A menos que esté de acuerdo con una búsqueda, USCIS no puede ingresar en los lugares no públicos de su local sin una orden de arresto o de búsqueda. Si USCIS quiere ingresar en su negocio sin una orden judicial, dígales cortésmente que no pueden, por más amistosa que sea la actitud del agente. Pregúntele al agente lo que quiere, y luego llame a un abogado de inmigración.

Cómo USCIS presenta acusaciones contra el empleador

USCIS inicia una acción legal con la entrega de un aviso de que intentará multar a un empleador *(Notice of Intent to Fine*—NIF) en el Formulario I-763. Este aviso debe incluir el nombre del empleador, las supuestas infracciones, y la multa que impondrá USCIS. Usualmente, el gobierno negociará una reducción de la multa mencionada para evitar litigar el caso. Usted o su abogado pueden llevar a cabo la negociación, pero no olvide solicitar con tiempo una audiencia si no ha llegado a un arreglo dentro de 30 días.

Si le presentan un NIF, puede solicitar una audiencia con un juez en leyes administrativas mediante un pedido por escrito a la oficina de USCIS que nombra el aviso. La oficina de USCIS debe recibir el pedido dentro de los 30 días después de la presentación del NIF, o se le negará el pedido. Tiene cinco días adicionales si recibió el NIF por correo normal. Sin embargo, el NIF se entrega generalmente en persona o se envía por correo certificado.

MULTAS Y PENALIDADES

Infracciones de la documentación

Puede multársele desde $100 a $1,000 por cada infracción. Esto incluye no haber completado el Formulario I-9 y no haberlo guardado.

Infracciones por emplear "a sabiendas"

Usted queda sujeto a las siguientes penalidades por emplear a personas sin autorización:

- **Primera infracción** $250 a $2,000 por cada persona no autorizada.
- **Segunda infracción** $2,000 a $5,000 por cada persona no autorizada
- **Tres o más infracciones** $3,000 a $10,000 por cada persona no autorizada.

Infracciones "prototípicas" o "por práctica"

Si USCIS decide que usted tiene una manera típica o una práctica usual de emplear a sabiendas a personas sin autorización para trabajar, puede acudir a una corte federal y conseguir un mandamiento judicial de asistencia *(injunctive relief)* para que usted desista de seguir cometiendo estas infracciones. USCIS puede enjuiciarle, con una condena potencial de seis meses de cárcel y una multa de $3,000 por cada persona contratada ilegalmente. El reglamento de USCIS define una conducta prototípica o una práctica usual *("pattern"* y *"practice")* como una actividad cometida "con regularidad, repetida e intencional". Infracciones porque "contrató a sabiendas" también son de orden criminal si usted ha empleado a diez empleados en 12 meses y tiene conocimiento cabal que los empleados llegaron al país ilegalmente.

LAS CLÁUSULAS ANTIDISCRIMINATORIAS

La ley antidiscriminatoria de USCIS se aplica a los empleadores con más de tres trabajadores. De acuerdo con la ley, se le puede multar si discrimina contra empleados debido a su nacionalidad de origen o su ciudadanía. Bajo la ley de inmigración de 1996, la discriminación debe ser intencional. Sólo una persona con los documentos de autorización de trabajo adecuados puede levantar acusaciones de que usted discriminó contra un inmigrante. Sin embargo, otras leyes de discriminación no tienen estas limitaciones.

Para evitar que se le acuse de discriminar, trate a todos los solicitantes de trabajo del mismo modo y siga cuidadosamente las pautas para completar el formulario I-9. Cuando verifique la condición de autorización de empleo, no le pida al trabajador que presente documentos adicionales o distintos a los que exige la ley.

Ejemplos de prácticas discriminatorias:

- Despedir o rehusar contratar a alguien porque parece o suena extranjero.
- Contratar sólo a ciudadanos o imponer un requisito general de preferencia a los ciudadanos.
- Preferir un tipo de documentación aceptable sobre otro. (Un pasaporte no es mejor que una tarjeta de seguro social y una tarjeta de identificación del estado o una licencia de conducir).
- Exigir que los empleados hablen siempre inglés.
- Exigir fluidez del inglés donde no se relaciona legítimamente al trabajo.
- Rehusar contratar a alguien con autorización para trabajar sólo temporalmente.

Penalidades por discriminación

Si se decide que usted discriminó intencionalmente contra algún trabajador debido a su nacionalidad o ciudadanía, pueden exigirle contratar (o reintegrar) al trabajador. Se le puede requerir también que pague los sueldos atrasados y los honorarios legales. Además, puede recibir estas multas:

- Primera ofensa. No menos de $250 y no más de $2,000 por cada individuo discriminado.
- Segunda ofensa. No menos de $2,000 y no más de $5,000 por cada individuo discriminado.
- Ofensa(s) siguiente(s). No menos de $3,000 y no más de $10,000 por cada individuo discriminado.
- Pedido ilegal de documentos adicionales o diferentes. No menos de $100 y no más de $1,000 por cada individuo discriminado.

También puede pedírseles a los empleadores que mantengan ciertas normas sobre la contratación de solicitantes y empleados. Si un tribunal decide que un reclamo de USCIS o de un empleado contra usted no tiene lugar por ley, el tribunal puede adjudicar que se le paguen los gastos de abogado.

CAPÍTULO 21

Sus derechos de empleado según las sanciones al empleador

Cuando el Congreso finalmente tomó en cuenta la ley de "sanciones al empleador", las personas opuestas a ella manifestaron que la ley terminaría por discriminar contra las personas con acento extranjero. También dijeron que la discriminación contra los individuos no blancos, especialmente los latinos y asiáticos, iría en aumento. Los críticos tenían razón. Pese a la cláusula antidiscriminatoria de la ley de sanciones al empleador, estudios del gobierno de Estados Unidos demuestran que las sanciones al empleador generalizaron la discriminación.

Las cláusulas antidiscriminatorias de las sanciones al empleador se refieren a empleadores de tres personas o más. La ley otorga a los ciudadanos, residentes permanentes (registrados para naturalizarse dentro de los seis meses de elegibilidad), refugiados o asilados de Estados Unidos el derecho de presentar una queja contra un empleador que discrimine contra usted debido a su nacionalidad o ciudadanía. Si gana su caso, puede lograr pago por sueldos atrasados durante el período de tiempo que estuvo sin trabajo. Es posible que al empleador se le pida que cambie su política hacia el personal para asegurarse que la discriminación no continuará. Pero no se enfurezca con el empleador de que le pida pruebas de identidad y autorización para trabajar. La ley lo requiere. Debe completar el formulario I-9 de USIS, *Employment Eligibility Verification* (Verificación de elegibilidad de empleo) o un empleador puede rehusar emplearle.

CÓMO COMPLETAR EL FORMULARIO I-9

En el capítulo 20, di una lista de documentos que puede usar para demostrar que se le autoriza a trabajar en Estados Unidos. De usted depende seleccionar los documentos que debe presentar de la lista al reverso del formulario I-9 (vea el capítulo 20). Si al presentar la prueba de identidad adecuada y la autorización de trabajo, un empleador le pide más pruebas, usted puede ser víctima de discriminación. Tendrá derecho de presentar una acusación contra el empleador.

Documentos fraudulentos

Tenga cuidado: USCIS puede penalizarle por usar documentos falsos o falsificados al completar el formulario I-9. También es ilegal presentar el documento de otra persona como si fuera suyo. Las penalidades posibles incluyen que se le excluya de la residencia permanente de Estados Unidos, deporte (proceso de "remoción" al 1º de abril de 1997), y multe.

CÓMO LUCHAR CONTRA LA DISCRIMINACIÓN

Si tiene cualquier sospecha de que un empleador le trata injustamente, no trate de decidir por sí mismo si tiene un caso sólido de discriminación. Si cree que puede haber sido víctima de discriminación, contacte a la oficina del asesor especial de prácticas de empleo injustas relacionadas con la inmigración—Office of Special Counsel for Immigration Related Unfair Employment Practices (IRCA), Department of Justice, P.O. Box 27728, Washington, D.C. 20038-7728, 800-255-7688, 202-616-5594, o (fax) 202-616-5509. También puede obtener información y un formulario de quejas en: Oficina del Asesor Especial, www.usdoj.gov/crt/osc/. La oficina del asesor especial es la agencia de gobierno responsable, en Estados Unidos, de asegurar que la ley de sanciones al empleador no discrimine contra los trabajadores.

Llame a la Oficina del asesor especial si un empleador actúa de una o más de las siguientes maneras:

- Rehúsa emplearlo porque usted tiene apariencia de "extranjero".
- Emplea ciudadanos únicamente (a menos que el empleador sea una ciudad, condado, agencia estatal con un puesto que requiere implementación de una política pública tal como un funcionario de la policía. Las agencias federales también pueden limitar el empleo a los ciudadanos de Estados Unidos.
- Insiste que usted le presente un documento particular en vez de uno de los documentos de la lista (Un pasaporte de Estados Unidos no es una prueba de identidad mejor que una tarjeta de seguro social y que la tarjeta de identidad del estado o una licencia de conducir).
- Rehúsa emplearle sólo debido a su acento extranjero.
- Exige que usted hable inglés en todo momento.
- Requiere que hable inglés con fluidez en puestos que no lo requieren legítimamente.
- Rehúsa ascenderle o emplearle porque usted no es ciudadano de Estados Unidos.
- Rehúsa emplearle porque usted sólo tiene autorización de trabajo temporal.

¿QUIÉN ESTÁ PROTEGIDO?

Las cláusulas antidiscriminatorias de la IRCA protegen a toda persona, excepto a la que no tenga autorización para trabajar, de la discriminación por origen nacional en el empleo, despido y reclutamiento. Se puede valer de la protección de la condición de ciudadano (discriminación contra una persona porque es residente permanente y no ciudadano) sólo si es ciudadano o nacional de Estados Unidos, residente permanente legal, residente temporal legal, refugiado, o asilado.

CUMPLIMIENTO DE LAS CLÁUSULAS ANTIDISCRIMINATORIAS

Si usted cree ser víctima de discriminación, debe registrar una queja con la Oficina del Asesor Especial en el Departamento de Justicia. Debe presentar la notificación dentro de los 180 días en que se realizó el acto de discriminación. No tiene que ser usted, necesariamente, quien presente la acusación o caso de discriminación. El representante de su sindicato, un abogado, un amigo o un familiar puede presentar la queja. El asesor especial tiene 120 días a partir del momento que recibe su queja por discriminación para decidir si hay "causa razonable para creer" que el empleador ha discriminado y llevar la queja ante un juez legal administrativo.

En ciertas circunstancias, aun si la oficina del asesor especial no presenta una acusación contra el empleador, usted puede llevar su queja directamente a un juez legal administrativo. Si la decisión del juez legal administrativo no le satisface, tiene 60 días para solicitar que la Corte de Recursos de Estados Unidos vea su caso. Un empleador tiene el mismo derecho.

Un juez legal administrativo puede penalizar al empleador exigiéndole que deje de discriminar, vuelva a emplearle, le pague el sueldo atrasado o pague una multa. El juez legal administrativo también puede exigir que el empleador cumpla los requisitos de mantenimiento de registros especiales. Los relatos de Juanita y Pierre son ejemplos de discriminación del proceso I-9.

— El relato de Juanita —

Juanita es residente permanente de Estados Unidos, donde vive desde hace más de 20 años. Nació en Bolivia y proyecta regresar a ese país cuando se jubile. Sabe que, como ciudadana de Estados Unidos, perderá su ciudadanía boliviana.

Juanita solicitó trabajo con un programador de computación en una pequeña empresa de desarrollo de programas de computación *(software)*. La política de la compañía era emplear únicamente a ciudadanos de Estados Unidos. Cuando la entrevistaron para el trabajo, todo parecía ir bien hasta que el empleador le preguntó si era ciudadana de Estados Unidos. Juanita respondió la verdad: era residente permanente. El empleador le dijo que el empleo era sólo para ciudadanos de este país.

Acto seguido, Juanita contactó a la oficina del asesor especial, que levantó una queja contra el empleador. Eventualmente, el empleador contrató a Juanita, quien recibió el pago atrasado a partir de la fecha cuando debió empezar a trabajar para la compañía si ésta no hubiera discriminado contra ella.

— El relato de Pierre —

Pierre nació en Haití pero actualmente es ciudadano de Estados Unidos. Aunque su inglés es excelente, tiene un leve acento. De cualquier forma, Pierre se sintió siempre orgulloso de su ascendencia haitiana. Nunca trató de ocultar que no nació en Estados Unidos.

Pierre solicitó trabajo de ebanista en una empresa de construcción. Tenía destreza en su oficio y la compañía quería emplearle. Pero debido a su acento, el director de personal insistió que Pierre trajera pruebas de que era ciudadano de Estados Unidos. Pierre tenía tarjeta de seguro social y licencia de conducir que, de acuerdo con la ley de sanciones al empleador, son suficientes para demostrar autorización para trabajar. La licencia de conducir es una prueba de identidad, y la tarjeta de seguro social le califica para trabajar en Estados Unidos. Al insistir que Pierre trajera pruebas de su ciudadanía estadounidense, el emple-ador comete una infracción contra la ley de sanciones al empleador. Pierre puede presentar una queja contra la empresa.

APÉNDICES

APÉNDICE A
RECURSOS LEGALES DE INMIGRACIÓN

LEYES Y REGLAMENTOS

Puede obtener los siguientes documentos en:

Superintendent of Documents

U.S. Government Printing Office
Washington, DC 20402
202-512-1800

Título/*Title 8 Aliens and Nationality*—Los extranjeros y la nacionalidad

Code of Federal Regulations (CFR)—Código de reglamentos federales
GPO S/N 869-00075-4

Título/*Title 20 Employees' Benefits*—Beneficios de los empleados

Code of Federal Regulations (CFR)—Código de reglamentos federales
Parts 602, 621, 655, 656 (Relaciones laborales)
GPO S/N 869-011-00065-7

Título/*Title 22 Foreign Relations*—Relaciones exteriores

Code of Federal Regulations (CFR)—Código de reglamentos federales
Parts 41-53 (Reglamentos para visas y pasaportes); Part 514 (Reglamentos para la visa J USIA); GPO S/N 869-011-0075-4

TRATADOS GENERALES SOBRE LAS LEYES DE INMIGRACIÓN, LIBROS DE CASOS Y OTROS SERVICIOS DE RECURSOS

Immigration Business News and Comment

Boletín informativo bimensual. Austin T. Fragomen y Steven Bell
West Group
620 Opperman Drive
Eagan, MN 55123
800-328-4880

Immigration Law and Business (2001)

Un tratado conciso en hojas sueltas para los practicantes de la inmigración comercial. Austin T. Fragomen, Jr., Alfred J. Del Rey, Jr., y Sam Bernsen
West Group
620 Opperman Drive
Eagan, MN 55123
800-328-4880

Immigration Law and Crimes (2000)

La mejor ayuda para representar a inmigrantes con antecedentes criminales. National Immigration Project of the National Lawyers Guild
West Group
620 Opperman Drive
Eagan, MN 55123
800-328-4880

Immigration Law and Defense (2001, 3rd Ed.)

Un tratado particularmente versado en la defensa contra la deportación. *National Immigration Project of the National Lawyers Guild.*

Immigration Law and Procedure (2001, Rev. Ed.)

El tratado definitivo sobre las leyes de inmigración—costoso pero esencial para el profesional serio.
Charles Gordon, Stanley Mailman, y Stephen Yale-Loehr
Matthew Bender and Co., Inc.
1275 Broadway
Albany, NY 12201
800-833-9844
212-268-6621 (fax)

Immigration and Nationality Law: Cases and Materials (2000, 3rd Ed.)

Un texto de casos excelente para las facultades de derecho. Richard A. Boswell con Gilbert Paul Carrasco,
Carolina Academic Press
700 Kent Street
Durham, NC 27701
919-489-7486
919-493-5668

International Student Handbook: A Legal Guide to Studying, Working and Living in the United States (1992)

Guía popular para estudiantes. Allan Wernick, Impresión agotada

Interpreter Releases

Resumen semanal de los cambios en las prácticas y reglamentos de las leyes de inmigración; incluye resúmenes de casos recientes. Maurice A. Roberts, Danielle Polen, y Juan Osuna, Editors

West Group

620 Opperman Drive
Eagan, MN 55123
800-328-4880

Kurzban's Immigration Law Sourcebook (2000, 7th Ed.)

El mejor libro de un solo volumen que resume las leyes y procedimientos de inmigración. Ira J. Kurzban,

American Immigration Law Foundation

1400 Eye Street NW
Suite 1200
Washington, D.C. 20005 800-982-2839
202-371-9377
202-371-9449 (fax)

CIUDADANÍA Y NATURALIZACIÓN

Naturalization: A Guide for Legal Practitioners and Other Community Advocates (2001)

Un libro de ayuda práctica.

Immigration Legal Resource Center

1663 Mission Street
Suite 602
San Francisco, CA 94103
415-225-9499
415-225-9792 (fax)

Naturalization Handbook (2001)

El trabado principal sobre el tema de la naturalización. Daniel Levy, National Immigration Project of the National Lawyers Guild

West Group

620 Opperman Drive
Eagan, MN 55123
800-328-4880

APÉNDICE B
PETICIÓN I-130 PARA FAMILIAR DE EXTRANJERO

U.S. Department of Justice OMB # 1115-0054
Immigration and Naturalization Service Petition for Alien Relative

INSTRUCTIONS

Read the instructions carefully. If you do not follow the instructions, we may have to return your petition, which may delay final action.

1 Who may file?

A citizen or lawful permanent resident of the United States may file this form with the Immigration and Naturalization Service (INS) to establish the relationship to certain alien relatives who wish to immigrate to the United States. You must file a separate form for each eligible relative.

2 For whom may you file?

A. If you are a citizen, you may file this form for:
1) your husband, wife, or unmarried child under 21 years old.
2) your unmarried son or daughter over 21, or married son or daughter of any age.
3) your brother or sister if you are at least 21 years old.
4) your parent if you are at least 21 years old.

B. If you are a lawful permanent resident, you may file this form for:
1) your husband or wife.
2) your unmarried child under 21 years of age.
3) your unmarried son or daughter over 21 years of age.

NOTE: If your relative qualifies under paragraph A(2) or A(3) above, separate petitions are not required for his or her husband or wife or unmarried children under 21 years of age. If your relative qualifies under paragraph B(2) or B(3) above, separate petitions are not required for his or her unmarried children under 21 years of age. These persons will be able to apply for the same category of immigrant visa as your relative.

3 For whom may you not file?

You may not file for a person in the following categories.

A. An adoptive parent or adopted child, if the adoption took place after the child's 16th birthday, or if the child has not been in the legal custody and living with the parent(s) for at least two years.

B. A natural parent, if the United States citizen son or daughter gained permanent residence through adoption.

C. A stepparent or stepchild, if the marriage that created the relationship took place after the child's 18th birthday.

D. A husband or wife, if you were not both physically present at the marriage ceremony, and the marriage was not consummated.

E. A husband or wife, if you gained lawful permanent resident status by virture of a prior marriage to a United States citizen or lawful permanent resident unless:

1) a period of five years has elapsed since you became a lawful permanent resident; or

2) you can establish by clear and covincing evidence that the prior marriage (through which you gained your immigrant status) was not entered into for the purpose of evading any provision of the immigration laws; or

3) your prior marriage (through which you gained your immigrant status) was terminated by the death of your former spouse.

F. A husband or wife, if he or she was in exclusion, removal, rescission or judicial proceedings regarding his or her right to remain in the United States when the marriage took place, unless such spouse has resided outside the United States for a two-year period after the date of the marriage.

G. A husband or wife, if the Attorney General has determined that such an alien has attempted or conspired to enter into a marriage for the purpose of evading the immigration laws.

H. A grandparent, grandchild, nephew, niece, uncle, aunt, cousin, or in-law.

4 What are the general filing instructions?

A. Type or print legibly in black or dark blue ink.

B. If extra space is needed to complete any item, attach a continuation sheet, indicate the item number, and date and sign each sheet.

C. Answer all questions fully and accurately. If any item does not apply, please write "N/A."

D. **Translations.** Any foreign language document must be accompanied by a full English translation, which the translator has certified as complete and correct, and by the translator's certification that he or she is competent to translate the foreign language into English.

E. **Copies.** If these instructions state that a copy of a document may be filed with this petition and you choose to send us the original, INS will keep that original for our records. If INS requires the original, it will be requested.

5 What documents do you need to show that you are a United States citizen?

A. If you were born in the United States, a copy of your birth certificate, issued by the civil registrar, vital statistics office, or other civil authority. If a birth certificate is not available, see the section below titled "What if a document is not avaliable?"

B. A copy of your naturalization certificate or certificate of citizenship issued by INS.

C. A copy of Form FS-240, Report of Birth Abroad of a Citizen of the United States, issued by an American embassy or

D. A copy of your unexpired U.S. passport; or

E. An original statement from a U.S. consular officer verifying that you are a U.S. citizen with a valid passport.

F. If you do not have any of the above documents and you were born in the United States, see instruction under 9 below, "What if a document is not available?"

6 What documents do you need to show that you are a permanent resident?

If you are a permanent resident, you must file your petition-with a copy of the front and back of your permanent resident card. If you have not yet received your card, submit copies of your passport biographic page and the page showing admission as a permanent resident, or other evidence of permanent resident status issued by INS.

7 What documents do you need to prove a family relationship?

You have to prove that there is a family relationship between you and your relative. If you are filing for:

A. **A husband or wife,** give INS the following documentation:
1) a copy of your marriage certificate.

2) if either you or your spouse were previously marrried, submit copies of documents showing that all prior marriages were legally terminated.
3) a color photo of you and one of your husband or wife, taken within 30 days of the date of this petition. The photos must have a white background and be glossy, unretouched and not mounted. The dimensions of the facial image should be about 1 inch from the chin to top of the hair, in a 3/4 frontal view, showing the right side of the face with the right ear visible. Using pencil or felt pen, lightly print the name (and Alien Registration Number, if known) on the back of each photograph.
4) a completed and signed G-325A (Biographic Information Form) for you and one for your husband or wife. Except for name and signature, you do not have to repeat on the G-325A the information given on your I-130 petition.

B. **A child and you are the mother:** give a copy of the child's birth certificate showing your name and the name of your child.

C. **A child and you are the father:** give a copy of the child's birth certificate showing both parents' names and your marriage certificate.

D. **A child born out of wedlock and you are the father:** if the child was not legitimated before reaching 18 years old, you must file your petition with copies of evidence that a bona fide parent-child relationship existed between the father and the child before the child reached 21 years. This may include evidence that the father lived with the child, supported him or her, or otherwise showed continuing parental interest in the child's welfare.

E. **A brother or sister:** give a copy of your birth certificate and a copy of your brother's or sister's birth certificate showing that you have at least one common parent. If you and your brother or sister have a common father but different mothers, submit copies of the marriage certificates of the father to each mother and copies of documents showing that any prior marriages of either your father or mothers were legally terminated. If you and your brother or sister are related through adoption or through a stepparent, or if you have a common father and either of you were not legitimated before your 18th birthday, see also H and I below. 6.

F. **A mother:** give a copy of your birth certificate showing your name and your mother's name.

G. **A father:** give a copy of your birth certificate showing the names of both parents. Also give a copy of your parents' marriage certificate establishing that your father was married to your mother before you were born, and copies of documents showing that any prior marriages of either your father or mother were legally terminated. If you are filing for a stepparent or adoptive parent, or if you are filing for your father and were not legitimated before your 18th birthday, also see D, H, and I.

H. **Stepparent/stepchild:** if your petition is based on a stepparent-stepchild relationship, you must file your petition with a copy of the marriage certificate of the stepparent to the child's natural parent showing that the marriage occurred before the child's 18th birthday, and copies of documents showing that any prior marriages were legally terminated.

I. **Adoptive parent or adopted child:** if you and the person you are filing for are related by adoption, you must submit a copy of the adoption decree(s) showing that the adoption took place before the child became 16 years old. If you adopted the sibling of a child you already adopted, you must submit a copy of the adoption decree(s) showing that the adoption of the sibling occured before that child's 18th birthday. In either case, you must also submit copies of evidence that each child was in the legal custody of and resided with the parent(s) who adopted him or her for at least two years before or after the adoption. Legal custody may only be granted by a court or recognized government entity and is usually granted at the time the adoption is finalized. However, if legal custody is granted by a court or recognized government agency prior to the adoption, that time may be counted toward fulfilling the two-year legal custody requirement.

8. What if your name has changed?

If either you or the person you are filing for is using a name other than that shown on the relevant documents, you must file your petition with copies of the legal documents that effected the change, such as a marriage certificate, adoption decree or court order.

9 What if a document is not available?

If the documents needed are not available, give INS a statement from the appropriate civil authority certifying that the document or documents are not available. In such situation, you may submit secondary evidence, including:

A. **Church record:** a copy of a document bearing the seal of the church, showing the baptism, dedication or comparable rite occurred within two months after birth, and showing the date and place of the child's birth, date of the religious ceremony and the names of the child's parents.

B. **School record:** a letter from the authority (preferably the first school attended) showing the date of admission to the school, child's date of birth or age at that time, the place of birth, and the names of the parents.

C. **Census record:** state or federal census record showing the names, place of birth, date of birth or the age of the person listed.

D. **Affidavits:** written statements sworn to or affirmed by two persons who were living at the time and who have personal knowledge of the event you are trying to prove. For example, the date and place of birth, marriage or death. The person making the affidavit does not have to be a citizen of the United States. Each affidavit should contain the following information regarding the person making the affidavit: his or her full name, address, date and place of birth and his or her relationship to you, if any, full information concerning the event, and complete details explaining how the person acquired knowledge of the event.

10 Where should you file this form?

If you reside in the U.S., file this form at the INS service Center having jurisdiction over your place of residence. If you live in Connecticut, Delaware, District of Columbia, Maine, Maryland, Massacusetts, New Hampshire, New Jersey, New York, Pennsylvania, Puerto Rico, Rhode Island, Vermont, Virgin Islands, Virginia, or West Virginia, mail this petition to: **USINS Vermont Service Center, 75 Lower Welden Street, St. Albans, VT 05479-0001.**

NOTE: If the I-130 petition is being filed concurrently with Form I-485, Application to Register Permanent Residence or to Adjust Status, submit both forms at the local INS office having jurisdiction over the place where the I-485 applicant resides. Applicants who reside in the jurisdiction of the Baltimore, MD, District Office should submit the I-130 petition and the Form I-485 concurrently to the **USINS Vermont Service Center, 75 Lower Welden Street, St. Albans, VT 05479-0001.9.**

If you live in Alaska, Colorado, Idaho, Illinois, Indiana, Iowa, Kansas, Michigan, Minnesota, Missouri, Montana, Nebraska, North Dakota, Ohio, Oregon, South Dakota, Utah, Washington, Wisconsin, or Wyoming, mail this petition to: **USINS Nebraska Service Center, P.O. Box 87130, Lincoln, NE 68501-7130.**

If you live in Alabama, Arkansas, Florida, Georgia, Kentucky, Louisiana, Mississippi, New Mexico, North Carolina, Oklahoma, South Carolina, Tennessee, or Texas, mail this petition to: **USINS Texas Service Center, P.O. Box 850919, Mesquite,TX 75185-0919.**

If you live in Arizona, California, Guam, Hawaii, or Nevada, mail this petition to: **USINS California Service Center, P.O. Box 10130, Laguna Niguel, CA 92607-0130.**

Petitioners residing abroad: If you live outside the United States, you may file your relative petition at the INS office overseas or the U.S. consulate or embassy having jurisdiction over the area where you live. For further information, contact the nearest American consulate or embassy.

11 What is the fee?

You must pay $130.00 to file this form. **The fee will not be refunded, whether the petition is approved or not. DO**

NOT MAIL CASH. All checks or money orders, whether U.S. or foreign, must be payable in U.S. currency at a financial institution in the United States. When a check is drawn on the account of a person other than yourself, write your name on the face of the check. If the check is not honored, INS will charge you $30.00.

Pay by check or money order in the exact amount. Make the check or money order payable to Immigration and Naturalization Service, unless:

A. you live in Guam, and are filing your petition there, make the check or money order payable to the "Treasurer, Guam" or

B. you live in the U.S. Virgin Islands, and you are filing your petition there, make your check or money order payable to the "Commissioner of Finance of the Virgin Islands."

12 When will a visa become available?

When a petition is approved for the husband, wife, parent or unmarried minor child of a United States citizen, these relatives do not have to wait for a visa number because they are not subject to the immigrant visa limit.

However, for a child to qualify for the immediate relative category, all processing must be completed and the child must enter the United States before his or her 21st birthday.

For all other alien relatives, there are only a limited number of immigrant visas each year. The visas are issued in the order in which the petitions are properly filed and accepted by INS. To be considered properly filed, a petition must be fully completed and signed, and the fee must be paid.

For a monthly report on the dates when immigrant visas are available, call the **U.S. Department of State at (202) 647-0508.**

13 Notice to persons filing for spouses, if married less than two years.

Pursuant to section 216 of the Immigration and Nationality Act, your alien spouse may be granted conditional permanent resident status in the United States as of the date he or she is admitted or adjusted to conditional status by an INS Officer. Both you and your conditional resident spouse are required to file Form I-751, Joint Petition to Remove Conditional Basis of Alien's Permanent Resident Status, during the 90-day period immediately before the second anniversary of the date your alein spouse was granted conditional permanent resident status.

Otherwise, the rights, privileges, responsibilites and duties that apply to all other permanent residents apply equally to a conditional permanent resident. A conditional permanent resident is not limited to the right to apply for naturalization, to file petitions on behalf of qualifying relatives or to reside permanently in the United States as an immigrant in accordance with our nation's immigration laws.

NOTE: Failure to file the Form I-751 joint petition to remove the conditional basis of the alien spouse's permanent resident status will result in the termination of his or her permanent resident status and initiation of removal proceedings.

14 What are the penalties for committing marriage fraud or submitting false information or both?

Title 8, United States Code, Section 1325, states that any individual who knowingly enters into a marriage contract for the purpose of evading any provision of the immigration laws shall be imprisoned for not more than five years, or fined not more than $250,000, or both.

Title 18, United States Code, Section 1001, states that whoever willfully and knowingly falsifies a material fact, makes a false statement, or makes use of a false document will be fined up to $10,000, imprisoned for up to five years, or both.

15 What is our authority for collecting this information?

We request the information on the form to carry out the immigration laws contained in Title 8, United States Code, Section 1154(a). We need this information to determine whether a person is eligible for immigration benefits. The information you provide may also be disclosed to other Federal, state, local, and foreign law enforcement and regulatory agencies during the course of the investigation required by INS. You do not have to give this information. However, if you refuse to give some or all of it, your petition may be denied.

16 Paperwork Reduction Act Notice.

A person is not required to respond to a collection of information unless it displays a currently valid OMB control number. Public reporting burden for this collection of information is estimated to average 30 minutes per response, including the time for reviewing instructions, searching existing data sources, gathering and maintaining the data needed, and completing and reviewing the collection of information. Send comments regarding this burden estimate or any other aspect of this collection of information, including suggestions for reducing this burden to: U.S. Department of Justice, Immigration and Naturalization Service, Room 4034, Washington, D.C. 20536; OMB No.1115-0054. **DO NOT MAIL YOUR COMPLETED APPLICATION TO THIS ADDRESS.**

Checklist

- Did you answer each question on the Form I-130 petition?
- Did you sign the petition?
- Did you enclose the correct filing fee for each petition?
- Did you submit proof of your U.S. citizenship or lawful permanent residence?
- Did you submit other required supporting evidence?

If you are filing for your husband or wife, did you include:

- your photograph?
- his or her photograph?
- your completed Form G-325A?
- his or her Form G-325A?

Information and Forms: For information on immigration laws, regulations and procedures or to order INS forms, call our National Customer Service Center at 1-800-375-5283 or visit the INS website at www.ins.usdoj.gov.

U.S. Department of Justice OMB # 1115-0054

Immigration and Naturalization Service Petition for Alien Relative

DO NOT WRITE IN THIS BLOCK - FOR EXAMINING OFFICE ONLY

A#

Action Stamp

Fee Stamp

Section of Law/Visa Category

- ☐ 201(b) Spouse - IR-1/CR-1
- ☐ 201(b) Child - IR-2/CR-2
- ☐ 201(b) Parent - IR-5
- ☐ 203(a)(1) Unm. S or D - F1-1
- ☐ 203(a)(2)(A)Spouse - F2-1
- ☐ 203(a)(2)(A) Child - F2-2
- ☐ 203(a)(2)(B) Unm. S or D - F2-4
- ☐ 203(a)(3) Married S or D - F3-1
- ☐ 203(a)(4) Brother/Sister - F4-1

Petition was filed on: ____________ (priority date)

- ☐ Personal Interview
- ☐ Previously Forwarded
- ☐ Pet. ☐ Ben. " A" File Reviewed
- ☐ I-485 Filed Simultaneously
- ☐ Field Investigation
- ☐ 204(g) Resolved
- ☐ 203(a)(2)(A) Resolved
- ☐ 203(g) Resolved

Remarks:

A. Relationship You are the petitioner; your relative is the beneficiary.

1. I am filing this petition for my: ☐ Husband/Wife ☐ Parent ☐ Brother/Sister ☐ Child

2. Are you related by adoption? ☐ Yes ☐ No

3. Did you gain permanent residence through adoption? ☐ Yes ☐ No

B. Information about you

1. **Name** (Family name in CAPS) (First) (Middle)
2. **Address** (Number and Street) **(Apt.No.)**
   (Town or City) (State/Country) (Zip/Postal Code)
3. **Place of Birth** (Town or City) (State/Country)
4. **Date of Birth** (Month/Day/Year) 5. **Gender** ☐ Male ☐ Female 6. **Marital Status** ☐ Married ☐ Single ☐ Widowed ☐ Divorced
7. **Other Names Used** (including maiden name)
8. **Date and Place of Present Marriage** (if married)
9. **Social Security Number** (if any) 10. **Alien Registration Number**
11. **Name(s) of Prior Husband(s)/Wive(s)** 12. **Date(s) Marriage(s) Ended**
13. **If you are a U.S. citizen, complete the following:**
   My citizenship was acquired through (check one):
   ☐ Birth in the U.S.
   ☐ Naturalization. Give certificate number and date and place of issuance.
   ☐ Parents. Have you obtained a certificate of citizenship in your own name?
   ☐ Yes. Give certificate number, date and place of issuance. ☐ No

14a. If you are a lawful permanent resident alien, complete the following: Date and place of admission for, or adjustment to, lawful permanent residence and class of admission.

14b. Did you gain permanent resident status through marriage to a United States citizen or lawful permanent resident? ☐ Yes ☐ No

C. Information about your relative

1. **Name** (Family name in CAPS) (First) (Middle)
2. **Address** (Number and Street) **(Apt. No.)**
   (Town or City) (State/Country) (Zip/Postal Code)
3. **Place of Birth** (Town or City) (State/Country)
4. **Date of Birth** (Month/Day/Year) 5. **Gender** ☐ Male ☐ Female 6. **Marital Status** ☐ Married ☐ Single ☐ Widowed ☐ Divorced
7. **Other Names Used** (including maiden name)
8. **Date and Place of Present Marriage** (if married)
9. **Social Security Number** (if any) 10. **Alien Registration Number**
11. **Name(s) of Prior Husband(s)/Wive(s)** 12. **Date(s) Marriage(s) Ended**
13. **Has your relative ever been in the U.S.?** ☐ Yes ☐ No
14. **If your relative is currently in the U.S., complete the following:**
   He or she arrived as a::
   (visitor, student, stowaway, without inspection, etc.)
   Arrival/Departure Record (I-94) **Date arrived** (Month/Day/Year)
   Date authorized stay expired, or will expire, as shown on Form I-94 or I-95
15. **Name and address of present employer** (if any)
   Date this employment began (Month/Day/Year)
16. **Has your relative ever been under immigration proceedings?**
   ☐ No ☐ Yes Where ____________ When ____________
   ☐ Removal ☐ Exclusion/Deportation ☐ Recission ☐ Judicial Proceedings

INITIAL RECEIPT ____ RESUBMITTED ____ RELOCATED: Rec'd ____ Sent ____ COMPLETED: Appv'd ____ Denied ____ Ret'd ____

Form I-130 (Rev. 06/05/02) Y

C. Information about your alien relative (continued)

17. List husband/wife and all children of your relative.

(Name) (Relationship) (Date of Birth) (Country of Birth)

18. Address in the United States where your relative intends to live.

(Street Address) (Town or City) (State)

19. Your relative's address abroad. (Include street, city, province and country)

Phone Number (if any)

20. If your relative's native alphabet is other than Roman letters, write his or her name and foreign address in the native alphabet.

(Name) Address (Include street, city, province and country):

21. If filing for your husband/wife, give last address at which you lived together. (Include street, city, province, if any, and country):

From: (Month) (Year) **To:** (Month) (Year)

22. Complete the information below if your relative is in the United States and will apply for adjustment of status

Your relative is in the United States and will apply for adjustment of status to that of a lawful permanent resident at the office of the Immigration and Naturalization Service in ____________ (City) (State). If your relative is not eligible for adjustment of status, he or she will apply for a visa abroad at the American consular post in ____________ (City) ____________ (Country)

NOTE: Designation of an American embassy or consulate outside the country of your relative's last residence does not guarantee acceptance for processing by that post. Acceptance is at the discretion of the designated embassy or consulate.

D. Other information

1. If separate petitions are also being submitted for other relatives, give names of each and relationship.

2. Have you ever filed a petition for this or any other alien before? ☐ Yes ☐ No

If "Yes," give name, place and date of filing and result.

WARNING: INS investigates claimed relationships and verifies the validity of documents. INS seeks criminal prosecutions when family relationships are falsified to obtain visas.

PENALTIES: By law, you may be imprisoned for not more than five years or fined $250,000, or both, for entering into a marriage contract for the purpose of evading any provision of the immigration laws. In addition, you may be fined up to $10,000 and imprisoned for up to five years, or both, for knowingly and willfully falsifying or concealing a material fact or using any false document in submitting this petition.

YOUR CERTIFICATION: I certify, under penalty of perjury under the laws of the United States of America, that the foregoing is true and correct. Furthermore, I authorize the release of any information from my records which the Immigration and Naturalization Service needs to determine eligibility for the benefit that I am seeking.

E. Signature of petitioner.

Date Phone Number

F. Signature of person preparing this form, if other than the petitioner.

I declare that I prepared this document at the request of the person above and that it is based on all information of which I have any knowledge.

Print Name ____________ Signature ____________ Date ____________

Address ____________ **G-28 ID or VOLAG Number, if any.** ____________

Form I-130 (Rev. 06/05/02) Y Page 2

APÉNDICE C
OFICINAS NACIONALES Y REGIONALES DE USCIS

OFICINA PRINCIPAL DE USCIS

425 Eye Street NW,
Washington, D.C. 20536 202-514-4330

OFICINAS REGIONALES DE USCIS

Oficina Regional de Operaciones Centrales

7701 North
Stemmons Freeway
Dallas, TX 75247
214-767-7011,
214-767-7491 (fax)
6:30 a.m.–1:30 p.m. lunes, martes, jueves, y viernes
miércoles con cita previa

Oficina de Operaciones de la Región Este

70 Kimball Avenue
South Burlington, VT
05403-6813
802-660-5000
802-660-5114 (fax)
8:00 a.m.–4:30 p.m.

Servicentro USCIS

P.O. Box 3111, Laguna Niguel, CA 92607-0111
949-831-8427

Oficina de Operaciones de la Región Oeste

24000 Avila Road,
P.O. Box 30080 Laguna Niguel, CA 92607-0080
949-360-3124
949-360-3138 (fax)
8:00 a.m.–4:00 p.m.

SERVICENTROS USCIS

Servicentro USCIS del Este

P.O. Box 9589
St. Albans, VT 05479-9589
802-527-3255

Servicentro USCIS del Norte

850 S Street
Lincoln, NE 68501
402-437-5218
402-437-5900

Servicentro USCIS del Sur

P.O. Box 152122
Irving, TX 75015-2122
214-767-7770

OFICINAS DISTRITALES DE LA REGIÓN ESTE

Suboficina de Albany

James T. Foley
Federal Courthouse
1086 Troy-Schenectady Road,
Latham, NY 12110
518-220-2100
8:00 a.m.–4:00 p.m.

Oficina distrital de Atlanta

77 Forsyth Street SW,
Atlanta, GA 30303-0253
404-331-0253,
404-331-7793 (fax)
7:30 a.m.–3:00 p.m.

Oficina distrital de Baltimore

Fallon Federal Building
31 Hopkins Plaza
Baltimore, MD 21201
410-962-2010
410-962-7555 (fax)
lunes–jueves
7:30 a.m.–4:00 p.m.
viernes
7:30 a.m.–1:00 p.m.

Oficina distrital de Boston

John F. Kennedy
Federal Building
Government Center
Room 1700
Boston, MA 02203
617-565-4946;
8:00 a.m.–4:30 p.m.

Suboficina de Brooklyn

(Ciudadanía sólo para Queens, Kings, Nassau, Suffolk, y Richmond)
505 Fulton Street
Brooklyn, NY 11201
718-330-7867
8:00 a.m.–4:30 p.m.

Oficina distrital de Buffalo

Federal Center
130 Delaware Avenue
Buffalo, NY 14202
716-551-4741
8:00 a.m.–3:00 p.m.

Suboficina de Charlotte

6 Woodlawn Green
Room 138
Charlotte, NC 28217
704-371-6313
7:30 a.m.–2:00 p.m.

Oficina distrital de Cleveland

Anthony J. Celebreeze
Federal Building
1240 East 9th Street
Room 1917
Cleveland, OH 44199
216-522-4766

Suboficina de Cincinnati

J.W. Peck Federal Building
550 Main Street, Room 4001
Cincinnati, Ohio 45202
513-684-2934
8:00 a.m.–4:00 p.m. lunes, martes, jueves, y viernes
cerrada los miércoles

Oficina distrital de Detroit

Federal Building
333 Mt. Elliott Street
Detroit, MI 48207-4381
313-568-6000
7:00 a.m.–3:30 p.m.

Oficina distrital de Filadelfia

1600 Callowhill Street
Philadelphia, PA 19130
215-656-7150
8:00 a.m.–4:30 p.m.

Suboficina de Fort Lauderdale/ Port Everglades

1800 Eller Drive, Suite 401
P.O. Box 13054
Port Everglades Station
Fort Lauderdale, FL 33316
305-356-7298

Suboficina de Freeport Bahamas

P.O. Box F-2664
Freeport, Gran Bahamas
Bahamas

Suboficina de Hartford

Ribicoff Federal Building
450 Main Street
Hartford, CT 06103-3060
203-240-3050
8:00 a.m.–3:00 p.m.

Suboficina de Jacksonville

4121 Southpoint Boulevard
Jacksonville, FL 32216
904-232-2164
9:00 a.m.–12:00 p.m.
lunes a viernes

Suboficina de Key West

301 Simonton Street
Suite 201
Key West, FL 33040
305-296-2233
305-536-4274

Suboficina de Louisville

Gene Snyder Courthouse
601 West Broadway
Room 604
Louisville, KY 40202
502-582-6526
8:00 a.m.–2:30 p.m.

Suboficina de Memphis

1341 Sycamore View Road
Suite 100
Memphis, TN 38103-3815
901-544-0256
8:30 a.m.–2:00 p.m.
lunes a jueves
8:30 a.m.–1:00 p.m. viernes

Oficina distrital de Miami

7880 Biscayne Boulevard,
Miami, FL 33138
305-530-7657
6:30 a.m.–12:00 p.m.
lunes a viernes

Oficina distrital de Newark

Federal Building
970 Broad Street
Newark, NJ 07102
201-645-2269
7:30 a.m.–4:30 p.m.

Oficina distrital de New Orleans

Postal Services Building
701 Loyola Avenue
Room T-8005
New Orleans, LA 70113
504-589-6521
7:30 a.m.–2:15 p.m.
lunes a viernes

Oficina distrital de Nueva York

26 Federal Plaza
New York, NY 10278
212-264-3911
7:30 a.m.–3:30 p.m.
lunes a viernes

Suboficina de Norfolk

Norfolk Federal Building
5280 Henneman Drive
Norfolk, VA 23513
202-307-1557
8:30 a.m.–3:00 p.m.
lunes a viernes

Aeropuerto Internacional de Orlando

9403 Trade Port Drive
Orlando, FL 32827
407-825-4168
8:00 a.m.–4:00 p.m.
lunes a viernes

Suboficina de Pittsburgh

INS/Departmento de Justicia
2130 Federal Building
1000 Liberty Avenue
Pittsburgh, PA 15222
412-644-3360
8:00 a.m.–4:30 p.m.

Oficina distrital de Portland

176 Gannett Drive
South Portland, ME 04106
207-780-3399
8:00 a.m.–4:00 p.m.
lunes a viernes

Suboficina de Providence

201 Dyer Street
Providence, RI 02903
401-528-5528
8:00 a.m.–3:30 p.m.
lunes a viernes

Puerto Rico, Oficina distrital de San Juan

P.O. Box 365068
San Juan, PR 00936
809-766-5329
8:00 a.m.–4:30 p.m.

Oficina del Director Distrital de Puerto Rico Centro de Oficinas de San Patricio

7 Calle Tabonuco, Of. 100
Guaynabo, PR 00968
7:00 a.m.–4:00 p.m.
lunes a jueves
7:00 a.m.–12:00 p.m. viernes

Suboficina de Rochester

Federal Building
100 State Street, Room 418,
Rochester, NY 14614
716-263-6731
10:00 a.m.–4 p.m. martes
8:00 a.m.–4:00 p.m.
miércoles

Suboficina de St. Albans

Federal Building
64 Gricebrook Road
St. Albans, VT 05478
802-527-3255
8:00 a.m.–4:00 p.m.
lunes a viernes

Suboficina de St. Thomas, VI

Federal District Court
Building, Nisky Center
Suite 1A, First Floor South
Charlotte Amalie
St. Thomas, VI 00802
340-774-1390
8:00 a.m.–4:30 p.m.

Suboficina de Syracuse

412 Warren Street
Syracuse, NY 13202
315-478-1227

Suboficina de Tampa

5524 West Cypress Street
Tampa, FL 33607-1708
813-637-3050
7:30 a.m.–4:00 p.m.
lunes a viernes

Oficina distrital de Washington

4420 North Fairfax Drive
Arlington, VA 22203
202-514-1900
7:00 a.m.–3:30 p.m.
lunes a viernes

Suboficina de West Palm Beach

301 Broadway
Riviera Beach, FL 33404
407-691-9446
7:00 a.m.–3:30 p.m.

OFICINAS DISTRITALES DE LA REGIÓN CENTRAL

Suboficina de Albuquerque

1720 Randolph Road
Albuquerque, NM 87106
505-241-3850
8:30 a.m.–3:00 p.m.
lunes a jueves
8:00 a.m.– 12:00 p.m.
viernes

Oficina distrital de Chicago

10 West Jackson Boulevard
Chicago, IL 60604
312-385-1500
7:30 a.m.–2:00 p.m.
Citas sólo los viernes

Oficina distrital de Dallas

8101 North Stemmons
Freeway, Dallas, TX 75247
214-655-3011
7:30 a.m.–4:00 p.m.
lunes a viernes

Oficina distrital de Denver

4730 Paris Street
Albrook Center
Denver, CO 80239-2804
303-371-0986
7:30 a.m.–2:30 p.m.
lunes a viernes

Oficina distrital de El Paso

1545 Hopkins Boulevard
El Paso, TX 79925
915-225-1749
8:00 a.m.–4:30 p.m.

Oficina distrital de Harlingen

2102 Teege Road
Harlingen, TX 78550
210-427-8592
8:00 a.m.–3:30 p.m.
miércoles con cita previa

Oficina distrital de Helena

2800 Skyway Drive
Helena, MT 59626
406-449-5220
8:00 a.m.–3:30 p.m.
lunes, martes, jueves, y
viernes; cerrado los miércoles

Oficina distrital de Houston

126 Northpoint
Houston, TX 77060
713-847-7979
7:00 a.m.–3:30 p.m.
lunes a jueves
7:00 a.m.–11:30 p.m. viernes

Oficina distrital de Kansas City

9747 North Conant Avenue
Kansas City, MO 64153
816-891-0684
7:30 a.m.–2:30 p.m.
lunes a jueves; cerrado
los viernes

Suboficina de Oklahoma

4149 Highline Boulevard
Suite 300
Oklahoma City, OK 73108
405-231-5928
8:00 a.m.–3:00 p.m.
lunes a viernes

Oficina distrital de Omaha

3736 South 132nd Street
Omaha, NE 68144
402-697-9152
8:00 a.m.–2:00 p.m.
lunes, martes, jueves, y
viernes; cerrado los miércoles

Oficina distrital de St. Paul

2901 Metro Drive, Suite 100,
Bloomington, MN 55425
612-335-2211
8:00 a.m.–2:30 p.m. lunes a jueves; cerrado los viernes

Oficina distrital de San Antonio

U.S. Federal Building
8940 Four Winds Drive
San Antonio, TX 78239
210-967-7000
8:00 a.m.–4:00 p.m.
lunes a viernes

OFICINAS DISTRITALES DE LA REGIÓN OESTE

Oficina distrital de Anchorage

620 East 10th Avenue
Suite 102
Anchorage, AK 99501-3701
907-868-3524
8:00 a.m.–3:00 p.m. lunes, martes, jueves, y viernes
8:00 a.m.–12:00 p.m. miércoles

Suboficina de Fresno

865 Fulton Mall
Fresno, CA 93721-2816
209-487-5132
8:00 a.m.–2:00 p.m.
lunes a viernes

Suboficina de Guam

Sirena Plaza
108 Hernan Cortez Avenue
Suite 801
Hagatna, GU 96910
671-472-7385
671-472-7253
8:00 a.m.–2:30 p.m.
lunes a viernes

Oficina distrital de Honolulú

595 Ala Moana Boulevard
Honolulu, HI 96813
808-541-1388
808-541-1389
8:00 a.m.–3:00 p.m.
lunes a jueves
8:00 a.m.–2:00 p.m. viernes

Suboficina de Las Vegas

3373 Pepper Lane
Las Vegas, NV 89120
702-451-3597
7:30 a.m.–2:30 p.m.
lunes a jueves; cerrado los viernes

Oficina distrital de Los Ángeles

300 North Los Angeles Street, Room 1001,
Los Angeles, CA 90012
213-894-2780
6:00 a.m.–3:00 p.m.
lunes, martes, miércoles y viernes
6:00 a.m.–12 p.m. jueves

Oficina distrital de Phoenix

2035 North Central Avenue,
Phoenix, AZ 85004
602-379-3114
8:00 a.m.–4:30 p.m.

Oficina distrital de Portland

Federal Office Building
511 NW Broadway
Portland, OR 97209
503-326-3962
7:30 a.m.–2:30 p.m.
lunes a jueves

Suboficina de Reno

1351 Corporate Boulevard
Reno, NV 89502-7102
702-784-5186
9:00 a.m.–4:00 p.m.
lunes a viernes

Suboficina de Sacramento

650 Capital Mall
Sacramento, CA 95814
916-498-6480
7:00 a.m.–1:00 p.m.

Oficina distrital de San Diego

880 Front Street
Suite 1234
San Diego, CA 92188
619-557-5645
8:00 a.m.–4:30 p.m.
cerrado los miércoles

Oficina distrital de San Francisco

630 Sansome Street
San Francisco
CA 94111-2280
415-705-3102
7:45 a.m.– 3:00 p.m.
lunes, martes, jueves, y viernes
7:00 a.m.–2:30 p.m.
miércoles

Suboficina de San José

280 South First Street
Room 1150
San Jose, CA 95113
408-535-5191
7:30 a.m.–4:30 p.m.

Oficina distrital de Seattle

815 Airport Way South,
Seattle, WA 98134
206-553-0070
8:00 a.m.–4:30 p.m.
lunes a viernes

Suboficina de Tucson

6431 Country Club Road
Tucson, AZ 85706-5907
520-620-7270
8:00 a.m.–2:00 p.m.
lunes a viernes

OFICINAS EN EL EXTERIOR

Bangkok, Tailandia

Sindhorn Building
Tower Two, 15th Floor
130–132 Wireless Road
Bangkok, Tailandia
011-66-2-252-5040 ext. 2471

México D.F., México

c/o Embajada de
Estados Unidos
Paseo de la Reforma
305–118 Colcuauhtémoc
2o piso, México D.F.
México 06500
011-52-5-211-00-42
ext. 2572

Roma, Italia

c/o American Embassy
Via Veneto 119A
Roma, Italia 09624
011-39-6-467-42634

APÉNDICE D
DOCUMENTOS DE EQUIVALENCIA DE LA ESCUELA SECUNDARIA

A continuación, los documentos de equivalencia de la escuela secundaria para los países cuyos nacionales calificaron en años recientes para participar en la visa por lotería DV:

Países	Credenciales
ÁFRICA	
África Central, República de	Baccalauréat
Angola	Certificado de término de la escuela secundaria
Argelia	Baccalauréat
Benín	Baccalauréat
Botswana	Certificado—Cambridge Overseas School
Burkina Faso	Baccalauréat
Burundi	Diplôme des humanités complètes
Cabo Verde	Curso complementar do ensino secundario (Curso complementario de educación secundaria)
Camerún	Niveles GCE O/Baccalauréat
Chad	Baccalauréat
Comores	N/D (sólo tiene educación secundaria hasta el 9o grado)
Congo	Baccalauréat
Congo, República Democrática del	Diplôme d'etat d'etudes secondaires du cycle long (Diploma del estado de ciclo largo de estudios secundarios)
Egipto	Certificado general de escuela secundaria
Guinea Ecuatorial	Información no disponible
Eritrea	Certificado de examen de educación secundaria de Eritrea
Etiopía	Certificado de término escolar etíope
Gabón	Baccalauréat
Gambia	Certificado escolar del África Occidental/Niveles GCE O
Ghana	Certificado escolar del África Occidental/Niveles GCE O
Guinea	Baccalauréat
Guinea-Bissau	No hay información
Costa de Marfil (Côte d'Ivoire)	Baccalauréat
Kenia	Certificado de Educación Secundaria
Lesotho	Certificado-Cambridge Overseas School
Liberia	Certificado de Escuela Secundaria
Libia	Certificado de Secundaria General
Madagascar	Baccalauréat
Malawi	Certificado-Cambridge Overseas School
Malí	Baccalauréat
Marruecos	Baccalauréat
Mauricio	Certificado de Escuela Secundaria Avanzada
Mauritania	Baccalauréat
Mozambique	Certificado de habilitacoes literarias (Certificado de Conclusión de Escuela Secundaria)

Países (continuación) ÁFRICA	Credenciales
Namibia	Certificado-Cambridge Overseas School
Níger	Baccalauréat
Nigeria	Certificado de Escuela Mayor/Certificado escolar del África Occidental/Niveles GCE O
Ruanda	Certificat des humanités (Certificado de humanidades)
Santo Tomé y Príncipe	Certidao do ensino secundario (Certificado de Educación Secundaria)
Senegal	Baccalauréat
Seychelles	Certificado-Cambridge Overseas School
Sierra Leona	Certificado Escolar del África Occidental/Niveles GCE O
Somalia	Certificado de Conclusión de Escuela Secundaria
Sudáfrica	Certificado mayor
Sudán	Certificado escolar mayor
Swazilandia	Certificado-Cambridge Overseas School
Tanzania	Examen del IV Formulario Nacional/Certificado de Educación Secundaria
Togo	Baccalauréat
Túnez	Baccalauréat
Uganda	Certificado de Educación de Uganda
Yibuti	Baccalauréat
Zaire	Vea Congo, República Democrática del
Zambia	Certificado escolar de Zambia
Zimbabwe	Certificado-Cambridge Overseas School

ASIA	
Afganistán	Baccalauria
Bahrein	Certificado de Conclusión de Escuela Secundaria
Bangladesh	Certificado de Secundaria Avanzada
Bután	Certificado de Escuela India
Brunei	Cambridge Niveles GCE O
Arabia Saudita	Certificado General de Educación Secundaria
Birmania (Myanmar)	Examen de educación básica secundaria/Matrícula
Camboya	Certificado de Cumplimiento/Baccalauréat
Corea del Norte	Certificado de Graduación-Escuela Intermedia Mayor
Emiratos Árabes Unidos	Certificado de Escuela Secundaria
Hong Kong	(Certificado de Educación/Región administrativa especial) Niveles GCE O
Indonesia	Ijazah SMA (Certificado de conclusión de secundaria mayor)
Irak	Baccalauréat de Sexta Forma
Irán	Certificado de Cumplimiento de Educación Secundaria
Israel	Bagrut
Japón	Certificado de Conclusión de Escuela Secundaria
Jordania	Tawjihi (Certificado de Conclusión de Escuela Secundaria)
Kazajstán	Attestat o srednem obrazovanii (Certificado de Educación Secundaria)

Países (continuación) ASIA	Credenciales
Kirguizistán	Attestat o srednem obrazovanii (Certificado de Educación Secundaria)
Kuwait	Certificado General de Escuela Secundaria
Laos	Baccalauréat
Líbano	Baccalauréat (Segunda Parte)
Malasia	SPM (Sijil Pelajaran Malaysia)
Maldivas	N/D (no hay educación a nivel secundario)
Mongolia	Certificado de Conclusión Escolar
Nepal	Certificado de Aprovechamiento
Omán	Thanawiya amma (Certificado de Conclusión de Escuela Secundaria)
Pakistán	Certificado Intermedio o de Escuela Secundaria Avanzada
Qatar	Certificado General de Educación Secundaria
Singapur	Singapur/Cambridge-Niveles GCE O
Siria	Certificado de Conclusión de Escuela Secundaria
Sri Lanka	Sri Lanka-Niveles GCE O
Tailandia	Mathayom suksa
Tayikistán	Attestat o srednem obriazovanii (Certificado de Educación Secundaria)
Turkmenistán	Attestat o srednem obriazovanii (Certificado de Educación Secundaria)
Yemen	Al thanawiya (Certificado General de Educación Secundaria)

EUROPA	
Albania	Deftese pjekurie (Certificado de Madurez)
Alemania	Abitur/Fachhochschulreife/Realschulabschluss
Andorra	Título de bachiller
Armenia	Attestat o srednem obriazovanii (Certificado de Educación Secundaria)
Austria	Reifeprüfung (Certificado de Madurez)
Azerbaiján	Svidetel'stvo o srednem obrazovanii (Certificado de Educación Secundaria)
Bélgica	Certificat d'enseignement secondaire (Certificado de Secundaria Avanzada)
Bielorrusia	Svidetel'stvo o srednem obrazovanii (Certificado de Educación Secundaria)
Bosnia y Herzegovina	Matura
Bulgaria	Diplom za obrazovanie (Diploma de Cumplimiento de Educación)
Checa, República	Maturutní zkouska o matura
Chipre	Apolytirion
Croacia	Matura

Países	Credenciales
(continuación) EUROPA	
Dinamarca	Bevis for studentereksamen/Hojere forberedelsesek-samen/Hojere handelseksamen
Eslovaquia	Maturitna skuska (Certificado de Madurez)
Eslovenia	Matura/Spricevalo o zakljucnem izpitu (Certificado de Exámenes Finales)
España	Bachillerato unificado y polivalente (BUP)
Estonia	Certificado de Escuela Secundaria
Finlandia	Lukion paastotodistus
Francia	Baccalauréat/Brevet de technicien
Georgia	Attestat o srednem obrazovanii
Grecia	Apolytirion
Hungría	Erettsegi bizonyitvany
Irlanda	Certificado de Conclusión
Islandia	Studentsprof
Italia	Diploma di maturità
Letonia	Atestats par visparejo videjo izgitibu (Certificado General de Educación Secundaria)
Liechtenstein	Matura
Lituania	Diploma de escuela secundaria
Luxemburgo	Diplôme de fin d'etudes secondaires
Macedonia, antiguamente Yugoslavia, República de	Svidetelstov za polozen zavrsen (Certificado de Conclusión de Escuela Secundaria)
Malta	Matrícula/Certificado de Educación Secundaria
Moldavia	Diploma de absolvire a invatamintuni mediu general (Diploma de Cumplimiento de Educación Secundaria General)
Mónaco	Baccalauréat
Montenegro	Svedocanstvo o polozenom zavrsnom (Certificado de Conclusión de Escuela Secundaria)
Holanda	HAVO o VWO
Irlanda del Norte	Certificado de Educación Secundaria General (GCSE)
Noruega	Vitnemal den vidergaende skole (Certificado de Educación Secundaria Superior)
Portugal	Certificado de fin de estudos secundarios (Certificado de Cumplimiento de Educación Secundaria)/Certidao de decimo segundo año (Certificado del duodécimo año)
Rumania	Diploma de bacalaureat
Rusia	Attestat o srednem obrazovanii (Certificado de Educación Secundaria)
San Marino	Diploma di maturità
Serbia	Svedocanstvo o polozenom zavrsnom (Certificado de Attestat o srednem obrazovanii (Certificado de Educación
Suecia	Secundaria)
Suiza	Attestat o srednem obrazovanii (Certificado de Educación Secundaria)
Turquía	Lise diplomasi

Países	Credenciales
(continuación) EUROPA	
Ucrania	Atestat o protnom ovshchem srednem obrazovani (Certificado de Cumplimiento de Educación Secundaria)
Vaticano, El (Santa Sede)	Diploma di maturità
Yugoslavia, República de	*Svedocanstvo o polozenom zavrsnom* (Certificado de Conclusión de Escuela Secundaria)
NORTEAMÉRICA	
Bahamas	Certificado General de Educación Secundaria/Niveles GCE O
OCEANÍA	
Australia	Certificado del "12º año" de cualquier estado
Fiji	Certificado Escolar de Nueva Zelanda o Certificado de Conclusión Escolar de Fiji
Kiribati	Niveles GCE O/Certificado de Escuela Secundaria/ Certificado de Secundaria Avanzada del Pacífico/Certificado Nacional de Kiribati
Marshall, Islas	Niveles GCE O/Certificado de Secundaria Avanzada del Pacífico
Micronesia	No hay información
Nauru, Estados Federados de	Niveles GCE O/Certificado de Secundaria Avanzada del Pacífico
Nueva Zelanda	Certificado de la Sexta Forma
Palaos	No hay información
Papúa Nueva Guinea	Certificado de Escuela Secundaria Avanzada
Salomón, Islas	Niveles GCE O/Certificado de Escuela Secundaria/ Certificado mayor de secundaria del Pacífico/ Certificado Escolar de las Islas Salomón
Samoa	Occidental Niveles GCE O/Certificado de Escuela Secundaria/Certificado de Secundaria Avanzada del Pacífico /Certificado Nacional de Kiribati
Tonga	Certificado Escolar de Tonga/Certificado de Secundaria Mayor del Pacífico/Sexta Forma de Conclusión
Tuvalu	Certificado Escolar de Tuvalu/Certificado de Secundaria Avanzada del Pacífico
Vanuatu	Niveles GCE O/Baccalauréat
SUDAMÉRICA/CENTRO-AMÉRICA & EL CARIBE	
Antigua y Barbuda	Certificado de Educación Secundaria del Consejo de Exámenes del Caribe (CxC)/Niveles GCE O
Argentina	Bachillerato

Países (continuación) SUDAMÉRICA/CENTRO-AMÉRICA & EL CARIBE	Credenciales
Barbados	Certificado de Educación Secundaria del Consejo de Exámenes del Caribe (CxC)/Niveles GCE O
Belice	Certificado de Educación Secundaria del Consejo de Exámenes del Caribe (CxC)/Niveles GCE O
Bolivia	Bachillerato
Brasil	Certificado de conclusao de 2 grau (Certificado de Cumplimiento de Nivel Secundario)
Chile	Licencia de educación media (Certificado de educación intermedia)
Costa Rica	Diploma de conclusión de educación diversificada
Cuba	Bachillerato
Dominica	Certificado de Educación Secundaria del Consejo de Exámenes del Caribe (CxC)/Niveles GCE O
Ecuador	Bachillerato
Granada	Certificado de Educación Secundaria del Consejo de Exámenes del Caribe (CxC)/Niveles GCE O
Guatemala	Bachillerato
Guyana	Certificado de Educación Secundaria del Consejo de Exámenes del Caribe (CxC)
Honduras	Bachillerato
Nicaragua	Bachillerato
Panamá	Bachillerato
Paraguay	Bachillerato
Perú	Certificado de educación secundaria completa
Saint Kitts y Nevis	Certificado de Educación Secundaria del Consejo de Exámenes del Caribe (CxC)/Niveles GCE O
Santa Lucía	Certificado de Educación Secundaria del Consejo de Exámenes del Caribe (CxC)/Niveles GCE O
San Vicente y Granadinas	Certificado de Educación Secundaria del Consejo de Exámenes del Caribe (CxC)/Niveles GCE O
Surinam	HAVO o VWO
Trinidad y Tobago	Certificado de Educación Secundaria del Consejo de Exámenes del Caribe (CxC)/Niveles GCE O
Uruguay	Bachillerato
Venezuela	Bachillerato

Cortesía de World Education Services, Inc.

APÉNDICE E
RAZONES DE INADMISIBILIDAD/EXCLUSIÓN

A continuación describo las razones más importantes por las que se le puede excluir de ingresar a Estados Unidos o de obtener una visa de inmigrante o no inmigrante.

En algunos casos, USCIS puede exonerar su inadmisibilidad. Si cualquiera de estas exclusiones le corresponden, hable con un experto legal de inmigración antes de solicitar una visa de inmigrante o no inmigrante. (Para más información sobre inadmisibilidad en el contexto de una solicitud de visa de inmigración, vea el capítulo 5).

- Usted tiene una enfermedad comunicable de importancia para la salud pública, incluso VIH, tuberculosis, chancroide, gonorrea, granuloma inguinal, lepra infecciosa, linfogranuloma, enereum, o sífilis infecciosa.
- Usted sufre de un trastorno físico o mental y un historial de comportamiento asociado con el trastorno que puede ser o que ha sido una amenaza para la propiedad, seguridad o bienestar de otras personas y suya. Ello puede incluir el alcoholismo o adicción a una sustancia no controlada pero que puede alterar la mente.
- Usted abusa de las drogas o es drogadicto. Usualmente, esto se refiere a drogas narcóticas que forman hábito.
- A usted se le condenó por, o admite haber cometido un crimen de vileza moral que no es únicamente una ofensa política. Esto incluye atentados de conspiración para cometer crímenes de vileza moral.
- A usted se le condenó por cometer, o admite haber cometido, una violación a alguna ley o reglamento relacionado con sustancias controladas tal como las define la ley federal. Además de cocaína y heroína, esto incluye LSD, anfetaminas, barbitúricos, Seconal, y *angel dust.* Esta exclusión incluye atentados y conspiración para cometer este crimen.
- A usted se le condenó por dos o más ofensas, en que el total de la sentencia de confinamiento impuesto fue de cinco años o más.
- Un funcionario consular o de USCIS tiene razones para creer que usted fue un traficante ilícito de una sustancia controlada o que usted asistió, apoyó, conspiró con, o se confabuló con otros en el tráfico ilícito de sustancias controladas.
- Usted es prostituta, ha cometido actos de prostitución, viene a Estados Unidos para dedicarse a la prostitución, o ha procurado o tratado de procurar o importar prostitutas. Esta razón de exclusión se aplica a acontecimientos que ocurrieron dentro de los diez años de su solicitud de visa o ingreso a los Estados Unidos.
- Un funcionario consular o de USCIS cree que usted viene a Estados Unidos para cometer espionaje o sabotaje o para tratar de derrocar al gobierno de Estados Unidos por fuerza, violencia o medios ilegales, o que usted viene para dedicarse a actividades terroristas.
- El gobierno de Estados Unidos cree que su entrada o actividades tendrían consecuencias adversas potencialmente graves para su política exterior.
- Usted es, o ha sido, miembro de, o estuvo afiliado a un partido comunista u otro partido totalitario.
- Usted participó en persecuciones o genocidio nazi.
- Es probable que usted se convierta en una carga pública.
- A usted se le excluyó previamente/o se le deportó de Estados Unidos.

- Usted obtuvo una visa o trató de obtener una visa o ingresó a Estados Unidos o trató de ingresar a Estados Unidos de manera fraudulenta o por una interpretación errónea intencional de un hecho material.

- Usted es un polizonte. Sin embargo, esta prohibición sólo es válida si a usted se le detuvo mientras trataba de ingresar en Estados Unidos. Una vez en el país, no contará contra usted el haber sido polizonte para ser residente permanente.

- Usted es contrabandista.

- Usted cometió fraude de documentos.

- Usted viene a Estados Unidos para ser polígamo.

- Usted es permanentemente inelegible para ser ciudadano.

- Usted acompaña a un extranjero inadmisible cuya exclusión se debe a ser infante, enfermo o discapacitado mental y físicamente.

- Usted detiene, mantiene o retiene custodia de un niño fuera de Estados Unidos después de haber recibido orden judicial de conceder custodia del niño a un ciudadano de Estados Unidos, cuando el niño tiene un reclamo legal a la ciudadanía de Estados Unidos.

- Usted viene a Estados Unidos en una categoría que requiere que obtenga una certificación del Departamento de Trabajo que muestre que no hay trabajadores en Estados Unidos listos, decididos y capaces de hacer su trabajo, y usted no obtiene dicha certificación.

- Usted es un médico graduado de una escuela de medicina no aprobada que no ha completado satisfactoriamente los exámenes de calificación y que no es competente en inglés oral y escrito y usted viene a Estados Unidos para prestar servicios como miembro de la profesión médica.

- Usted presentó una solicitud de asilo frívola a sabiendas, después que USCIS le informó sobre las consecuencias de presentar una solicitud frívola.

- Usted no se vacunó contra enfermedades prevenibles con vacuna, incluso al menos las siguientes enfermedades: paperas, sarampión, rubéola, polio, tétano y toxoides de difteria, tos ferina, influenza tipo B, y hepatitis B.

- Usted incitó actividad terrorista bajo circunstancias que indican intención de causar la muerte o serio daño corporal.

- Usted no se presentó en su audiencia de remoción sin causa razonable. Esto le excluirá hasta que haya permanecido fuera de Estados Unidos durante por lo menos cinco años.

- Usted mantuvo falsamente tener ciudadanía de Estados Unidos para obtener un beneficio estatal o federal.

- Usted llegó acá como no inmigrante y obtuvo beneficios públicos a los que era inelegible. Esto le excluye hasta que haya permanecido fuera de Estados Unidos durante cinco años.

- Usted llegó acá como estudiante F-1 para asistir a una escuela elemental o secundaria y usted violó su condición. Esto le excluye hasta que haya permanecido fuera de Estados Unidos durante cinco años.

- A usted se le removió (deportó o excluyó) de Estados Unidos. Esto le excluye hasta que haya permanecido fuera de Estados Unidos durante cinco años. Si se le removió dos veces o se le condenó por un delito con agravantes, se le excluirá por 20 años.

- Usted partió de Estados Unidos después de permanecer en el país ilegalmente por más de 180 días. Esto le excluirá por tres años, pero puede ser elegible para un *waiver* (liberación de exclusión).

- Usted ha permanecido en Estados Unidos ilegalmente por un año o más. Esto le excluirá por diez años, pero puede ser elegible para un *waiver* (liberación de exclusión).

- Usted votó ilegalmente.

APÉNDICE F
PAUTAS DE POBREZA

U. S. Department of Homeland Security
Bureau of Citizenship and Immigration Services

OMB# 1615-0075
Poverty Guidelines

2004 Poverty Guidelines*
Minimum Income Requirement For Use in Completing Form I-864

For the 48 Contiguous States, the District of Columbia, Puerto Rico, the U.S. Virgin Islands, and Guam:

Sponsor's Household Size	100% of Poverty Line For sponsors on active duty in the U.S. Armed Forces who are petitioning for their spouse or child.	125% of Poverty Line For all other sponsors
2	$12,490	**$15,612**
3	15,670	**19,587**
4	18,850	**23,562**
5	22,030	**27,537**
6	25,210	**31,512**
7	28,390	**35,487**
8	31,570	**39,462**
	Add $3,180 for each additional person.	**Add $3,975 for each additional person.**

	For Alaska		For Hawaii	
Sponsor's Household Size	100% of Poverty Line For sponsors on active duty in the U.S. Armed Forces who are petitioning for their spouse or child	125% of Poverty Line For all other sponsors	100% of Poverty Line For sponsors on active duty in the U.S. Armed Forces who are petitioning for their spouse or child	125% of Poverty Line For all other sponsors
2	$15,610	**$19,512**	$14,360	**$17,950**
3	19,590	**24,487**	18,020	**22,525**
4	23,570	**29,462**	21,680	**27,100**
5	27,550	**34,437**	25,340	**31,675**
6	31,530	**39,412**	29,000	**36,250**
7	35,510	**44,387**	32,660	**40,825**
8	39,490	**49,362**	36,320	**45,400**
	Add $3,980 for each additional person.	**Add $4,975 for each additional person.**	Add $3,660 for each additional person.	**Add $4,575 for each additional person.**

Means-tested Public Benefits

Federal Means-tested Public Benefits. To date, Federal agencies administering benefit programs have determined that Federal means-tested public benefits include Food Stamps, Medicaid, Supplemental Security Income (SSI), Temporary Assistance for Needy Families (TANF), and the State Child Health Insurance Program (SCHIP).

State Means-tested Public Benefits. Each State will determine which, if any, of its public benefits are means-tested. If a State determines that it has programs which meet this definition, it is encouraged to provide notice to the public on which programs are included. Check with the State public assistance office to determine which, if any, State assistance programs have been determined to be State means-tested public benefits.

Programs Not Included: The following Federal and State programs are ***not*** included as means-tested benefits: emergency Medicaid; short-term, non-cash emergency relief; services provided under the National School Lunch and Child Nutrition Acts; immunizations and testing and treatment for communicable diseases; student assistance under the Higher Education Act and the Public Health Service Act; certain forms of foster-care or adoption assistance under the Social Security Act; Head Start Programs; means-tested programs under the Elementary and Secondary Education Act; and Job Training Partnership Act programs.

*** These poverty guidelines remain in effect for use with the Form I-864 Affidavit of Support from April 1, 2004 until new poverty guidelines go into effect in the Spring of 2005.**

Form I-864P (Rev. 03/08/04)N

Affidavit of Support Under Section 213A of the Act

INSTRUCTIONS

Purpose of this Form

This form is required to show that an intending immigrant has adequate means of financial support and is not likely to become a public charge.

Sponsor's Obligation

The person completing this affidavit is the sponsor. A sponsor's obligation continues until the sponsored immigrant becomes a U.S. citizen, can be credited with 40 qualifying quarters of work, departs the United States permanently, or dies. Divorce does not terminate the obligation. By signing this form, you, the sponsor, agree to support the intending immigrant and any spouse and/or children immigrating with him or her and to reimburse any government agency or private entity that provides these sponsored immigrants with Federal, State, or local means-tested public benefits.

General Filing Instructions

Please answer all questions by typing or clearly printing in black ink only. Indicate that an item is not applicable with "N/A". If an answer is "none," please so state. If you need extra space to answer any item, attach a sheet of paper with your name and Social Security number, and indicate the number of the item to which the answer refers.

You must submit an affidavit of support for each applicant for immigrant status. You may submit photocopies of this affidavit for any spouse or children immigrating with an immigrant you are sponsoring. For purposes of this form, a spouse or child is immigrating with an immigrant you are sponsoring if he or she is: 1) listed in Part 3 of this affidavit of support; and 2) applies for an immigrant visa or adjustment of status within 6 months of the date this affidavit of support is originally completed and signed. The signature on the affidavit must be notarized by a notary public or signed before an Immigration or a Consular officer.

You should give the completed affidavit of support with all required documentation to the sponsored immigrant for submission to either a Consular Officer with Form OF-230, Application for Immigrant Visa and Alien Registration, or an Immigration Officer with Form I-485, Application to Register Permanent Residence or Adjust Status. You may enclose the affidavit of support and accompanying documents in a sealed envelope to be opened only by the designated Government official. The sponsored immigrant must submit the affidavit of support to the Government within 6 months of its signature.

Who Needs an Affidavit of Support under Section 213A?

This affidavit must be filed at the time an intending immigrant is applying for an immigrant visa or adjustment of status. It is required for:

- All immediate relatives, including orphans, and family-based immigrants. (Self-petitioning widow/ers and battered spouses and children are exempt from this requirement); and
- Employment-based immigrants where a relative filed the immigrant visa petition or has a significant ownership interest (5 percent or more) in the entity that filed the petition.

Who Completes an Affidavit of Support under Section 213A?

- For immediate relatives and family-based immigrants, the family member petitioning for the intending immigrant must be the sponsor.
- For employment-based immigrants, the petitioning relative or a relative with a significant ownership interest (5 percent or more) in the petitioning entity must be the sponsor. The term "relative," for these purposes, is defined as husband, wife, father, mother, child, adult son or daughter, brother, or sister.
- If the petitioner cannot meet the income requirements, a joint sponsor may submit an additional affidavit of support.

A sponsor, or joint sponsor, must also be:

- A citizen or national of the United States or an alien lawfully admitted to the United States for permanent residence;
- At least 18 years of age; and
- Domiciled in the United States or its territories and possessions.

Sponsor's Income Requirement

As a sponsor, your household income must equal or exceed 125 percent of the Federal poverty line for your household size. For the purpose of the affidavit of support, household size includes yourself, all persons related to you by birth, marriage, or adoption living in your residence, your dependents, any immigrants you have previously sponsored using INS Form I-864 if that obligation has not terminated, and the intending immigrant(s) in Part 3 of this affidavit of support. The poverty guidelines are calculated and published annually by the Department of Health and Human Services. Sponsors who are on active duty in the U.S. Armed Forces other than for training need only demonstrate income at 100 percent of the poverty line *if* they are submitting this affidavit for the purpose of sponsoring their spouse or child.

If you are currently employed and have an *individual* income which meets or exceeds 125 percent of the Federal poverty line or (100 percent, if applicable) for your household size, you do not need to list the income of any other person. When determining your income, you may include the income generated by individuals related to you by birth, marriage, or adoption who are living in your residence, if they have lived in your residence for the previous 6 months, or who are listed as dependents on your most recent Federal income tax return whether or not they live in your residence. For their income to be considered, these household members or dependents must be willing to make their income available for the support of the sponsored immigrant(s) if necessary, and to complete and sign Form I-864A, Contract Between Sponsor and Household Member. However, a household member who is the immigrant you are sponsoring only need complete Form I-864A if his or her income will be used to determine your ability to support a spouse and/or children immigrating with him or her.

If in any of the most recent 3 tax years, you and your spouse each reported income on a joint income tax return, but you want to use only your own income to qualify (and your spouse is not submitting a Form I-864A), you may provide a separate breakout of your individual income for these years. Your individual income will be based on the earnings from your W-2 forms, Wage and Tax Statement, submitted to IRS for any such years. If necessary to meet the income requirement, you may also submit evidence of other income listed on your tax returns which can be attributed to you. You must provide documentation of such reported income, including Forms 1099 sent by the payer, which show your name and Social Security number.

You must calculate your household size and total household income as indicated in Parts 4.B. and 4.C. of this form. You must compare your total household income with the minimum income requirement for your household size using the poverty guidelines. For the purposes of the affidavit of support, determination of your ability to meet the income requirements will be based on the most recent poverty guidelines published in the Federal Register at the time the Consular or Immigration Officer makes a decision on the intending immigrant's application for an immigrant visa or adjustment of status. Immigration and Consular Officers will begin to use updated poverty guidelines on the first day of the second month after the date the guidelines are published in the Federal Register.

If your total household income is equal to or higher than the minimum income requirement for your household size, you do not need to provide information on your assets, and you may *not* have a joint sponsor unless you are requested to do so by a Consular or Immigration Officer. If your total household income does not meet the minimum income requirement, the intending immigrant will be ineligible for an immigrant visa or adjustment of status, unless:

- You provide evidence of assets that meet the requirements outlined under "Evidence of Assets" below; and/or
- The immigrant you are sponsoring provides evidence of assets that meet the requirements under "Evidence of Assets" below; or
- A joint sponsor assumes the liability of the intending immigrant with you. A joint sponsor must execute a separate affidavit of support on behalf of the intending immigrant and any accompanying family members. A joint sponsor must individually meet the minimum requirement of 125 percent of the poverty line based on his or her household size and income and/or assets, including any assets of the sponsored immigrant.

The Government may pursue verification of any information provided on or in support of this form, including employment, income, or assets with the employer, financial or other institutions, the Internal Revenue Service, or the Social Security Administration.

Evidence of Income

In order to complete this form you must submit the following evidence of income:

- A copy of your complete Federal income tax return, as filed with the Internal Revenue Service, for each of the most recent 3 tax years. If you were not required to file a tax return in any of the most recent 3 tax years, you must provide an explanation. If you filed a joint income tax return and are using only your own income to qualify, you must also submit copies of your W-2s for each of the most recent 3 tax years, and if necessary to meet the income requirement, evidence of other income reported on your tax returns, such as Forms 1099.

- If you rely on income of any members of your household or dependents in order to reach the minimum income requirement, copies of their Federal income tax returns for the most recent 3 tax years. These persons must each complete and sign a Form I-864A, Contract Between Sponsor and Household Member.

- Evidence of current employment or self-employment, such as a recent pay statement, or a statement from your employer on business stationery, showing beginning date of employment, type of work performed, and salary or wages paid. You must also provide evidence of current employment for any person whose income is used to qualify.

Evidence of Assets

If you want to use your assets, the assets of your household members or dependents, and/or the assets of the immigrant you are sponsoring to meet the minimum income requirement, you must provide evidence of assets with a cash value that equals at least five times the difference between your total household income and the minimum income requirement. For the assets of a household member, other than the immigrant(s) you are sponsoring, to be considered, the household member must complete and sign Form I-864A, Contract Between Sponsor and Household Member.

All assets must be supported with evidence to verify location, ownership, and value of each asset. Any liens and liabilities relating to the assets must be documented. List only assets that can be readily converted into cash within one year. Evidence of assets includes, but is not limited to the following:

- Bank statements covering the last 12 months, *or* a statement from an officer of the bank or other financial institution in which you have deposits, including deposit/withdrawal history for the last 12 months, and current balance;
- Evidence of ownership and value of stocks, bonds, and certificates of deposit, and date(s) acquired;
- Evidence of ownership and value of other personal property, and date(s) acquired; and
- Evidence of ownership and value of any real estate, and date(s) acquired.

Change of Sponsor's Address

You are required by 8 U.S.C. 1183a(d) and 8 CFR 213a.3 to report every change of address to the Immigration and Naturalization Service and the State(s) in which the sponsored immigrant(s) reside(s). You must report changes of address to INS on Form I-865, Sponsor's Notice of Change of Address, within 30 days of any change of address. You must also report any change in your address to the State(s) in which the sponsored immigrant(s) live.

Penalties

If you include in this affidavit of support any material information that you know to be false, you may be liable for criminal prosecution under the laws of the United States.

If you fail to give notice of your change of address, as required by 8 U.S.C. 1183a(d) and 8 CFR 213a.3, you may be liable for the civil penalty established by 8 U.S.C. 1183a(d)(2). The amount of the civil penalty will depend on whether you failed to give this notice because you were aware that the immigrant(s) you sponsored had received Federal, State, or local means-tested public benefits.

Privacy Act Notice

Authority for the collection of the information requested on this form is contained in 8 U.S.C. 1182(a)(4), 1183a, 1184(a), and 1258. The information will be used principally by the INS or by any Consular Officer to whom it is furnished, to support an alien's application for benefits under the Immigration and Nationality Act and specifically the assertion that he or she has adequate means of financial support and will not become a public charge. Submission of the information is voluntary. Failure to provide the information will result in denial of the application for an immigrant visa or adjustment of status.

The information may also, as a matter of routine use, be disclosed to other Federal, State, and local agencies or private entities providing means-tested public benefits for use in civil action against the sponsor for breach of contract. It may also be disclosed as a matter of routine use to other Federal, State, local, and foreign law enforcement and regulatory agencies to enable these entities to carry out their law enforcement responsibilites.

Reporting Burden

A person is not required to respond to a collection of information unless it displays a currently valid OMB control number. We try to create forms and instructions that are accurate, can be easily understood, and which impose the least possible burden on you to provide us with information. Often this is difficult because some immigration laws are very complex. The reporting burden for this collection of information on Form I-864 is computed as follows: 1) learning about the form, 63 minutes; 2) completing the form, 105 minutes; and 3) assembling and filing the form, 65 minutes, for an estimated average of 3 hours and 48 minutes minutes per response. The reporting burden for collection of information on Form I-864A is computed as: 1) learning about the form, 20 minutes; 2) completing the form, 55 minutes; 3) assembling and filing the form, 30 minutes, for an estimated average of 1 hour and 45 minutes per response. If you have comments regarding the accuracy of this estimates, or suggestions for making this form simpler, you can write to the Immigration and Naturalization Service, HQPDI, 425 I Street, N.W., Room 4034, Washington, DC 20536. **DO NOT MAIL YOUR COMPLETED AFFIDAVIT OF SUPPORT TO THIS ADDRESS.**

CHECK LIST

The following items must be submitted with Form I-864, Affidavit of Support Under Section 213A:

For *ALL* sponsors:

- ☐ This form, the **I-864, completed and signed** before a notary public or a Consular or Immigration Officer.
- ☐ Proof of **current employment** or self employment.
- ☐ Your individual Federal **income tax returns for the most recent 3 tax years,** or an explanation if fewer are submitted. Your **W-2s** for any of the most recent 3 tax years for which you filed a joint tax return but are using only your own income to qualify. Forms 1099 or evidence of other reported income *if* necessary to qualify.

For *SOME* sponsors:

- ☐ *If the immigrant you are sponsoring is bringing a spouse or children,* **photocopies of the immigrant's affidavit of support** for each spouse and/or child immigrating with the immigrant you are sponsoring.
- ☐ *If you are on active duty in the U.S. Armed Forces and are sponsoring a spouse or child using the 100 percent of poverty level exception,* **proof of your active military status.**

If you are using the income of ***persons in your household or dependents*** *to qualify,*

- ☐ A separate **Form I-864A** for each person whose income you will use. A sponsored immigrant/household member who is not immigrating with a spouse and/or child **does not need to complete Form I-864A.**
- ☐ Proof of their **residency and relationship** to you if they are not listed as dependents on your income tax return for the most recent tax year.
- ☐ Proof of their **current employment** or self-employment.

- [ ] Copies of their individual Federal **income tax returns for the 3 most recent tax years,** or an explanation if fewer are submitted.

If you use your assets or the assets of the sponsored immigrant to qualify,

- [ ] **Documentation of assets** establishing location, ownership, date of acquisition, and value. Evidence of any liens or liabilities against these assets.

- [ ] A separate **Form I-864A** for each household member other than the sponsored immigrant/household member.

If you are a joint sponsor or the relative of an employment-based immigrant requiring an affidavit of support, **proof of your citizenship status.**

- [ ] For U.S. citizens or nationals, a copy of your birth certificate, passport, or certificate of naturalization or citizenship.

- [ ] For lawful permanent residents, a copy of both sides of your I-551, Permanent Resident Card.

OMB No. 1115-0214

U.S. Department of Justice
Immigration and Naturalization Service

Affidavit of Support Under Section 213A of the Act

START HERE - Please Type or Print

Part 1. Information on Sponsor (You)

Last Name	First Name	Middle Name
Mailing Address *(Street Number and Name)*		Apt/Suite Number
City		State or Province
Country	ZIP/Postal Code	Telephone Number

Place of Residence if different from above *(Street Number and Name)*		Apt/Suite Number
City		State or Province
Country	ZIP/Postal Code	Telephone Number
Date of Birth *(Month, Day, Year)*	Place of Birth *(City, State, Country)*	Are you a U.S. Citizen? ☐ Yes ☐ No
Social Security Number	A-Number *(If any)*	

FOR AGENCY USE ONLY

This Affidavit	Receipt
[ ] Meets [ ] Does not meet Requirements of Section 213A	
Officer or I.J. Signature	
Location	
Date	

Part 2. Basis for Filing Affidavit of Support

I am filing this affidavit of support because *(check one)*:

a. ☐ I filed/am filing the alien relative petition.

b. ☐ I filed/am filing an alien worker petition on behalf of the intending immigrant, who is related to me as my __________________ *(relationship)*.

c. ☐ I have ownership interest of at least 5% __________________ *(name of entity which filed visa petition)* which filed an alien worker petition on behalf of the intending immigrant, who is related to me as my __________________ *(relationship)*.

d. ☐ I am a joint sponsor willing to accept the legal obligations with any other sponsor(s).

Part 3. Information on the Immigrant(s) You Are Sponsoring

Last Name		First Name	Middle Name
Date of Birth *(Month,Day, Year)*		Sex ☐ Male ☐ Female	Social Security Number *(If any)*
Country of Citizenship		A-Number *(If any)*	
Current Address *(Street Number and Name)*		Apt/Suite Number	City
State/Province	Country	ZIP/Postal Code	Telephone Number

List any spouse and/or children immigrating with the immigrant named above in this Part: *(Use additional sheet of paper if necessary.)*

Name	Relationship to Sponsored Immigrant			Date of Birth			A-Number *(If any)*	Social Security *(If any)*
	Spouse	Son	Daughter	Mo.	Day	Yr.		

Form I-864 (Rev. 11/05/01)Y

Part 4. Eligibility to Sponsor

To be a sponsor you must be a U.S. citizen or national or a lawful permanent resident. If you are not the petitioning relative, you must provide proof of status. To prove status, U.S. citizens or nationals must attach a copy of a document proving status, such as a U.S. passport, birth certificate, or certificate of naturalization, and lawful permanent residents must attach a copy of both sides of their Permanent Resident Card (Form I-551).

The determination of your eligibility to sponsor an immigrant will be based on an evaluation of your demonstrated ability to maintain an annual income at or above 125 percent of the Federal poverty line (100 percent if you are a petitioner sponsoring your spouse or child and you are on active duty in the U.S. Armed Forces). The assessment of your ability to maintain an adequate income will include your current employment, household size, and household income as shown on the Federal income tax returns for the 3 most recent tax years. Assets that are readily converted to cash and that can be made available for the support of sponsored immigrants if necessary, including any such assets of the immigrant(s) you are sponsoring, may also be considered.

The greatest weight in determining eligibility will be placed on current employment and household income. If a petitioner is unable to demonstrate ability to meet the stated income and asset requirements, a joint sponsor who *can* meet the income and asset requirements is needed. Failure to provide adequate evidence of income and/or assets or an affidavit of support completed by a joint sponsor will result in denial of the immigrant's application for an immigrant visa or adjustment to permanent resident status.

A. Sponsor's Employment

I am: 1. ☐ Employed by ______________________ *(Provide evidence of employment)*

Annual salary __________ or hourly wage $ __________ *(for* ______ *hours per week)*

2. ☐ Self employed ______________________ *(Name of business)*

Nature of employment or business ______________________

3. ☐ Unemployed or retired since ______________________

B. Sponsor's Household Size

Number

1. Number of persons (related to you by birth, marriage, or adoption) living in your residence, including yourself *(Do NOT include persons being sponsored in this affidavit.)* ________
2. Number of immigrants being sponsored in this affidavit *(Include all persons in Part 3.)* ________
3. Number of immigrants **NOT** living in your household whom you are obligated to support under a previously signed Form I-864. ________
4. Number of persons who are otherwise dependent on you, as claimed in your tax return for the most recent tax year. ________
5. Total household size. ***(Add lines 1 through 4.)*** **Total** ________

List persons below who are included in lines 1 or 3 for whom you previously have submitted INS Form I-864, *if your support obligation has not terminated.*

(If additional space is needed, use additional paper)

Name	A-Number	Date Affidavit of Support Signed	Relationship

Part 4. Eligibility to Sponsor *(Continued)*

C. Sponsor's Annual Household Income

Enter total unadjusted income from your Federal income tax return for the most recent tax year below. If you last filed a joint income tax return but are using only your *own* income to qualify, list total earnings from your W-2 Forms, or, *if* necessary to reach the required income for your household size, include income from other sources listed on your tax return. If your *individual* income does not meet the income requirement for your household size, you may also list total income for anyone related to you by birth, marriage, or adoption currently living with you in your residence if they have lived in your residence for the previous 6 months, or any person shown as a dependent on your Federal income tax return for the most recent tax year, even if not living in the household. For their income to be considered, household members or dependents must be willing to make their income available for support of the sponsored immigrant(s) and to complete and sign Form I-864A, Contract Between Sponsor and Household Member. A sponsored immigrant/household member only need complete Form I-864A if his or her income will be used to determine your ability to support a spouse and/or children immigrating with him or her.

You must attach evidence of current employment and copies of income tax returns as filed with the IRS for the most recent 3 tax years for yourself and all persons whose income is listed below. See "Required Evidence " in Instructions. Income from all 3 years will be considered in determining your ability to support the immigrant(s) you are sponsoring.

☐ I filed a single/separate tax return for the most recent tax year.
☐ I filed a joint return for the most recent tax year which includes only my own income.
☐ I filed a joint return for the most recent tax year which includes income for my spouse and myself.
  ☐ I am submitting documentation of my individual income (Forms W-2 and 1099).
  ☐ I am qualifying using my spouse's income; my spouse is submitting a Form I-864A.

Indicate most recent tax year ____________ *(tax year)*

Sponsor's individual income $____________

or

Sponsor and spouse's combined income $____________
(If spouse's income is to be considered, spouse must submit Form I-864A.)

Income of other qualifying persons.
(List names; include spouse if applicable. Each person must complete Form I-864A.)

____________________ $____________
____________________ $____________
____________________ $____________

Total Household Income $____________

Explain on separate sheet of paper if you or any of the above listed individuals were not required to file Federal income tax returns for the most recent 3 years, or if other explanation of income, employment, or evidence is necessary.

D. Determination of Eligibility Based on Income

1. ☐ I am subject to the 125 percent of poverty line requirement for sponsors.
☐ I am subject to the 100 percent of poverty line requirement for sponsors on active duty in the U.S. Armed Forces sponsoring their spouse or child.

2. Sponsor's total household size, from Part 4.B., line 5 ____________.

3. Minimum income requirement from the Poverty Guidelines chart for the year of ____________ *(year)* is $ ____________ for this household size.

If you are currently employed and your household income for your household size is equal to or greater than the applicable poverty line requirement (from line D.3.), you do not need to list assets (Parts 4.E. and 5) or have a joint sponsor (Part 6) unless you are requested to do so by a Consular or Immigration Officer. You may skip to Part 7, Use of the Affidavit of Support to Overcome Public Charge Ground of Admissibility. **Otherwise, you should continue with Part 4.E.**

Form I-864 (Rev. 11/05/01)Y Page 3

Part 4. Eligibility to Sponsor *(Continued)*

E. Sponsor's Assets and Liabilities

Your assets and those of your qualifying household members and dependents may be used to demonstrate ability to maintain an income at or above 125 percent (or 100 percent, if applicable) of the poverty line *if* they are available for the support of the sponsored immigrant(s) and can readily be converted into cash within 1 year. The household member, other than the immigrant(s) you are sponsoring, must complete and sign Form I-864A, Contract Between Sponsor and Household Member. List the cash value of each asset *after* any debts or liens are subtracted. Supporting evidence must be attached to establish location, ownership, date of acquisition, and value of each asset listed, including any liens and liabilities related to each asset listed. See "Evidence of Assets" in Instructions.

Type of Asset	Cash Value of Assets *(Subtract any debts)*
Savings deposits	$
Stocks, bonds, certificates of deposit	$
Life insurance cash value	$
Real estate	$
Other *(specify)*	$
Total Cash Value of Assets	$ __________________

Part 5. Immigrant's Assets and Offsetting Liabilities

The sponsored immigrant's assets may also be used in support of your ability to maintain income at or above 125 percent of the poverty line *if* the assets are or will be available in the United States for the support of the sponsored immigrant(s) and can readily be converted into cash within 1 year.

The sponsored immigrant should provide information on his or her assets in a format similar to part 4.E. above. Supporting evidence must be attached to establish location, ownership, and value of each asset listed, including any liens and liabilities for each asset listed. See "Evidence of Assets" in Instructions.

Part 6. Joint Sponsors

If household income and assets do not meet the appropriate poverty line for your household size, a joint sponsor is required. There may be more than one joint sponsor, but each joint sponsor must individually meet the 125 percent of poverty line requirement based on his or her household income and/or assets, including any assets of the sponsored immigrant. By submitting a separate Affidavit of Support under Section 213A of the Act (Form I-864), a joint sponsor accepts joint responsibility with the petitioner for the sponsored immigrant(s) until they become U.S. citizens, can be credited with 40 quarters of work, leave the United States permanently, or die.

Part 7. Use of the Affidavit of Support to Overcome Public Charge Ground of Inadmissibility

Section 212(a)(4)(C) of the Immigration and Nationality Act provides that an alien seeking permanent residence as an immediate relative (including an orphan), as a family-sponsored immigrant, or as an alien who will accompany or follow to join another alien is considered to be likely to become a public charge and is inadmissible to the United States unless a sponsor submits a legally enforceable affidavit of support on behalf of the alien. Section 212(a)(4)(D) imposes the same requirement on an employment-based immigrant, and those aliens who accompany or follow to join the employment- based immigrant, if the employment-based immigrant will be employed by a relative, or by a firm in which a relative owns a significant interest. Separate affidavits of support are required for family members at the time they immigrate if they are not included on this affidavit of support or do not apply for an immigrant visa or adjustment of status within 6 months of the date this affidavit of support is originally signed. The sponsor must provide the sponsored immigrant(s) whatever support is necessary to maintain them at an income that is at least 125 percent of the Federal poverty guidelines.

I submit this affidavit of support in consideration of the sponsored immigrant(s) not being found inadmissible to the United States under section 212(a)(4)(C) (or 212(a)(4)(D) for an employment-based immigrant) and to enable the sponsored immigrant(s) to overcome this ground of inadmissibility. I agree to provide the sponsored immigrant(s) whatever support is necessary to maintain the sponsored immigrant(s) at an income that is at least 125 percent of the Federal poverty guidelines. I understand that my obligation will continue until my death or the sponsored immigrant(s) have become U.S. citizens, can be credited with 40 quarters of work, depart the United States permanently, or die.

Form I-864 (Rev. 11/05/01)Y Page

Notice of Change of Address.

Sponsors are required to provide written notice of any change of address within 30 days of the change in address until the sponsored immigrant(s) have become U.S. citizens, can be credited with 40 quarters of work, depart the United States permanently, or die. To comply with this requirement, the sponsor must complete INS Form I-865. Failure to give this notice may subject the sponsor to the civil penalty established under section 213A(d)(2) which ranges from $250 to $2,000, unless the failure to report occurred with the knowledge that the sponsored immigrant(s) had received means-tested public benefits, in which case the penalty ranges from $2,000 to $5,000.

If my address changes for any reason before my obligations under this affidavit of support terminate, I will complete and file INS Form I-865, Sponsor's Notice of Change of Address, within 30 days of the change of address. I understand that failure to give this notice may subject me to civil penalties.

Means-tested Public Benefit Prohibitions and Exceptions.

Under section 403(a) of Public Law 104-193 (Welfare Reform Act), aliens lawfully admitted for permanent residence in the United States, with certain exceptions, are ineligible for most Federally-funded means-tested public benefits during their first 5 years in the United States. This provision does not apply to public benefits specified in section 403(c) of the Welfare Reform Act or to State public benefits, including emergency Medicaid; short-term, non-cash emergency relief; services provided under the National School Lunch and Child Nutrition Acts; immunizations and testing and treatment for communicable diseases; student assistance under the Higher Education Act and the Public Health Service Act; certain forms of foster-care or adoption assistance under the Social Security Act; Head Start programs; means-tested programs under the Elementary and Secondary Education Act; and Job Training Partnership Act programs.

Consideration of Sponsor's Income in Determining Eligibility for Benefits.

If a permanent resident alien is no longer statutorily barred from a Federally-funded means-tested public benefit program and applies for such a benefit, the income and resources of the sponsor and the sponsor's spouse will be considered (or deemed) to be the income and resources of the sponsored immigrant in determining the immigrant's eligibility for Federal means-tested public benefits. Any State or local government may also choose to consider (or deem) the income and resources of the sponsor and the sponsor's spouse to be the income and resources of the immigrant for the purposes of determining eligibility for their means-tested public benefits. The attribution of the income and resources of the sponsor and the sponsor's spouse to the immigrant will continue until the immigrant becomes a U.S. citizen or has worked or can be credited with 40 qualifying quarters of work, provided that the immigrant or the worker crediting the quarters to the immigrant has not received any Federal means-tested public benefit during any creditable quarter for any period after December 31, 1996.

I understand that, under section 213A of the Immigration and Nationality Act (the Act), as amended, this affidavit of support constitutes a contract between me and the U.S. Government. This contract is designed to protect the United States Government, and State and local government agencies or private entities that provide means-tested public benefits, from having to pay benefits to or on behalf of the sponsored immigrant(s), for as long as I am obligated to support them under this affidavit of support. I understand that the sponsored immigrants, or any Federal, State, local, or private entity that pays any means-tested benefit to or on behalf of the sponsored immigrant(s), are entitled to sue me if I fail to meet my obligations under this affidavit of support, as defined by section 213A and INS regulations.

Civil Action to Enforce.

If the immigrant on whose behalf this affidavit of support is executed receives any Federal, State, or local means-tested public benefit before this obligation terminates, the Federal, State, or local agency or private entity may request reimbursement from the sponsor who signed this affidavit. If the sponsor fails to honor the request for reimbursement, the agency may sue the sponsor in any U.S. District Court or any State court with jurisdiction of civil actions for breach of contract. INS will provide names, addresses, and Social Security account numbers of sponsors to benefit-providing agencies for this purpose. Sponsors may also be liable for paying the costs of collection, including legal fees.

Part 7. Use of the Affidavit of Support to Overcome Public Charge Grounds *(Continued)*

I acknowledge that section 213A(a)(1)(B) of the Act grants the sponsored immigrant(s) and any Federal, State, local, or private agency that pays any means-tested public benefit to or on behalf of the sponsored immigrant(s) standing to sue me for failing to meet my obligations under this affidavit of support. I agree to submit to the personal jurisdiction of any court of the United States or of any State, territory, or possession of the United States if the court has subject matter jurisdiction of a civil lawsuit to enforce this affidavit of support. I agree that no lawsuit to enforce this affidavit of support shall be barred by any statute of limitations that might otherwise apply, so long as the plaintiff initiates the civil lawsuit no later than ten (10) years after the date on which a sponsored immigrant last received any means-tested public benefits.

Collection of Judgment.

I acknowledge that a plaintiff may seek specific performance of my support obligation. Furthermore, any money judgment against me based on this affidavit of support may be collected through the use of a judgment lien under 28 U.S.C 3201, a writ of execution under 28 U.S.C 3203, a judicial installment payment order under 28 U.S.C 3204, garnishment under 28 U.S.C 3205, or through the use of any corresponding remedy under State law. I may also be held liable for costs of collection, including attorney fees.

Concluding Provisions.

I, ______________________________, certify under penalty of perjury under the laws of the United States that:

(a) I know the contents of this affidavit of support signed by me;
(b) All the statements in this affidavit of support are true and correct,
(c) I make this affidavit of support for the consideration stated in Part 7, freely, and without any mental reservation or purpose of evasion;
(d) Income tax returns submitted in support of this affidavit are true copies of the returns filed with the Internal Revenue Service; and
(e) Any other evidence submitted is true and correct.

______________________________ ______________________________
(Sponsor's Signature) *(Date)*

Subscribed and sworn to (or affirmed) before me this

__________ day of ________________, ______________
(Month) *(Year)*

at ______________________________.

My commission expires on ______________________.

____
(Signature of Notary Public or Officer Administering Oath)

____
(Title)

Part 8. If someone other than the sponsor prepared this affidavit of support, that person must complete the following:

I certify under penalty of perjury under the laws of the United States that I prepared this affidavit of support at the sponsor's request, and that this affidavit of support is based on all information of which I have knowledge.

Signature	Print Your Name	Date	Daytime Telephone Number

Firm Name and Address

Form I-864 (11/05/01)Y Page 6

APÉNDICE G
BOLETÍN DE VISAS DEL DEPARTAMENTO DE ESTADO

Visa Bulletin
Number 77, Volume VIII
Washington, D.C.

IMMIGRANT NUMBERS FOR JANUARY 2005

A. STATUTORY NUMBERS

1. This bulletin summarizes the availability of immigrant numbers during January. Consular officers are required to report to the Department of State documentarily qualified applicants for numerically limited visas; the Bureau of Citizenship and Immigration Services in the Department of Homeland Security reports applicants for adjustment of status. Allocations were made, to the extent possible under the numerical limitations, for the demand received by December 8th in the chronological order of the reported priority dates. If the demand could not be satisfied within the statutory or regulatory limits, the category or foreign state in which demand was excessive was deemed oversubscribed. The cut-off date for an oversubscribed category is the priority date of the first applicant who could not be reached within the numerical limits. Only applicants who have a priority date earlier than the cut-off date may be allotted a number. Immediately that it becomes necessary during the monthly allocation process to retrogress a cut-off date, supplemental requests for numbers will be honored only if the priority date falls within the new cut-off date.

2. Section 201 of the Immigration and Nationality Act (INA) sets an annual minimum family-sponsored preference limit of 226,000. The worldwide level for annual employment-based preference immigrants is at least 140,000. Section 202 prescribes that the per-country limit for preference immigrants is set at 7% of the total annual family-sponsored and employment-based preference limits, i.e:, 25,620. The dependent area limit is set at 2%, or 7,320

3. Section 203 of the INA prescribes preference classes for allotment of immigrant visas as follows:

Family-Sponsored Preferences

First: Unmarried Sons and Daughters of Citizens: 23,400 plus any numbers not required for fourth preference.

Second: Spouses and Children, and Unmarried Sons and Daughters of Permanent Residents: 114,200, plus the number (if any) by which the worldwide family preference level exceeds 226,000, and any unused first preference numbers:

a. Spouses and Children: 77% of the overall second preference limitation, of which 75% are exempt from the per-country limit;

b. Unmarried Sons and Daughters (21 years of age or older): 23% of the overall second preference limitation.

Third: Married Sons and Daughters of Citizens: 23,400, plus any numbers not required by first and second preferences.

Fourth: Brothers and Sisters of Adult Citizens: 65,000, plus any numbers not required by first three preferences.

Employment-Based Preferences

First: Priority Workers: 28.6% of the worldwide employment-based preference level, plus any numbers not required for fourth and fifth preferences.

Second: Members of the Professions Holding Advanced Degrees or Persons of Exceptional Ability: 28.6% of the worldwide employment-based preference level, plus any numbers not required by first preference.

Third: Skilled Workers, Professionals, and Other Workers: 28.6% of the worldwide level, plus any numbers not required by first and second preferences, not more than 10,000 of which to "Other Workers."

Fourth: Certain Special Immigrants: 7.1% of the worldwide level.

Fifth: Employment Creation: 7.1% of the worldwide level, not less than 3,000 of which reserved for investors in a targeted rural or high-unemployment area, and 3,000 set aside for investors in regional centers by Sec. 610 of P.L. 102-395.

4. INA Section 203(e) provides that family-sponsored and employment-based preference visas be issued to eligible immigrants in the order in which a petition in behalf of each has been filed. Section 203(d) provides that spouses and children of preference immigrants are entitled to the same status, and the same order of consideration, if accompanying or following to join the principal. The visa prorating provisions of Section 202(e) apply to allocations for a foreign state or dependent area when visa demand exceeds the per-country limit. These provisions apply at present to the following oversubscribed chargeability areas: CHINA-mainland born, INDIA, MEXICO, and PHILIPPINES.

5. On the chart below, the listing of a date for any class indicates that the class is oversubscribed (see paragraph 1); "C" means current, i.e., numbers are available for all qualified applicants; and "U" means unavailable, i.e., no numbers are available. (NOTE: Numbers are available only for applicants whose priority date is earlier than the cut-off date listed on the following page.)

Family	All Chargeability Areas Except Those Listed	CHINA mainland born	INDIA	MEXICO	PHILIPPINES
1st	22DEC00	22DEC00	22DEC00	15OCT94	15OCT90
2A*	15AUG00	15AUG00	15AUG00	15OCT97	15AUG00
2B	01AUG95	01AUG95	01AUG95	15FEB92	01AUG95
3rd	22DEC97	22DEC97	22DEC97	22JAN95	01JUN90
4th	22NOV92	22NOV92	08APR92	22NOV92	22SEP82

***NOTE**: For January, 2A numbers EXEMPT from per-country limit are available to applicants from all countries with priority dates earlier than 15OCT97. 2A numbers SUBJECT to per-country limit are available to applicants chargeable to all countries EXCEPT MEXICO with priority dates beginning 15OCT97 and earlier than 15AUG00. (All 2A numbers provided for MEXICO are exempt from the per-country limit; there are no 2A numbers for MEXICO subject to per-country limit.)

Employment-based	All Chargeability Areas Except Those Listed	CHINA mainland born	INDIA	MEXICO	PHILIPPINES
1st	C	C	C	C	C
2nd	C	C	C	C	C
3rd	C	01JAN02	01JAN02	C	01JAN02
other workers	C	C	C	C	C
4th	C	C	C	C	C
certain religious workers	C	C	C	C	C
5th	C	C	C	C	C
targeted employment areas/ regional centers	C	C	C	C	C

The Department of State has available a recorded message with visa availability information which can be heard at: 202-663-1541. This recording will be updated in the middle of each month with information on cut-off dates for the following month.

B. DIVERSITY IMMIGRANT (DV) CATEGORY

Section 203(c) of the Immigration and Nationality Act provides a maximum of up to 55,000 immigrant visas each fiscal year to permit immigration opportunities for persons from countries other than the principal sources of current immigration to the United States. The Nicaraguan and Central American Relief Act (NACARA) passed by Congress in November 1997 stipulates that beginning with DV-99, and for as long as necessary, up to 5,000 of the 55,000 annually-allocated diversity visas will be made available for use under the NACARA program. This reduction has resulted in the DV-2005 annual limit being reduced to 50,000. DV visas are divided among six geographic regions. No one country can receive more than seven percent of the available diversity visas in any one year.

For January, immigrant numbers in the DV category are available to qualified DV-2005 applicants chargeable to all regions/eligible countries as follows. When an allocation cut-off number is shown, visas are available only for applicants with DV regional lottery rank numbers BELOW the specified allocation cut-off number:

Region	All DV Chargeability Areas Except Those Regions Listed Separately		
AFRICA	AF	17,400	except: Nigeria 14,600
ASIA	AS	5,100	except: Bangladesh 4,300
EUROPE	EU	14,900	
NORTH AMERICA (BAHAMAS)	NA	11	
OCEANIA	OC	460	
SOUTH AMERICA and the CARIBBEAN	SA	875	

Entitlement to immigrant status in the DV category lasts only through the end of the fiscal (visa) year for which the applicant is selected in the lottery. The year of entitlement for all applicants registered for the DV-2005 program ends as of September 30, 2005. DV visas may not be issued to DV-2005 applicants after that date. Similarly, spouses and children accompanying or following to join DV-2005 principals are only entitled to derivative DV status until September 30, 2005. DV visa availability through the very end of FY-2005 cannot be taken for granted. Numbers could be exhausted prior to September 30. Once all numbers provided by law for the DV-2005 program have been used, no further issuances will be possible.

C. ADVANCE NOTIFICATION OF THE DIVERSITY (DV) IMMIGRANT CATEGORY RANK CUT-OFFS WHICH WILL APPLY IN FEBRUARY

For February, immigrant numbers in the DV category are available to qualified DV-2005 applicants chargeable to all regions/eligible countries as follows. When an allocation cut-off number is shown, visas are available only for applicants with DV regional lottery rank numbers BELOW the specified allocation cut-off number:

Region		All DV Chargeability Areas Except Those Regions Listed Separately	
AFRICA	AF	20,225	except: Nigeria 17,600
ASIA	AS	5,700	except: Bangladesh 4,700
EUROPE	EU	16,600	
NORTH AMERICA (BAHAMAS)	NA	13	
OCEANIA	OC	535	
SOUTH AMERICA and the CARIBBEAN	SA	1,125	

D. OVERSUBSCRIPTION OF THE EMPLOYMENT-BASED THIRD PREFERENCE CATEGORY FOR CHINA-MAINLAND BORN, INDIA, AND THE PHILPPINES

In recent years, all Employment-based categories have been "Current" for all countries, primarily as a result of two factors:

1. The American Competitiveness in the Twenty-First Century Act (Title I of Pub. L. 106-313 enacted on October 17, 2000) contained several provisions intended to increase the availability of Employment-based numbers. Pub. L. 106-313 recaptured those Employment-based numbers that were available but not used in Fiscal Years 1999 and 2000, creating a "pool" of 130,107 numbers which could be allocated to applicants in the Employment First,

Second, and Third preference categories once the annual Employment-based numerical limit has been reached. Approximately 101,000 of these "pool" numbers remain available for use during FY-1005. Pub. L. 106-313 also removed the per-country limit in any calendar quarter in which overall applicant demand for Employment-based visa numbers is less than the total of such numbers available.

2. Changes in CIS processing procedures during the past two years created a significant backlog of cases and a consequent reduction in demand for numbers.

   During the time that the Employment-based categories have remained "Current" many tens of thousands of applicants have become eligible to file for adjustment of status. Last summer, CIS notified Congress of its intent to eliminate its current backlogs by the end of FY-2006. As a result of the CIS backlog reduction effort, we are now experiencing very heavy visa demand as CIS has begun to process cases to conclusion. Section 201(a)(2) of the Immigration and Nationality Act states that not more than 27 percent of the Employment-based annual limit may be used in each of the first three quarters of a fiscal year. Based on the current rate of demand, the 27 percent level for the first quarter of FY-2005 will be exceeded by the end of December.

   It has therefore become necessary to impose an Employment-based Third preference cut-off date for January in order to limit number use during the second quarter. Many of the cases have priority dates that are several years old, and the cut-off date represents the first priority date that cannot be accommodated for final processing. The cut-off date will apply only to the following chargeability areas: China-mainland born, India, and Philippines. Cut-off date movement during the remainder of FY-2005 depends on the extent of future visa demand. No specific predictions are possible at this time.

E. OBTAINING THE MONTHLY VISA BULLETIN

The Department of State's Bureau of Consular Affairs offers the monthly "Visa Bulletin" on the INTERNET'S WORLDWIDE WEB. The INTERNET Web address to access the Bulletin is:

http://travel.state.gov

From the home page, select the VISA section which contains the Visa Bulletin.

To be placed on the Department of State's E-mail subscription list for the "Visa Bulletin," please send an E-mail to the following e-mail address:

listserv@calist.state.gov

and in the message body type:

Subscribe Visa-Bulletin First name/Last name
(example: Subscribe Visa-Bulletin Sally Doe)

To be removed from the Department of State's e-mail subscription list for the "Visa Bulletin," send an e-mail message to the following E-mail address:

listserv@calist.state.gov

and in the message body type:

Signoff Visa-Bulletin

The Department of State also has available a recorded message with visa cut-off dates which can be heard at: 202-663-1541. The recording is normally updated by the middle of each month with information on cut-off dates for the following month.

Readers may submit questions regarding Visa Bulletin related items by e-mail at the following address:

VISABULLETIN@STATE.GOV

(This address cannot be used to subscribe to the Visa Bulletin.)

Department of State Publication 9514
CA/VO:December 8, 2004

APÉNDICE H
SOLICITUD I-485 PARA LA RESIDENCIA PERMANENTE O PARA AJUSTAR UNA CONDICIÓN

OMB No. 1115-0053

U.S. Department of Justice
Immigration and Naturalization Service

Form I-485, Application to Register Permanent Residence or Adjust Status

Purpose of This Form.
This form is used by a person who is in the United States to apply to the Immigration and Naturalization Service (INS) to adjust to permanent resident status or register for permanent residence. It may also be used by certain Cuban nationals to request a change in the date their permanent residence began.

Who May File.

Based on an immigrant petition. You may apply to adjust your status if:

- an immigrant visa number is immediately available to you based on an approved immigrant petition; or
- you are filing this application with a complete relative, special immigrant juvenile or special immigrant military petition, which if approved, would make an immigrant visa number immediately available to you.

Based on being the spouse or child (derivative) at the time another adjustment applicant (principal) files to adjust status or at the time a person is granted permanent resident status in an immigrant category that allows derivative status for spouses and children.

- **If the spouse or child is in the United States,** the individual derivatives may file their Form I-485 adjustment of status applications concurrently with the Form I-485 for the principal beneficiary, or file the Form I-485 at anytime after the principal is approved, if a visa number is available.
- **If the spouse or child is residing abroad,** the person adjusting status in the United States should file the **Form I-824, Application for Action on an Approved Application or Petition, concurrently** with the principal's adjustment of status application to allow the derivates to immigrate to the United States without delay, if the principal's adjustment of status application is approved. **No I-824 fee will be refunded if the principal's adjustment is not granted.**

Based on admission as the fiance(e) of a U. S. citizen and subsequent marriage to that citizen. You may apply to adjust status if you were admitted to the U. S. as the K-1 fiance(e) of a U. S. citizen and you married that citizen within 90 days of your entry. If you were admitted as the K-2 child of such a fiance(e), you may apply based on your parent's adjustment application.

Based on asylum status. You may apply to adjust status if you have been granted asylum in the U. S. after being physically present in the U. S. for one year after the grant of asylum, if you still qualify as an asylee or as the spouse or child of a refugee.

Based on Cuban citizenship or nationality. You may apply to adjust status if:

- you are a native or citizen of Cuba, were admitted or paroled into the U.S. after January 1, 1959, and thereafter have been physically present in the U.S. for at least one year; or
- you are the spouse or unmarried child of a Cuban described above, and regardless of your nationality, you were admitted or paroled after January 1, 1959, and thereafter have been physically present in the U.S. for at least one year.

Based on continuous residence since before January 1, 1972. You may apply for permanent residence if you have continuously resided in the U.S. since before January 1, 1972.

Applying to change the date your permanent residence began. If you were granted permanent residence in the U. S. prior to November 6, 1966, and are a native or citizen of Cuba, his or her spouse or unmarried minor child, you may ask to change the date your lawful permanent residence began to your date of arrival in the U. S. or May 2, 1964, whichever is later.

Other basis of eligibility. If you are not included in the above categories, but believe you may be eligible for adjustment or creation of record of permanent residence, contact your local INS office.

Persons Who Are Ineligible.
Unless you are applying for creation of record based on continuous residence since before January 1, 1972, or adjustment of status under a category in which special rules apply (such as asylum adjustment, Cuban adjustment, special immigrant juvenile adjustment or special immigrant military personnel adjustment), **you are not eligible for adjustment of status if any of the following apply to you:**

- you entered the U.S. in transit without a visa;
- you entered the U.S. as a nonimmigrant crewman;
- you were not admitted or paroled following inspection by an immigration officer;
- your authorized stay expired before you filed this application; you were employed in the U.S. prior to filing this application, without INS authorization; or you otherwise failed to maintain your nonimmigrant status, other than through no fault of your own or for technical reasons, unless you are applying because you are an immediate relative of a U.S. citizen (parent, spouse, widow, widower or unmarried child under 21 years old), a K-1 fiance(e) or K-2 fiance(e) dependent who married the U.S. petitioner within 90 days of admission or an "H" or "I" or special immigrant (foreign medical graduates, international organization employees or their derivative family members);
- you are or were a J-1 or J-2 exchange visitor, are subject to the two-year foreign residence requirement and have not complied with or been granted a waiver of the requirement;
- you have an A, E or G nonimmigrant status, or have an occupation which would allow you to have this status, unless you complete Form I-508 (I-508F for French nationals) to wave diplomatic rights, privileges and immunities, and if you are an A or G nonimmigrant, unless you submit a complete Form I-566;
- you were admitted to Guam as a visitor under the Guam visa waiver program;
- you were admitted to the U.S. as a visitor under the Visa Waiver Pilot Program, unless you are applying because you are an immediate relative of a U.S. citizen (parent, spouse, widow, widower or unmarried child under 21 years old);
- you are already a conditional permanent resident;
- you were admitted as a K-1 fiance(e) but did not marry the U.S. citizen who filed the petition for you, or were admitted as the K-2 child of a fiance(e) and your parent did not marry the U.S. citizen who filed the petition.

General Filing Instructions.
Please answer all questions by typing or clearly printing in black ink. Indicate that an item is not applicable with **"N/A."** If the answer is **"none,"** write **"none."** If you need extra space to answer any item, attach a sheet of paper with your name and your alien registration number (A#), if any, and indicate the number of the item to which the answer refers.You must file your application with the required **Initial Evidence** described below, beginning on this page. Your application must be properly signed and filed with the correct fee. If you are under 14 years of age, your parent or guardian may sign your application.

Translations. Any foreign language document must be accompanied by a full English translation which the translator has certified as complete and correct, and by the translator's certification that he or she is competent to translate the foreign language into English.

Copies. If these instructions state that a copy of a document may be filed with this application, and you choose to send us the original, we may keep the original for our records.

Initial Evidence.
You must file your application with the following evidence:

- **Birth certificate.** Submit a copy of your foreign birth certificate or other record of your birth that meets the provisions of secondary evidence found in 8 CFR 103.2(b)(2).
- **Copy of passport page with nonimmigrant visa.** If you have obtained a nonimmigrant visa(s) from an American consulate abroad within the last year, submit a photocopy(ies) of the page(s) of your passport with the visa(s).
- **Photos.** Submit two (2) identical natural color photographs of yourself, taken within 30 days of the application. Photos must have a white background, be unmounted, printed on thin paper and be glossy and unretouched. They must show a three-quarter frontal profile showing the right side of your face, with your right ear visible and with your head bare. You may wear a headdress if required by a religious order of which you are a member. The photos must be no larger than 2 X 2 inches, with the distance from the top of the head to just below the chin about 1 and 1/4 inches. Lightly print your A# (or your name if you have no A#) on the back of each photo, using a pencil.
- **Fingerprints.** If you are between the ages of 14 and 75, you must be fingerprinted. After filing this application, INS will notify you in writing of the time and location where you must go to be fingerprinted. Failure to appear to be fingerprinted may result in denial of your application.
- **Police clearances.** If you are filing for adjustment of status as a member of a special class described in an I-485 supplement form, please read the instructions on the supplement form to see if you need to obtain and submit police clearances, in addition to the required fingerprints, with your application.
- **Medical examination (Section 232 of the Act).** When required, submit a medical examination report on the form you have obtained from INS.

Form I-485 (Rev. 02/07/00)N

-- A. Individuals applying for adjustment of status through the INS Service Center: 1) General: If you are filing your adjustment of status application with the INS Service Center, include your medical exam report with the application, unless you are a refugee or asylee. 2) Refugees If you are applying for adjustment of status one year after you were admitted as a refugee, you only need to submit a vaccination supplement with your adjustment of status application, not the entire medical report, unless there were medical grounds of inadmissibility that arose during the initial exam you had overseas.

-- B. Individuals applying for adjustment of status through the local INS office and asylees applying for adjustment of status through the Service Center: If you are filing your adjustment of status application with the local INS office, or if you are an asylee filing an adjustment of status application with the Service Center, one year after you were granted asylum, do not submit a medical report with your adjustment of status application. Wait for further instructions from INS about how and where to take the medical exam and submit the medical exam report.

-- Fiance(e)s: If you are a K-1 fiance(e) or K-2 dependent who had a medical exam within the past year as required for the nonimmigrant fiance (e) visa, you only need to submit a vaccination supplement, not the entire medical report. You may include the vaccination supplement with your adjustment of status application.

-- Individuals not required to have a medical exam: The medical report is not required if you are applying for creation of a record for admission as a lawful permanent resident under section 249 of the Act as someone who has continuously resided in the United States since January 1, 1972 (registry applicant).

- Form G-325A, Biographic Information Sheet. You must submit a completed G-325A if you are between 14 and 79 years of age.
- Evidence of status. Submit a copy of your Form I-94, Nonimmigrant Arrival/Departure Record, showing your admission to the U.S. and current status, or other evidence of your status.
- Affidavit of Support/Employment Letter.

-- Affidavit of Support. Submit the Affidavit of Support (Form I-864) if your adjustment of status application is based on your entry as a fiance(e), or a relative visa petition (Form I-130) filed by your relative or on an employment based visa petition (Form I-140) based on a business that is five percent or more owned by your family.

-- Employment Letter. If your adjustment of status application is based on an employment based visa petition (Form I-140), you must submit a letter on the letterhead of the petitioning employer which confirms that the job on which the visa petition is based is still available to you. The letter must also state the salary that will be paid.

(Note: The affidavit of support and/or employment letter are not required if you applying for creation of record based on continuous residence since before January 1, 1972, asylum adjustment, or a Cuban or a spouse or unmarried child of a Cuban who was admitted after January 1, 1959.)

- Evidence of eligibility.

-- Based on an immigrant petition. Attach a copy of the approval notice for an immigrant petition which makes a visa number immediately available to you, or submit a complete relative, special immigrant juvenile or special immigrant military petition which, if approved, will make a visa number immediately available to you.

-- Based on admission as the K-1 fiance(e) of a U.S. citizen and subsequent marriage to that citizen. Attach a copy of the fiance(e) petition approval notice, a copy of your marriage certificate and your Form I-94.

-- Based on asylum status. Attach a copy of the letter or Form I-94 which shows the date you were granted asylum.

-- Based on continuous residence in the U.S. since before January 1, 1972. Attach copies of evidence that shows continuous residence since before January 1, 1972.

-- Based on Cuban citizenship or nationality. Attach evidence of your citizenship or nationality, such as a copy of your passport, birth certificate or travel document.

-- Based on derivative status as the spouse or child of another adjustment applicant or person granted permanent residence based on issuance of an immigrant visa. File your application with the application of that other applicant, or with evidence that it is pending with the Service or has been approved, or evidence that your spouse or parent has been granted permanent residence based on an immigrant visa and:

- If you are applying as the spouse of that person, also attach a copy of your marriage certificate and copies of documents showing the legal termination of all other marriages by you and your spouse;
- If you are applying as the child of that person, also attach a copy of your birth certificate, and if the other person is not your natural mother, copies of evidence (such as a marriage certificate and documents showing the legal termination of all other marriages and an adoption decree) to demonstrate that you qualify as his or her child.

- Other basis for eligibility. Attach copies of documents proving that you are eligible for the classification.

Where to File.
File this application at the INS office having jurisdiction over your place of residence.

Fee. The fee for this application is $220, except that it is $160 if you are less than 14 years old. There is no application fee if you are filing as a refugee under section 209(a) of the Act. If you are between the ages of 14 and 75, there is a $25 fingerprinting fee in addition to the application fee. For example, if your application fee is $220 and you are between the ages of 14 and 75, the total fee you must pay is $245. You may submit one check or money order for both the application and fingerprinting fees. Fees must be submitted in the exact amount. DO NOT MAIL CASH. Fees cannot be refunded. All checks and money orders must be drawn on a bank or other institution located in the United States and must be payable in United States currency. The check or money order should be made payable to the Immigration and Naturalization Service, except that:

-- if you live in Guam and are filing this application in Guam, make your check or money order payable to the "Treasurer, Guam."

-- if you live in the U.S. Virgin Islands and are filing this application in the U.S. Virgin Islands, make your check or money order payable to the "Commissioner of Finance of the Virgin Islands."

Checks are accepted subject to collection. An uncollected check in payment of an application fee will render the application and any document issued invalid. A charge of $30 will be imposed if a check in payment of a fee is not honored by the bank on which it is drawn.

Processing Information.

Acceptance. Any application that is not signed, or is not accompanied by the correct application fee, will be rejected with a notice that the application is deficient. You may correct the deficiency and resubmit the application. An application is not considered properly filed until accepted by the INS.

Initial Processing. Once an application has been accepted, it will be checked for completeness, including submission of the required initial evidence. If you do not completely fill out the form, or file it without required initial evidence, you will not establish a basis for eligibility, and we may deny your application.

Requests for More Information. We may request more information or evidence. We may also request that you submit the originals of any copy. We may return these originals when they are no longer required.

Interview. After you file your application you will be notified to appear at an INS office to answer questions about the application. You will be required to answer these questions under oath or affirmation. You must bring your Arrival-Departure Record (Form I-94) and any passport to the interview.

Decision. You will be notified in writing of the decision on your application.

Selective Service Registration. If you are a male at least 18 years old, but not yet 26 years old, and required according to the Military Selective Service Act to register with the Selective Service System, the INS will help you register. When your signed application is filed and accepted by the INS, we will transmit your name, current address, Social Security number, date of birth and the date you filed the application to the Selective Service to record your registration as of the filing date. If the INS does not accept your application, and if still so required, you are responsible to register with the Selective Service by other means, provided you are under 26 years of age. If you have already registered, the Selective Service will check its records to avoid any duplication. Note: men 18 through 25 years old, who are applying for student financial aid, government employment or job training benefits should register directly with the Selective Service or such benefits may be denied. Men can register at a local post office or on the Internet at http://www.sss.gov).

Form I-485 (Rev. 02/07/00)N Page 2

Travel Outside the U.S. for Adjustment of Status Applicants Under Sections 209 and 245 of the Act and Registry Applicants Under Section 249 of the Act. Your departure from the U.S. (including brief visits to Canada or Mexico) constitutes an abandonment of your adjustment of status application, unless you are granted permission to depart and you are inspected upon your return to the U.S. Such permission to travel is called "advance parole." To request advance parole, you must file Form I-131, with fee, with the INS office where you applied for adjustment of status.

-- Exceptions: 1) H and L nonimmigrants: If you are an H or L nonimmigrant who continues to maintain his or her status, you may travel on a valid H or L visa without obtaining advance parole. 2) Refugees and Asylees: If you are applying for adjustment of status one year after you were admitted as a refugee or one year after you were granted asylum, you may travel outside the United States on your valid refugee travel document, if you have one, without the need to obtain advance parole.

-- WARNING: Travel outside of the U.S. may trigger the 3-and 10-year bars to admission under section 212(a)(9)(B)(i) of the Act for adjustment applicants, but not registry applicants. This ground of inadmissibility is triggered if you were unlawfully present in the U.S. (i.e., you remained in the United States beyond the period of stay authorized by the Attorney General) for more than 180 days before you applied for adjustment of status, and you travel outside of the U.S. while your adjustment of status application is pending. (Note: Only unlawful presence that accrued on or after April 1, 1997, counts towards the 3-and 10-year bars under section 212 (a)(9)(B)(i) of the Act.)

-- If you become inadmissible under section 212(a)(9)(B)(i) of the Act while your adjustment of status application is pending, you will need a waiver of inadmissibility under section 212(a)(9)(B)(v) of the Act before your adjustment of status application can be approved. This waiver, however, is granted on a case-by-case basis and in the exercise of discretion. It requires a showing of extreme hardship to your U.S. citizen or lawful permanent resident spouse or parent, unless you are a refugee or asylee. For refugees and asylees, the waiver may be granted for humanitarian reasons, to assure family unity or if it is otherwise in the public interest.

Penalties. If you knowingly and willfully falsify or conceal a material fact or submit a false document with this request, we will deny the benefit you are filing for and may deny any other immigration benefit. In addition, you will face severe penalties provided by law and may be subject to criminal prosecution.

Privacy Act Notice. We ask for the information on this form and associated evidence to determine if you have established eligibility for the immigration benefit you are seeking. Our legal right to ask for this information is in 8 USC 1255 and 1259. We may provide this information to other government agencies, including the Selective Service System. Your failure to provide this information on this form and any requested evidence may delay a final decision or result in denial of your application.

Paperwork Reduction Act Notice. A person is not required to respond to a collection of information unless it displays a current valid OMB number. We try to create forms and instructions that are accurate, can be easily understood and which impose the least possible burden on you to provide us with information. Often this is difficult because some immigration laws are very complex. The estimated average time to complete and file this application is computed as follows: (1) 20 minutes to learn about the law and form; (2) 25 minutes to complete the form and (3) 270 minutes to assemble and file the application, including the required interview and travel time -- for a total estimated average of 5 hours and 15 minutes per application. If you have comments regarding the accuracy of this estimate or suggestions to make this form simpler, you should write to the Immigration and Naturalization Service, 425 I Street, N.W., Room 5307, Washington, D.C. 20536; OMB No. 1115-0053. DO NOT MAIL YOUR COMPLETED APPLICATION TO THIS ADDRESS.

Form I-485 (Rev. 02/07/00)N Page 3

OMB No. 1115-0053

U.S. Department of Justice
Immigration and Naturalization Service

Form I-485, Application to Register Permanent Resident or Adjust Status

START HERE - Please Type or Print

Part 1. Information About You.

Family Name	Given Name	Middle Initial

Address - C/O

Street Number and Name	Apt. #

City

State	Zip Code
Date of Birth (month/day/year)	Country of Birth
Social Security #	A # (if any)
Date of Last Arrival (month/day/year)	I-94 #
Current INS Status	Expires on (month/day/year)

Part 2. Application Type. (check one)

I am applying for an adjustment to permanent resident status because:

a. ☐ an immigrant petition giving me an immediately available immigrant visa number has been approved. (Atttach a copy of the approval notice-- or a relative, special immigrant juvenile or special immigrant military visa petition filed with this application that will give you an immediately available visa number, if approved.)

b. ☐ my spouse or parent applied for adjustment of status or was granted lawful permanent residence in an immigrant visa category that allows derivative status for spouses and children.

c. ☐ I entered as a K-1 fiance(e) of a U.S. citizen whom I married within 90 days of entry, or I am the K-2 child of such a fiance(e). [Attach a copy of the fiance(e) petition approval notice and the marriage certificate.]

d. ☐ I was granted asylum or derivative asylum status as the spouse or child of a person granted asylum and am eligible for adjustment.

e. ☐ I am a native or citizen of Cuba admitted or paroled into the U.S. after January 1, 1959, and thereafter have been physically present in the U.S. for at least one year.

f. ☐ I am the husband, wife or minor unmarried child of a Cuban described in (e) and am residing with that person, and was admitted or paroled into the U.S. after January 1, 1959, and thereafter have been physically present in the U.S. for at least one year.

g. ☐ I have continuously resided in the U.S. since before January 1, 1972.

h. ☐ Other basis of eligibility. Explain. (If additional space is needed, use a separate piece of paper.)

I am already a permanent resident and am applying to have the date I was granted permanent residence adjusted to the date I originally arrived in the U.S. as a nonimmigrant or parolee, or as of May 2,1964, whichever date is later, and(Check one)

i. ☐ I am a native or citizen of Cuba and meet the description in (e), above.

j. ☐ I am the husband, wife or minor unmarried child of a Cuban, and meet the description in (f), above.

FOR INS USE ONLY

Returned	Receipt
Resubmitted	
Reloc Sent	
Reloc Rec'd	
Applicant Interviewed	

Section of Law
☐ Sec. 209(b), INA
☐ Sec. 13, Act of 9/11/57
☐ Sec. 245, INA
☐ Sec. 249, INA
☐ Sec. 2 Act of 11/2/66
☐ Sec. 2 Act of 11/2/66
☐ Other

Country Chargeable

Eligibility Under Sec. 245
Approved Visa Petition
Dependent of Principal Alien
Special Immigrant
Other

Preference

Action Block

To be Completed by Attorney or Representative, if any

☐ Fill in box if G-28 is attached to represent the applicant.

VOLAG #

ATTY State License #

Continued on back

Part 3. Processing Information.

A. City/Town/Village of Birth	Current Occupation
Your Mother's First Name	Your Father's First Name

Give your name exactly how it appears on your Arrival /Departure Record (Form 1-94)

Place of Last Entry Into the U.S. (City/State)	In what status did you last enter? (Visitor, student, exchange alien, crewman, temporary worker, without inspection, etc.)
Were you inspected by a U.S. Immigration Officer? ☐ Yes ☐ No	
Nonimmigrant Visa Number	Consulate Where Visa Was Issued
Date Visa Was Issued (month/day/year) — Sex: ☐ Male ☐ Female	Marital Status ☐ Married ☐ Single ☐ Divorced ☐ Widowed

Have you ever before applied for permanent resident status in the U.S.? ☐ No ☐ Yes If you checked "Yes," give date and place of filing and final disposition.

B. List your present husband/wife and all your sons and daughters. (If you have none, write "none." If additional space is needed, use a separate piece of p

Family Name	Given Name	Middle Initial	Date of Birth (month/day/year)
Country of Birth	Relationship	A #	Applying with You? ☐ Yes ☐ No
Family Name	Given Name	Middle Initial	Date of Birth (month/day/year)
Country of Birth	Relationship	A #	Applying with You? ☐ Yes ☐ No
Family Name	Given Name	Middle Initial	Date of Birth (month/day/year)
Country of Birth	Relationship	A #	Applying with You? ☐ Yes ☐ No
Family Name	Given Name	Middle Initial	Date of Birth (month/day/year)
Country of Birth	Relationship	A #	Applying with You? ☐ Yes ☐ No
Family Name	Given Name	Middle Initial	Date of Birth (month/day/year)
Country of Birth	Relationship	A #	Applying with You? ☐ Yes ☐ No

C. List your present and past membership in or affiliation with every political organization, association, fund, foundation, party, club, society or s group in the United States or in other places since your 16th birthday. Include any foreign military service in this part. If none, write "none". Include the name(s) of the organization(s), location(s), dates of membership from and to, and the nature of the organization (s). If additional space is needed, use a separate piece of paper.

Form I-485 (Rev. 02/07/00)N Page 2

Part 3. Processing Information. (Continued)

Please answer the following questions. (If your answer is "Yes" to any one of these questions, explain on a separate piece of paper. Answering "Yes" does not necessarily mean that you are not entitled to adjust your status or register for permanent residence.)

1. Have you ever, in or outside the U. S.:
   a. knowingly committed any crime of moral turpitude or a drug-related offense for which you have not been arrested? ☐ Yes ☐ No
   b. been arrested, cited, charged, indicted, fined or imprisoned for breaking or violating any law or ordinance, excluding traffic violations? ☐ Yes ☐ No
   c. been the beneficiary of a pardon, amnesty, rehabilitation decree, other act of clemency or similar action? ☐ Yes ☐ No
   d. exercised diplomatic immunity to avoid prosecution for a criminal offense in the U. S.? ☐ Yes ☐ No
2. Have you received public assistance in the U.S. from any source, including the U.S. government or any state, county, city or municipality (other than emergency medical treatment), or are you likely to receive public assistance in the future? ☐ Yes ☐ No
3. Have you ever:
   a. within the past ten years been a prostitute or procured anyone for prostitution, or intend to engage in such activities in the future? ☐ Yes ☐ No
   b. engaged in any unlawful commercialized vice, including, but not limited to, illegal gambling? ☐ Yes ☐ No
   c. knowingly encouraged, induced, assisted, abetted or aided any alien to try to enter the U.S. illegally? ☐ Yes ☐ No
   d. illicitly trafficked in any controlled substance, or knowingly assisted, abetted or colluded in the illicit trafficking of any controlled substance? ☐ Yes ☐ No
4. Have you ever engaged in, conspired to engage in, or do you intend to engage in, or have you ever solicited membership or funds for, or have you through any means ever assisted or provided any type of material support to, any person or organization that has ever engaged or conspired to engage, in sabotage, kidnapping, political assassination, hijacking or any other form of terrorist activity? ☐ Yes ☐ No
5. Do you intend to engage in the U.S. in:
   a. espionage? ☐ Yes ☐ No
   b. any activity a purpose of which is opposition to, or the control or overthrow of, the government of the United States, by force, violence or other unlawful means? ☐ Yes ☐ No
   c. any activity to violate or evade any law prohibiting the export from the United States of goods, technology or sensitive information? ☐ Yes ☐ No
6. Have you ever been a member of, or in any way affiliated with, the Communist Party or any other totalitarian party? ☐ Yes ☐ No
7. Did you, during the period from March 23, 1933 to May 8, 1945, in association with either the Nazi Government of Germany or any organization or government associated or allied with the Nazi Government of Germany, ever order, incite, assist or otherwise participate in the persecution of any person because of race, religion, national origin or political opinion? ☐ Yes ☐ No
8. Have you ever engaged in genocide, or otherwise ordered, incited, assisted or otherwise participated in the killing of any person because of race, religion, nationality, ethnic origin or political opinion? ☐ Yes ☐ No
9. Have you ever been deported from the U.S., or removed from the U.S. at government expense, excluded within the past year, or are you now in exclusion or deportation proceedings? ☐ Yes ☐ No
10. Are you under a final order of civil penalty for violating section 274C of the Immigration and Nationality Act for use of fradulent documents or have you, by fraud or willful misrepresentation of a material fact, ever sought to procure, or procured, a visa, other documentation, entry into the U.S. or any immigration benefit? ☐ Yes ☐ No
11. Have you ever left the U.S. to avoid being drafted into the U.S. Armed Forces? ☐ Yes ☐ No
12. Have you ever been a J nonimmigrant exchange visitor who was subject to the two-year foreign residence requirement and not yet complied with that requirement or obtained a waiver? ☐ Yes ☐ No
13. Are you now withholding custody of a U.S. citizen child outside the U.S. from a person granted custody of the child? ☐ Yes ☐ No
14. Do you plan to practice polygamy in the U.S.? ☐ Yes ☐ No

Continued on back

Form I-485 (Rev. 02/07/00)N Page 3

Part 4. Signature. (Read the information on penalties in the instructions before completing this section. You must file this application wh in the United States.)

I certify, under penalty of perjury under the laws of the United States of America, that this application and the evidence submitted with it is all true and correct. I authorize the release of any information from my records which the INS needs to determine eligibility for the benefit I am seeking.

Selective Service Registration. The following applies to you if you are a man at least 18 years old, but not yet 26 years old, who is required to register with the Selective Service System: I understand that my filing this adjustment of status application with the Immigration and Naturalization Service authorizes the INS to prov certain registration information to the Selective Service System in accordance with the Military Selective Service Act. Upon INS acceptance of my application, I authorize INS to transmit to the Selective Service System my name, current address, Social Security number, date of birth and the date I filed the application for the purpose of recording my Selective Service registration as of the filing date. If, however, the INS does not accept my application, I further understand that, if so required, I am responsible for registering with the Selective Service by other means, provided I have not yet reached age 26.

Signature	Print Your Name	Date	Daytime Phone Number

Please Note: If you do not completely fill out this form or fail to submit required documents listed in the instructions, you may not be found eligible fc the requested benefit and this application may be denied.

Part 5. Signature of Person Preparing Form, If Other Than Above. (Sign Below)

I declare that I prepared this application at the request of the above person and it is based on all information of which I have knowledge.

Signature	Print Your Name	Date	Daytime Phone Number

Firm Name and Address

Form I-485 (Rev. 02/07/00)N Page 4

APÉNDICE I
LISTA DE PAÍSES QUE RECONOCEN LA CIUDADANÍA DOBLE CON ESTADOS UNIDOS

Esta lista se basa en la mejor información actual existente. Algunos países no permiten la ciudadanía doble. Otros tiene distintos tipos de restricciones sobre la pérdida o adquisición de ciudadanía doble y por esta razón no se encuentran en la siguiente lista. Si le preocupa la pérdida de su ciudadanía actual al naturalizarse como ciudadano de Estados Unidos, hable con un representante de su gobierno antes de solicitar la naturalización.

Países que generalmente admiten la ciudadanía doble después de la naturalización en Estados Unidos

Albania
Antigua
Barbados
Belice
Benín
Bulgaria
Burkina Faso
Cabo Verde
Camboya
Canadá
Central Africana, República
Chipre
Colombia
Costa Rica
Costa de Marfil
Croacia
Dominica
República Dominicana
Ecuador
El Salvador
Eslovenia
Francia
Ghana
Granada
Grecia
Guatemala
Hong Kong
Hungría
Irán
Irlanda
Israel
Jamaica
Letonia
Lesotho
Liechtenstein
Macao
Maldivas
Marruecos
México
Namibia
Nigeria
Nueva Zelanda
Panamá
Perú
Polonia
Portugal
Reino Unido
Rumania
San Cristóbal
Saint Kitts y Nevis
Santa Lucía
Siria
Sri Lanka
Suiza
Togo
Túnez
Turquía
Tuvalu

Países que generalmente no aceptan la ciudadanía doble después de la naturalización en

Estados Unidos
Arabia Saudita
Argelia
Andorra
Azerbaiján
Bahrein
Bielorrusia
Bélgica
Bhután
Bolivia
Botswana
Brunei
Burundi
Camerún
Chile
China
Congo
Corea del Sur
Cuba
Emiratos Árabes Unidos
Gabón
Guinea
Guinea Ecuatorial
Honduras
India
Indonesia
Irak
Japón
Kazajstán
Kiribati
Kirguizistán
Kuwait
Laos
Libia
Malawi
Malaysia
Mali
Mónaco
Mongolia
Myanmar (Birmania)
Nepal
Nueva Guinea
Nicaragua
Níger
Corea del Norte
Noruega
Omán
Pakistán
Palaos
Papua
Santo Tomé y Príncipe
Qatar
Ruanda
Sierra Leona
Singapur
Sudán
Suecia
Swazilandia
Taiwán
Tonga
Ucrania
Uganda
Uzbekistán
Venezuela
Vietnam
Yemen
Yibuti
Zimbabwe

APÉNDICE J
LISTA DE DELITOS CON AGRAVANTES

Los individus condenados por delitos con agravantes quedan permanentemente inelegibles a la naturalización y al asilo. Si tiene antecedentes criminales, vea a un experto legal de inmigración antes de presentar una solicitud al INS. Aquí tiene una lista no profesional de lo que puede constituir un delito agravado.

- Asesinato.
- Violación.
- Abuso sexual de un menor.
- Crímenes de narcotráfico o cualquier tráfico ilegal de alguna sustancia controlada.
- Tráfico ilícito de dispositivos destructivos.
- Muchas ofensas de armas de fuego, aunque la simple posesión de un arma de fuego sin licencia por un residente permanente no es, a menudo un delito agravado.
- Cualquier ofensa relacionada con el lavado de instrumentos monetarios si la cantidad es superior a los $10,000.
- La mayoría de las ofensas relacionadas con explosivos o incendio intencional.
- Ofensas relacionadas con el recibo, manufactura o posesión de armas de fuego sin las licencias o los impuestos respectivos.
- La mayoría de crímenes violentos (sin incluir una ofensa puramente política) para los que la pena de cárcel impuesta (sin tomar en cuenta la suspensión del encarcelamiento) es de un mínimo de un año.
- Una ofensa por hurto (incluso recibo de la propiedad robada) o robo para la cual la pena de cárcel impuesta (sin tomar en cuenta la suspensión del encarcelamiento) es de un mínimo de un año.
- Las ofensas por rescate, incluso si se usa comunicaciones interestatales para pedir rescate o amenazar con secuestro; por usar el correo para comunicaciones amenazantes; por comunicaciones amenazantes desde países del extrior; por recibir, poseer o disponer de dinero o propiedad de rescate.
- Las ofensas por pornografía infantil, incluso el empleo, uso o la coerción de menores en asuntos pornográficos, venta o transferencia de custodia a un niño sabiendo que se utilizará al niño para pornografía, el recibo o distribución de pornografía infantil.
- Las ofensas RICO (las leyes federales para combatir el crimen organizado—*Racketeer-Influenced and Corrupt Organizations Act)* para las que puede imponerse condena de cárcel de un año o más.
- Las ofensas relacionadas con ser propietario, controlar, administrar o supervisar un negocio de prostitución.
- Las ofensas relacionadas con servidumbre involuntaria.
- Las ofensas relacionadas con espionaje y la seguridad nacional.
- Traición y ocultar y no revelar traición.
- Crímenes por fraude o engaño donde la víctima perdió más de $10,000.
- Evasión del impuesto a la renta donde la pérdida del gobierno sobrepasa los $10,000.
- Una ofensa por incomparecencia para la sentencia donde el acusado fue condenado por un crimen con una sentencia posible de 15 años o más.
- Las ofensas relacionadas con la obstrucción de justicia, perjurio o soborno o con ayudar a otra persona para cometer perjurio o soborno de un testigo, para las cuales puede imponerse una sentencia de por lo menos un año.
- Las ofensas relacionadas con soborno comercial, falsificación o tráfico ilícito de vehículos, para los que puede imponerse una sentencia de por lo menos un año.

- Las ofensas cometidas por un extranjero a quien previamente se ordenó que se le deportara.
- Contrabando de persona extranjera con fines de lucro comercial (excepción: una ofensa en que la persona contrabandeada fue su cónyuge, padre/madre, o niño).
- Fraude de documentos bajo el que los actos de la persona constituyen el tráfico de documentos y la sentencia impuesta (aunque se suspenda) es de por lo menos un año (excepto cuando usted cometió la ofensa para asistir a su cónyuge, padre/madre, o niño).
- Las ofensas relacionadas con incomparecencia ante un juzgado por una ofensa criminal para la que puede imponerse una sentencia de dos o más años.
- Cualquier tentativa o conspiración para cometer en Estados Unidos uno de los hechos arriba mencionados.
- Cualquier tentativa o conspiración para cometer uno de estos hechos en violación de una ley en un país extranjero donde la condena se completó dentro de los 15 años previos.

APÉNDICE K
EL JURAMENTO DE LEALTAD

The Oath of Allegiance

I hereby declare, on oath, that I absolutely, and entirely, renounce and abjure all allegiance and fidelity to any foreign prince, potentate, state or sovereignty of whom or which I have heretofore been a subject or citizen; that I will support and defend the Constitution, and laws, of the United States of America against all enemies, foreign and domestic; that I will bear true faith and allegiance to the same; that I will bear arms on behalf of the United States when required by the law; that I will perform noncombatant service in the armed forces of the United States when required by the law; that I will perform work of national importance, under civilian direction, when required by the law; and that I take this obligation freely, without any mental reservation, or purpose of evasion, so help me God.

APÉNDICE L
N-400 SOLICITUD DE NATURALIZACIÓN

U.S. Department of Justice
Immigration and Naturalization Service

OMB No. 1115-0009
Application for Naturalization

Print clearly or type your answers using CAPITAL letters. Failure to print clearly may delay your application. Use black or blue ink.

Part 1. Your Name *(The Person Applying for Naturalization)*

Write your INS "A"- number here:
A ___ ___ ___ ___ ___ ___ ___ ___ ___

FOR INS USE ONLY

Bar Code	Date Stamp
	Remarks
Action	

A. Your current legal name.

Family Name *(Last Name)*

Given Name *(First Name)* Full Middle Name *(If applicable)*

B. Your name **exactly** as it appears on your Permanent Resident Card.

Family Name *(Last Name)*

Given Name *(First Name)* Full Middle Name *(If applicable)*

C. If you have ever used other names, provide them below.

Family Name *(Last Name)*	Given Name *(First Name)*	Middle Name

D. Name change *(optional)*

Please read the Instructions before you decide whether to change your name.

1. Would you like to legally change your name? ☐ Yes ☐ No
2. If "Yes," print the new name you would like to use. Do not use initials or abbreviations when writing your new name.

Family Name *(Last Name)*

Given Name *(First Name)* Full Middle Name

Part 2. Information About Your Eligibility *(Check Only One)*

I am at least 18 years old **AND**

A. ☐ I have been a Lawful Permanent Resident of the United States for at least 5 years.

B. ☐ I have been a Lawful Permanent Resident of the United States for at least 3 years, AND I have been married to and living with the same U.S. citizen for the last 3 years, AND my spouse has been a U.S. citizen for the last 3 years.

C. ☐ I am applying on the basis of qualifying military service.

D. ☐ Other *(Please explain)* ______________________________

Form N-400 (Rev. 07/23/02)N

Part 3. Information About You

Write your INS "A"- number here:
A ___ ___ ___ ___ ___ ___ ___ ___ ___

A. Social Security Number

___ ___ ___ - ___ ___ - ___ ___ ___ ___

B. Date of Birth *(Month/Day/Year)*

___ ___ / ___ ___ / ___ ___ ___ ___

C. Date You Became a Permanent Resident *(Month/Day/Year)*

___ ___ / ___ ___ / ___ ___ ___ ___

D. Country of Birth

E. Country of Nationality

F. Are either of your parents U.S. citizens? *(if yes, see Instructions)* ☐ Yes ☐ No

G. What is your current marital status? ☐ Single, Never Married ☐ Married ☐ Divorced ☐ Widowed

☐ Marriage Annulled or Other *(Explain)* ______________________________

H. Are you requesting a waiver of the English and/or U.S. History and Government requirements based on a disability or impairment and attaching a Form N-648 with your application? ☐ Yes ☐ No

I. Are you requesting an accommodation to the naturalization process because of a disability or impairment? *(See Instructions for some examples of accommodations.)* ☐ Yes ☐ No

If you answered "Yes", check the box below that applies:

☐ I am deaf or hearing impaired and need a sign language interpreter who uses the following language: ______________

☐ I use a wheelchair.

☐ I am blind or sight impaired.

☐ I will need another type of accommodation. Please explain: ______________________________

____

____

Part 4. Addresses and Telephone Numbers

A. Home Address - Street Number and Name *(Do NOT write a P.O. Box in this space)* | Apartment Number

City | County | State | ZIP Code | Country

B. Care of | Mailing Address - Street Number and Name *(If different from home address)* | Apartment Number

City | State | ZIP Code | Country

C. Daytime Phone Number *(If any)* | Evening Phone Number *(If any)* | E-mail Address *(If any)*

( ) | ( ) |

Form N-400 (Rev. 07/23/02)N Page 2

Part 5. Information for Criminal Records Search	Write your INS "A"- number here: A __ __ __ __ __ __ __ __ __ __

Note: The categories below are those required by the FBI. See Instructions for more information.

A. Gender

☐ Male ☐ Female

B. Height

Feet Inches

C. Weight

Pounds

D. Are you Hispanic or Latino? ☐ Yes ☐ No

E. Race *(Select one or more.)*

☐ White ☐ Asian ☐ Black or African American ☐ American Indian or Alaskan Native ☐ Native Hawaiian or Other Pacific Islander

F. Hair color

☐ Black ☐ Brown ☐ Blonde ☐ Gray ☐ White ☐ Red ☐ Sandy ☐ Bald (No Hair)

G. Eye color

☐ Brown ☐ Blue ☐ Green ☐ Hazel ☐ Gray ☐ Black ☐ Pink ☐ Maroon ☐ Other

Part 6. Information About Your Residence and Employment

A. Where have you lived during the last 5 years? Begin with where you live now and then list every place you lived for the last 5 years. If you need more space, use a separate sheet of paper.

Street Number and Name, Apartment Number, City, State, Zip Code and Country	Dates *(Month/Year)*	
	From	To
Current Home Address - Same as Part 4.A	__ __ /__ __ __ __	Present
	__ __ /__ __ __ __	__ __ /__ __ __ __
	__ __ /__ __ __ __	__ __ /__ __ __ __
	__ __ /__ __ __ __	__ __ /__ __ __ __
	__ __ /__ __ __ __	__ __ /__ __ __ __

B. Where have you worked (or, if you were a student, what schools did you attend) during the last 5 years? Include military service. Begin with your current or latest employer and then list every place you have worked or studied for the last 5 years. If you need more space, use a separate sheet of paper.

Employer or School Name	Employer or School Address *(Street, City and State)*	Dates *(Month/Year)*		Your Occupation
		From	To	
		__ __ /__ __ __ __	__ __ /__ __ __ __	
		__ __ /__ __ __ __	__ __ /__ __ __ __	
		__ __ /__ __ __ __	__ __ /__ __ __ __	
		__ __ /__ __ __ __	__ __ /__ __ __ __	
		__ __ /__ __ __ __	__ __ /__ __ __ __	

Form N-400 (Rev. 07/23/02)N Page 3

Part 7. Time Outside the United States
(Including Trips to Canada, Mexico, and the Caribbean Islands)

Write your INS "A"- number here:
A __ __ __ __ __ __ __ __ __

A. How many total days did you spend outside of the United States during the past 5 years? ☐ days

B. How many trips of 24 hours or more have you taken outside of the United States during the past 5 years? ☐ trips

C. List below all the trips of 24 hours or more that you have taken outside of the United States since becoming a Lawful Permanent Resident. Begin with your most recent trip. If you need more space, use a separate sheet of paper.

Date You Left the United States *(Month/Day/Year)*	Date You Returned to the United States *(Month/Day/Year)*	Did Trip Last 6 Months or More?		Countries to Which You Traveled	Total Days Out of the United States
__ __/__ __/__ __ __ __	__ __/__ __/__ __ __ __	☐ Yes	☐ No		
__ __/__ __/__ __ __ __	__ __/__ __/__ __ __ __	☐ Yes	☐ No		
__ __/__ __/__ __ __ __	__ __/__ __/__ __ __ __	☐ Yes	☐ No		
__ __/__ __/__ __ __ __	__ __/__ __/__ __ __ __	☐ Yes	☐ No		
__ __/__ __/__ __ __ __	__ __/__ __/__ __ __ __	☐ Yes	☐ No		
__ __/__ __/__ __ __ __	__ __/__ __/__ __ __ __	☐ Yes	☐ No		
__ __/__ __/__ __ __ __	__ __/__ __/__ __ __ __	☐ Yes	☐ No		
__ __/__ __/__ __ __ __	__ __/__ __/__ __ __ __	☐ Yes	☐ No		
__ __/__ __/__ __ __ __	__ __/__ __/__ __ __ __	☐ Yes	☐ No		
__ __/__ __/__ __ __ __	__ __/__ __/__ __ __ __	☐ Yes	☐ No		

Part 8. Information About Your Marital History

A. How many times have you been married (including annulled marriages)? ☐ If you have NEVER been married, go to Part 9.

B. If you are now married, give the following information about your spouse:

1. Spouse's Family Name *(Last Name)* ☐ Given Name *(First Name)* ☐ Full Middle Name *(If applicable)* ☐

2. Date of Birth *(Month/Day/Year)* __ __/__ __/__ __ __ __

3. Date of Marriage *(Month/Day/Year)* __ __/__ __/__ __ __ __

4. Spouse's Social Security Number __ __ __-__ __-__ __ __ __

5. Home Address - Street Number and Name ☐ Apartment Number ☐

City ☐ State ☐ ZIP Code ☐

Form N-400 (Rev. 07/23/02)N Page 4

Part 8. Information About Your Marital History *(Continued)*

Write your INS "A"- number here:
A __ __ __ __ __ __ __ __ __

C. Is your spouse a U.S. citizen? ☐ Yes ☐ No

D. If your spouse is a U.S. citizen, give the following information:

1. When did your spouse become a U.S. citizen? ☐ At Birth ☐ Other

If "Other," give the following information:

2. Date your spouse became a U.S. citizen
__ __/__ __/__ __ __ __

3. Place your spouse became a U.S. citizen *(Please see Instructions)*

City and State

E. If your spouse is NOT a U.S. citizen, give the following information :

1. Spouse's Country of Citizenship

2. Spouse's INS "A"- Number *(If applicable)*
A __ __ __ __ __ __ __ __ __

3. Spouse's Immigration Status
☐ Lawful Permanent Resident ☐ Other __________

F. If you were married before, provide the following information about your prior spouse. If you have more than one previous marriage, use a separate sheet of paper to provide the information requested in questions 1-5 below.

1. Prior Spouse's Family Name *(Last Name)* | Given Name *(First Name)* | Full Middle Name *(If applicable)*

2. Prior Spouse's Immigration Status
☐ U.S. Citizen
☐ Lawful Permanent Resident
☐ Other __________

3. Date of Marriage *(Month/Day/Year)*
__ __/__ __/__ __ __ __

4. Date Marriage Ended *(Month/Day/Year)*
__ __/__ __/__ __ __ __

5. How Marriage Ended
☐ Divorce ☐ Spouse Died ☐ Other __________

G. How many times has your current spouse been married (including annulled marriages)? ☐

If your spouse has EVER been married before, give the following information about **your spouse's** prior marriage.
If your spouse has more than one previous marriage, use a separate sheet of paper to provide the information requested in questions 1 - 5 below.

1. Prior Spouse's Family Name *(Last Name)* | Given Name *(First Name)* | Full Middle Name *(If applicable)*

2. Prior Spouse's Immigration Status
☐ U.S. Citizen
☐ Lawful Permanent Resident
☐ Other __________

3. Date of Marriage *(Month/Day/Year)*
__ __/__ __/__ __ __ __

4. Date Marriage Ended *(Month/Day/Year)*
__ __/__ __/__ __ __ __

5. How Marriage Ended
☐ Divorce ☐ Spouse Died ☐ Other __________

Form N-400 (Rev. 07/23/02)N Page 5

Part 9. Information About Your Children

Write your INS "A"- number here:
A __ __ __ __ __ __ __ __ __

A. How many sons and daughters have you had? For more information on which sons and daughters you should include and how to complete this section, see the Instructions.

B. Provide the following information about all of your sons and daughters. If you need more space, use a separate sheet of paper.

Full Name of Son or Daughter	Date of Birth *(Month/Day/Year)*	INS "A"- number *(if child has one)*	Country of Birth	Current Address *(Street, City, State & Country)*
	__/__/____	A__________		
	__/__/____	A__________		
	__/__/____	A__________		
	__/__/____	A__________		
	__/__/____	A__________		
	__/__/____	A__________		
	__/__/____	A__________		
	__/__/____	A__________		

Part 10. Additional Questions

Please answer questions 1 through 14. If you answer "Yes" to any of these questions, include a written explanation with this form. Your written explanation should (1) explain why your answer was "Yes," and (2) provide any additional information that helps to explain your answer.

A. General Questions

1. Have you **EVER** claimed to be a U.S. citizen *(in writing or any other way)*? ☐ Yes ☐ No
2. Have you **EVER** registered to vote in any Federal, state, or local election in the United States? ☐ Yes ☐ No
3. Have you **EVER** voted in any Federal, state, or local election in the United States? ☐ Yes ☐ No
4. Since becoming a Lawful Permanent Resident, have you **EVER** failed to file a required Federal, state, or local tax return? ☐ Yes ☐ No
5. Do you owe any Federal, state, or local taxes that are overdue? ☐ Yes ☐ No
6. Do you have any title of nobility in any foreign country? ☐ Yes ☐ No
7. Have you ever been declared legally incompetent or been confined to a mental institution within the last 5 years? ☐ Yes ☐ No

Form N-400 (Rev. 07/23/02)N Page 6

Part 10. Additional Questions *(Continued)*

Write your INS "A"- number here:
A __ __ __ __ __ __ __ __ __ __

B. Affiliations

8. a. Have you **EVER** been a member of or associated with any organization, association, fund, foundation, party, club, society, or similar group in the United States or in any other place? ☐ Yes ☐ No

b. If you answered "Yes," list the name of each group below. If you need more space, attach the names of the other group(s) on a separate sheet of paper.

Name of Group	Name of Group
1.	6.
2.	7.
3.	8.
4.	9.
5.	10.

9. Have you **EVER** been a member of or in any way associated *(either directly or indirectly)* with:

a. The Communist Party? ☐ Yes ☐ No

b. Any other totalitarian party? ☐ Yes ☐ No

c. A terrorist organization? ☐ Yes ☐ No

10. Have you **EVER** advocated *(either directly or indirectly)* the overthrow of any government by force or violence? ☐ Yes ☐ No

11. Have you **EVER** persecuted *(either directly or indirectly)* any person because of race, religion, national origin, membership in a particular social group, or political opinion? ☐ Yes ☐ No

12. Between March 23, 1933, and May 8, 1945, did you work for or associate in any way *(either directly or indirectly)* with:

a. The Nazi government of Germany? ☐ Yes ☐ No

b. Any government in any area (1) occupied by, (2) allied with, or (3) established with the help of the Nazi government of Germany? ☐ Yes ☐ No

c. Any German, Nazi, or S.S. military unit, paramilitary unit, self-defense unit, vigilante unit, citizen unit, police unit, government agency or office, extermination camp, concentration camp, prisoner of war camp, prison, labor camp, or transit camp? ☐ Yes ☐ No

C. Continuous Residence

Since becoming a Lawful Permanent Resident of the United States:

13. Have you **EVER** called yourself a "nonresident" on a Federal, state, or local tax return? ☐ Yes ☐ No

14. Have you **EVER** failed to file a Federal, state, or local tax return because you considered yourself to be a "nonresident"? ☐ Yes ☐ No

Form N-400 (Rev. 07/23/02)N Page 7

Part 10. Additional Questions *(Continued)*	Write your INS "A"- number here: A __ __ __ __ __ __ __ __ __

D. Good Moral Character

For the purposes of this application, you must answer "Yes" to the following questions, if applicable, even if your records were sealed or otherwise cleared or if anyone, including a judge, law enforcement officer, or attorney, told you that you no longer have a record.

15. Have you **EVER** committed a crime or offense for which you were NOT arrested? ☐ Yes ☐ No
16. Have you **EVER** been arrested, cited, or detained by any law enforcement officer (including INS and military officers) for any reason? ☐ Yes ☐ No
17. Have you **EVER** been charged with committing any crime or offense? ☐ Yes ☐ No
18. Have you **EVER** been convicted of a crime or offense? ☐ Yes ☐ No
19. Have you **EVER** been placed in an alternative sentencing or a rehabilitative program (for example: diversion, deferred prosecution, withheld adjudication, deferred adjudication)? ☐ Yes ☐ No
20. Have you **EVER** received a suspended sentence, been placed on probation, or been paroled? ☐ Yes ☐ No
21. Have you **EVER** been in jail or prison? ☐ Yes ☐ No

If you answered "Yes" to any of questions 15 through 21, complete the following table. If you need more space, use a separate sheet of paper to give the same information.

Why were you arrested, cited, detained, or charged?	Date arrested, cited, detained, or charged *(Month/Day/Year)*	Where were you arrested, cited, detained or charged? *(City, State, Country)*	Outcome or disposition of the arrest, citation, detention or charge *(No charges filed, charges dismissed, jail, probation, etc.)*

Answer questions 22 through 33. If you answer "Yes" to any of these questions, attach (1) your written explanation why your answer was "Yes," and (2) any additional information or documentation that helps explain your answer.

22. Have you **EVER:**
    a. been a habitual drunkard? ☐ Yes ☐ No
    b. been a prostitute, or procured anyone for prostitution? ☐ Yes ☐ No
    c. sold or smuggled controlled substances, illegal drugs or narcotics? ☐ Yes ☐ No
    d. been married to more than one person at the same time? ☐ Yes ☐ No
    e. helped anyone enter or try to enter the United States illegally? ☐ Yes ☐ No
    f. gambled illegally or received income from illegal gambling? ☐ Yes ☐ No
    g. failed to support your dependents or to pay alimony? ☐ Yes ☐ No
23. Have you **EVER** given false or misleading information to any U.S. government official while applying for any immigration benefit or to prevent deportation, exclusion, or removal? ☐ Yes ☐ No
24. Have you **EVER** lied to any U.S. government official to gain entry or admission into the United States? ☐ Yes ☐ No

Form N-400 (Rev. 07/23/02)N Page 8

Part 10. Additional Questions *(Continued)*

Write your INS "A"- number here:
A ____________________

E. Removal, Exclusion, and Deportation Proceedings

25. Are removal, exclusion, rescission or deportation proceedings pending against you? ☐ Yes ☐ No

26. Have you **EVER** been removed, excluded, or deported from the United States? ☐ Yes ☐ No

27. Have you **EVER** been ordered to be removed, excluded, or deported from the United States? ☐ Yes ☐ No

28. Have you **EVER** applied for any kind of relief from removal, exclusion, or deportation? ☐ Yes ☐ No

F. Military Service

29. Have you **EVER** served in the U.S. Armed Forces? ☐ Yes ☐ No

30. Have you **EVER** left the United States to avoid being drafted into the U.S. Armed Forces? ☐ Yes ☐ No

31. Have you **EVER** applied for any kind of exemption from military service in the U.S. Armed Forces? ☐ Yes ☐ No

32. Have you **EVER** deserted from the U.S. Armed Forces? ☐ Yes ☐ No

G. Selective Service Registration

33. Are you a male who lived in the United States at any time between your 18th and 26th birthdays in any status except as a lawful nonimmigrant? ☐ Yes ☐ No

If you answered "NO", go on to question 34.

If you answered "YES", provide the information below.

If you answered "YES", but you did NOT register with the Selective Service System and are still under 26 years of age, you must register before you apply for naturalization, so that you can complete the information below:

Date Registered (Month/Day/Year) __________ Selective Service Number __/_________/_

If you answered "YES", but you did NOT register with the Selective Service and you are now 26 years old or older, attach a statement explaining why you did not register.

H. Oath Requirements *(See Part 14 for the text of the oath)*

Answer questions 34 through 39. If you answer "No" to any of these questions, attach (1) your written explanation why the answer was "No" and (2) any additional information or documentation that helps to explain your answer.

34. Do you support the Constitution and form of government of the United States? ☐ Yes ☐ No

35. Do you understand the full Oath of Allegiance to the United States? ☐ Yes ☐ No

36. Are you willing to take the full Oath of Allegiance to the United States? ☐ Yes ☐ No

37. If the law requires it, are you willing to bear arms on behalf of the United States? ☐ Yes ☐ No

38. If the law requires it, are you willing to perform noncombatant services in the U.S. Armed Forces? ☐ Yes ☐ No

39. If the law requires it, are you willing to perform work of national importance under civilian direction? ☐ Yes ☐ No

Form N-400 (Rev. 07/23/02)N Page 9

Part 11. Your Signature

Write your INS "A"- number here:
A ___ ___ ___ ___ ___ ___ ___ ___ ___

I certify, under penalty of perjury under the laws of the United States of America, that this application, and the evidence submitted with it, are all true and correct. I authorize the release of any information which INS needs to determine my eligibility for naturalization.

Your Signature

Date *(Month/Day/Year)*

__ __/__ __/__ __ __ __

Part 12. Signature of Person Who Prepared This Application for You *(if applicable)*

I declare under penalty of perjury that I prepared this application at the request of the above person. The answers provided are based on information of which I have personal knowledge and/or were provided to me by the above named person in response to the *exact questions* contained on this form.

Preparer's Printed Name

Preparer's Signature

Date *(Month/Day/Year)*

__ __/__ __/__ __ __ __

Preparer's Firm or Organization Name *(If applicable)*

Preparer's Daytime Phone Number

( )

Preparer's Address - Street Number and Name

City

State

ZIP Code

Do Not Complete Parts 13 and 14 Until an INS Officer Instructs You To Do So

Part 13. Signature at Interview

I swear (affirm) and certify under penalty of perjury under the laws of the United States of America that I know that the contents of this application for naturalization subscribed by me, including corrections numbered 1 through ____ and the evidence submitted by me numbered pages 1 through ____ , are true and correct to the best of my knowledge and belief.

Subscribed to and sworn to (affirmed) before me

Officer's Printed Name or Stamp

Date *(Month/Day/Year)*

Complete Signature of Applicant

Officer's Signature

Part 14. Oath of Allegiance

If your application is approved, you will be scheduled for a public oath ceremony at which time you will be required to take the following oath of allegiance immediately prior to becoming a naturalized citizen. By signing , you acknowledge your willingness and ability to take this oath:

I hereby declare, on oath, that I absolutely and entirely renounce and abjure all allegiance and fidelity to any foreign prince, potentate, state, or sovereignty, of whom or which which I have heretofore been a subject or citizen;

that I will support and defend the Constitution and laws of the United States of America against all enemies, foreign and domestic;

that I will bear true faith and allegiance to the same;

that I will bear arms on behalf of the United States when required by the law;

that I will perform noncombatant service in the Armed Forces of the United States when required by the law;

that I will perform work of national importance under civilian direction when required by the law; and

that I take this obligation freely, without any mental reservation or purpose of evasion; so help me God.

Printed Name of Applicant

Complete Signature of Applicant

Form N-400 (Rev. 07/23/02)N Page 10

APÉNDICE M
LISTA NACIONAL DE AGENCIAS VOLUNTARIAS (*VOLUNTARY AGENCIES*-VOLAGs)

Estas agencias sin fines de lucro, conocidas también como agencias voluntarias, suministran servicios legales de inmigración gratuitos o de bajo costo. Si usted no encuentra su ciudad en esta lista, llame a una organización cercana. La calidad de servicios que ofrecen los VOLAGs, como la de los abogados, varía. Si no está satisfecho con los servicios de una organización en particular, busque otras.

ALABAMA

Montgomery

International Assistance Project of Alabama, Inc.
P.O. Box 230238
4162 Carmichel Court
Montgomery, AL 36123-0238
334-272-7092
334-272-2247 (fax)

ALASKA

Anchorage

Catholic Social Services Center
3710 East 20th Avenue
Anchorage, AK 99508
907-276-5590
907-258-1091 (fax)

ARIZONA

Florence

Florence Immigrant & Refugee Rights Project
P.O. Box 654
300 Main Street
Florence, AZ 85232
520-868-0191
520-868-0192 (fax)

Phoenix

Catholic Social Service Phoenix
1825 West Northern Avenue
Phoenix, AZ 85201
602-997-6105
602-870-3891 (fax)

San Luis

Proyecto San Pablo
23239 Archibald Street
San Luis, AZ 85349
520-627-2042
520-627-1614 (fax)

Tucson

Catholic Social Services
155 West Helen Street
Tucson, AZ 85705
520-623-0344
520-770-8514 (fax)

Tucson Ecumenical Council Assistance (TECLA)
631 South 6th Avenue
Tucson, AZ 85701
520-623-5739
520-623-7255 (fax)

Yuma

Proyecto San Pablo
2215 South 8th Avenue
Yuma, AZ 85364
520-783-5794
520-783-2410 (fax)

ARKANSAS

Little Rock

Catholic Immigration Services
2500 North Tyler Street
Little Rock, AR 72217-7565
501-664-0340
501-664-9075 (fax)

CALIFORNIA

Bakersfield

Catholic Charities Immigration and Refugee Services
415 East 19th Street
Bakersfield, CA 93305
805-325-7751
805-323-1106 (fax)

Chico

Legal Services of Northern California
P.O. Box 3728
Chico, CA 95928
530-345-9491
530-345-6913 (fax)

Chula Vista

Proyecto San Pablo
1550 Broadway, Suite H
Chula Vista, CA 91911
619-427-7213
619-427-7752 (fax)

Davis

Immigration Law Clinic University of California School of Law
Davis, CA 95616
530-752-6942
530-752-0822 (fax)

El Centro

Proyecto San Pablo
428 South 5th Street
El Centro, CA 92243
619-353-8013
619-353-8013 (fax)

El Monte

International Institute of Los Angeles
10180 East Valley Boulevard
El Monte, CA 91737
818-452-9421
818-452-8520 (fax)

Garden Grove

World Relief
7461 Garden Grove Boulevard, Suite B
Garden Grove, CA 92641
714-890-0655
714-890-0366 (fax)

Los Angeles

Asian Pacific American Legal Center
1010 South Flower Street
Suite 302
Los Angeles, CA 90015
213-748-2022
213-748-0679 (fax)

Asociacion de Salvadoreños de Los Ángeles (ASOSAL)
660 South Bonnie Brae Street
Los Angeles, CA 90057
213-483-1244
213-483-9832 (fax)

Barristers Aids Legal Services Project, Los Angeles County Bar Association
P.O. Box 55020
Los Angeles, CA 90055
213-896-6436
213-896-6500 (fax)

Central American Refugee Center (CARECEN)
1636 West 8th Street
Suite 215
Los Angeles, CA 90017
213-385-7800
213-385-1094 (fax)

International Institute of Los Angeles
435 South Boyle Avenue
Los Angeles, CA 90033
213-264-6217
213-264-4623 (fax)

International Rescue Committee
3727 West 6th Street
Los Angeles, CA 90020
213-386-6700
213-386-7916 (fax)

Jewish Family Service of Los Angeles
6380 Wilshire Boulevard, #1200
Los Angeles, CA 92057
213-651-5573
213-651-5649 (fax)

Legal Aid Foundation of Los Angeles
5228 East Whittier Boulevard
Los Angeles, CA 90022
213-266-6550
213-265-0566 (fax)

One Stop Immigration Center
3600 Whittier Boulevard
Los Angeles, CA 90023
213-268-8472
213-268-2231 (fax)

One Stop Immigration Center
20451 2 Cesar Chavez Avenue
Los Angeles, CA 90033
213-268-2801

One Stop Immigration Center
3440 Wilshire Boulevard
Suite 400
Los Angeles, CA 90010
213-383-1300 ext. 319
213-427-2380 (fax)

Public Counsel
601 South Ardmore Avenue
Los Angeles, CA 90005
213-385-2977
213 385-9089 (fax)

El Rescate Legal Services
1340 South Bonnie Brae
Los Angeles, CA 90006
213-387-3284

Lynwood

One Stop Immigration Center
12435 Cookmore Avenue
Lynwood, CA 90262

Oakland

Immigration Project, Catholic Charities Diocese of Oakland
1232 33rd Avenue
Oakland, CA 94601
510-261-1538
510-532-3837 (fax)

International Institute of East Bay
297 Lee Street
Oakland, CA 94610
510-451-2846
510-465-3392 (fax)

Oxnard

Immigrants Rights Commission & National Multi-Ethnic Families Association (NAMEFA)
200 South "A" Street
Suite 202
Oxnard, CA 93030
805-484-3787
805-483-3009 (fax)

Pacoima

San Fernando Valley Neighborhood Legal Services
13327 Van Nuys Boulevard
Pacoima, CA 91331
818-896-5211
818-896-6647 (fax)

Palm Springs

Coachella Valley Immigration Service & Assistance, Inc. (C-VISA)
934 Vella Road
Palm Springs, CA 92264
619-327-1579
619-325-2869 (fax)

Redding

SEACM: A Ministry to Refugees and Immigrants
2315 Placer Street
Redding, CA 96001
530-241-5802
530-241-5897 (fax)

Redwood City

International Institute of San Mateo
2600 Middlefield Road
Redwood City, CA 94063
415-780-7260
415-364-4634 (fax)

Reedley

One Stop Immigration Center
1137 "G" Street
Reedley, CA 93654

San Bernardino

Libreria del Pueblo, Inc.
972 North Mount
Vernon Avenue
San Bernardino, CA 92324
909-888-7678
909-889-3895 (fax)

San Diego

Access, Inc.
2602 Daniel Avenue
San Diego, CA 92111
619-560-0871

Catholic Charities Diocese of San Diego
4575 A Mission Gorge Place
San Diego, CA 92120
619-287-9454
619-287-6328 (fax)

International Rescue Committee
4535 30th Street, #110
San Diego, CA 92116
619-641-7510
619-641-7520 (fax)

Legal Aid Society of San Diego, Inc.
110 South Euclid Avenue
San Diego, CA 92114
619-262-0896
619-263-5697 (fax)

San Fernando

Immigration Services of Santa Rosa
132 North Maclay Avenue
San Fernando, CA 91340
818-361-4341
818-361-4316 (fax)

San Francisco

Asian Law Caucus
468 Bush Street, 3rd Floor
San Francisco, CA 94408
415-391-1655
415-391-0366 (fax)

Asylum Program, Lawyers' Committee for Civil Rights
301 Mission Street
Suite 400
San Francisco, CA 94105
415-543-9444
415-543-0296 (fax)

Immigrants Assistance Line of the Northern California Coalition for Immigrants' Rights
415-543-6767
(Spanish, English)
415-543-6769

(Chinese, Japónese)

Immigrant Legal Resource Center (ILRC)
1663 Mission Street
Suite 602
San Francisco, CA 94103
415-255-9499
415-255-9792 (fax)

International Institute of San Francisco
2209 Van Ness Avenue
San Francisco, CA 94109
415-673-1720
415-673-1763 (fax)

International Rescue Committee
1370 Mission Street
4th Floor
San Francisco, CA 94103
415-863-3777
415-863-9264 (fax)

Jewish Family & Children's Services
423 Presidio Avenue
San Francisco, CA 94115
415-474-0234
415-474-4525 (fax)

La Raza Centro Legal
474 Valencia Street
Suite 295
San Francisco, CA 94103
415-575-3500
415-255-7593 (fax)

San Jose

Asian Law Alliance
184 Jackson Street
San Jose, CA 95112
408-287-9710
408-287-0864 (fax)

Catholic Charities Immigration Program
2625 Zanker Road
Suite 201
San Jose, CA 95137
408-944-0691
408-944-0347 (fax)

Center for Employment Training
701 Vine Street
San Jose, CA 95110
408-287-7924
408-294-5749 (fax)

International Rescue Committee
90 East Gish Road, Suite F
San Jose, CA 95112
408-453-3536

Legal Aid Society of Santa Clara County
480 North First Street
San Jose, CA 95112
408-998-5200
408-298-3782 (fax)

Santa Ana

Catholic Charities of Orange County
1506 Bookhollow Drive, #112
Santa Ana, CA 92705
714-662-7500
714-662-1861 (fax)

Santa Barbara

Catholic Charities Immigration and Citizenship Department
609 East Haley Street
Santa Barbara, CA 93103
805-966-3530
805-966-6470 (fax)

One Stop Immigration Center
110 North Milpas Street
Santa Barbara, CA 93103
805-966-6470
805-966-6470 (fax)

Santa Rosa

Catholic Charities, Diocese of Santa Rosa, Immigration/Resettlement
555 Sebastopol Road
Santa Rosa, CA 95407
707-578-6000
707-575-4910 (fax)

Stockton

Council for the Spanish Speaking
343 East Main Street
Suite 200
Stockton, CA 95201
209-547-2855
209-547-2870 (fax)

Van Nuys

International Institute of Los Angeles
14701 Friar Street
Van Nuys, CA 91411
818-988-1332
818-988-1337 (fax)

Visalia

OLA Raza, Inc.
115 West Main Street
Suite C
Visalia, CA 93291
209-627-6291

Watsonville

Santa Cruz County Immigration Project (SCCIP)
406 Main Street, Suite 217
Watsonville, CA 95076
408-724-5667

COLORADO

Alamosa

San Luis Valley Christian Community Services Immigrant Assistance Program
309 San Juan Avenue
Alamosa, CO 81101
719-589-5192
719-589-4330 (fax)

Denver

Catholic Immigration and Refugee Services
3417 West 38th Avenue
Denver, CO 80211
303-458-0222
303-458-0331 (fax)

Colorado Rural Legal Services
655 Broadway, Suite 45D
Denver, CO 80203
303-893-6468
303-825-5532 (fax)

Justice Information Center
1600 Downing Street
Suite 500
Denver, CO 80218
303-832-1220
303-832-1242 (fax)

CONNECTICUT

Bridgeport

Diocese of Bridgeport, Catholic Center
238 Jewett Avenue
Bridgeport, CT 06606-2845
203-372-4301
203-371-8698 (fax)

International Institute of Connecticut, Inc.
670 Clinton Avenue
Bridgeport, CT 06605
203-336-0141
203-339-4400 (fax)

Hartford

International Institute of Connecticut, Inc.
487 Main Street, Suite 15
Hartford, CT 06103
860-520-4050
860-520-4191 (fax)

New Haven

Jerome N. Frank Legal Services Organization
P.O. Box 209090
New Haven, CT 06520-9090
203-432-4800
203-432-1426 (fax)

DELAWARE

Wilmington

Service for Foreign Born
820 North French Street
7th Floor
Wilmington, DE 19801
302-577-3047
302-577-3090 (fax)

Wilmington Catholic Charities, Inc.
2601 West 4th Street
Wilmington, DE 19805
302-654-6460
302-655-9753 (fax)

DISTRICT OF COLUMBIA

Associated Catholic Charities
1221 Massachusetts Avenue, NW
Washington, DC 20005
202-628-6861
202-737-3421 (fax)

Ayuda
1736 Columbia Road, NW
Washington, DC 20009
202-387-4848
202-387-0324 (fax)

Catholic Immigration Services
1511 K Street, NW
Suite 703
Washington, DC 20005
202-347-7401
202-347-9191 (fax)

Central American Resource Center (CARCEN)
3112 Mount Pleasant Street NW
Washington, DC 20010
202-328-9799
202-328-0023 (fax)

Lawyers' Committee for Human Rights
100 Maryland Avenue NE
Suite 502
Washington, DC 20002
202-547-5692
202-543-5999 (fax)

Lutheran Social Services Refugee & Immigration Services
4406 Georgia Avenue, NW
Washington, DC 20011
202-723-3000
202-723-3303 (fax)

Spanish Catholic Center
3055 Mount Pleasant Street NW
Washington, DC 20009
202-483-1520
202-234-7349 (fax)

FLORIDA

Arcadia

Catholic Charities of DeSoto County
1210 East Oak Street
Arcadia, FL 33821
941-494-1068
941-494-1671 (fax)

Aventura

Rescue & Migration, Jewish Family Service
18999 Biscayne Boulevard
Suite 200
Aventura, FL 33180
305-933-9820
305-933-9843 (fax)

Fort Myers

Catholic Hispanic Social Services, Agency of Catholic Charities
4235 Michigan Avenue Link
Fort Myers, FL 33916
941-337-4193
941-332-2799 (fax)

Homestead

COFFO Immigration Project
21 South Krome Avenue
Homestead, FL 33030
305-247-4779
305-242-0701 (fax)

Lakeland

Florida Rural Legal Services
P.O. Box 24688
963 East Memorial Boulevard
Lakeland, FL 33802-4688
941-688-7376
941-683-7861 (fax)

Miami

Church World Service
701 SW 27th Avenue
Room 707, Miami, FL 33135
305-541-8040
305-642-2815 (fax)

Florida Immigrant Advocacy Center, Inc.
3000 Biscayne Boulevard
Suite 400, Miami, FL 33137
305-573-1106 ext. 104
305-573-6273 (fax)

Haitian American Community Association of Dade County, Inc. (HACAD)
8037 NE 2nd Avenue
Miami, FL 33138
305-751-3429
305-751-0523 (fax)

Immigration Latina Community Services
8500 West Flagler Street
Suite 203C, Miami, FL 33144
305-220-7000
305-223-3032 (fax)

International Rescue Committee
2750 Coral Way, Suite 200
Miami, FL 33145
305-444-1417
305-444-1517 (fax)

Lutheran Ministries of Florida, Inc.
4343 Flagler Stree
Suite 200, Miami, FL 33134
305-567-2511
305-567-2944 (fax)

St. Thomas University School of Law, Immigration Clinic
16400 NW 32nd Avenue
Miami, FL 33054
305-623-2309
305-623-2390 (fax)

Orlando

COFFO Immigration Project
P.O. Box 540025
60 North Court Avenue
2nd Floor
Orlando, FL 32801
407-481-8030
407-481-9030 (fax)

Pensacola

Catholic Social Services, Refugee & Immigration Services, Dioceses of Pensacola/Tallahassee
222 East Government Street
Pensacola, FL 32501
904-436-6420
904-436-6419 (fax)

South Miami

American Friends Service Committee, Central America Political Asylum Project
1205 Sunset Drive
South Miami, FL 33143
305-665-0022
305-665-6422 (fax)

St. Petersburg

Catholic Charities
6533 9th Avenue North, #1E
St. Petersburg, FL 33710
813-893-1311
813-893-1309 (fax)

Tampa

Catholic Charities
2021 East Busch Boulevard
Tampa, FL 33612
813-631-4370
813-631-4395 (fax)

GEORGIA

Atlanta

Latin American Association
2665 Buford Highway
Atlanta, GA 30324
404-638-1800
404-638-1806 (fax)

Clarkston

World Relief
964 North Indian Creek Drive, Suite A1
Clarkston, GA 30021
404-294-4352
404-294-6011 (fax)

Tifton

Georgia Legal Services Program, Migrant Unit
P.O. Box 1669
150 South Ridge Avenue
Tifton, GA 31793
912-386-3566
912-386-3588 (fax)

HAWAII

Honolulu

Catholic Charities Immigrant Services
712 North School Street
Honolulu, HI 96817
808-528-5233
808-531-1970 (fax)

Immigrant Center
720 North King Street
Honolulu, HI 96817
808-845-3918
808-842-1962 (fax)

ILLINOIS

Chicago

ALAC-Catholic Charities Immigration & Refugee Resettlement Services
126 North Desplaines Street
Chicago, IL 60661
312-427-7078
312-427-3130 (fax)

Chinese American Service League
310 West 24th Place
Chicago, IL 60616
312-791-0418
312-791-0509 (fax)

Hebrew Immigrant Aid Society of Chicago (HIAS)
One South Franklin
Suite 411
Chicago, IL 60606
312-357-4666
312-855-3291 (fax)

Lao American Community Services
4750 North Sheridan
Suite 355
Chicago, IL 60640
312-271-0004
312-271-1682 (fax)

Legal Services Center for Immigrants, Legal Assistance Foundation of Chicago
1661 South Blue Island Avenue
Chicago, IL 60608
312-226-0173
312-421-4643 (fax)

Lutheran Child & Family Services of Illinois (Hispanic Social Service Agency)
3859 West 26th Street
Chicago, IL 60623
312-277-7330
708-771-7184 (fax)

Polish American Association
3834 North Cicero Avenue
Chicago, IL 60641
312-282-8206
312-282-1324 (fax)

Travelers & Immigrants Aid, Midwest Immigrants Rights Center
208 South LaSalle
Chicago, IL 60604
312-629-1960
312-551-2214 (fax)

United Network for Immigrants
1808 South Blue Island Avenue, Suite 2
Chicago, IL 60608
312-563-0002
312-563-9864 (fax)

World Relief
3507 West Lawrence
Chicago, IL 60608
312-583-9191
312-583-9410 (fax)

Elgin

Centro de Información y Progreso
62 South Grove Avenue
Elgin, IL 60120
847-695-9050
847-931-7991 (fax)

Granite City

Immigrants Project
P.O. Box 753
1818 Cleveland Boulevard
Granite City, IL 62040
618-452-7018

Rockford

Centro Hispano Sembrador
921 West State Street
Rockford, IL 61102
815-964-8142
815-969-2808 (fax)

Wheaton

World Relief
1028 College Avenue
Suite A
Wheaton, IL 60187
708-462-7566

INDIANA

Gary

International Institute of Northwest Indiana
4333 Broadway
Gary, IN 46409
219-980-4636
219-980-3244 (fax)

Goshen

La Casa of Goshen
202 North Cottage Avenue
Goshen, IN 46526
219-533-4450
219-533-4399 (fax)

Indianapolis

The Hispanic Center
617 East North Street
Indianapolis, IN 46204
317-631-9410
317-631-9775 (fax)

IOWA

Davenport

Diocesan Immigration Program, Diocese of Davenport
2706 North Gaines Street
Davenport, IA 52804-1998
319-324-1911
319-324-5811 (fax)

Sioux City

La Casa Latina, Inc.
223 10th Street
Sioux City, IA 51103
712-252-4259
712-252-5655 (fax)

KANSAS

Dodge City

United Methodist Care Center
708 Avenue H
Dodge City, KS 67801
316-225-0625

Garden City

Catholic Agency for Migration & Refugee Services
1510 Taylor Plaza East
Garden City, KS 67846
316-276-7610
316-276-9228 (fax)

United Methodist Western Kansas Mexican-American Ministries
224 North Taylor, Box 766
Garden City, KS 67846
316-275-1766
316-275-4729 (fax)

KENTUCKY

Louisville

Catholic Charities Migration & Refugee Services
2911 South Fourth Street
Louisville, KY 40208
502-636-9263
502-637-9780 (fax)

LOUISIANA

New Orleans

Associated Catholic Charities of New Orleans, Immigration Legal Services
1000 Howard Avenue
Suite 600
New Orleans, LA 70113
504-523-3755
504-523-6962 (fax)

Hispanic Apostolate, Archdiocese of New Orleans
P.O. Box 19104
3368 Esplanade Avenue
New Orleans, LA 70119
504-486-1983
504-486-8985 (fax)

Loyola Law School Clinic
7214 St. Charles Avenue
New Orleans, LA 70118
504-861-5590
504-861-5440 (fax)

MARYLAND

Baltimore

Catholic Charities, Immigration Legal Services
19 West Franklin Street
Baltimore, MD 21201
410-659-4021
410-659-4059 (fax)

Columbia

Foreign-Born Information & Referral Network, Inc. (FIRN)
10630 Little Patuxent
Parkway, Suite 209
Columbia, MD 21044
410-992-1923
410-730-0113 (fax)

Silver Spring

Korean American Community Services
969 Thayer Avenue, Suite 3
Silver Spring, MD 20910
301-589-6470
301-589-4724 (fax)

Takoma Park

Casa of Maryland
310 Tulip Street
Takoma Park, MD 20912
301-270-0442
301-270-8659 (fax)

MASSACHUSETTS

Boston

Greater Boston Legal Services Asian Outreach Program
197 Friend Street
Boston, MA 02114
617-371-1234
617-371-1222 (fax)

International Institute of Boston
287 Commonwealth Avenue
Boston, MA 02115
617-536-1081
617-536-1573 (fax)

International Rescue Committee of Boston
162 Boylston Street, Suite 50
Boston, MA 02116
617-482-1154
617-482-7922 (fax)

Cambridge

Centro Presente, Inc.
54 Essex Street
Cambridge, MA 02139
617-487-9080
617-497-7247 (fax)

Community Legal Services and Counseling Center
One West Street
Cambridge, MA 02139
617-661-1010

Dorchester

Haitian Multi Servicentro, Refugee Program
12 Bicknell Street
Dorchester, MA 02121
617-436-2848

Lowell

International Institute of Lowell
79 High Street
Lowell, MA 01852
508-459-9031
508-459-0154 (fax)

Somerville

Catholic Charities Refugee & Immigration Services
270 Washington Street
Somerville, MA 02143
617-625-1920
617-625-2246 (fax)

Worcester

Catholic Charities of Worcester, Refugee Resettlement Program
15 Ripley Street
Worcester, MA 01610
508-798-0191
508-797-5659 (fax)

National Council of Jewish Women, Immigration & Naturalization Office
633 Salisbury Street
Worcester, MA 01609
508-791-3438

MICHIGAN

Detroit

Archdiocese of Detroit, Office of Migration
305 Michigan Avenue
5th Floor, Detroit, MI 48226
313-237-4694
313-237-5866 (fax)

Freedom House
2630 West Lafayette
Detroit, MI 48216
313-964-4320
313-963-1077 (fax)

International Institute of Metropolitan Detroit
111 East Kirby
Detroit, MI 48202
313-871-8600
313-871-1651 (fax)

Lansing

Refugee Services
1900 South Cedar
Room 302
Lansing, MI 48910-9145
517-484-1010
517-484-2610 (fax)

MINNESOTA

Mankato

Southern Minnesota Regional Legal Services, Inc.
P.O. Box 3304
1302 South Riverfront Drive
Mankato, MN 56001
507-387-5588
507-387-2321 (fax)

Minneapolis

Lutheran Social Service of Minnesota, Refugee & Immigration Services Unit
2414 Park Avenue South
Minneapolis, MN 55404
612-871-0221
612-871-0354 (fax)

Minnesota Advocates for Human Rights, Refugee & Asylum Project
400 Second Avenue South,
Suite 1050
Minneapolis, MN 55401
612-341-3302
612-341-2971 (fax)

St. Paul

Catholic Charities MRS
215 Old 6th Street
St. Paul, MN 55102
612-222-3001
612-222-4581 (fax)

Centro Legal, Inc.
2575 University Avenue
West, Suite 135
St. Paul, MN 55114-1024
612-642-1890
612-642-1875 (fax)

St. Paul *[cont.]*

International Institute of Minnesota
1694 Como Avenue
St. Paul, MN 55108
612-647-0191
612-647-9268 (fax)

Oficina Legal de Southern Minnesota Regional Legal Services
179 East Robie Street
St. Paul, MN 55107
612-291-2579
612-291-2549 (fax)

MISSISSIPPI

Biloxi

Catholic Social & Community Services, Inc., Migration & Refugee Center
870 Nativity Drive
Biloxi, MS 39533
601-374-6507
601-374-6560 (fax)

MISSOURI

Kansas City

Don Bosco Center
531 Garfield
Kansas City, MO 64124
816-691-2900

Legal Aid of Western Missouri
920 Southwest Boulevard
Kansas City, MO 64108
816-474-9868

St. Louis

Immigration Law Project
4232 Forest Park Avenue
St. Louis, MO 63108
314-534-4200 ext. 1008
314-534-7515 (fax)

MONTANA

Billings

Montana Legal Services
2442 First Avenue North
Billings, MT 59101
406-248-7113
406-252-6055 (fax)

NEBRASKA

Gering

NAF Multicultural Human Development Corporation
P.O. Box 552
3305 North 10th Street
Gering, NE 69341
308-632-5831

Grand Island

NAF Multicultural Human Development Corporation, Regional Office
811 West 4th Street, Suite 3
Grand Island, NE 68801
308-382-3956

Lincoln

NAF Multicultural Human Development Corporation, Regional Office
941 O Street, Suite 818
Lincoln, NE 68508
402-434-2821

North Platte

NAF Multicultural Human Development Corporation, Regional Office
P.O. Box 2131
414 East 4th Street
North Platte, NE 69103
308-534-2630

Omaha

Caridades Catolicas Centro Juan Diego
5211 31st Street
Omaha, NE 68107
402-731-5413
402-731-5865 (fax)

South Sioux City

NAF Multicultural Human Development Corporation, Regional Office
2509 Dakota Avenue
South Sioux City, NE 68776
402-494-6576

NEVADA

Las Vegas

Catholic Charities of Southern Nevada
1501 Las Vegas Boulevard North
Las Vegas, NV 89101
702-383-8387
702-385-7748 (fax)

NEW HAMPSHIRE

Manchester

International Center
102 North Main Street
Manchester, NH 03102
603-668-8602

New Hampshire Catholic Charities
215 Myrtle Street
Manchester, NH 03105
603-669-3030
603-626-1252 (fax)

Nashua

St. Francis Xavier Parish
41 Chandler Street
Nashua, NH 03060
603-881-8065
603-594-9648 (fax)

NEW JERSEY

East Orange

Jewish Family Service of Metrowest
111 Prospect Street
East Orange, NJ 07017
210-674-4210
210-674-7137 (fax)

Elizabeth

Human Rights Advocates International, Inc.
1341 North Avenue
Suite C-7
Elizabeth, NJ 07208-2622
908-352-6032
908-289-8540 (fax)

Jersey City

International Institute of New Jersey
880 Bergen Avenue
Jersey City, NJ 07306
201-653-3888 ext. 20
201-963-0252 (fax)

Newark

American Friends Service Committee, Immigrant Rights Program
972 Broad Street, 6th Floor
Newark, NJ 07102
201-643-1924
201-643-8924 (fax)

Pennsduken

Diocese of Camden Immigration Services
6981 North Park Drive
Suite 104 W
Pennsduken, NJ 08110
609-317-0202

Perth Amboy

Catholic Charities Immigration Program Service
295 Barclay Street
Perth Amboy, NJ 08861
908-826-9160
908-826-8342 (fax)

Plainfield

El Centro Hispano-Americano
525 East Front Street
Plainfield, NJ 07060
908-753-8730
908-753-8463 (fax)

Trenton

Lutheran Immigration Center, Lutheran Social Ministries of New Jersey
P.O. Box 30
189 South Broad Street
Trenton, NJ 08601
609-393-4900
609-393-1111 (fax)

Union City

North Hudson Community Action Corporation
507 26th Street
Union City, NJ 07087-3798
201-330-3804
201-330-3803 (fax)

St. Bridget's Church, Immigration Assistance Service
530 35th Street
Union City, NJ 07087
201-865-8434

NEW MEXICO

Albuquerque

Albuquerque Border City Project
115 2nd Street
(Southwest Basement)
Albuquerque, NM
87103-2121
505-766-5404

Gallup

Casa Reina
217 East Wilson
Gallup, NM 87301
505-722-5511

Santa Fe

Catholic Social Services of Santa Fe, Inc.
1234-B San Felipe
Santa Fe, NM 87501
505-982-0441
505-984-1803 (fax)

NEW YORK

Albany

Hispanic Outreach Services
40 North Main Avenue
Albany, NY 12203
518-453-6650
518-453-6792 (fax)

International Center of the Capital Region
8 Russel Road
Albany, NY 12206-1307
518-459-8812
518-459-8980 (fax)

Alton

Cornell Migrant Program
P.O. Box 181
8461 Ridge Road
Alton, NY 14413
315-483-4092
315-483-4040 (fax)

Amityville

Migration Office of Catholic Charities, Diocese of Rockville Centre
143 Schleigel Boulevard
Amityville, NY 11701
516-789-5200
516-789-5245 (fax)

Astoria

Federation of Italian-American Organizations of Queens, Inc.
29-21 21st Avenue
Astoria, NY 11105
718-204-2444
718-204-9145 (fax)

Immigration Advocacy Services, Inc.
25-42 Steinway Street
Astoria, NY 11103
718-956-8218
718-274-1615 (fax)

Binghamton

American Civic Association
131 Front Street
Binghamton, NY 13905
607-723-9419
607-723-0023 (fax)

Brooklyn

Catholic Migration Office, Diocese of Brooklyn
1258 65th Street
Brooklyn, NY 11226
718-826-2942
718-826-2948 (fax)

Central American Legal Assistance
240 Hooper Street
Brooklyn, NY 11211
718-486-6800

Liberty Immigration & Citizenship Service, Inc.
P.O. Box 350-276
1424 Sheepshead Bay Road
Brooklyn, NY 11235
718-743-5844
718-743-6051 (fax)

Southside Community Mission
280 Mercy Avenue
Brooklyn, NY 11211
718-387-3803
718-387-6052 (fax)

Buffalo

International Institute of Buffalo, Inc.
864 Delaware Avenue
Buffalo, NY 14209
716-883-1900
716-883-9529 (fax)

Corona

Concerned Citizens of Queens
40-18 Junction Boulevard
Corona, NY 11368
718-478-1600
718-478-4318 (fax)

Garden City

Nassau County Hispanic Foundation, Inc., Immigration Law Services
233 Seventh Street
3rd Floor
Garden City, NY 11530
516-742-0067
516-742-2054 (fax)

Hempstead

Central American Refugee Center (CARECEN)
91 North Franklin Street
Suite 211
Hempstead, NY 11550
516-489-8330
516-489-8308 (fax)

Jackson Heights-Queens

Travelers Aid Immigration Legal Services
74-09 37th Avenue
Room 412
Jackson Heights-Queens, NY 11372
718-899-1233
718-457-6071 (fax)

New York City

Association of the Bar of New York, Robert B. McKay Community Outreach Law Program
42 West 44th Street
New York, NY 10036
212-382-6629
212-354-7438 (fax)

Catholic Charities, Archdiocese of New York, Office for Immigrant Services
1011 First Avenue, 12th Floor
New York, NY 10022
212-371-1000 ext. 2260
212-826-6254 (fax)

Gay Men's Health Crisis, Inc., Immigrants with HIV Project
129 West 20th Street
New York, NY 10011
212-337-3504
212-337-1160 (fax)

Hebrew Immigrant Aid Society (HIAS)
333 Seventh Avenue
New York, NY 10001
212-967-4100
212-967-4442 (fax)

Interfaith Community Services
308 West 46th Street
3rd Floor
New York, NY 10036
212-399-0899
212-265-2238 (fax)

Lawyers' Committee for Human Rights, Asylum Program
330 Seventh Avenue,
10th Floor
New York, NY 10001
212-629-6170
212-967-0916 (fax)

New York Association for New Americans, Inc. (NYANA)
17 Battery Place
New York, NY 10004
212-248-4100
212-248-4138 (fax)

Northern Manhattan Coalition for Immigrant Rights
Two Bennett Avenue
New York, NY 10033
212-781-0355
212-781-0943 (fax)

Poughkeepsie

Prisoners' Legal Services of New York Immigration Law Project
205 South Avenue, Suite 200
Poughkeepsie, NY 12601
914-473-3810
914-473-2628 (fax)

Rochester

Catholic Family Center
25 Franklin Street, 7th Floor
Rochester, NY 14604-1007
716-262-7074
716-232-6486 (fax)

Legal Aid Society
65 West Broad Street
Room 400
Rochester, NY 14614
716-232-4090
716-232-2352 (fax)

White Plains

Westchester Hispanic Coalition, Inc.
199 Main Street, 6th Floor
White Plains, NY 10601
914-948-8466
914-948-0311 (fax)

NORTH CAROLINA

Asheville

Catholic Social Services
35 Orange Street
Asheville, NC 28801
704-258-2617
704-253-7339 (fax)

Greensboro

Lutheran Family Services in the Carolinas
131 Manley Avenue
Greensboro, NC 27407
910-855-0390
910-855-6032 (fax)

Raleigh

Lutheran Family Services in the Carolinas
112 Cox Avenue
Raleigh, NC 27605
919-832-2620
919-832-0591 (fax)

North Carolina Immigrants Legal Assistance Project
224 South Dawson Street
Raleigh, NC 27611
888-251-2776
919-856-2175 (fax)

NORTH DAKOTA

Fargo

Lutheran Social Services
1325 South 11th Street
Box 389, Fargo, ND 58107
701-235-7341
701-235-7359 (fax)

Migrant Legal Services
118 Broadway, Suite 305
Fargo, ND 58102
701-232-8872
701-232-8366 (fax)

OHIO

Akron

International Institute
207 East Tallmadge Avenue
Akron, OH 44310-3298
330-376-5106
330-376-0133 (fax)

Cincinnati

Catholic Social Services of Southwestern Ohio
100 East 8th Street
Cincinnati, OH 45202
513-241-7745
513-241-4333 (fax)

Travelers Aid International of Greater Cincinnati
707 Race Street, Suite 300
Cincinnati, OH 45202
513-721-7660
513-287-7604 (fax)

Cleveland

International Services Center
1836 Euclid Avenue
Cleveland, OH 44115
216-781-4560
216-781-4565 (fax)

Migration and Refugee Services, Catholic Diocese of Cleveland
1736 Superior Avenue
2nd Floor
Cleveland, OH 44114
216-566-9500
216-566-9161 (fax)

Columbus

Community Refugee & Immigration Services
3624 Bexvie Avenue
Columbus, OH 43227
614-235-5747

Toledo

International Institute of Greater Toledo
2040 Scottwood Avenue
Toledo, OH 43620
419-241-9178
419-241-9170 (fax)

OKLAHOMA

Oklahoma City

Associated Catholic Charities, Immigration Assistance Program
1501 North Classen
Boulevard, Suite 200
Oklahoma City, OK 73106
405-523-3001
405-523-3030 (fax)

Hispanic American Mission
1836 NW 3rd
Oklahoma City, OK 73106
405-272-0890

Legal Aid of Western Oklahoma
2901 Classen Boulevard
Suite 110
Oklahoma City, OK 73106
405-557-0020
405-557-0023 (fax)

Tulsa

Migration and Refugee Services, Catholic Charities
751 North Denver
Tulsa, OK 74106
918-582-0881

YWCA Intercultural Servicentro
8145 East 17th Street
Tulsa, OK 74112
918-663-0377
918-628-1033 (fax)

OREGON

Eugene

Lane County Law and Advocacy Center
376 East 11th Avenue
Eugene, OR 97401
541-342-6056
541-342-5091 (fax)

Medford

Center for Nonprofit Legal Services, Inc.
P.O. Box 1586
225 West Main Street
Medford, OR 97501
541-779-7292
541-779-7308 (fax)

Ontario

Oregon Legal Services Corporation
772 North Oregon Street
Ontario, OR 97914
541-889-3121
541-889-5562 (fax)

Treasure Valley Immigration Counseling Service
772 North Oregon Street
Ontario, OR 97914
541-889-3121
541-889-5562 (fax)

Pendleton

Oregon Legal Services Corporation
P.O. Box 1327
365 SE 3rd Street
Pendleton, OR 97801
541-276-6685
541-276-4549 (fax)

Portland

Immigration Counseling Service
434 NW 6th Avenue, #202
Portland, OR 97209
503-221-1689
503-221-3063 (fax)

Lutheran Family Service
605 SE 39th Avenue
Portland, OR 97214
503-233-0042
503-233-0667 (fax)

One Stop Immigration Center
2936 NE Alberta Street
Portland, OR 97211
503-288-2389

Sponsors Organized to Assist Refugees
5404 NE Alameda
Room 112
Portland, OR 97213
503-284-3002
503-284-6445 (fax)

Woodburn

Centros de Servicios para Campesinos
300 Young Street
Woodburn, OR 97071
503-982-0243
503-982-1031 (fax)

PENNSYLVANIA

Allentown

Catholic Social Agency
928 Union Boulevard
Allentown, PA 18103
610-435-1541
610-435-4367 (fax)

Erie

International Institute of Erie
517 East 26th Street
Erie, PA 16504
814-452-3935
814-452-3518 (fax)

Harrisburg

Immigration & Refugee Services, Catholic Charities, Diocese of Harrisburg
900 North 17th Street
Harrisburg, PA 17103-1469
717-232-0568
717-234-7142 (fax)

International Servicentro
21 South River Street
Harrisburg, PA 17101
717-236-9401
717-236-3821 (fax)

Philadelphia

Asian American Community Outreach Program of the Crime Prevention Association
2600 South Broad Street
Philadelphia, PA 19145
215-467-1500
215-467-1808 (fax)

Catholic Social Services, Immigration Program
227 North 18th Street
Philadelphia, PA 19103
215-854-7019
215-854-7020 (fax)

Hebrew Immigrant Aid Society (HIAS) & Council Migration Service of Philadelphia
226 South 16th Street
18th Floor
Philadelphia, PA 19102
215-735-1670
215-735-8136 (fax)

Nationalities Servicentro
1300 Spruce Street
Philadelphia, PA 19107
215-893-8400
215-735-9718 (fax)

Reading

Apostolado Hispano de Berks County
322 South 5th Street
Reading, PA 19602
610-374-3351
610-374-3351 (fax)

Catholic Social Agency
138 North 9th Street
Reading, PA 19601
610-374-4891
610-374-4891 (fax)

RHODE ISLAND

Providence

Catholic Social Services
433 Elmwood Avenue
Providence, RI 02907
401-467-7200
401-467-6310 (fax)

International Institute of Rhode Island
645 Elmwood Avenue
Providence, RI 02907
401-461-5940
401-467-6530 (fax)

SOUTH DAKOTA

Sioux Falls

Lutheran Social Services of South Dakota, Refugee & Immigration Programs
620 West 18th Street
Sioux Falls, SD 57104
605-357-0154
605-357-0178 (fax)

TENNESSEE

Nashville

Catholic Charities Refugee Resettlement Program
10 South 6th Street
Nashville, TN 37206
615-259-3567
615-259-2851 (fax)

TEXAS

Austin

Cristo Vive, C.S.S., Inc.
5800 Manor Road, Suite A
Austin, TX 78723
512-929-9100
512-926-1020 (fax)

Immigration Counseling & Outreach Services (ICOS)
P.O. Box 13327
Austin, TX 78711-3327
512-479-1009
512-469-9537 (fax)

Beaumont

Catholic Charities
1297 Calder
Beaumont, TX 77701
409-832-7994
409-833-9706 (fax)

Brownsville

South Texas Immigration Council
845 East 13th
Brownsville, TX 78520
210-542-1991
210-542-0490 (fax)

Bryan

Chaplain Outreach Services
717 South Main
Bryan, TX 77803
409-775-8980
409-823-7277 (fax)

Corpus Christi

Catholic Social Services, Immigration & Refugee Program
1322 Comanche
Corpus Christi, TX 78401
512-884-0651
512-884-3956 (fax)

Dallas

Catholic Charities, Immigration Counseling Services
3915 Lemmon Avenue
Dallas, TX 75219
214-528-4870
214-528-4874 (fax)

Centro Social Hispano, Cristo Rey Lutheran Church
610 North Bishop
Dallas, TX 75208
214-946-8661
214-942-1278 (fax)

Proyecto Adelante
3100 Crossman
Dallas, TX 75212
214-741-2151
214-741-2150 (fax)

St. Matthew's Cathedral
5100 Ross Avenue
Dallas, TX 75206
214-824-2942
214-823-1048 (fax)

Del Rio

Texas Rural Legal Aid, Inc.
P.O. Box 964
Del Rio, TX 78840
210-775-1535
210-774-0611 (fax)

Edinburg

BARCA, Inc.
P.O. Box 715
Edinburg, TX 78540
210-631-7447
210-687-9266 (fax)

Texas Rural Legal Aid, Inc.
316 South Closner
Edinburg, TX 78539
210-383-5673
210-383-4688 (fax)

El Paso

Las Américas Refugee Asylum Project
715 Myrtle Avenue
El Paso, TX 79901
915-544-5126
915-544-4041 (fax)

Fort Worth

Catholic Charities, Immigration Services
1216 West Magnolia
Fort Worth, TX 76104
817-338-0774
817-335-9749 (fax)

Lutheran Social Services of the South, Inc.
100 East 15th Street
Suite 203
Fort Worth, TX 76102
817-332-2820
817-332-4606 (fax)

Harlingen

Casa de Proyecto Libertad
113 North 1st
Harlingen, TX 78586
210-425-9552
210-425-8249 (fax)

South Texas Immigration Council
107 North 3rd Street
Harlingen, TX 78550
210-425-6987
210-425-7434 (fax)

South Texas Pro Bono Asylum Representation Project (ProBar)
301 East Madison Avenue
Harlingen, TX 78550
210-425-9231
210-428-3731 (fax)

Houston

Chaplain Outreach Services, Inc.
6223 Richmond Avenue,
Suite 209
Houston, TX 77057
713-974-4791

GANO/CARECEN
6006 Bellaire Boulevard
Suite 100
Houston, TX 77053
713-665-1284
713-665-7967 (fax)

Gulfton Area Neighborhood Organization
6006 Bellaire Boulevard
Suite 100
Houston, TX 77081
713-665-1284
713-665-7967 (fax)

Houston Community Services
5115 Harrisburg
Houston, TX 77011
713-926-8771

International Community Service
3131 West Alabama Street
Suite 100
Houston, TX 77098
713-521-9083
713-521-9086

International Immigration Services
4402 Richmond Avenue
Suite 109
Houston, TX 77027
713-961-3118
713-963-8271 (fax)

Texas Center for Immigration Legal Assistance, Associated Catholic Charities
3520 Montrose
Houston, TX 77006
713-228-5200
713-526-1546 (fax)

YMCA International Services
6315 Gulfton, Suite 100
Houston, TX 77081
713-995-4005
713-995-4776 (fax)

Laredo

Asociación Pro Servicios Sociales, Inc., Centro Aztlán
406 Scott Street
Laredo, TX 78040
210-724-6244
210-724-5458 (fax)

Catholic Social Services of Laredo, Servicios Para Inmigrantes
402 Corpus Christi Street
Laredo, TX 78040
210-724-3604
210-724-5051 (fax)

Lubbock

Lubbock Catholic Family Service, Inc., Legalization Project
102 Avenue J
Lubbock, TX 79401
806-741-0409

McAllen

McAllen South Texas Immigration Council
1201 Erie
McAllen, TX 78501
210-682-5397
210-682-8133 (fax)

UTAH

Salt Lake City

International Rescue Committee (IRC)
530 East 500 South
Suite 207
Salt Lake City, UT 84102
801-328-1091
801-328-1094 (fax)

Salt Lake City Catholic Community Services of Utah, Immigration Program
2300 West 1700 South
Salt Lake City, UT 84104
801-977-9119
801-977-9224 (fax)

VIRGINIA

Arlington

Community Refugee Ecumenical Outreach
2315 South Grant Street
Arlington, VA 22202
703-979-5180
703-979-8138 (fax)

Etiopían Community Development Council, Inc.
1038 South Highland Street
Arlington, VA 22204
703-685-0510
703-685-0529 (fax)

Norfolk

Refugee & Immigration Services

1802 Ashland Avenue
Norfolk, VA 23509-1236
804-623-9131
804-623-9479 (fax)

Richmond

Refugee & Immigration Services, Catholic Diocese of Richmond

16 North Laurel Street
Richmond, VA 23220-4801
804-355-4559
804-355-4697 (fax)

Roanoke

Refugee & Immigration Services, Catholic Diocese of Richmond

1106 9th Street, SE
Roanoke, VA 24013
540-342-7561
540-344-7513 (fax)

WASHINGTON

Granger

Immigration Project, Northwest Communities Education Center

P.O. Box 800
Granger, WA 98932
509-854-2100
509-854-2223 (fax)

Seattle

Northwest Immigrant Rights Project

909 8th Avenue
Seattle, WA 98104
206-587-4009
206-587-4025 (fax)

Catholic Community Services Refugee Assistance Program

810 18th Avenue, Room 100
Seattle, WA 98122
206-323-9450
206-322-6711 (fax)

Spokane

Refugee & Immigration Multi-Servicentro

South 130 Arthur
Spokane, WA 99202
509-533-2075
509-533-2076
509-533-2179 (fax)

Tacoma

Catholic Community Services Refugee Assistance Program

1323 South Yakima Street
Tacoma, WA 98405
206-502-2600
206-502-2751 (fax)

WEST VIRGINIA

Charleston

Catholic Community Services, Migration & Refugee Services

1033 Quarrier Street
Suite 105
Charleston, WV 25301
304-343-1036
304-343-1040 (fax)

WISCONSIN

Green Bay

Department of Refugee Migration & Hispanic Services, Catholic Diocese of Green Bay

P.O. Box 23825
Green Bay, WI 54305-3825
414-437-7531 x 8247
414-437-0694 (fax)

Milwaukee

Centro Legal para los Derechos Humanos, Inc.

611 West National Avenue
#209, Milwaukee, WI 53204
414-384-7900
414-384-6222 (fax)

Council for the Spanish Speaking, Inc., Social Services

614 West National Avenue
Milwaukee, WI 53204
414-384-3700
414-384-7622 (fax)

International Institute of Wisconsin

1110 North Old World 3rd Street, Suite 420
Milwaukee, WI 53203
414-225-6220
414-225-6235

Racine

Catholic Social Services, Hispanic Outreach Program

800 Wisconsin Avenue
Racine, WI 53404
414-635-9510
414-635-9510 (fax)

APÉNDICE N
LISTA DE PROFESIONALES DEL ÁREA NORTEAMERICANA DE LIBRE COMERCIO (NAFTA, POR SUS SIGLAS EN INGLÉS—*NORTH AMERICAN FREE TRADE AREA)*

A menos que se especifique lo contrario, cada una de las ocupaciones en esta lista requiere un grado de bachiller de una universidad canadiense o de Estados Unidos o una licenciatura de una universidad mexicana. Para ciertas ocupaciones, la licencia de un estado es un sustituto aceptable de un bachillerato o licenciatura (como se anota más abajo). No es necesario obtener el grado mediante un programa de estudios de cuatro años.

Otros requisitos se refieren a ocupaciones específicas. Los ajustadores de reclamos de seguros de asistencia por desastres necesitan el bachillerato o la licenciatura, o tres años de experiencia en ajuste de reclamos, y completar una capacitación en ajuste de seguros de asistencia por desastre. Los consultores administrativos necesitan un bachillerato o licenciatura, o cinco años de experiencia en consultorías o en un campo afín. Los bibliotecarios necesitan un master (magíster) en ciencia bibliotecaria. Donde se exige un requisito educacional específico para una ocupación dada, éste se aplica estrictamente. No puede sustituirse por credenciales equivalentes tales como educación y capacitación.

Abogado (o Notario en la provincia de Quebec)/*Lawyer (or Notary in province of Quebec)*
LL.B., J.D., LL.L., B.C.L., o licenciatura (cinco años); o afiliación en una asociación estatal/provincial

Agrimensor/*Land surveyor*
bachillerato o licenciatura; o licencia estatal/provincial

Ajustador de reclamos de seguros de asistencia por desastres/*Disaster Relief Insurance Claims Adjuster*
bachillerato o licenciatura; y cumplimiento satisfactorio de capacitación en el ajuste de reclamos de seguros de asistencia por desastres; o tres años de experiencia en ajuste de reclamos y cumplimiento satisfactorio de capacitación en el ajuste de reclamos de seguros de asistencia por desastres

Analista de sistemas de computación (informática)/*Computer Systems Analyst*
bachillerato o licenciatura; o diploma o certificado de postsecundaria, y tres años de experiencia

Arquitecto/Architect
bachillerato o licenciatura; o licencia estatal/provincial

Arquitecto de paisajes (o diseño de jardines)/*Landscape Architect*
bachillerato o licenciatura

Avícola, Científico
bachillerato o licenciatura

Bibliotecario/*Librarian*
M.L.S. o B.L.S. (para lo que es prerrequisito otro bachillerato o licenciatura)

Bosques/praderas, Administrador de/Conservacionista/*Range Manager/Conservationist*
bachillerato o licenciatura

Consultor administrativo/*Management Consultant*
bachillerato o licenciatura; o cinco años de experiencia en consultorías o rubros afines*

Contador/*Accountant*
bachillerato o licenciatura; o C.P.A., C.A., C.G.A., o C.M.A.

Diseño gráfico/*Graphic Design*
bachillerato o licenciatura; o diploma o certificado postsecundario, y tres años de experiencia

Diseño industrial
bachillerato o licenciatura; o diploma o certificado postsecundario, y tres años de experiencia

Diseño de interiores
bachillerato o licenciatura; o diploma o certificado postsecundario, y tres años de experiencia

Economista/*Economist*
bachillerato o licenciatura

Guardabosques/*Forester*
bachillerato o licenciatura; o licencia estatal/provincial

Hoteles, administrador de/*Hotel Manager*
bachillerato o licenciatura en administración de hoteles/restaurantes; o diploma o certificado postsecundario, y tres años de experiencia

Ingeniero/*Engineer*
bachillerato o licenciatura; o licencia estatal/provincial

Investigaciones, Asistente de (en una institución educacional postsecundaria)/ *Research Assistant (in postsecondary educational institution)*
bachillerato o licenciatura

Matemático (Perito en estadística)/ *Mathematician (Statistician)*
bachillerato o licenciatura

Técnico científico/tecnólogo/*Scientific Technician/Technologist*
debe tener conocimientos teóricos en cualquiera de las siguientes disciplinas: ciencias agrícolas, astronomía, biología, química, ingeniería, silvicultura (ciencia o ingeniería forestal), geología, geofísica, meteorología o física; y debe tener la capacidad de resolver problemas prácticos en la disciplina o aplicar principios de la disciplina a investigaciones básicas o aplicadas.

Asistente social/*Social Worker*
bachillerato o licenciatura

Silvicultor (especialista en ciencia o ingeniería forestal)/*Silviculturist (Forestry Specialist)*
bachillerato o licenciatura

Planificador urbano (Geógrafo)/*Urban Planner (Geographer)*
bachillerato o licenciatura

Textos técnicos, Redactor de/*Technical Publications Writer*
bachillerato o licenciatura; o diploma o certificado postsecundario, y tres años de experiencia

Vocacional, Consejero/*Vocational counselor*
bachillerato o licenciatura

MÉDICOS/PROFESIONALES AFINES/*MEDICAL/ALLIED PROFESSIONALS*

Dentista/*Dentist*
D.D.S., D.M.D., Doctor en Odontología, o Doctor en Cirugía Dental; o licencia estatal/provincial

Dietista/*Dietitian*
bachillerato o licenciatura; o licencia estatal/provincial

Farmacéutico/*Pharmacist*
bachillerato o licenciatura; o licencia estatal/provincial

Fisioterapeuta/Terapeuta físico/*Physio/ Physical therapist*
bachillerato o licenciatura; o licencia estatal/provincial

Médico (únicamente para enseñanza o investigaciones)/*Physician (teaching or research)*
M.D. o Doctor en Medicina; o licencia estatal/provincial

Enfermera/enfermero registrados *(Registered Nurse)*
licencia estatal/provincial o licenciatura

Psicólogo
licencia estatal/provincial o licenciatura

Tecnólogo laboratorista médico (Canadá)/Tecnólogo médico (México y Estados Unidos)/*Medical Laboratory Technologist (Canada)/Medical Technologist (Mexico and U.S.)*
bachillerato o licenciatura; o diploma o certificado postsecundario, y tres años de experiencia

Nutricionista/*Nutritionist*
bachillerato o licenciatura

Terapeuta recreacional/*Occupational Therapist*
bachillerato o licenciatura

Veterinario/*Veterinarian*
D.V.M., D.M.V., o Doctor en Veterinaria; o licencia estatal/provincial

CIENTÍFICOS/*SCIENTISTS*

Agricultor (Agrónomo)/*Agriculturist (Agronomist)*
bachillerato o licenciatura

Animales, Científico de/*Animal Scientist*
bachillerato o licenciatura

Animales, Criador de/*Animal Breeder*
bachillerato o licenciatura

Apicultor/*Apiculturist*
bachillerato o licenciatura

Astrónomo/*Astronomer*
bachillerato o licenciatura

Bioquímico/*Biochemist*
bachillerato o licenciatura

Biólogo/*Biologist*
bachillerato o licenciatura

Entomólogo/*Entomologist*
bachillerato o licenciatura

Epidemiólogo/*Epidemiologist*
bachillerato o licenciatura

Farmacólogo/*Pharmacologist*
bachillerato o licenciatura

Físico (Oceanógrafo en Canadá)/*Physicist (Oceanographer in Canada)*
bachillerato o licenciatura

Genetista/*Geneticist*
bachillerato o licenciatura

Geólogo/*Geologist*
bachillerato o licenciatura

Geofísico (Oceanógrafo en Estados Unidos y México)/*Geophysicist (Oceanographer in the U.S. and Mexico)*
bachillerato o licenciatura

Geoquímico/*Geochemist*
bachillerato o licenciatura

Horticultor/*Horticulturist*
bachillerato o licenciatura

Lácteos, Científico en *(Dairy Scientist)*
bachillerato o licenciatura

Meteorólogo/*Meteorologist*
bachillerato o licenciatura

Oceanógrafo (vea geofísico, físico)/*Oceanographer*

Plantas, Criador de *(Plant Breeder)*
bachillerato o licenciatura

Químico/Chemist
bachillerato o licenciatura

Suelos, Científico de/*Soil Scientist*
bachillerato o licenciatura

Zoólogo/*Zoologist*
bachillerato o licenciatura

MAESTROS/*TEACHERS*

Institución de enseñanza superior/*College*
bachillerato o licenciatura

Seminario/*Seminary*
bachillerato o licenciatura

Universidad/*University*
bachillerato o licenciatura

**Los consultores administrativos ofrecen servicios destinados a mejorar el rendimiento administrativo, operacional y económico de entidades públicas y privadas mediante el análisis y resolución de problemas estratégicos y operacionales de manera que mejoren las metas, objetivos, políticas, estrategias, administración, organización y operación de la entidad. Los consultores administrativos usualmente son contratistas independientes o empleados de empresas consultoras bajo contrato con entidades de Estados Unidos. Son simplemente empleados asalariados de entidades de Estados Unidos a las que suministran sus servicios cuando no asumen posiciones existentes ni ocupan nuevos puestos. En calidad de empleados asalariados de este tipo de entidad, sólo puede empleárseles en puestos temporales supernumerarios. Por otro lado, un consultor administrativo canadiense puede ocupar temporalmente un puesto permanente con una empresa consultora administrativa de Estados Unidos. Los ciudadanos canadienses pueden calificarse de consultores administrativos mediante un grado de bachiller, cinco años de experiencia en consultoría administrativa, o cinco años de experiencia en una especialidad afín al acuerdo de consultoría.*

APÉNDICE O
PORTALES DE LEYES Y PRÁCTICAS DE INMIGRACIÓN
(IMMIGRATION LAW AND POLICY WEB SITES)

Hay muchísimos portales sobre las leyes de inmigración y sus políticas. Éstos son algunas de las mejores. La lista es sólo un comienzo. ¡Buena suerte en este viaje de exploración!

PORTALES DE INVESTIGACIÓN DE PRÁCTICAS DE INMIGRACIÓN *(POLICY RESEARCH SITES)*

Información sobre la economía y política de las practicas de inmigración de Estados Unidos

Atlantic Monthly Immigration Resources

www.theatlantic.com/politics/immigrat/immigrat.htm

Artículos interesantes sobre prácticas, política, sucesos actuales relacionados con la inmigración. Incluye discusiones en línea.

Center for Immigration Studies

www.cis.org/

Una organización de investigaciones restriccionista. (Quiere restringir la inmigración al máximo). Discute la inmigración desde este punto de vista: estrategias, el presidente Bush, fuerza laboral, economía, exceso de población, etc. Buen lugar para averiguar lo que piensan otros. No estoy de acuerdo con sus ideas, pero suministran uno de los mejores servicios de información por vía electrónica sobre actualidades de inmigración.

International Center for Migration, Ethnicity and Citizenship (ICMEC)

www.newschool.edu/icmec/

El centro fomenta investigaciones eruditas y análisis de políticas de orden público relacionadas con la migración y refugiados internacionales. El portal es principalmente para eruditos y es un buen recurso de investigación. También incluye listas de discusión y de eventos por vía electrónica así como enlaces o conexiones *(links)* pertinentes.

Policy.Com Issue Analysis

www.speakout.com/activism/news/ (busque las palabras: "immigration" o "immigration policy")

Éste es un portal activista con artículos interesantes sobre una variedad de temas, incluso de inmigración. También es una compañía investigadora de opiniones en línea. De acuerdo con su material de promoción, "Al conectar a personas que quieren ser escuchadas con sus líderes políticos y comerciales, promovemos diálogos importantes, y creamos un público mejor y mejor informado. Las percepciones que sacamos en limpio de estas opiniones colectivas nos permiten ofrecerles a nuestros líderes un mejor entendimiento de la voluntad del pueblo".

RAND

www.rand.org/ (busque la palabra: "immigration")

La RAND es un *"think tank"*—un tanque o banco de pensadores—financiado mayormente por el gobierno, y el portal es un poco seco; pero encuentro siempre útiles sus datos y análisis sobre la inmigración a Estados Unidos. "Nuestra labor consiste en ayudar a mejorar la toma de políticas y decisiones a través de la investigación y el análisis".

The Urban Institute

www.urban.org/

Este portal es de uso difícil pero contiene información abundante. Aun una búsqueda no fue de gran ayuda. Vaya a "*Research by Topic,*" luego a *"Social Welfare,"* haga clic en "Immigration". Encontrará investigación sobre ciencias sociales de alta calidad que influencia a menudo la actuación del gobierno. "El Urban Institute investiga los problemas sociales y económicos que enfrenta la nación y analiza los esfuerzos para resolver estos problemas. El Instituto trata de aumentar la concientización de opciones públicas importantes y de mejorar la preparación e implementación de las decisiones gubernamentales".

University of California Migration Dialogue

migration.ucdavis.edu/

Una de las revistas mejores y más amplias en línea sobre la inmigración en Estados Unidos y la migración mundial. El portal ofrece dos revistas en línea, artículos útiles, una lista de eventos, e investigación. La lista de artículos es por región.

U.S. Commission on Immigration Reform

www.utexas.edu/lbj/uscir/

Creada por la Ley de Inmigración de 1990; disuelta el 31 de diciembre de 1997. Incluye investigaciones, informes al Congreso y testimonios del congreso. De importancia histórica. "El mandato de la comisión era revisar y evaluar la implementación y el impacto de la política de inmigración de Estados Unidos y transmitir al Congreso informes sobre sus hallazgos y recomendaciones". Portal erudito, con cierto énfasis en México.

INS, EXECUTIVE OFFICE FOR IMMIGRATION REVIEW, AND OTHER AGENCIES IMPLEMENTING AND ENFORCING IMMIGRATION LAWS

U.S. Department of Justice Sites Executive Office for Immigration Appeals

INS y otras agencias encargadas de la implementación y el cumplimiento de las leyes de inmigración

Portales del Departamento de Justicia de Estados Unidos

Oficina ejecutiva para apelaciones de inmigración

www.usdoj.gov/eoir/

Esta agencia incluye la Junta de Apelaciones de Inmigración y los jueces de inmigración. Busque información sobre cómo funciona la junta, incluso preguntas y respuestas sobre la práctica de mociones y apelaciones.

Board of Immigration Appeals (BIA)

www.usdoj.gov/eoir/biainfo.htm

La BIA (Junta de apelaciones de inmigración) decide las apelaciones de ciertas decisiones del INS y de los jueces de inmigración. Este portal lo conecta con decisiones recientes de la BIA. Incluye proveedores de servicios legales gratuitos, formularios y un directorio de juzgados de inmigración.

Immigration and Naturalization Service (INS)

www.ins.usdoj.gov/

¡Muy útil! Puede recoger formularios gratuitos y hacer sus pedidos. Información sobre elegibilidad para beneficios de inmigración desde el punto de vista del INS. Nuevos reglamentos además de preguntas y respuestas sobre las prácticas y políticas actuales del INS. Infor-mación sobre empleadores, noticias relacionadas con inmigración, y la Guía INS para la Naturalización

Office of Special Counsel for Unfair Immigration Related Employment Practices (Civil Rights Division)

www.usdoj.gov/crt/osc/

Esta oficina tiene la responsabilidad de investigar y combatir la discriminación relacionada con la inmigración. Encontrará un formulario I-9 Employment Eligibility Verification que puede recoger e imprimir, folletos sobre discriminación en el empleo relacionada con la inmigración, y una lista de organizaciones que ofrecen ayuda a víctimas de la discriminación. Incluye novedades relacionadas con este tema. También en español.

U.S. Department of Labor (DOL)—Departamento de Trabajo de Estados Unidos

www.dol.gov/ busque las palabras: "labor certification" o "alien")

El DOL toma decisiones sobre las solicitudes de trabajo para las certificaciones laborales permanentes y temporales. En su portal, encontrará un banco nacional de trabajos, datos estadísticos sobre empleo en Estados Unidos y reglamentos sobre certificados laborales.

DOL Law Library—Immigration Collection

www.oalj.dol.gov/libina.htm

Éste es el portal del Departamento de Trabajo (DOL por sus siglas en inglés) de Estados Unidos y la Oficina de Jueces de Leyes Administrativas. Tiene el propósito de "asistir a los jueces a mantenerse al día sobre novedades en la ley" y suministra información al público. El DOL emite las solicitudes de certificados laborales para las visas permanentes y temporales. Incluye el boletín del DOL sobre asuntos de inmigración, decisiones de casos y reglamentos y estatutos relacionados con la inmigración.

U.S. Department of State (DOS)

www.state.gov/

Tenga paciencia—este portal contiene mucha información, pero hay que buscarla. El Departamento de Estado concede visas de no inmigrante y, en algunos casos, visas de inmigrante. En el portal encontrará información sobre elegibilidad para visas de no inmigrante (busque la palabra: "visa") e información sobre consulados y embajadas de Estados Unidos. También encontrará la solicitud para la visa de no inmigrante (busque: "forms"). Puede además buscar información sobre otros países con el punto de vista del Departamento de Estado. Interesante.

Bureau of Democracy, Human Rights, and Labor (DRL)

www.state.gov/g/drl

Archivo de información divulgada antes del 20 de enero de 2001:

www.state.gov/www/global/human_rights/index.html

Las responsabilidades de DRL (Democracia, Derechos Humanos, y Trabajo) incluye promover la democracia y los derechos de los trabajadores a nivel mundial, prescribir las políticas de derechos humanos de Estados Unidos, y coordinar la política sobre temas laborales relacionados con los derechos humanos. Encontrará aquí los Informes Anuales sobre Prácticas de Derechos Humanos por País. Estos informes los utilizan las personas que abogan por los derechos humanos, los funcionarios de asilo del INS, y los jueces de inmigración para analizar el estado de los derechos humanos a nivel mundial.

*Visa Bulletin/*Boletín de Visas

travel.state.gov/visa_bulletin.html

Verifique su fecha prioritaria bajo el sistema de preferencias corriente. El boletín está listo usualmente el 11 ó 12 del mes con los números límite para el próximo mes.

*FEDERAL EXECUTIVE BRANCH: DEPARTMENTS AND AGENCIES/*RAMA EJECUTIVA FEDERAL: DEPARTAMENTOS Y AGENCIAS

*Library of Congress/*Biblioteca del Congreso

lcweb.loc.gov/global/executive/fed.html

Página de recursos de la Biblioteca del Congreso con una extensa lista de enlaces.

*Freedom of Information Act (Department of Justice)/*Ley de Libertad de Información (Departamento de Justicia)

www.usdoj.gov/foia/

*Minority Business Development Agency/*Agencia para el Desarrollo de Negocios de Minorías

www.mbda.gov/

Artículos prácticos para ayudar a las minorías a iniciar y manejar sus negocios. Incluye noticias y enlaces. Interesante e informativo.

*Office of Refugee Resettlement/*Oficina de Reasentamiento de Refugiados

www.acf.dhhs.gov/programs/orr/

Enlaces a servicios y agencias de apoyo públicos y privados.

*Poverty Guidelines/*Guías de pobreza

aspe.hhs.gov/poverty04poverty.shtml

Guías e información relacionada. Estas guías determinan la elegibilidad para muchos tipos de ayuda pública.

*FEDERAL LEGISLATIVE BRANCH/*RAMA LEGISLATIVA FEDERAL

*THOMAS Legislative Information on the Internet/*Información legislativa por internet

thomas.loc.gov/home/legbranch/legbranch.html

Servicio de la Biblioteca del Congreso de Estados Unidos. Encontrará proyectos del Congreso que pueden convertirse en ley. Suministra enlaces congresionales y afines.

*House of Representatives/*Cámara de Representantes

www.house.gov/

Incluye directorios de los miembros y oficinas de los comités.

*Senate/*Senado

www.senate.gov/

Horario de audiencias, directorio de senadores e información afín.

FEDERAL JUDICIAL BRANCH/ RAMA JUDICIAL FEDERAL

U.S. Judicial Branch Resources: A Library of Congress Internet Resource

lcweb.loc.gov/global/judiciary.html

Esta página tiene enlaces a los recursos de la rama judicial del gobierno de Estados Unidos así como otros portales que se especializan en información legal. Incluye revistas de leyes, portales de leyes, reglas de los tribunales y decisiones históricas de la Corte Suprema. Buen lugar para empezar su investigación.

OTROS PORTALES GUBERNAMENTALES DE INFORMACIÓN

Fedworld Information Network

www.fedworld.gov/

Auspiciada por el Servicio de Información Técnica Nacional del Departamento de Comercio *(National Technical Information Service of the U.S. Department of Commerce).* No tiene información sobre todas las oficinas de gobierno, pero tiene un extenso bancos de datos donde puede buscar información que incluye hojas de impuestos, anuncios de puestos de gobierno y aduana de Estados Unidos.

U.S. Bureau of the Census/Secretaría del Censo

www.census.gov/population/www/socdemo

Escoja (haga clic) en "inmigración". Este portal le dirige a datos importantes sobre el aumento de inmigración y población. Su clasificación de la inmigración a Estados Unidos por país de ciudadanía y nacionalidad es de utilidad especial.

PORTALES DE BÚSQUEDAS LEGALES Y DE RECURSOS

AllLaw.com

www.alllaw.com/

"Directorio legal e implementos de búsqueda completos". Buen comienzo para cualquier tipo de investigación legal.

American Law Sources On-line (ALSO)

www.lawsource.com/

"Ofrece una recopilación de enlaces extensa, uniforme y útil a fuentes accesibles de leyes en línea para Estados Unidos, Canadá y México". Se divide en áreas de la ley, comentarios y prácticas. Introducciones a los sistemas legales, recursos para la investigación. Hay mucha información en español.

National Archives and Records Administration (NARA)/Administración de Archivos y Registros Nacionales

www.nara.gov/

"NARA permite que cada persona inspeccione por sí misma la actuación del gobierno. Asegura acceso continuo a pruebas esenciales que documentan los derechos de los ciudadanos americanos, los actuación de funcionarios federales y la experiencia nacional". Ofrece pautas para la investigación, contactos de archivo y publicaciones. Incluye registros de gobierno disponibles al público, tales como los de genealogía, leyes federales y documentos presidenciales.

FedLaw

www.legal.gsa.gov/

Comprehensive information related to federal law.

FindLaw Internet Legal Resources

www.findlaw.com/

"Directorio de búsqueda sobre todo lo que se refiera a las leyes". Incluye juntas comunitarias especializadas.

Government Printing Office Access

www.access.gpo.gov/su_docs/db2.html

"Páginas especializadas de búsqueda para bases de datos de documentos del gobierno, incluso registros del Congreso, decisiones de la Corte Suprema y el manual del Senado".

LAW REVIEWS—REVISTAS DE DERECHO

Revistas de Derecho en línea (Biblioteca del Congreso)

www.loc.gov/law/guide/uslawr.html

Cornell University Legal Information Institute

www.law.cornell.edu/

DERECHOS DE LOS INMIGRANTES, DEFENSA DE LAS LEYES DE INMIGRACIÓN/DERECHOS HUMANOS Y DERECHOS DE LOS REFUGIADOS

Página de inmigración de American Civil Liberties Union

www.aclu.org/issues/immigrant/hmir.html

Muy útil para las personas que necesitan informarse sobre los derechos de los inmigrantes. Incluye noticias, leyes pertinentes, decisiones de los tribunales, asilo, asistencia pública, legislación actual, y la ayuda que se puede prestar. Archivo que permite la búsqueda. Algunos artículos en español.

American Immigration Lawyers Association (AILA)

aila.org/

AILA es la organización principal de los abogados de inmigración. Su portal ofrece información limitadas a los que no son miembros. Para los abogados especializados en inmigración, AILA es una fuente importante de información reciente, y su nuevo portal para miembros es un espléndido complemento a la abundancia de recursos que ofrece.

Portal Aztec—Sección inmigración

www.azteca.net/aztec/immigrat/index.shtml

Ensayos, artículos y enlaces sobre inmigración y derechos de los inmigrantes, orientados a los mexicanos, chicanos y/o mexicano-americanos. Algunos artículos en español. La primera página del portal Azteca contiene información interesante sobre México y los mexicano-americanos.

Forced Migration Projects of the Open Society Institute

www.soros.org/fmp2/index.html

Aunque este proyecto terminó en 1999, fue el auspiciador principal de iniciativas de derechos para los inmigrantes. El portal se mantiene e incluye un archivo de informes y artículos, junto con un foro de discusión más o menos activo. Vale la pena mirarlo aunque el proyecto haya terminado.

National Immigration Forum

www.immigrationforum.org/

El *National Immigration Forum* (Foro Nacional de Inmigración) es la organización pro-inmigrantes con el mejor personal y fondos en Estados Unidos. Su portal ofrece tanto análisis generales de políticas como información al día sobre legislación y reglamentos. Este portal es para usted, si quiere mantenerse al día con los temas de inmigración que se tocan en Washington, D.C.

"El propósito del National Immigration Forum es abrazar y mantener la tradición americana como país de inmigrantes. El Foro defiende y fomenta el apoyo público de prácticas políticas que acogen a los inmigrantes y refugiados y que son justas y sustentadoras para los recién llegados a nuestro país".

Lawyers' Committee for Human Rights

www.lchr.org/refugee/refugee.htm

El Comité de Abogados es uno de los principales defensores de los derechos de los asilados y refugiados. Además de esta actitud de defensa, ayuda en la búsqueda de abogados para los solicitantes de asilo a Estados Unidos. El portal contiene artículos pertinentes y alentadores.

Micasa-Sucasa

www.ilw.com/micasa/

Un foro de defensa contra la ley de inmigración que firmó el presidente Clinton en 1996 conocida como IRAIRA. Relatos, discusión por internet y enlaces.

NAFSA: Association of International Educators

www.nafsa.org/

Abundancia de información excelente sobre y para estudiantes del extranjero en Estados Unidos.

Consejo Nacional de La Raza *(National Council of La Raza)*

www.nclr.org/

Una de las principales organizaciones para habilitar a la población Latina. Defensores clave en Washington, D.C., de los derechos de los inmigrantes. Mucha información pertinente sobre temas como los derechos civiles, política exterior, educación y vivienda. Noticias, eventos y publicaciones.

National Network for Immigrant and Refugee Rights (NNIRR)
www.nnirr.org/
Defensores acérrimos de los derechos de los inmigrantes. Este portal ofrece análisis de alta calidad sobre las leyes y políticas de inmigración. Es uno de los pocos grupos que se preocupan sobre el trato que se les da a los inmigrantes en la frontera y en el trabajo.

"La *National Network for Immigrant and Refugee Rights (NNIRR)* se compone de coaliciones locales y organismos y activistas inmigrantes, comunitarios, religiosos, de derechos civiles y laborales. Es un foro para compartir información y análisis, para educar a las comunidades y al público en general, y para desarrollar y coordinar planes de acción sobre temas importantes sobre inmigrantes y refugiados. La organización promueve una política justa para inmigrantes y refugiados en Estados Unidos y defiende y se propone ampliar los derechos de todos los inmigrantes y refugiados, sin importar su condición de inmigrantes". Incluye una selección de artículos de su revista, *Network News.*

ABOGADOS

Los siguiente portales se mencionan porque ofrecen información legal, no simplemente información sobre abogados o sus bufetes.

Muchos abogados tienen portales. Su mención en esta lista no es una recomendación; ni puedo comprobar la veracidad de la información que proporcionan.

La empresa principal de portales sobre abogados de inmigración se llama *Immigration Lawyers on the Web,* www.ilw.com/. Busque aquí los portales de abogados que no se encuentran en el texto siguiente. Incluye artículos pertinentes.

Everett P. Anderson, Esq.
www.ilw.com/anderson/

Robert F. Belluscio, *Attorney at Law*
www.ilw.com/belluscio
Informativo. Algunos artículos en español.

Ramón Carrión, P.A.
www.ilw.com/carrion
Información sobre visas y residencia permanente para personas de negocios y empresarios.

Capriotti & Associates International Law
www.ilw.com/capriotti

Community Legal Centers
www.enterusa.com/
Incluye formularios, artículos y enlaces.

Copland and Brenner, Attorneys at Law
www.coplandandbrenner.com/
Boletín informativo.

Law Offices of Alan S. Gordon, P.A.
www.greencards.com/

Hammond and Associates
www.hammondlawfirm.com/
De utilidad especial para profesionales de recursos humanos que tienen la intención de emplear a personas que no son nacionales de Estados Unidos.

Immigration Lawnet
www.usgreencard.com/index.htm
Información, charlas, discusiones, y formularios

Ingber & Aronson, P.A.
www.ingber-aronson.com/

Mark A. Ivener, A Law Corporation
www.ilw.com/ivener

Allen C. Ladd Immigration Law Office, P.C.
www.ilw.com/ladd

Maggio & Kattar, P.C.
maggio-kattar.com/
Buena información para visitantes de intercambio J-1

Cyrus D. Mehta, Attorney at Law
www.ilw.com/mehta

Law Office of Sheela Murthy
www.murthy.com/

Jean Padberg & Associates, P.C.
jpadberg.com
Also in Russian.

Pederson & Freedman, L.L.P.
www.ilw.com/pederson

Serotte, Reich, Seipp & Kenmore
www.srs-usvisa.com/

Carl Shusterman
www.shusterman.com/
Uno de los mejores portales de abogados.

Siskind, Susser, Haas & Devine
www.visalaw.com/
Otro de los mejores portales de abogados.

G. Wellington Smith, P.C.
www.ilw.com/smith

The American Immigration Law Center
www.ailc.com/

True, Walsh & Miller, LLP
www.twmlaw.com/

Law Offices of Bonnie Stern Wasser
www.ilw.com/wasser
Boletín informativo y preguntas hechas con frecuencia.

Allan Wernick, Esq.
www.ilw.com/wernick/
Archivo de mis artículos semanales publicados en el *Daily News de Nueva York* y *King Features Syndicate*, enlaces, y publicaciones.

Margaret W. Wong & Associates Co., LPA
www.imwong.com/

PORTALES LEGALES COMERCIALES

Los siguientes portales legales comerciales le llevarán al amplio mundo de la información legal por internet. Busque enlaces a las leyes estatales e internacionales y a listas de abogados. Más información sobre la ley de la que pudo imaginarse.

LawInfo
www.lawinfo.com/

LawCrawler
www.lawcrawler.com/

FindLaw
www.findlaw.com/

WebLaw
www.weblaw1.com/

PORTALES DE INVESTIGACIÓN LEGAL

CataLaw.com
CataLaw.com/

Hieros Gamos
www.hg.org/
Extenso centro de investigación legal. Alemán, español, francés, italiano.

Law Library of Congress (Biblioteca Legal del Congreso)
www.loc.gov/law/public/htdoc/index.html

PORTALES DE INVESTIGACIÓN

Internet Legal Resource Guide
www.ilrg.com/
"Amplia guía para los recursos legales en línea más importantes".

Law Crawler
www.lawcrawler.findlaw.com/
Búsqueda de portales legales y bases de datos.

Law Research
www.lawresearch.com/
"Este servicio ofrece enlaces de recursos legales".

National Law Journal
www.nlj.com/index.shtml
"Periódico semanal para profesionales". Artículos interesantes para el profesional y el no profesional

Meta-Index for U.S. Legal Research
heiwww.unige.ch/humanrts/lawform-new.html

Biblioteca Legal Virtual
www.law.indiana.edu/v-lib/

Cornell Legal Information Institute

www.law.cornell.edu/

Excelente para obtener información legal general sobre decisiones recientes de la CorteSuprema; versiones completas en hipertexto del Código de Estados Unidos, la Constitución de Estados Unidos, Reglas Federales de Evidencia, y Reglas Federales de Procedimiento Civil; y opiniones recientes de la Corte de Recursos de Nueva York y comentarios respectivos. Incluye el *Cornell Law Review* y ofrece información sobre la facultad de derecho de la universidad y la biblioteca legal de Cornell *(Cornell Law School* y *Cornell Law Library).*

Leyes y reglamentos de inmigración y naturalización

www.ins.usdoj.gov/graphics/lawsregs/index.htm

Este portal presentado por el INS ofrece una base de datos amplia sobre documentos relativos a la ley de inmigración y naturalización.

Meta-Index for Legal Research

gsulaw.gsu.edu/metaindex/

Una guía excelente para materiales legales que pueden buscarse por internet. Encontrará decisiones de la Corte Suprema, la Corte Federal de Recursos y la Corte Federal Distrital, estatutos y códigos federales, y enlaces a una variedadde recursos legales de utilidad.

PORTALES QUE PROMETEN EL PATROCINIO DE EMPLEADORES

Los siguientes portales dicen que son lugares donde encontrar un empleador dispuesto a patrocinar trabajadores con la condición H-1B y/o la residencia permanente. No puedo comprobar su veracidad, honestidad o integridad. Al igual que cualquier servicio de internet, tenga cuidado cuando utilice estos portales.

VisaJobs

www.visajobs.com/

Y-Axis

www.y-axis.com/jobseekers.html

PJM Interconnection, L.L.C.

www.pjm.com/about/employment/employ.html

h1visajobs.com

www.h1visajobs.com/

American Immigration Network

www.usavisanow.com/immigrationusjobs.htm

J.E. Brown & Company

www.jebrown.com/

usjoboffer.com

www.usjoboffer.com/

h1bsponsors.com

www.h1bsponsors.com/

Washington Information Services

www.h1visajobfair.com/

APÉNDICE P

Capítulo 14 Modelo 1: Moja de datos sobre solicitudes de condiciones de trabajo para no noinmigrantes H1-B para empleadores que no son "dependiente de la H1-B" ni "infractores intencionales"

Prepared by Phyllis Jewell, Jewell & Associates, San Francisco, CA
February 6, 2001

Obtaining H-1B employment authorization for an employee is a two-step procedure: The first step is for the employer to file and receive approval of a Labor Condition Application ("LCA," or Form ETA-9035) from the Employment and Training Administration (ETA) of the U.S. Department of Labor (DOL) that is specific to the occupation and the place of employment. The second step is for the employer to file and receive approval of an H-1B petition (Form I-129) from the Immigration and Naturalization Service (INS). This fact sheet pertains to the LCA and is meant to assist employers (other than "H-1B dependent" employers and/or "willful violators," to which this fact sheet does not apply) in complying with the ongoing record-keeping requirements underlying each LCA. The LCA requirements are contained in the federal regulations at 20 CFR 655-700-855 and 29 CFR 507-700-855, effective January 19, 2001.

Contents of an LCA

The LCA is the employer's attestation that (1) the H-1B worker is being offered the higher of the local "prevailing wage" or the employer's "actual wage" paid to all other individuals with similar experience and qualifications for the specific employment in question; the H-1B worker will be paid the required wage even for time in nonproductive status due to the employer's decision or due to the H-1B employee's lack of a permit or license; and H-1B employees will be offered benefits and eligibility for benefits on the same basis, and in accordance with the same criteria, as offered to U.S. workers; (2) employment of the H-1B worker will not adversely affect the working conditions (e.g., hours, shifts, vacations, and fringe benefits) of workers "similarly employed," and that H-1B employees will be afforded working conditions on the same basis, and in accordance with the same criteria, as offered to U.S. workers; (3) that no strike, lockout, or work stoppage in the course of a labor dispute relating to the H-1B occupation is taking place, and that if such an action occurs after the LCA is submitted, the employer will notify the DOL within three days of the occurrence and will not use the LCA to support an H-1B petition involving the affected occupation and place of employment; and (4) a copy of the approved LCA (as well as the cover pages, if requested) will be given to the H-1B worker on or before the H-1B employment begins, and notice of the LCA has been or will be provided to other workers employed in the H-1B occupation at the work site where the H-1B worker will perform services. These attestations give rise to IMPORTANT EMPLOYER OBLIGATIONS as follows:

Employer Obligations Regarding Wages

An employer must pay the H-1B worker the higher of either (1A) the "actual wage," which is defined as the wage that the employer pays all other individuals with similar experience and qualifications for the specific employment in question, or (2A) the "prevailing wage" for the occupation in the geographic area of intended employment. In addition, there is a "no benching" rule, meaning that the employer must pay the required wage rate even for time the H-1B worker spends in nonproductive status, if such nonproductive time is due to the employer's decision or due to the H-1B employee's lack of a permit or license.

The employer's obligation to pay the required wage generally begins on the date the H-1B nonimmigrant "enters into employment" (when he or she first makes himself or herself available for work or otherwise comes under the control of the employer). However, even if the H-1B nonimmigrant has not entered into employment, the employer must begin paying the required wage either 30 days after the H-1B worker is first admitted to the United States pursuant to the approved H-1B petition or, if the nonimmigrant is present in the United States on the date of petition approval, the employer must begin paying the required wage within 60 days of the date the nonimmigrant becomes eligible to work for the employer. Moreover, the employer's obligation to pay the required wage does not cease until there is a valid termination, which is defined as including notification to the USCIS of the termination.

Employer Obligations Regarding Working Conditions

Employment of the H-1B worker must not adversely affect the working conditions (e.g., hours, shifts, vacations, and fringe benefits) of workers "similarly employed," and employers must afford H-1B employees working conditions on the same basis, and in accordance with the same criteria, as offered to U.S. workers.

Employer Obligations Regarding Strike or Lockout

At the time the LCA is signed and filed, there must not be at the place of employment any strike, lockout, or work stoppage in the course of a labor dispute in the occupation in which the H-1B worker will be employed. In the event such a labor action occurs later, during the LCA's validity, the employer must notify the DOL within three days of the occurrence and must not place H-1B workers where such action is occurring.

Employer Obligations Regarding Notice

On or within 30 days before the day the LCA is filed, the employer must physically post a 10-day notice in two locations, or electronically post a 10-day notice, at each place of employment where the H-1B nonimmigrant will work. The "notice" may be a copy of the LCA form itself. (If the H-1B position is unionized, notice is accomplished by a letter to the bargaining representative rather than by posting.)

Finally, the employer must give the H-1B worker a copy of the approved LCA (as well as the LCA cover pages, if requested) no later than the first day of H-1B work covered by such LCA.

Employer Obligations Regarding Multiple Work Sites

The employer has LCA-related obligations for each "work site" (also called "place of employment") an H-1B employee is placed.

A place is not a "work site" if it is a place where only an "employee developmental activity" (e.g., management seminar, training course, etc.) takes place; or if it is a place where a "peripatetic" worker (one whose normal duties require frequent travel from location to location) spends no more than five days per visit; or if it is a place where a "nonperipatetic" worker (one who spends most work time at one location and travels occasionally to other locations) spends no more than 10 days per visit.

If an H-1B worker is placed at additional "work sites" not contemplated when the LCA was filed, the employer's additional obligations depend on whether the additional work site is within the same "area of intended employment" (which usually means an area comprising normal commuting distance) that is covered by the approved LCA. If the additional work site is within the same geographic area of intended employment, the employer must physically post a 10-day notice in two locations, or electronically post a 10-day notice, at such additional work site on or before the date the H-1B nonimmigrant begins work there.

On the other hand, if the additional work site is outside the "area of intended employment" covered by the approved LCA, the DOL regulations provide a "short-term placement" alternative to filing a new LCA. Specifically, if the placement will not exceed 30 workdays per year (or 60 workdays per year if the H-1B employee maintains an office or workstation at his or her permanent work site, spends a substantial amount of time at the permanent work site in a one-year period, and has his or her residence or place of abode in the area of the permanent work site and not in the area of the short-term work site), no new LCA is required. However, once an H-1B employee's placement has reached the 30- or 60-workday limit, the placement must terminate, or a new LCA must be filed.

Employer Record-Keeping Obligations

No written material need be submitted to the DOL with the LCA form

(Form ETA 9035). However, the employer must have and maintain certain documents, either at its principal place of business in the United States or at the place of H-1B employment.

Documents to Go in a "Public Access" File

Within one working day of filing the LCA, the employer must have a "public access" file available for public examination upon anyone's request. This file must contain:

- A copy of the completed LCA form (Form ETA 9035) bearing the original signature, as well as the cover pages (Form ETA 9035CP).
- A copy of the notice provided to workers at the work site, along with a record of the dates and locations of posting.
- Documentation of the local prevailing wage for the occupation: According to DOL regulations, the "prevailing wage" for the occupation must be determined by one of five sources of wage data: (1) a wage set by statute or regulation, including the McNamara-O'Hara Service Contract Act, or "SCA" (if an SCA wage exists for the occupation, the employer must use the SCA wage as the prevailing wage, unless the SCA wage is $27,63 per hour for an occupation in the computer industry, which the DOL regulations explain as an anomaly), (2) a wage covered by a union contract, or, if no SCA wage or union contract applies, (3) a written prevailing wage determination made by the State Employment Security Agency, or SESA (in California, it is the California Employment Development Department), (4) a published wage survey undertaken by an "independent authoritative source," or (5) wage information from another "legitimate source."

  Wage data from an "independent authoritative source" is acceptable only if the survey (a1) reflects the weighted average wage paid to workers similarly employed in the area of intended employment, (b2) is based on data collected within the 24-month period immediately preceding the date of publication of the survey, and (3c) represents the latest published prevailing wage finding by the independent authoritative source for the occupation in the area of intended employment.

  A prevailing wage provided by a "legitimate source" must meet the following three criteria: (1) it reflects the weighted average wage paid to workers employed in the area of intended employment, (2) it is based on the most recent and accurate information available, and (3) it is reasonable and consistent with recognized standards and principles to produce a prevailing wage.
- Documentation regarding the wage to be paid to the H-1B nonimmigrant: It is not clear in the DOL regulations whether an employer must maintain a separate public access document that states the wage to be paid to the H-1B nonimmigrant(s), or whether the wage stated on the LCA form itself (which must be maintained for public access) will suffice. Currently, it is our view that this documentation requirement is met by retaining the completed LCA for public access.
- Documentation regarding the employer's "actual wage:" This may be a memo or other document(s), as long as it (1) fully and clearly explains the

employer's own system for determining what it pays workers with similar experience and qualifications for the specific employment in question and (2) sets out any periodic wage adjustments provided for in the employer's system (such as increases for cost of living, increases for moving into a different grade level, a change in all salaries due to a change in the salary for entry-level employees, etc.). According to the DOL's preamble to the regulations, the explanation of the compensation system kept in the public access file must be sufficiently detailed for a third party to understand how the employer applied its pay system to arrive at the actual wage for its H-1B nonimmigrant(s); at a minimum, the documentation should identify the business-related factors that are considered and the manner in which they are implemented (e.g., stating the wage range for the specific employment in the employer's workforce and identifying the pay differentials for factors such as education and job duties).

- Documentation of employee benefits: The public access file must contain a summary of the benefits offered to U.S. workers in the same occupation as H-1B workers, including a statement of how employees are differentiated, if at all. Ordinarily, this requirement would be satisfied with a copy of the employer's employee handbook and summary plan descriptions. If the employer has workers receiving "home country" benefits, the employer may place a simple notation to that effect in the public access file.
- Documentation in the case of a change in corporate structure: When an employer corporation changes its corporate structure as the result of an acquisition, merger, spin-off, or other such action, the new employing entity is not required to file new LCAs or H-1B petitions with respect to the H-1B employees transferred to the new employing entity, provided that the new employing entity adds to the public access file(s) a sworn statement by a responsible official of the new employing entity that it accepts all obligations, liabilities, and undertakings under the LCAs filed by the predecessor employing entity, together with a list of each affected LCA and its date of certification, and a description of the actual wage system and federal Employer Identification Number (EIN) of the new employing entity. Curiously, DOL regulations state that unless such a statement is executed and made available for public access, the new employing entity shall not employ any of the predecessor employing entity's H-1B workers without filing new LCAs and new H-1B petitions for such workers. This regulatory provision, published by the DOL on December 20, 2000, directly contradicts the Visa Waiver Permanent Program Act (Public Law No.106-396), enacted on October 30, 2000, which states that an amended H-1B petition shall not be required where the petitioning employer is involved in a corporate restructuring, including but not limited to a merger, acquisition, or consolidation, where a new corporate entity succeeds to the interests and obli-gations of the original petitioning employer and where the terms and conditions of employment remain the same but for the identity of the petitioner.

The above "public access" documents must be retained for at least one year beyond the withdrawal or expiration of the LCA.

Payroll Records

The employer also must maintain (but not for public access) payroll records of all employees in the H-1B occupational classification (even U.S. workers) for three years from their creation. These payroll records must be made available to the DOL upon request. The payroll records must include (1) the employee's full name, address, and occupation, (2) employee's rate of pay, (3) hours worked each day and week except in the case of full-time, salaried employees, and (4) total additions to or deductions from pay each pay period covered by the payment, by employee.

Enforcement and Penalties

The DOL's Wage and Hour Division (WHD) of its Employment Services Administration (ESA) may initiate its own investigation or may investigate LCA compliance as the result of a complaint.

Penalties for noncompliance with LCA requirements may include the payment of back wages, a civil money penalty of $1,000 per violation, or such other administrative remedies as are deemed appropriate, if the employer is found to have done one or more of the following:

1. Filed an LCA that misrepresents a material fact.
2. Failed to pay wages (including benefits provided as compensation for services) as required.
3. Failed to provide working conditions as required.
4. Filed an LCA during a strike or lockout in the course of a labor dispute in the occupational classification at the place of employment.
5. Willfully or substantially failed to provide notice as required.
6. Willfully or substantially failed to specify accurately on the LCA the number of workers sought, the occupational classification in which the H-1B(s) will be employed, or the wage rate and conditions under which the H-1B(s) will be employed.
7. Required or accepted from an H-1B nonimmigrant payment or remittance of the $1,000 filing fee supplement incurred in filing an H-1B petition with the INS.
8. Required or attempted to require an H-1B nonimmigrant to pay a "penalty" (as distinguished from "liquidated damages") for ceasing employment prior to an agreed-upon date.
9. Discriminated against an employee for protected conduct (e.g., for reporting suspected H-1B/LCA violations or for participating in an investigation relating to such violations).
10. Failed to make available for public examination the required public access documents.
11. Failed to maintain other documentation as required.
12. Failed otherwise to comply in any other manner with the LCA requirements.

Administrative remedies that may be ordered if violations of the above requirements are found include, but are not limited to, payment of back wages or benefits, civil money penalties of up to $35,000 per violation, and "debarment" from approval of any of the employer's nonimmigrant or immigrant petitions for up to three years.

Aside from the penalties provided for in the LCA regulations, federal criminal statutes provide penalties of up to $10,000 and/or imprisonment of up to five years for knowing and willful submission of false statements to the federal government (18 USC 1001; see also 18 USC 1546).

Capítulo 14 Modelo 2: sueldo abonado a empleado H-1B

(To be prepared on employer's stationery.)

To: LCA Public Access File
From: [EMPLOYER or EMPLOYER'S REPRESENTATIVE]
Re: Actual wage used for the occupation of [JOB TITLE]
Date: [DATE of SIGNATURE]

The wage paid to the H-1B employee to whom this LCA pertains will be _________ for his/her employment in the position of [JOB TITLE].

____
[EMPLOYER or EMPLOYER'S REPRESENTATIVE signature]

APÉNDICE R

Capítulo 14 Modelo 3: carta del empleador que explica las bases del sueldo real

(To be prepared on employer's stationery.)

To: LCA Public Access File
From: [EMPLOYER or EMPLOYER'S REPRESENTATIVE]
Re: Determination of actual wage used for the occupation of [JOB TITLE]
Date: [DATE of SIGNATURE]

The position of [JOB TITLE] has a range from ______ to _____. In determining the actual wage at our facility located in [CITY], [STATE], we consider the following factors:

(1) Experience, including whether the candidate has been previously employed in this position, the length of any such employment, the type of employment (e.g., whether supervisory in nature), and the depth and breadth of such experience;

(2) Educational background, including the level of education obtained, the existence of special academic achievements (such as superior class rank or other distinction), and the reputation of the educational facility/facilities attended;

(3) Job responsibility and function, including nature of duties and responsibilities to be performed and degree of supervision to be exercised;

(4) Possession of specialized knowledge, skills, or training; and

(5) Other indicators of performance and/or ability, including job references, perform ance evaluations, awards, achievements, and/or accomplishments.

Periodic wage adjustments to the actual wage in question are made to reflect employee annual increases, cost-of-living adjustments, moves to a greater responsibility level, and increases in entry-level pay that affect the overall salary structure.

____

[EMPLOYER or EMPLOYER'S REPRESENTATIVE signature]

APÉNDICE S

Capítulo 14 Modelo 4A y Modelo 4B: Bases para la determinación del salario prevaleciente

(Both to be prepared on employer's stationery.)

Sample 4a: SESA Wage or Published Survey

To: LCA Public Access File
From: [EMPLOYER or EMPLOYER'S REPRESENTATIVE]
Re: Basis for Prevailing Wage Determination for [JOB TITLE]
Date: [DATE of SIGNATURE]

The prevailing wage for the position of [JOB TITLE] was determined by using [SESA, OES, NAME of SURVEY]. A copy of the relevant portions of the survey are attached to this memo.

____

[EMPLOYER or EMPLOYER'S REPRESENTATIVE signature]

Sample 4b: Employer Survey

To: LCA Public Access File
From: [EMPLOYER or EMPLOYER'S REPRESENTATIVE]
Re: Basis for Prevailing Wage Determination for [JOB TITLE]
Date: [DATE of SIGNATURE]

The prevailing wage for the position of [JOB TITLE] was determined by contacting eight employers and inquiring as to the wage paid to their employees in similar positions.

The employers contacted were [LIST EMPLOYERS SURVEYED, DATE CONTACTED, WAGE OBTAINED FROM EACH EMPLOYER].

The prevailing wage for the position of [JOB TITLE] was determined by adding together the wages found in the survey and dividing by the number of employees in the position. The result of that calculation was that the prevailing wage was determined to be [PREVAILING WAGE].

____

[EMPLOYER or EMPLOYER'S REPRESENTATIVE signature]

APÉNDICE T
SERVICIOS DE EVALUACIÓN CREDENCIALES

Center for Applied Research, Evaluation & Education, Inc.
P.O. Box 20348
Long Beach, CA 90801
562-430-8215
evalcaree@earthlink.net

Educational Credential Evaluators, Inc.
P.O. Box 92970
Milwaukee, WI 53202-0970
562-289-3400
562-289-3411 (fax)
eval@ece.org
www.ece.org/

Educational International, Inc.
29 Denton Road
Wellesley, MA 02181
781-235-7425
781-235-6831 (fax)
edint@gis.net

Educational Records Evaluation Service, Inc.
777 Campus Commons Road, Suite 200
Sacramento, CA 95825-8309
916-565-7475
916-565-7476 (fax)
edu@eres.com
www.eres.com/

Education Evaluators International, Inc.
P.O. Box 5397
Los Alamitos
CA 90720-5397
562-431-2187
562-493-5021 (fax)

Evaluation Service, Inc.
P.O. Box 1455
Albany, NY 12201
518-672-4522
518-672-4877 (fax)
esi@capital.net

Foreign Academic Credential Service, Inc.
P.O. Box 400
Glen Carbon, IL 62034
618-288-1661

Foreign Educational Document Service
P.O. Box 4091
Stockton, CA 95204
209-948-6589

Foundation for International Services, Inc.
19015 North Creek Parkway, #103
Bothell, WA 98011
206-487-2245
206-487-1989 (fax)
fis@mail.com

International Consultants of Delaware, Inc.
109 Barksdale Professional Center
Newark, DE 19711
302-737-8715
302-737-8756 (fax)
icd@icdel.com

International Education Research Foundation, Inc.
P.O. Box 66940
Los Angeles, CA 90066
310-390-6276
310-397-7686 (fax)
info@ierf.org
www.ierf.org/

Josef Silny & Associates, Inc., International Education Consultants
P.O. Box 248233
Coral Gables, FL 33124
305-666-0233
305-666-4133 (fax)
info@jsilny.com
www.jsilny.com/

SpanTran Educational Services, Inc.
7211 Regency Square Boulevard, #205
Houston, TX 77036
713-266-8805
713-789-6022 (fax)
www.spantran-edu.com/

World Education Services, Inc.
P.O. Box 745
Old Chelsea Station
New York, NY 10113-0745
800-937-3895
212-966-6395 (fax)
info@wes.org
www.wes.org/

APÉNDICE U
PETICIÓN I-129 PARA TRABAJADOR NO INMIGRANTE

U.S. Department of Justice
Immigration and Naturalization Service

OMB No.1115-0168
Petition for a Nonimmigrant Worker

START HERE - Please Type or Print.

Part 1. Information about the employer filing this petition. If the employer is an individual, use the top name line. Organizations should use the second line.

Family Name	Given Name	Middle Initial

Company or Organization Name

Address - Attn:

Street Number and Name	Apt. #

City	State or Province

Country	Zip/Postal Code

IRS Tax #

Part 2. Information about this petition.
(See instructions to determine the fee.)

1. **Requested Nonimmigrant Classification** *(Write classification symbol at right)* ______
2. **Basis for Classification** *(Check one)*
   a. ☐ New employment
   b. ☐ Continuation of previously approved employment without change
   c. ☐ Change in previously approved employment
   d. ☐ New concurrent employment
3. **Prior Petition.** If you checked other than "New Employment" in item 2. (above) give the most recent prior petition number for the worker(s): ______
4. **Requested Action:** *(Check one)*
   a. ☐ Notify the office in Part 4 so the person(s) can obtain a visa or be admitted (NOTE: a petition is not required for an E-1, E-2 or R visa).
   b. ☐ Change the person(s) status and extend their stay since they are all now in the U.S. in another status (see instructions for limitations). This is available only where you check "New Employment" in item 2, above.
   c. ☐ Extend or amend the stay of ther person(s) since they now hold this status.

Total number of workers in petition:
(See instructions for where more than one worker can be included.) ______

Part 3. Information about the person(s) you are filing for.
Complete the blocks below. Use the continuation sheet to name each person included in this petition.

If an entertainment group, give their group name

Family Name	Given Name	Middle Initial

Date of Birth *(Month/Day/Year)*	Country of Birth
Social Security #	A #

If in the United States, complete the following:

Date of Arrival *(Month/Day/Year)*	I-94 #
Current Nonimmigrant Status	Expires *(Month/Day/Year)*

FOR INS USE ONLY

Returned	Receipt
Resubmitted	
Reloc Sent	
Reloc Rec'd	
Interviewed ☐ Petitioner ☐ Beneficiary	

Class: ______
\# of Workers: ______
Priority Number: ______
Validity Dates: From ______ To ______

☐ **Classification**
☐ Consulate/POE/PFI Notified
At: ______
☐ Extension Granted
☐ COS/Extension Granted

Partial Approval *(explain)*

Action Block

To Be Completed by Attorney or Representative, if any
☐ Fill in box if G-28 is attached to represent the applicant

VOLAG#

ATTY State License #

Form I-129 (Rev. 12/10/01) Y

Part 4. Processing Information.

a. If the person named in Part 3 is outside the U.S. or a requested extension of stay or change of status cannot be granted, give the U.S. consulate or inspection facility you want notified if this petition is approved.

Type of Office *(Check one)*: ☐ Consulate ☐ Pre-flight inspection ☐ Port of Entry

Office Address *(City)* U.S. State or Foreign Country

Person's Foreign Address

b. Does each person in this petition have a valid passport?
☐ Not required to have passport ☐ No - explain on separate paper ☐ Yes

c. Are you filing any other petitions with this one? ☐ No ☐ Yes - How many? ________

d. Are applications for replacement/initial I-94's being filed with this petition? ☐ No ☐ Yes - How many? ________

e. Are applications by dependents being filed with this petition? ☐ No ☐ Yes - How many? ________

f. Is any person in this petition in exclusion or deportation proceedings? ☐ No ☐ Yes - explain on separate paper

g. Have you ever filed an immigrant petition for any person in this petition? ☐ No ☐ Yes - explain on separate paper

h. If you indicated you were filing a new petition in Part 2, within the past 7 years has any person in this petition:

1) ever been given the classification you are now requesting? ☐ No ☐ Yes - explain on separate paper

2) ever been denied the classification you are now requesting? ☐ No ☐ Yes - explain on separate paper

i. If you are filing for an entertainment group, has any person in this petition not been with the group for at least 1 year? ☐ No ☐ Yes - explain on separate paper

Part 5. Basic information about the proposed employment and employer. *Attach the supplement relating to the classification you are requesting.*

Job Title | Nontechnical Description of Job

Address where the person(s) will work if different from the address in Part 1.

Is this a full-time position? ☐ No - Hours per week ☐ Yes | Wages per week or per year

Other Compensation *(Explain)* | Value per week or per year | Dates of intended employment From: To

Type of Petitioner - *Check* ☐ U.S. citizen or permanent resident ☐ Organization ☐ Other - explain on separate paper

Type of Business: | Year established:

Current Number of Employees | Gross Annual Income | Net Annual Income

Part 6. Signature. *Read the information on penalties in the instructions before completing this section.*

I certify, under penalty of perjury under the laws of the United States of America, that this petition, and the evidence submitted with it, is all true and correct. If filing this on behalf of an organization, I certify that I am empowered to do so by that organization. If this petition is to extend a prior petition, I certify that the proposed employment is under the same terms and conditions as in the prior approved petition. I authorize the release of any information from my records, or from the petitioning organization's records, which the Immigration and Naturalization Service needs to determine eligibility for the benefit being sought.

Signature and Title | Print Name | Date

Please Note: If you do not completely fill out this form and the required supplement, or fail to submit required documents listed in the instructions, then the person(s) filed for may not be found eligible for the requested benefit, and this petition may be denied.

Part 7. Signature of person preparing form, if other than above.

I declare that I prepared this petition at the request of the above person and it is based on all information of which I have any knowledge.

Signature | Print Name | Date

Firm Name and Address

Form I-129 (Rev. 12/10/01)Y Page 2

OMB No. 1115-0168

U.S. Department of Justice
Immigration and Naturalization Service

E Classification Supplement to Form I-129

Name of person or organization filing petition:

Name of person you are filing for:

Classification Sought *(Check one)*:
☐ E-1 Treaty trader ☐ E-2 Treaty investor

Name of country signatory to treaty with U.S.

Section 1. Information about the Employer Outside the U.S. (If any)

Name

Address

Alien's Position - Title, duties and number of years employed

Principal Product, Merchandise or Service

Total Number of Employees

Section 2. Additional information about the U.S. Employer

The U.S. company is, to the company outside the U.S. *(Check one)*:
☐ Parent ☐ Branch ☐ Subsidiary ☐ Affiliate ☐ Joint Venture

Date and Place of Incorporation or establishment in the U.S.

Nationality of Ownership *(Individual or Corporate)*

Name	Nationality	Immigration Status	% Ownership

Assets

Net Worth

Total Annual Income

Staff in the U.S.

	Executive Manager	Specialized Qualifications or Knowledge
Nationals of Treaty Country in E or L Status		
Total number of employees in the U.S.		

Total number of employees the alien would supervise; or describe the nature of the specialized skills essential to the U.S. company.

Section 3. Complete if filing for an E-1 Treaty Trader

Total Annual Gross Trade/Business of the U.S. company
$

For Year Ending

Percent of total gross trade which is between the U.S. and the country of which the treaty trader organization is a national.

Section 4. Complete if filing for an E-2 Treaty Investor

Total Investment:

Cash	Equipment	Other
$	$	$
Inventory	**Premises**	**Total**
$	$	$

Form I-129 Supplement E/L (Rev. 12/10/01)Y Page 3

OMB No. 1115-0168

U.S. Department of Justice
Immigration and Naturalization Service

H Classification Supplement to Form I-129

Name of person or organization filing petition:

Name of person or total number of workers or trainees you are filing for:

List the alien's and any dependent family members' prior periods of stay in H classification in the U.S. for the last six years. Be sure to list only those periods in which the alien and/or family members were actually in the U.S. in an H classification. If more space is needed, attach an additional sheet.

Classification sought *(Check one)*:

- ☐ H-1A Registered professional nurse
- ☐ H-1B1 Specialty occupation
- ☐ H-1B2 Exceptional services relating to a cooperative research and development project administered by the U.S. Department of Defense
- ☐ H-1B3 Artist, entertainer or fashion model of national or international acclaim
- ☐ H-1B4 Artist or entertainer in unique or traditional art form
- ☐ H-1B5 Athlete
- ☐ H-1BS Essential Support Personnel for H-1B entertainer or athlete
- ☐ H-2A Agricultural worker
- ☐ H-2B Nonagricultural worker
- ☐ H-3 Trainee
- ☐ H-3 Special education exchange visitor program

Section 1. Complete this section if filing for H-1A or H-1B classification.

Describe the proposed duties

Alien's present occupation and summary of prior work experience

Statement for H-1B specialty occupations only:

By filing this petition, I agree to the terms of the labor condition application for the duration of the alien's authorized period of stay for H-1B employment.

Petitioner's Signature | Date

Statement for H-1B specialty occupations and DOD projects:

As an authorized official of the employer, I certify that the employer will be liable for the reasonable costs of return transportation of the alien abroad if the alien is dismissed from employment by the employer before the end of the period of authorized stay.

Signature of authoried official of employer | Date

Statement for H-1B DOD projects only:

I certify that the alien will be working on a cooperative research and development project or a coproduction project under a reciprocal Government-to-governement agreement administered by the Department of Defense.

DOD project manager's signature | Date

Section 2. Complete this section if filing for H-2A or H-2B classification.

Employment is: *(Check one)*
- ☐ Seasonal
- ☐ Peakload
- ☐ Intermittent
- ☐ One-time occurrence

Temporary need is: *(Check one)*
- ☐ Unpredictable
- ☐ Periodic
- ☐ Recurrent annually

Explain your temporary need for the alien's services (attach a separate paper if additional space is needed).

Continued on back.

Section 3. Complete this section if filing for H-2A classification.

The petitioner and each employer consent to allow government access to the site where the labor is being performed for the purpose of determining compliance with H-2A requirements. The petitioner further agrees to notify the Service in the manner and within the time frame specified if an H-2A worker absconds or if the authorized employment ends more than five days before the relating certification document expires, and pay liquidated damages of ten dollars for each instance where it cannot demonstrate compliance with this notification requirement. The petitioner also agrees to pay liquidated damages of two hundred dollars for each instance where it cannot be demonstrated that the H-2A worker either departed the United States or obtained authorized status during the period of admission or within five days of early termination, whichever comes first.

The petitioner must execute Part A. If the petitioner is the employer's agent, the employer must execute Part B. If there are joint employers, they must each execute Part C.

Part A. Petitioner:

By filing this petition, I agree to the conditions of H-2A employment, and agree to the notice requirements and limited liabilities defined in 8 CFR 214.2(h)(3)(vi).

Petitioner's signature Date

Part B. Employer who is not petitioner:

I certify that I have authorized the party filing this petition to act as my agent in this regard. I assume full responsibility for all representations made by this agent on my behalf, and agree to the conditions of H-2A eligibility.

Employer's signature Date

Part C. Joint Employers:

I agree to the conditions of H-2A eligibility.

Joint employer's signature(s) Date

Joint employer's signature(s) Date

Joint employer's signature(s) Date

Joint employer's signature(s) Date

Joint employer's signature(s) Date

Section 4. Complete this section if filing for H-3 classification.

If you answer "yes" to any of the following questions, attach a full explanation.

a. Is the training you intend to provide, or similar training, available in the alien's country? ☐ No ☐ Yes
b. Will the training benefit the alien in pursuing a career abroad? ☐ No ☐ Yes
c. Does the training involve productive employment incidental to training? ☐ No ☐ Yes
d. Does the alien already have skills related to the training? ☐ No ☐ Yes
e. Is this training an effort to overcome a labor shortage? ☐ No ☐ Yes
f. Do you intend to employ the alien abroad at the end of this training? ☐ No ☐ Yes

If you do not intend to employ this person abroad at the end of this training, explain why you wish to incur the cost of providing this training, and your expected return from this training.

Form I-129 Supplement H (Rev. 12/10/01)Y Page 5

OMB No.1115-0168

U.S. Department of Justice
Immigration and Naturalization Service

L Classification Supplement to Form I-129

Name of person or organization filing petition:

Name of person you are filing for:

This petition is *(Check one)*: ☐ An individual petition ☐ A blanket petition

Section 1. Complete this section if filing an individual.

Classification sought *(Check one)*: ☐ L-1A manager or executive ☐ L-1B specialized knowledge

List the alien's, and any dependent family member's prior periods of stay in an L classification in the U.S. for the last seven years. Be sure to list only those periods in which the alien and/or family members were actually in the U.S. in an L classification.

Name and address of employer abroad

Dates of alien's employment with this employer. Explain any interruptions in employment.

Description of the alien's duties for the past 3 years.

Description of alien's proposed duties in the U.S.

Summarize the alien's education and work experience.

The U.S. company is, to the company abroad: *(Check one)*
☐ Parent ☐ Branch ☐ Subsidiary ☐ Affiliate ☐ Joint Venture

Describe the stock ownership and managerial control of each company.

Do the companies currently have the same qualifying relationship as they did during the one-year period of the alien's employment with the company abroad? ☐ Yes ☐ No *(Attach explanation)*

Is the alien coming to the U.S. to open a new office?
☐ Yes *(Explain in detail on separate paper)* ☐ No

Section 2. Complete this section if filing a Blanket Petition.

List all U.S. and foreign parent, branches, subsidiaries and affiliates included in this petition. *(Attach a separate paper if additional space is needed.)*

Name and Address	Relationship

Explain in detail on separate paper.

Form I-129 Supplement E/L (Rev. 12/10/01)Y Page 6

OMB No. 1115-0168

U.S. Department of Justice
Immigration and Naturalization Service

O and P Classification Supplement to Form I-129

Name of person or organization filing petition:

Name of person or group or total number of workers you are filing for:

Classification sought *(Check one)*:

☐ O-1 Alien of extraordinary ability in sciences, art, education, or business.
☐ P-2 Artist or entertainer for reciprocal exchange program
☐ P-2S Essential Support Personnel for P-2.

Explain the nature of the event

Describe the duties to be performed

If filing for O-2 or P support alien, dates of the alien's prior experience with the O-1 or P alien.

Have you obtained the required written consulation(s)? ☐ Yes - attached ☐ No - Copy of request attached
If not, give the following information about the organization(s) to which you have sent a duplicate of this petition.

O-1 Extraordinary ability

Name of recognized peer group	Phone #
Address	Date sent

O-1 Extraordinary achievement in motion pictures or television

Name of labor organization	Phone #
Address	Date sent
Name of management organization	Phone #
Address	Date sent

O-2 or P alien

Name of labor organization	Phone #
Address	Date Sent

Form I-129 Supplement O/P/Q/R (Rev. 12/10/01)Y Page 7

OMB No.1115-0168

U.S. Department of Justice
Immigration and Naturalization Service

O & R Classifications Supplement to Form I-129

Name of person or organization filing petition:

Name of person you are filing for:

Section 1. Complete this section if you are filing for a Q international cultural exchange alien.

I hereby certify that the participant(s) in the international cultural exchange program:

- is at least 18 years of age,
- has the ability to communicate effectively about the cultural attributes of his or her country of nationality to the American public, and has not previously been in the United States as a Q nonimmigrant unless he/she has resided and been physically present outside the U.S.
- for the immediate prior year.

I also certify that the same wages and working conditions are accorded the participants as are provided similarly employed U.S. workers.

Petitioner's signature

Date

Section 2. Complete this section if you are filing for an R religious worker.

List the alien's, and any dependent family members, prior periods of stay in R classification in the U.S. for the last six years. Be sure to list only those periods in which the alien and/or family members were actually in the U.S. in an R classification.

Describe the alien's proprosed duties in the U.S.

Describe the alien's qualifications for the vocation or occupation.

Description of the relationship between the U.S. religious organization and the organization abroad of which the alien was a member.

Form I-129 Supplement O/P/Q/R (Rev. 12/10/01)Y Page 8

Supplement-1

Attach to Form I-129 when more than one person is included in the petition. *(List each person separartely. Do not include the person you named on the form).*

Family Name	Given Name	Middle Initial	Date of Birth *(Month/Day/Year)*
Country of Birth	Social Security No.		A#
IF IN THE U.S. Date of Arrival *(Month/Day/Year)*		I-94#	
Current Nonimmigrant Status:		Expires on *(Month/Day/Year)*	
Country where passport issued	Expiration Date *(Month/Day/Year)*	Date Started with group	

Family Name	Given Name	Middle Initial	Date of Birth *(Month/Day/Year)*
Country of Birth	Social Security No.		A#
IF IN THE U.S. Date of Arrival *(Month/Day/Year)*		I-94#	
Current Nonimmigrant Status:		Expires on *(Month/Day/Year)*	
Country where passport issued	Expiration Date *(Month/DayYyear)*	Date Started with group	

Family Name	Given Name	Middle Initial	Date of Birth *(Month/Day/Year)*
Country of Birth	Social Security No.		A#
IF IN THE U.S. Date of Arrival *(Month/Day/Year)*		I-94#	
Current Nonimmigrant Status:		Expires on *(Month/Day/Year)*	
Country where passport issued	Expiration Date *(Month/Day/Year)*	Date Started with group	

Family Name	Given Name	Middle Initial	Date of Birth *(Month/Day/Year)*
Country of Birth	Social Security No.		A#
IF IN THE U.S. Date of Arrival *(Month/Day/Year)*		I-94#	
Current Nonimmigrant Status:		Expires on *(Month/Day/Year)*	
Country where passport issued	Expiration Date *(Month/Day/Year)*	Date Started with group	

Family Name	Given Name	Middle Initial	Date of Birth *(Month/Day/Year)*
Country of Birth	Social Security No.		A#
IF IN THE U.S. Date of Arrival *(Month/Day/Year)*		I-94#	
Current Nonimmigrant Status:		Expires on *(Month/Day/Year)*	
Country where passport issued	Expiration Date *(Month/Day/Year)*	Date Started with group	

Continued on back.

Supplement-1

Attach to Form I-129 when more than one person is included in the petition. *(List each person separtely. Do not include the person you named on the form).*

Family Name	Given Name	Middle Initial	Date of Birth *(Month/Day/Year)*
Country of Birth	Social Security No.		A#
IF IN THE U.S. Date of Arrival *(Month/Day/Year)*		I-94#	
Current Nonimmigrant Status:		Expires on *(Month/Day/Year)*	
Country where passport issued	Expiration Date *(Month/Day/Year)*		Date Started with group

Family Name	Given Name	Middle Initial	Date of Birth *(Month/Day/Year)*
Country of Birth	Social Security No.		A#
IF IN THE U.S. Date of Arrival *(Month/Day/Year)*		I-94#	
Current Nonimmigrant Status:		Expires on *(Month/Day/Year)*	
Country where passport issued	Expiration Date *(Month/Day/Year)*		Date Started with group

Family Name	Given Name	Middle Initial	Date of Birth *(Month/Day/Year)*
Country of Birth	Social Security No.		A#
IF IN THE U.S. Date of Arrival *(month/day/year)*		I-94#	
Current Nonimmigrant Status:		Expires on *(Month/Day/Year)*	
Country where passport issued	Expiration Date *(Month/Day/Year)*		Date Started with group

Family Name	Given Name	Middle Initial	Date of Birth *(Month/Day/Year)*
Country of Birth	Social Security No.		A#
IF IN THE U.S. Date of Arrival *(Month/Day/Year)*		I-94#	
Current Nonimmigrant Status:		Expires on *(Month/Day/Year)*	
Country where passport issued	Expiration Date *(Month/Day/Year)*		Date Started with group

Family Name	Given Name	Middle Initial	Date of Birth *(Month/Day/Year)*
Country of Birth	Social Security No.		A#
IF IN THE U.S. Date of Arrival *(Month/Day/Year)*		I-94#	
Current Nonimmigrant Status:		Expires on *(Month/Day/Year)*	
Country where passport issued	Expiration Date *(Month/Day/Year)*		Date Started with group

Form I-129 Supplement-1 (Rev. 12/10/01)Y Page 10

APÉNDICE V

Capítulo 14 Modelo 5: carta del empleador para apoyar la petición H-1B

(For the review and signature of employer. To be prepared on employer's stationery.)

[DATE of SIGNATURE]
United States Department of Justice
Immigration and Naturalization Service
[ADDRESS of INS REGIONAL SERVICECENTER]

Re: I-129 Petition for H-1B Classification,
Specialty
Occupation: Software Engineer
Petitioner: SOFTWARE EXAMPLE, Inc.
Beneficiary: Sam Soft

Dear Sir/Madam:

This letter is in support of our H-1B petition filed on behalf of Sam Soft for the specialty occupation of software engineer. Mr. Soft is qualified for this position by virtue of his having attained a bachelor of science degree in Information Systems from City College, CUNY. A bachelor's degree in Information Systems is a customary minimum degree requirement for this position.

THE POSITION
The position of software engineer for SOFTWARE EXAMPLE, Inc. involves software testing and development, Unix administration, and database administration. A software engineer provides functional and empirical analysis related to the design, development, and implementation of software operating systems for our clients. This includes use of utility software, development software, and diagnostic software. The work requires knowledge of Visual Basic (5.), C, Sybase (Version 11.5), Team Teak, Unix, and Windows 95.

THE EMPLOYER/PETITIONER
Software Example, Inc. provides software consulting services. Our clients include Really Big Name Tel Co. and Famous Technologies. Our employees provide a broad range of software services including software development, systems engineering, quality assurance systems administration, and database design development and administration.

THE BENEFICIARY
Mr. Soft's transcript reveals appropriate preparation for a position at this level. He holds a bachelor of science degree in Information Systems. Among the subjects he studied that prepare him for the position are: Introduction to Business Data Processing (COBOL1), Introduction to Business Data Processing (COBOL2), Data Structure (Assembly Language), Introduction to Data Management, and Machine Organization (C Programming).

We urge your prompt and favorable review of our petition for Mr. Soft.

Very truly yours,

Edith Example
President
Software Example, Inc.

ÍNDICE

-C-

-D-

-S-

-T-

-U-

-V-

NARRAGANSETT PUBLIC LIBRARY
3 2298 00118 7022